# Wirtschaft & Co.

## Wirtschaft / Berufs- und Studienorientierung (WBS) für das Gymnasium

**GESAMTBAND**

Herausgegeben von
Hartwig Riedel

Bearbeitet von
Yvonne Burghardt
Andreas Hamm-Reinöhl
Johannes Heuser
Stephan Podes
Hartwig Riedel
Jürgen Straub

Baden-Württemberg

C.C.BUCHNER

# Wirtschaft & Co. – Baden-Württemberg

Wirtschaft / Berufs- und Studienorientierung (WBS)
für das Gymnasium

Herausgegeben von Hartwig Riedel

Gesamtband

Bearbeitet von Yvonne Burghardt, Andreas Hamm-Reinöhl, Johannes Heuser,
Stephan Podes, Hartwig Riedel, Jürgen Straub

---

Zu diesem Lehrwerk sind erhältlich:
- Digitales Lehrermaterial **click & teach** Einzellizenz, Bestell-Nr. 820321
- Digitales Lehrermaterial **click & teach** Box (Karte mit Freischaltcode),
  ISBN 978-3-661-82032-3

Weitere Materialien finden Sie unter www.ccbuchner.de.

---

Dieser Titel ist auch als digitale Ausgabe **click & study** unter www.ccbuchner.de
erhältlich.

1. Auflage, 7. Druck 2021
Alle Drucke dieser Auflage sind, weil untereinander unverändert, nebeneinander
benutzbar.

Dieses Werk folgt der reformierten Rechtschreibung und Zeichensetzung. Ausnahmen
bilden Texte, bei denen künstlerische, philologische oder lizenzrechtliche Gründe
einer Änderung entgegenstehen.

Die Mediencodes enthalten ausschließlich optionale Unterrichtsmaterialien. An
keiner Stelle im Schülerbuch dürfen Eintragungen vorgenommen werden. Auf
verschiedenen Seiten dieses Buches finden sich Verweise (Links) auf Internetadressen.
Haftungshinweis: Trotz sorgfältiger inhaltlicher Kontrolle wird die Haftung für die
Inhalte externer Seiten ausgeschlossen.

© 2018 C.C.Buchner Verlag, Bamberg
Das Werk und seine Teile sind urheberrechtlich geschützt. Jede Nutzung in anderen als
den gesetzlich zugelassenen Fällen bedarf der vorherigen schriftlichen Einwilligung
des Verlags. Das gilt insbesondere auch für Vervielfältigungen, Übersetzungen und
Mikroverfilmungen. Hinweis zu § 52 a UrhG: Weder das Werk noch seine Teile dürfen
ohne eine solche Einwilligung eingescannt und in ein Netzwerk eingestellt werden.
Dies gilt auch für Intranets von Schulen und sonstigen Bildungseinrichtungen.

Redaktion: Simon Hameister und Melanie Ziegler
Layout und Satz: Wildner + Designer GmbH, Fürth
Druck und Bindung: Firmengruppe Appl, aprinta Druck, Wemding

www.ccbuchner.de

ISBN 978-3-661-**82031**-6

# Inhaltsverzeichnis

Zur Arbeit mit dem Buch ..................................................... 8

## 1 Wirtschaft – worum es im neuen Fach geht ................. 10
### 1.1 Das Grundproblem der Knappheit – wie gehen wir damit um? ........ 12
### 1.2 Sind alle Wünsche gleich? Bedürfnisse und ihre Dringlichkeit .......... 15
### 1.3 Wirtschaften bedeutet entscheiden – aber wie? ........................ 17
METHODE: In Modellen denken – der Homo Oeconomicus ............... 20
WAS WIR WISSEN ................................................................. 21
WAS WIR KÖNNEN ................................................................ 22

## I Verbraucher

## 2 Mit Geld umgehen ....................................................... 24
### 2.1 Die Finanzen im Blick? ..................................................... 26
2.1.1 Einnahmen und Ausgaben – wie den Überblick behalten? .................. 26
2.1.2 Der Wirtschaftskreislauf – wie hängt alles zusammen? ..................... 30
2.1.3 Kaufverträge – unter welchen Bedingungen kommen sie zustande? .....32
METHODE: Gesetzestexte verstehen ........................................... 35
2.1.4 Wozu brauche ich ein Girokonto? ............................................ 36
WAS WIR WISSEN ................................................................. 38
### 2.2 Ausgeben, sparen, anlegen – was tun mit meinem Geld? ................. 40
2.2.1 Ist sparen sinnvoll? ............................................................ 40
2.2.2 Geld anlegen – aber wie? ..................................................... 42
2.2.3 Alles auf Pump – wie geraten Jugendliche in die Schuldenfalle? ........... 45
2.2.4 Raus aus den Schulden – aber wie? ......................................... 48
WAS WIR WISSEN ................................................................. 50
WAS WIR KÖNNEN ................................................................ 51

## 3 Deine Rolle als Konsument auf dem Markt ................. 52
### 3.1 Die Qual der Wahl – wie treffe ich überlegte Kaufentscheidungen? ....54
3.1.1 Sollen Marken, die Clique und der Lebensstil den Kauf bestimmen? .....54
3.1.2 Bestimmt Werbung unseren Kaufwunsch? .................................. 57
METHODE: Wirtschaftliche Sachverhalte kriterienorientiert beurteilen ..60
3.1.3 Konsum mit Verantwortung – möglich und wünschenswert? ............. 62
3.1.4 Muss der Verbraucher geschützt werden? ................................... 66
WAS WIR WISSEN ................................................................. 69
### 3.2 Wie funktionieren Märkte? ................................................. 70
3.2.1 Wie können sich Anbieter und Nachfrager auf Märkten einigen? ......... 70
3.2.2 Der Handel an der Börse – ein besonderer Markt? .......................... 72
METHODE: Modellbildung – Wie bildet sich der Preis auf freien Märkten?
Das Preis-Mengen-Diagramm ................................................... 74
3.2.3 Versagt der Markt beim Schutz der Umwelt? ................................ 76

3.2.4 Wie mächtig ist der Verbraucher innerhalb der verschiedenen
Marktformen? ........................................................................ 79
WAS WIR WISSEN .................................................................. 82
WAS WIR KÖNNEN ................................................................. 83

## II Erwerbstätiger

## 4 Arbeitnehmer im Spannungsfeld unterschiedlicher Interessen ....................................................................... 84

### 4.1 Schöne neue Arbeitswelt? ......................................... 86
4.1.1 Leben, um zu arbeiten? ............................................... 86
4.1.2 Arbeitsverhältnisse: Zwischen Zwang und Selbstverwirklichung? ......... 89
4.1.3 Wie sicher sind Jobs für junge Arbeitnehmer? ........................... 93
4.1.4 Arbeitslos, und dann...? ............................................. 97
WAS WIR WISSEN .................................................................. 99

### 4.2 Arbeitsverhältnisse gestalten: zwischen Konflikt und Kooperation .. 100
4.2.1 Betriebliche Mitbestimmung – welche Aufgaben hat ein Betriebsrat? . 100
4.2.2 Warum verdienen wir unterschiedlich viel? ............................. 104
4.2.3 Konfliktfall Lohn – ein immerwährender Interessengegensatz? ......... 108
WAS WIR WISSEN .................................................................. 112
WAS WIR KÖNNEN ................................................................. 113

## 5 Die Rolle des Unternehmers ............................................ 114

### 5.1 Die Welt der Unternehmen ......................................... 116
5.1.1 Wie werde ich Unternehmensgründer? ................................... 116
5.1.2 Welche Charaktereigenschaften muss ich als
erfolgreicher Unternehmer haben? ...................................... 120
5.1.3 Von der Geschäftsidee bis zum (erfolgreichen) Unternehmen .......... 124
5.1.4 Wie arbeitet ein Unternehmen? ....................................... 127
5.1.5 Die Stellung und Bedeutung von klein- und mittelständischen
Unternehmen innerhalb der deutschen Wirtschaft ...................... 130
5.1.6 Unternehmen auf globalen Märkten – welche Faktoren sind
bei der Standortwahl zu berücksichtigen? ............................. 134
WAS WIR WISSEN .................................................................. 137

### 5.2 Was zeichnet ein erfolgreiches Unternehmen aus? ............... 138
5.2.1 Ohne Moos nix los ................................................... 138
5.2.2 Profit als einziges Unternehmensziel? ............................... 141
5.2.3 Gesellschaftliche Verantwortung – unternehmerische Herausforderung 145
5.2.4 Nachhaltigkeit als Unternehmensziel? ................................ 148
5.2.5 Diversity Management – braucht's das? ............................... 152
5.2.6 Staatliche Regelungen – ein Problem für Unternehmen? ............... 155
WAS WIR WISSEN .................................................................. 158
WAS WIR KÖNNEN ................................................................. 159

# 6 Schule und was dann? – der Weg ins Berufsleben ....... 160

### 6.1 Der Berufswahlprozess – welcher Beruf passt zu mir? ......... 162
6.1.1 Wie wird mein Traum zum Beruf? ............................ 162
METHODE: Portfolio – die Dokumentation des
Berufswahlprozesses ................................................. 166
6.1.2 Informationsbeschaffung und Beratungsmöglichkeiten
– wo finde ich den vom Unternehmen angebotenen Job? ......... 167
6.1.3 Bewerbungsverfahren – beeinflusst die Art
der Bewerbung, eingestellt zu werden? ....................... 170
6.1.4 Eigene Bewerbungsdokumente erstellen
– wovon hängt eine erfolgreiche Bewerbung ab? ............... 174
WAS WIR WISSEN ................................................... 178

### 6.2 Das Berufsleben – was kommt auf mich zu? ..................... 179
6.2.1 Die moderne Berufs- und Arbeitswelt – was wird erwartet? ...... 179
METHODE: Das Betriebspraktikum ............................ 181
6.2.2 Welche Entwicklungen kann der Verlauf
eines Berufslebens nehmen? .................................... 183
6.2.3 Folgen des Wandels der Arbeit – gibt es bald keine herkömmlichen
Berufe mehr? ..................................................... 186
WAS WIR WISSEN ................................................... 190
WAS WIR KÖNNEN .................................................. 191

## III Wirtschaftsbürger

# 7 Bürger in einer Wirtschaftsordnung ........................... 192

### 7.1 Wie steuern Regeln das wirtschaftliche Verhalten? ............. 194
7.1.1 Wie reagieren Menschen auf Anreize? ....................... 194
7.1.2 Zwei grundlegende Entscheidungssysteme für Wirtschaftsordnungen ......................................................... 196
WAS WIR WISSEN ................................................... 199

### 7.2 Marktwirtschaft – aber bitte sozial! ............................. 200
7.2.1 Die Soziale Marktwirtschaft – was sagt das Grundgesetz? ...... 200
7.2.2 Was gefährdet den Wettbewerb? ............................. 203
7.2.3 Bilanz: Die Soziale Marktwirtschaft – was zeichnet sie aus? ...... 206
WAS WIR WISSEN ................................................... 209
WAS WIR KÖNNEN .................................................. 211

# 8 Die Rolle des Wirtschaftsbürgers ............................. 212

### 8.1 Wachstum – aber wie? ........................................... 214
8.1.1 Brauchen wir Wachstum? ...................................... 214
8.1.2 Das BIP – ein geeignetes Wachstums- und Wohlstandsmaß? ...... 216
8.1.3 Wachstum und Nachhaltigkeit – ein Widerspruch? ............. 220
WAS WIR WISSEN ................................................... 222

| 8.2 | **Das Auf und Ab der wirtschaftlichen Entwicklung** | 223 |
|---|---|---|
| 8.2.1 | Konjunkturschwankungen – ein Problem für Verbraucher und Erwerbstätige? | 223 |
| | METHODE: Diagramme und Schaubilder analysieren | 227 |
| 8.2.2 | Konjunkturschwankungen – ein Problem für Unternehmen und den Staat? | 228 |
| | WAS WIR WISSEN | 231 |
| 8.3 | **Kann der Staat die Wirtschaft steuern?** | 232 |
| 8.3.1 | Welche Ziele verfolgt der Staat? | 232 |
| 8.3.2 | Wie kann der Staat steuernd eingreifen? | 235 |
| 8.3.3 | Über den Staatshaushalt wird verteilt – wer profitiert, wer nicht? | 240 |
| 8.3.4 | Die Energiewende – wie kann der Bürger Einfluss nehmen? | 243 |
| | WAS WIR WISSEN | 246 |
| 8.4 | **Ist die europäische Wirtschafts- und Währungsunion ein Garant für Wohlstand?** | 247 |
| 8.4.1 | Was leistet der europäische Binnenmarkt, was nicht? | 247 |
| 8.4.2 | Was leistet die europäische Währungsunion (bislang nicht)? | 252 |
| 8.4.3 | Mehr freier Handel oder mehr Abschottung – wer profitiert? | 256 |
| 8.4.4 | Bekämpfung der Jugendarbeitslosigkeit in Spanien – was kann der Staat bewirken? | 260 |
| | WAS WIR WISSEN | 265 |
| | WAS WIR KÖNNEN | 266 |

## Anhang

| | |
|---|---|
| Hilfen **H** zu den Aufgaben | 268 |
| Methodenglossar | 271 |
| Wirtschaftslexikon | 287 |
| Register | 291 |
| Operatoren | 294 |
| Bildnachweis | |

# Prozessbezogene Kompetenzen

Wer bei wirtschaftlichen (ökonomischen) Themen und Sachverhalten über bestimmte **Analyse-, Handlungs-, Methoden- und Urteilskompetenzen** verfügt, ist in der Lage, am wirtschaftlichen Prozess teilzunehmen. Der vorliegende Band ermöglicht mithilfe unterschiedlicher Materialien und Aufgaben, diese vier genannten Kompetenzen Schritt für Schritt zu erwerben. Exemplarische **Fachmethoden** sowie **Methoden zur Bearbeitung der Aufgaben** dienen euch dabei als Werkzeug.

Die Methoden in „**Wirtschaft & Co**." lassen sich wie folgt auf die verschiedenen **Kompetenzbereiche** aufteilen:

## Analysekompetenz
- Modellbildung – Wie bildet sich der Preis auf freien Märkten?
  Das Preis-Mengen-Diagramm .................................................. 74

## Handlungskompetenz
- In Modellen denken – der Homo Oeconomicus ........................... 20
- Eine Befragung/ein Interview/eine Umfrage durchführen ........... 271
- Eine Fishbowl-Diskussion durchführen ................................... 272
- Ein Flussdiagramm erstellen ............................................... 274
- Einen Kurzvortrag halten .................................................. 275
- Ein Placemat durchführen .................................................. 279
- Ein Rollenspiel durchführen ............................................... 282
- Ein Schreibgespräch durchführen ........................................ 283
- Ein Streitgespräch führen .................................................. 283
- Think-Pair-Share ............................................................ 284

## Methodenkompetenz
- Gesetzestexte verstehen .................................................... 35
- Portfolio – die Dokumentation des Berufswahlprozesses ............ 166
- Das Betriebspraktikum ..................................................... 181
- Diagramme und Schaubilder analysieren ................................ 227
- Eine Concept-Map erstellen ............................................... 272
- Eine Mindmap erstellen .................................................... 276
- Eine Online-Petition erstellen ............................................. 277
- Ein rotierendes Partnergespräch durchführen .......................... 278
- Eine Podiumsdiskussion durchführen .................................... 280
- Ein Wandplakat erstellen .................................................. 285
- WebQuest – im Internet recherchieren .................................. 286

## Urteilskompetenz
- Wirtschaftliche Sachverhalte kriterienorientiert beurteilen .......... 60
- Eine Positionslinie bilden .................................................. 281

# Zur Arbeit mit dem Buch

**Wirtschaft & Co. – Wirtschaft / Berufs- und Studienorientierung (WBS) für das Gymnasium** wurde für den neuen Bildungsplan 2016 für den Wirtschaftsunterricht in Baden-Württemberg der Jahrgangsstufen 8 bis 10 neu konzipiert. Es ermöglicht euch, liebe Schülerinnen und Schüler, die zentralen Kompetenzen des Faches anhand vieler Beispiele aus eurem Leben und eurer Umgebung zu erwerben. Für eure Lehrerinnen und Lehrer ist das Buch eine Hilfe, einen modernen und binnendifferenzierten Unterricht zu verwirklichen.

Jedes Kapitel beginnt mit einer **Auftaktdoppelseite**. Eine Materialseite und offene Aufgaben ermöglichen euch eine erste Annäherung an die Inhalte des neuen Kapitels. Dabei könnt ihr auch zeigen, was ihr schon über das Thema wisst. Außerdem hilft euch ein kleiner Einführungstext, einen Überblick zu erhalten. Über welches Wissen und Können ihr am Ende des Kapitels verfügen solltet, könnt ihr unter „**KOMPETENZEN**" nachlesen.

Jedes Unterkapitel beginnt mit einem farblich hervorgehobenen **Einstiegsmaterial** und einer **EINSTIEGSAUFGABE**, die euch an das jeweilige Thema heranführen. Dem Einstiegsmaterial folgt in der Regel ein **Basis-** bzw. **Informationstext**, der die **Sachkompetenz** des Unterkapitels beinhaltet. Diese Informationstexte könnt ihr außerdem für die Vorbereitung auf **Klassenarbeiten** nutzen.

Durch die Arbeit mit dem **Materialienteil** und den speziell ausgewiesenen **Methodenseiten** schult ihr eure Analyse-, Handlungs-, Methoden- und Urteilskompetenzen. Die sorgfältig ausgewählten Quellen (Zeitungsartikel, Bilder, Karikaturen, Grafiken etc.) zeigen unterschiedlichste Perspektiven und vertiefen die zentralen Themenaspekte.

In der **Randspalte** werden zentrale **Begriffe** und wichtige Zusatzinformationen knapp erklärt, um eine genaue fachwissenschaftliche Verwendung zu erleichtern. Zudem finden sich dort **Erklärfilme** zu ausgewählten Themen, die ihr jederzeit auf der Verlagshomepage (www.ccbuchner.de)

Zur Arbeit mit dem Buch

abrufen könnt. Mithilfe von Mediencodes könnt ihr sie entweder direkt (QR-Code ↔ Smartphone) oder über die Eingabe des jeweiligen Mediencodes in das Suchfeld der Verlagshomepage beziehen. An ausgewählten Stellen findet sich außerdem die Rubrik WIRTSCHAFT KONKRET. Diese könnt ihr dafür nutzen, um ökonomische Sachverhalte bspw. in Form einer Projektarbeit selbstständig „durchzuspielen".
Am Ende jedes Unterkapitels findet ihr den Aufgabenblock. Die Aufgaben enthalten immer konkrete Handlungsanweisungen (Operatoren). Zudem finden sich dort immer wieder WebQuests, mit deren Hilfe ihr gezielt nach Informationen aus dem Internet recherchieren könnt.

= Fordern   = Helfen

Natürlich lernt und arbeitet nicht jeder gleich schnell. Deswegen gibt es in der Randspalte oft Hilfen oder Zusatzangebote zu den einzelnen Aufgaben. Wenn ihr z. B. „mal auf dem Schlauch" steht, könnt ihr euch zu manchen Aufgaben Hilfe, gekennzeichnet mit dem Symbol H, auf Seite 268 ff. holen. Wenn ihr eine Aufgabe viel schneller erledigt habt als die anderen oder euch ein Thema besonders interessiert, stehen für euch unter dem Symbol F zusätzliche Aufgaben und Herausforderungen bereit.

Die Seiten WAS WIR WISSEN und WAS WIR KÖNNEN schließen jedes (Unter-)Kapitel ab. Hier könnt ihr die wesentlichen Inhalte des vorangegangenen Unterkapitels noch einmal verständlich zusammengefasst nachlesen sowie zeigen, ob ihr die im Kapitelverlauf erworbenen Kompetenzen in einer konkreten Entscheidungssituation sinnvoll anwenden könnt.

## Allgemeine Hinweise
- Das **Methodenglossar** am Ende des Buches bietet euch wichtige Methoden, um die Aufgaben besser bearbeiten zu können.
- Ein **Wirtschaftslexikon** zum Nachschlagen wichtiger Grundbegriffe aus den jeweiligen Kapiteln und ein **Register** zum Auffinden von Querverweisen können euch wichtige Hilfsmittel sein und das selbstständige Arbeiten mit dem Buch erleichtern.
- Aufgrund der besseren Lesbarkeit wird im Buch an einigen Stellen darauf verzichtet, immer beide Geschlechter anzusprechen („Schülerinnen und Schüler"…), auch wenn selbstverständlich beide gemeint sind.
- Materialien ohne Quellenangaben sind vom Bearbeiter verfasst.
- Sofern bei Materialien aus dem Internet kein Verfasserdatum ermittelt werden konnte, wird das „Abrufdatum" genannt.

## Das Ökonomie-Entscheidungsspiel

**Warm-Up:**
- Ich habe noch keine Ahnung von Wirtschaft.
- In meiner Familie wird über Wirtschaft geredet.

**Das Ökonomie-Entscheidungsspiel:**

1 Wenn ich 50 Euro geschenkt bekomme, spare ich fast alles davon.

2 Werbung beeinflusst und sollte verboten werden.

3 Der Preis wird vom Unternehmen festgesetzt.

4 Der Mensch lebt, um zu arbeiten.

5 Es ist richtig, dass Manager oder Fußballer Millionen Euro an Jahresgehalt bekommen.

6 Ein erfolgreiches Unternehmen ist eines mit hohem Gewinn.

7 Wenn ein Unternehmen in eine ernsthafte Krise gerät, sollte der Staat finanziell helfen.

8 Der Staat sollte auf keinen Fall mehr Geld ausgeben, als er einnimmt.

**Spielregeln:**
1. Benennt einen neutralen Moderator. Ihr benötigt dazu etwas Platz und eine Seite des Raumes für „Ja" und eine für „Nein". Sammelt euch zunächst in der Mitte des Raumes und für jede neue These wieder dort.
2. Ein Moderator liest die Aussage zweimal vor und ihr entscheidet euch innerhalb von 10 Sekunden für „Ja" oder „Nein". Begebt euch auf die entsprechende Seite. Seitenwechsel sind jederzeit möglich.
3. Der Moderator fragt euch nun nach Gründen eurer Entscheidung, sodass sich eine Diskussion ergibt und ihr versuchen könnt, die andere Gruppe von eurem Standpunkt zu überzeugen.

# Wirtschaft – worum es im neuen Fach geht

Wirtschaft ist ein fester Bestandteil deines Alltags: Ein Snack in der Pause, ein T-Shirt im Sommer, eine Mütze im Winter, ein neues Smartphone oder Kosmetik. Doch schnell reichen Geld und Zeit nicht für all deine Konsumwünsche. Vielleicht ist Konsum aber auch nicht so wichtig und weniger ist mehr? Oder gleich ganz verzichten? Fragen über Fragen und stets Alternativen. Um diese und viele weitere geht es im Fach Wirtschaft / Berufs- und Studienorientierung (WBS). Es soll dir dabei helfen, komplexe wirtschaftliche Zusammenhänge deines Alltags zu verstehen, für dich und andere Verantwortung zu übernehmen und die Rahmenbedingungen des Wirtschaftens mitzugestalten.

## KOMPETENZEN

**Am Ende des Kapitels solltet ihr Folgendes können:**
- ökonomisches Verhalten analysieren und dabei Begriffe ökonomischen Verhaltens einordnen
- ökonomische Vorgänge und Probleme erkennen und selbständig Fragen zu Ursachen, Verlauf und Ergebnissen ökonomischer Prozesse entwickeln
- wirtschaftliche Handlungsmöglichkeiten als Verbraucher erkennen und eigene Verbraucherentscheidungen vor dem Hintergrund des Knappheitsproblems erörtern
- ein Modell nachvollziehen, in Modellen denken sowie über das Verhältnis von Modell und Wirklichkeit kritisch nachdenken

## WAS WISST UND KÖNNT IHR SCHON?

Führt mithilfe der Spielregeln das Ökonomie-Entscheidungsspiel in eurer Klasse durch.

# 1.1 Das Grundproblem der Knappheit – wie gehen wir damit um?

## M1 Sandras Problem

**Die drei Grundfragen der Wirtschaft**

Beim Umgang und der Betrachtung des ökonomischen Grundproblems stellen sich **drei Grundfragen der Wirtschaft** (im Folgenden am Beispiel von Schul-T-Shirts erklärt):

1. **Was** soll hergestellt und angeboten werden und **wieviel** davon? (Blaue oder rote Schul-T-Shirts? 100 oder 1.000 Stück?)
2. **Wer** übernimmt die Herstellung? (Der kleine Händler vor Ort oder der Bio-Fair-Trade-Shop im Netz? Deutschland oder China? Der Staat oder private Geschäftsleute?)
3. **Wie** kann das alles verteilt werden? (Welche Schüler bekommen ein T-Shirt und wie wird darüber entschieden (je nach Preis, je nach Jahrgangsstufe...)?)

Sandra Müller (14) geht in die 8. Klasse eines Gymnasiums und hat einen sehr vollen Stundenplan. Auch in ihrer Freizeit unternimmt sie viel. Sie hat für uns notiert, was sie in der kommenden Woche an Pflichten hat, welche Wünsche sie hat und welche Mittel ihr momentan zur Verfügung stehen.

| Sandras Pflichten | Sandras Wünsche (Bedürfnisse) | Sandras Mittel |
|---|---|---|
| • Schulunterricht<br>• für Klassenarbeiten lernen<br>• täglich eine Stunde Klavier üben<br>• zweimal Volleyball-Training pro Woche<br>• täglich eine Stunde in Küche und Haushalt helfen | • Freunde nach der Schule treffen<br>• mit der besten Freundin shoppen gehen (Traum-Schuhe für 75 Euro)<br>• Klavier lernen<br>• nach der Schule mit ihrem Bruder die Lieblingsserie weiterschauen<br>• abends noch chatten<br>• mit ihrem Bruder ihr Lieblingsessen kochen | • Eltern bezahlen den Klavierunterricht<br>• Eltern bezahlen das Volleyball-Training<br>• 40 Euro Taschengeld im Monat, momentan keine weiteren Rücklagen<br>• begrenzte Zeit: Diese reicht für die Pflichten und zwei weitere Wünsche |

*Bearbeiter*

### EINSTIEGSAUFGABEN

Wähle für Sandra einen zusätzlichen Wunsch aus der mittleren Tabellenspalte.

- Erkläre, welche Mittel sie dafür einsetzen muss und zu welchen Problemen im Hinblick auf die Mittel das führen könnte.
- Vergleiche deine Ergebnisse dann mit einem Partner.

## M2 Das ökonomische (wirtschaftliche) Grundproblem

Sicher kennst du Sandras Problem: Hausaufgaben erledigen, für Klassenarbeiten lernen, zu Hause im Haushalt helfen und natürlich auch noch Zeit zum Chatten, Chillen oder Shoppen mit Freunden haben. Für dein Wunschprogramm fehlt dir die Zeit und du bräuchtest eine Limousine mit Chauffeur, um alle Termine einhalten zu können. Ach ja, neue Turnschuhe hättest du auch gerne und ein neues Smartphone wäre längst fällig. Dazu bräuchtest du aber viel mehr Geld. Dauernd stellst du fest: Deine Bedürfnisse, so nennen Psychologen diese Empfindungen eines Mangels verbunden mit dem Wunsch diesen Mangel zu beseitigen, sind viel größer als deine Mittel. Etwa die dir zur Verfügung stehende Zeit oder dein Taschengeld, um den aktuellen Mangel beseitigen zu können.

Du hast ein Knappheitsproblem, so nennen das Wirtschaftswissenschaftler (Ökonomen) und damit bist du nicht allein: Fast alle Menschen wollen immer mehr von Irgendetwas. So ist die Knappheit der Güter im Verhältnis zu den unbegrenzten Bedürfnissen das ökonomische Grundproblem. Aber es gibt leider nur wenige Güter, die frei verfügbar und fast unbegrenzt vorhanden sind (etwa Wind oder Meerwasser) und kein Geld kosten. „Wirtschaftliche Güter" verursachen dagegen in der Herstellung Kosten und haben einen Preis.

Wie man dein Problem und das deiner Mitmenschen am besten lösen oder wenigstens entschärfen kann, das ist Thema von Wirtschaft (Ökonomie) und von diesem Buch. Ohne es zu merken, befasst du dich eigentlich täglich mit Wirtschaft. Denn wenn du deine knappen Mittel wie Zeit und Geld möglichst sparsam einsetzt und deine Bedürfnisse bestmöglich erfüllst, dann handelst du „wirtschaftlich" nach dem ökonomischen Prinzip.

*Bearbeiter*

**Wirtschaftlich Handeln**
Angesichts des Knappheitsproblems gibt es zwei Möglichkeiten, „wirtschaftlich" zu handeln: Mit vorgegebenen Mitteln, etwa mit deinem Taschengeld, soll ein möglichst großer, „maximaler" Nutzen oder Ertrag erreicht werden – **Maximalprinzip**:

Ein vorgegebenes Ziel soll mit dem geringstmöglichen Aufwand bzw. mit „minimalen" Kosten, z. B. mit möglichst wenig von deinem Taschengeld, erreicht werden – **Minimalprinzip**:

## M3 Wie arbeiten wir im Fach Wirtschaft?

Knappheit zwingt zu wirtschaftlichem Handeln. Wenn einem nun jemand etwas schenkt, muss das doch super sein, oder?

Jeder von euch hat wahrscheinlich unzählige kostenlose Apps auf seinem Smartphone. Bisher habt ihr euch dabei nur die Frage gestellt, welchen Nutzen die App euch selbst bringt. Das ist die individuelle **Ich-Perspektive**. Doch warum bieten euch eigentlich so viele Unternehmen Apps gratis an? Was haben die Firmen davon und wo liegen deren Interessen? Was machen die Unternehmen mit euren Daten? Das ist die **Perspektive der Anderen**. Letztlich stellt sich dann die Frage, was mit unserer Gesellschaft passiert, wenn wir alle unsere personenbezogenen Daten für eine App hergeben: Wie werden wir geschützt? Wie können wir Einfluss nehmen? Muss der Staat bessere Datenschutzgesetze machen? Das ist die **Systemperspektive**. Bei unserer Tour durch die Welt der Wirtschaft wollen wir immer diese drei Perspektiven im Blick behalten (→ S. 14).

**H** ZUM „DREI-DIMENSIONEN-MODELL"
→ S. 268

Nach: Ministerium für Kultus, Jugend und Sport (Hrsg.), Bildungsplan 2016 – Wirtschaft / Berufs- und Studienorientierung (WBS), „Drei-Dimension-Modell" (© Landesinstitut für Schulentwicklung), S. 6

## AUFGABEN

1. Erkläre das ökonomische (wirtschaftliche) Grundproblem (**M2**) an einem selbstgewählten Beispiel aus deinem Alltag.

2. Minimal- oder Maximalprinzip? Herr Müller und seine Tochter Sandra behaupten von sich, sie handeln wirtschaftlich. Erläutere, welchem der beiden Prinzipien (**Randspalte S. 13**) sie dabei folgen:
   a) Familie Müller will den nächsten Urlaub in den bayerischen Alpen verbringen. Nun verbringt Herr Müller viel Zeit damit, das günstigste Angebot im Internet zu finden.
   b) Sandra hat Geld zum Geburtstag bekommen. Für 20 Euro möchte sie nun ihre Freundinnen zum Eis einladen. Sie möchte möglichst viel Eis und verschafft sich einen Marktüberblick, indem sie die Preise in allen bekannten Eisdielen der Stadt recherchiert.

3. Erläutere die drei Grundfragen der Wirtschaft (**Randspalte S. 12**) anhand des Backwarenverkaufs in der großen Pause deiner Schule. Berücksichtige dabei die drei Perspektiven des „Drei-Dimensionen-Modells" (**M3**).

4. Immer mehr haben zu wollen und natürlich die neuesten Produkte, scheint ein Phänomen unserer Zeit zu sein.
   a) Überprüfe, ob dein wirtschaftliches Verhalten davon bestimmt wird. Tauscht euch in der Klasse zu dieser Frage aus.
   b) Überprüft an konkreten Beispielen, welche Folgen das für euch selbst (I), für die Anderen (II) und für das System (III) hat (**M3**).

## 1.2 Sind alle Wünsche gleich? Bedürfnisse und ihre Dringlichkeit

**M4** Was ich mir alles wünsche ...

**EINSTIEGSAUFGABE**

Und was wünschst du dir? Verschaffe dir Klarheit über die Art und die Dringlichkeit deiner Bedürfnisse: Notiere dazu zunächst deine drei momentan dringlichsten Wünsche und ordne sie nach ihrer Bedeutsamkeit für dich.

**H ZUR EINSTIEGSAUFGABE**
→ S. 268

## M5  Maslows „Bedürfnispyramide"

Der US-amerikanische Psychologe Abraham Maslow (1908 – 1970) ging der Frage „Was brauchst der Mensch wirklich?" nach. Bei seinen Untersu-
5 chungen stellte er fest, dass sobald ein Bedürfnis befriedigt ist, der Mensch nach einem höher angesiedelten Bedürfnis strebt. Je höher das Bedürfnis, desto später in der Entwicklung
10 einer Person entsteht es und desto weniger wichtig ist es für das reine Überleben, denn es kann leichter aufgeschoben werden. So kann man die verschiedenen Bedürfnisse nach ihrer Dringlichkeit in eine Reihenfolge bringen. Wie in einer Pyramide, 15 in der die grundlegendsten Bedürfnisse unten stehen. Auch wenn deine Wunschliste lang ist, so gibt es demzufolge doch Unterschiede und nicht 20 alle deine Bedürfnisse sind gleich dringend.

> **Physiologische Grundbedürfnisse:** biologische Bedürfnisse, wie die Notwendigkeit zu atmen, zu trinken, zu essen und zu schlafen.

> **Soziale Bedürfnisse:** nach Liebe, Zuneigung und Zugehörigkeit etwa zu einer Gruppe, einer Clique oder auch Geborgenheit in einer Familie.

> **Bedürfnisse nach Geltung und Wertschätzung:** Wunsch nach Beachtung, Anerkennung oder gar Bewunderung durch andere.

> **Bedürfnisse nach Selbsterfüllung oder Selbstverwirklichung:** so zu sein und zu handeln, wie es deinem inneren Drang entspricht, z. B. einem erfüllenden, sinnhaften Beruf nachzugehen.

> **Sicherheitsbedürfnisse:** Schutz vor Gefahr oder die Vorsorge für die Zukunft etwa durch Sparen. Angst und Furcht vor Bedrohungen sind die Auslöser dieser Bedürfnisse.

*Bearbeiter*

**Grenzen von Maslows Modell**

**Fall 1:**
Der mittellose Künstler, der sich völlig auf seine Kunst konzentriert und seinen Grundbedürfnissen kaum Aufmerksamkeit widmet. Wie passt er in Maslows „Bedürfnispyramide"?

**Fall 2:**
Haben wir in unserer Überflussgesellschaft nicht alle genug Schuhe oder Elektrogeräte und kaufen nicht aus Mangel, sondern weil wir etwas noch Besseres wollen?

## AUFGABEN

1. Erstelle ein Schaubild von Maslows „Bedürfnispyramide":
   a) Ordne dazu die fünf Bedürfniskategorien aus **M5** in dein Schaubild an der richtigen Stelle ein. Beginne mit der deiner Meinung nach dringlichsten Bedürfniskategorie ganz unten. Vergleiche dann deine Lösung mit einem Partner.
   b) Ordne nun deine eigenen Bedürfnisse aus der Einstiegsaufgabe in das Schaubild der Bedürfnispyramide ein.

2. Wilhelm Busch, der Zeichner, Dichter und Erfinder von Bildergeschichten wie Max und Moritz, schrieb in einem seiner Gedichte: „Ein jeder Wunsch, wenn er erfüllt, kriegt augenblicklich Junge!" Erkläre dieses Zitat mithilfe von Maslows Bedürfnispyramide.

3. Wir stellen Maslows Modell auf den Prüfstand. Überprüft dazu die beiden Fälle (**Randspalte S. 16**) in eurer Klasse.

## 1.3 Wirtschaften bedeutet entscheiden – aber wie?

**M6** Freitag 14:00 Uhr – Sandra muss um 15:00 Uhr schon wieder los und sich entscheiden

„Was ist mir die Entscheidung wert? Worauf muss ich dann verzichten?"
**KOSTEN**

„Was bringt es mir, wenn ich mich so entscheide?"
**NUTZEN**

| Variante | Kosten | Nutzen |
|---|---|---|
| Ins Heft | Ins Heft | Ins Heft |

**EINSTIEGSAUFGABE**
Arbeite mit einem Partner: Wählt für Sandra eine der drei Varianten. Stellt die Kosten und den Nutzen der jeweiligen Handlungsalternative (Variante) in einer Tabelle (Kosten-Nutzen-Analyse) gegenüber.

**Effizienz**
beschreibt das Verhältnis zwischen dem eingebrachten Aufwand (Kosten) und dem damit erzielten Ertrag (Nutzen). So ist etwa die Produktion von Fußbällen in einer darauf spezialisierten Fabrik effizienter als die Produktion in mühsamer Handarbeit, weil in der Fabrik pro Stunde weit mehr Fußbälle zu geringeren Kosten hergestellt werden können.

**Opportunitätskosten (Alternativkosten)**
sind die Kosten, die entstehen, weil unter Knappheit eine andere Alternative gewählt wurde. Diese bestehen in dem entgangenen Nutzen der nicht realisierten Alternative, auf die man verzichten muss. Kurz gesagt: Was dir entgeht, wenn du dich für das Fußballtraining und gegen das Eis entschieden hast.

### M7 Ökonomische Entscheidungen effizient treffen

Sandras und deine eigenen Fälle bringen uns auf die Spur der Effizienz und der Kosten der nächstbesten Alternative.

Manchmal ist es einfach: Etwa wenn du in einem Restaurant fürs Kellnern 10 Euro und in einem anderen Restaurant 14 Euro pro Stunde verdienen kannst. Der Aufwand ist derselbe: Es kostet dich eine Stunde deiner knappen Zeit sowie deine Arbeitskraft. Doch dein Ertrag, dein Nutzen, ist bei der 14 Euro-Variante klar größer, da du 4 Euro mehr verdienst. Wenn du diese Variante wählst, handelst du **effizienter**.

Oft ist es aber viel schwerer zu vergleichen und zu entscheiden als zwischen einem Geldbetrag von 10 Euro oder 14 Euro. Wenn du ins Fußballtraining gehst, dann fehlt dir die Zeit, mit Freunden in der Stadt Eis essen zu gehen. Doch was wiegt schwerer? Jede Entscheidung für eine Option bedeutet den Verzicht auf eine andere. Ökonomen nennen das **Opportunitäts- oder Alternativkosten**.

*Bearbeiter*

### M8 Entscheidungen unter der Lupe

Sandras Bruder Tim (15) hat am nächsten Tag eine Englisch-Klassenarbeit. Er hat mal wieder alle guten Vorsätze, rechtzeitig zu lernen, nicht befolgt und muss bis abends spät lernen. Nun muss er den Freunden absagen, die mit ihm einen Film schauen wollten.

Sandras und Tims Eltern entscheiden sich für den Kauf einer Eigentumswohnung, in der sie bereits wohnen, und gegen den Kauf eines eigenen Hauses.

Usain (16) entscheidet sich, in den nächsten Sommerferien mit Freunden in Urlaub zu fahren und kann dann keinen Schülerferienjob machen.

Ein mittelständischer Unternehmer entscheidet sich für eine Investition in eine neue Fabrikhalle und gegen die Anlage des Geldes zu 1 Prozent Zinsen.

*Bearbeiter*

## M9 Kosten-Nutzen-Analysen in der Diskussion

Ökonomen sind echt weltfremd! Ich mache doch nicht immer eine Kosten-Nutzen-Analyse, bevor ich eine Entscheidung treffe. Da habe ich doch keine Zeit dazu. Ich habe das einfach im Gefühl und entscheide aus dem Bauch heraus!

Kosten-Nutzen-Analysen helfen bei der Entscheidungsfindung unter Knappheit. So wird man gezwungen, sich genauer mit der Situation auseinanderzusetzen. Und das ist wichtig, um kluge, vernünftige Entscheidungen zu treffen.

*Bearbeiter*

### AUFGABEN

1. Sandras Lieblingsfußballmannschaft hat ihre zwei letzten Spiele gewonnen: Im ersten Spiel gewann sie 1:0 mit 2 Schüssen auf das gegnerische Tor und einer Laufleistung von durchschnittlich 10 km pro Spieler. Im zweiten Spiel gewann sie 2:0 bei 20 Schüssen auf das gegnerische Tor und einer durchschnittlichen Laufleistung von 11 km pro Spieler.
Erkläre mithilfe von **M7** und der **Randspalte** von **S. 18**, in welchem der beiden Spiele die Fußballmannschaft effizienter gespielt hat (Hinweis: Die Tordifferenz sei in unserem Fall unerheblich).

2. Erörtere mit einem Partner, warum ein effizientes Fußballspiel nicht unbedingt ein schönes Spiel sein muss.

3. Erläutere die Opportunitätskosten für die verschiedenen Akteure mithilfe einer Kosten-Nutzen-Analyse (**M8**).

4. Arbeite mit einem Partner. Jeder von euch übernimmt eine der beiden Rollen aus **M9**. Findet weitere Argumente und gestaltet die Diskussion.

**F ZU AUFGABE 2**
Kein Fußballfan? Erörtere an einem selbst gewählten Beispiel, warum effizientes Handeln nicht immer die beste Alternative ist.

# METHODE

## In Modellen denken – der Homo Oeconomicus

### I. Worum geht es?

Weil unsere Welt so komplex ist, entwickeln Wissenschaftler Theorien und vereinfachende Modelle, etwa um Einsichten über das Verhalten von Menschen in Knappheitssituationen zu bekommen. In diesem ökonomischen Verhaltensmodell (auch Modell des Homo Oeconomicus genannt), gehen Ökonomen in ihren vereinfachenden Grundannahmen zunächst unter anderem davon aus, dass Menschen immer rational (vernünftig) und zum eigenen Vorteil handeln. Das macht für die Modellierung vieles einfacher: Menschen werden folglich Entscheidungen unter Knappheit nach sorgsamer Abwägung von Kosten und Nutzen treffen. Sie werden nur das tun, was ihnen den größten persönlichen Vorteil bringt und diese Entscheidung dann durchhalten. Doch stimmen diese Annahmen? Handeln wir immer vernünftig? Sind wir wirklich stets auf unseren persönlichen Vorteil aus? Mithilfe von verhaltensökonomischen Experimenten kann man diese Grundannahmen des Homo Oeconomicus-Modells genauer überprüfen und kritisch hinterfragen.

### II. Geht dabei so vor:

---

**1. Schritt: Vorbereitung eines ökonomischen Experiments – das Ultimatumspiel**

Dir werden gemeinsam mit einem Mitschüler 100 Euro geschenkt. Wie teilt ihr das Geld untereinander auf?

| Spieler A | Spieler B |
|---|---|
| 1. Ein Betrag von 100 Euro soll unter zwei Personen aufgeteilt werden. Du bist in der Rolle von Spieler A und musst Spieler B ein Angebot (Ultimatum) machen. Wie viel soll er erhalten? Schreibe deine Aufteilung auf einen Zettel (z. B. Ich: 90 Euro, Du: 10 Euro) | 1. Ein Betrag von 100 Euro soll unter zwei Personen aufgeteilt werden. Du bist in der Rolle von Spieler B. Spieler A muss dir ein Angebot (Ultimatum) machen, wie viel du erhalten sollst. Er reicht dir dazu einen Zettel mit einer vorgeschlagenen Aufteilung. |
| 2. Spieler B kann dem Angebot zustimmen oder es ablehnen. Wenn Spieler B zustimmt, wird das Geld dem Vorschlag entsprechend aufgeteilt. Lehnt er ab, geht ihr beide leer aus. | 2. Du kannst dem Angebot zustimmen (✓) oder es ablehnen (x). Wenn du zustimmst, wird das Geld dem Vorschlag entsprechend aufgeteilt. Lehnst du ab, geht ihr beide leer aus. |
| 3. Die Regeln sind sehr streng: Ihr dürft nicht miteinander sprechen. Feilschen ist also unmöglich. | 3. Die Regeln sind sehr streng: Ihr dürft nicht miteinander sprechen. Feilschen ist also unmöglich. |

---

**2. Schritt: Durchführung und Auswertung des Ultimatumspiels**

1. Führt das Experiment in Partnerarbeit mit fünf verschiedenen Aufteilungen durch.
2. Wertet die Ergebnisse aus. Welche Aufteilung wurde häufig, welche selten gewählt?
3. Spieler B: „Ein Euro ist besser als kein Euro – auch wenn der Partner fast alles bekommt." Wirtschaftlich denkende und handelnde Menschen müssten sich doch eigentlich immer rational verhalten und auch kleinste Beträge annehmen. Begründet, warum die Spieler B gewisse Aufteilungen nicht mehr angenommen haben.
4. Erörtert, was man aus dem Experiment über Kosten-Nutzen-Entscheidungen und die Grundannahmen des ökonomischen Verhaltensmodells vom Homo Oeconomicus lernen kann.

*Bearbeiter*

# WAS WIR WISSEN

In diesem Kapitel hast du mehr über das Grundproblem der Ökonomie erfahren:

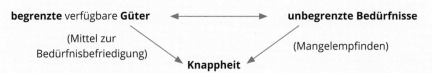

**Wirtschaftlich Handeln – das ökonomische Prinzip**
→ M2

Wenn knappe Mittel (wie z. B. Zeit und Geld) nicht verschwendet, sondern möglichst sparsam eingesetzt und die Bedürfnisse bestmöglich erfüllt werden, dann handelt man „wirtschaftlich" nach dem **ökonomischen Prinzip**.

Dabei gibt es zwei Varianten:
1. Beim **Maximalprinzip** soll mit **gegebenen Mitteln** möglichst viel, ein „maximaler" Nutzen oder Ertrag erreicht werden. So wird z. B. das Taschengeld so eingesetzt, dass man sich möglichst viele Wünsche erfüllen kann.

2. Beim **Minimalprinzip** soll ein **gegebenes Ziel** mit dem geringstmöglichen Aufwand oder mit möglichst wenigen Mittel erreicht werden, d. h. die Kosten sollen möglichst gering sein und „minimiert" werden, etwa der Kauf eines Getränkes zu einem möglichst geringen Preis.

---

Der Psychologe Abraham Maslow versuchte die unzähligen Bedürfnisse in fünf Bedürfnisgruppen zu ordnen. Stellt man diese in eine Rangfolge, so ergibt sich eine **Bedürfnispyramide**. So muss z. B. das Bedürfnis Essen gestillt sein, bevor wir ans Sparen denken. Ein überzeugend einfaches, jedoch nicht immer zutreffendes Modell.

**Unsere Bedürfnisse sind nicht alle gleich bedeutsam**
→ M5

---

Bei jeder Entscheidung für eine Variante (z. B. Eis essen mit Freunden oder für die Klassenarbeit lernen) entstehen **Opportunitätskosten** (Alternativkosten): Diese bestehen in dem entgangenen **Nutzen** der nicht genutzten Alternative. Dazu kann man eine Kosten-Nutzen-Analyse erstellen. Wichtig ist dabei auch die **Effizienz**, das Verhältnis zwischen eingebrachtem Aufwand und erzieltem Nutzen. Je größer der Nutzen im Vergleich zum Aufwand, desto effizienter ist das Handeln (z. B. eine höhere produzierte Stückzahl pro Stunde).

**Ökonomische Entscheidungen treffen unter Knappheit**
→ M7

---

Das **Modell des Homo Oeconomicus** ist ein Modell für die Erklärung menschlichen Verhaltens in Entscheidungssituationen. Es geht in seinen vereinfachenden Grundannahmen davon aus, dass der Mensch rational seinen eigenen Nutzen maximiert. Zahlreiche verhaltensökonomische Experimente (z. B. das Ultimatumspiel) haben jedoch gezeigt, dass Menschen keineswegs immer rational handeln.

**Das Modell des Homo Oeconomicus**
→ METHODE

1 Wirtschaft – worum es im neuen Fach geht

# WAS WIR KÖNNEN

### Grundbegriffe im Griff: eine „Begriffslandkarte" erstellen

So wie du in den Fremdsprachen Vokabeln lernen musst, so gibt es im Fach Wirtschaft wichtige Grundbegriffe, die du kennen solltest. Eine „Begriffslandkarte" (Concept-Map → Methodenglossar) eignet sich gut dazu, diese Begriffe und ihre Beziehungen zueinander grafisch darzustellen. Die Art des Zusammenhangs zwischen den Begriffen kann auf den Verbindungslinien oder -pfeilen festgehalten werden. Man kann die Begriffe einer Concept-Map aber auch in einer kleinen Gruppe oder in der Klasse mit Kärtchen an der Tafel gemeinsam ordnen und verknüpfen.

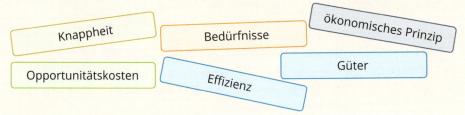

**H ZU AUFGABE 1**
→ S. 268

### Aufgabe 1

Visualisiere die Zusammenhänge zwischen den fettgedruckten Begriffen der WAS WIR WISSEN-Seite. Ordne die Begriffe dazu sinnvoll an (Nähe, Distanz, Gegensätze …) und ziehe Verbindungslinien. Beschrifte dann die Linien und schreibe gegebenenfalls weitere Informationen zu den Begriffen hinzu.

### Gestrandet auf einer einsamen Insel: Welche Bedürfnisse zählen?

Im Film „Cast Away" strandet der Postangestellte Chuck Noland nach einem Flugzeugabsturz auf einer unbewohnten Insel. Er lebt in einer Höhle und lernt, sich mit Fischen und Früchten zu versorgen. Nach vier Jahren wagt er ohne große Aussicht auf Erfolg die gefährliche Flucht von der einsamen Insel.

### Aufgabe 2

Erkläre mithilfe deines Wissens über die menschlichen Bedürfnisse, warum sich Noland zur Flucht von der Insel entschloss.

# WAS WIR KÖNNEN

## Wirtschaftlich handeln – auch in der SMV?

Die SMV eurer Schule hat durch ein erfolgreiches Projekt und Spenden von Sponsoren 6.000 Euro zur Verfügung. Nun gilt es, über deren Verwendung zu entscheiden. Du sollst die SMV dabei beraten. Die SMV würde gerne:

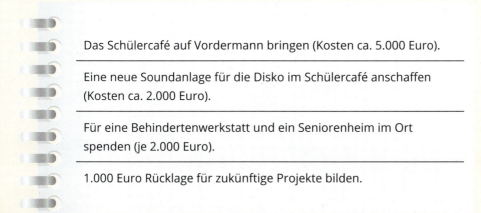

- Das Schülercafé auf Vordermann bringen (Kosten ca. 5.000 Euro).
- Eine neue Soundanlage für die Disko im Schülercafé anschaffen (Kosten ca. 2.000 Euro).
- Für eine Behindertenwerkstatt und ein Seniorenheim im Ort spenden (je 2.000 Euro).
- 1.000 Euro Rücklage für zukünftige Projekte bilden.

### Aufgabe 3
a) Erläutere zunächst, warum die SMV sich entscheiden muss.
b) Berate die SMV, indem du mit deinem Wissen aus dem Kapitel eine Kosten-Nutzen-Analyse erstellst und die Opportunitätskosten berücksichtigst.
c) Diskutiert in eurer Klasse, warum die Entscheidung in diesem Fall besonders schwer fällt.

## Wirtschaftlich Handeln – was heißt das? Wo liegen die Grenzen?

### Aufgabe 4

**H ZU AUFGABE 4**
→ S. 268

In diesem Kapitel hast du erfahren, was es heißt, wirtschaftlich zu handeln: Wenn du an deinen Alltag denkst, wann handelst du wirtschaftlich? Wann eher nicht, d. h. wo liegen die Grenzen deines wirtschaftlichen Handelns?
Schreibe einen Kommentar zum Thema „Wirtschaftliches Handeln – was heißt das? Wo liegen die Grenzen?" an deine Wirtschaftslehrerin/deinen Wirtschaftslehrer.

Deine **Checkliste** für einen guten **Kommentar**:
- eine packende Überschrift, die zum Lesen animiert
- eine These (Behauptung) zum wirtschaftlichen Handeln
- einen Überblick über die relevanten Informationen zum Thema (Tipp: Nutze dazu die Begriffe der WWW-Seite bzw. deiner „Begriffslandkarte" aus Aufgabe 1)
- eine begründete Stellungnahme
- einen Schluss mit deiner abschließenden Meinung zur These
- Stil-Tipp: Nicht zu lange Sätze formulieren und deinen Gedankengang nachvollziehbar machen.

## Selbstversuch: Was machst du mit 50 Euro?

**Deine Großeltern schenken dir 50 Euro. Wofür gibst du das Geld aus?**

- Süßigkeiten
- Weggehen und Kino
- Kosmetika
- Handyzubehör
- Zeitschriften
- Computerbedarf
- Snacks und Fast Food
- Bücher
- Klamotten
- Getränke
- Musik
- ... deine Kategorien

**Versuchsanleitung:**
1. Analysiere zunächst deine Ausgaben (Ich kaufe ... für ... Euro).
2. Stelle diese dann in einem Balken- oder Tortendiagramm dar (→ S. 227).

# Mit Geld umgehen

Wunderst du dich auch manchmal, wo eigentlich dein Geld hingeht? Deine Wunschliste ist noch lang, aber dein Taschengeld irgendwie immer zu wenig. Vielleicht verdienst du dir auch mit einem Schülerjob etwas dazu. Es gilt klug zu wirtschaften, wenn man mit seinem Geld auskommen will. Aber wie behält man seine Einnahmen und Ausgaben im Blick? Was muss man eigentlich beim Kauf beachten? Worauf muss man achten, wenn man sein Geld anlegen möchte? Und wie kann man es vermeiden, in die Schuldenfalle zu geraten? Um solche Fragen geht es in diesem Kapitel.

## KOMPETENZEN

**Am Ende des Kapitels solltet ihr Folgendes können:**
- einen Haushaltsplan erstellen und verantwortungsvoll mit deinem Einnahmen und Ausgaben haushalten
- Wechselbeziehungen im Wirtschaftskreislauf beschreiben
- erläutern, ob bzw. wann es für dich persönlich sinnvoller ist, dein Geld auszugeben oder zu sparen
- den rechtlichen Rahmen überprüfen und dabei erklären, wie Kaufverträge zustande kommen und unter welchen Bedingungen sie rechtwirksam sind
- die Bedeutung eines Girokontos für verschiedene Zahlungsarten beschreiben
- kritisch über dein ökonomisches Verhalten diskutieren und Interessen, Erwartungen und Handlungen in Tauschsituationen, z. B. als Käufer oder Geldanleger, beurteilen
- Ursachen und Folgen von Überschuldung erläutern und den Weg aus den Schulden aufzeigen

## WAS WISST UND KÖNNT IHR SCHON?

1. Führe den Selbstversuch durch.
2. Deine Eltern raten dir, einen Teil des geschenkten Geldes zu sparen. Überlege, was aus deiner Sicht für oder gegen diesen Vorschlag spricht.

## 2.1 Die Finanzen im Blick?
### 2.1.1 Einnahmen und Ausgaben – wie den Überblick behalten?

**M1** Tim braucht einen Plan

„Ich habe mein Taschengeld meist schon Mitte des Monats komplett ausgegeben. Mein Geld reicht nie. Dabei will ich mir doch mein Traum-Longboard kaufen. Das kostet aber 180 Euro. Kann ich mir das überhaupt leisten?"

*Bearbeiter*

**EINSTIEGSAUFGABE**
Tim möchte herausfinden, ob er sich das neue Longboard leisten kann. Erkläre, wie er vorgehen kann.

**Tipp:**
Keine Ahnung, wofür du wie viel Geld ausgibst? Führe doch für einige Zeit ein Haushaltsbuch, in das du alle deine Einnahmen und Ausgaben einträgst. Der Aufwand lohnt, nach wenigen Wochen bekommst du einen guten Überblick über deine Finanzen.

**M2** Einen Haushaltsplan erstellen

Um stets den Überblick über deine Finanzen zu behalten, empfiehlt sich die Erstellung eines **Haushaltsplans**. Dazu musst du in einer Tabelle die
5 **Einnahmen** und die **Ausgaben** gegenüberstellen. Ziehst du dann von deinen Einnahmen deine Ausgaben ab, so erhältst du deinen **Saldo**. Ist dieser positiv, hast du einen Überschuss erwirtschaftet. Ist dieser 10 negativ, hast du ein Defizit.

**Muster-Haushaltsplan – ein Beispiel für eine Einnahmen-Ausgaben-Rechnung**

**Hinweis:**
Jährlich anfallende Ausgaben musst du auf die Bezugsgröße deines Haushaltsplanes (Woche, Monat) umrechnen. Dasselbe gilt auch für Geburtstagsgeschenke oder andere einmalige Einnahmen (Beispiel: 60 Euro zum Geburtstag, macht dann in einem Monatsplan 5 Euro (60:12 = 5).

*Bearbeiter*

## M3 Tims Einnahmen und Ausgaben

Tim hat ein wenig den Überblick verloren und braucht deine Hilfe. Immerhin hat er dir eine erste Liste mit seinen Einnahmen und Ausgaben zusammengestellt:

*Bearbeiter*

## M4 Wie andere wirtschaften: Der passende Haushaltsplan zur Lebenssituation?

**Levin (18)** ist ein Fußballstar, zumindest in seiner Stadt. Fürs Abitur hat es nicht gereicht, aber ein 3-Jahres-Vertrag zunächst noch für die 2. Mannschaft eines Bundesligisten ist frisch unterschrieben. Er verdient jetzt plötzlich sensationelle 10.000 Euro netto (**Randspalte S. 27**) pro Monat. Der Hauptsponsor des Vereins hat ihn zusätzlich als Markenbotschafter engagiert und zahlt ihm 500 Euro pro Monat für Auftritte in der Region. Er hat sich bereits eine Penthouse-Wohnung in zentraler Lage gemietet. Die kostet stolze 4.500 Euro pro Monat, aber das gönnt er sich jetzt. Für seinen neuen Sportwagen werden 3.000 Euro Leasingrate pro Monat fällig. Für seine Urlaube und Kurztrips gibt er monatlich 1.000 Euro aus. Für Kleidung und Schuhe nochmal 1.000 Euro. Lebensmittel kauft er für 400 Euro und fürs Essen

**Brutto- und Nettolohn**
Levin wundert sich: „Mensch, mein Berater sagte doch, ich verdiene echt super? Warum kommt viel weniger auf meinem Konto an?" Vom Bruttolohn, der im Arbeitsvertrag festgelegt wurde, werden verschiedene Beträge abgezogen: etwa Steuern und Sozialabgaben (letztere sind Sozialversicherungsbeiträge zu Renten-, Arbeitslosen-, Kranken- und Pflegeversicherung). Der dem Arbeitnehmer zur Verfügung stehende Nettolohn ist nach diesen Abzügen entsprechend niedriger.

gehen mit seiner Freundin fallen nochmal 500 Euro an. Der Promi-Frisör schlägt mit 150 Euro pro Monat zu Buche, denn die Frisur muss sitzen. Unterhaltungselektronik kauft er auch sehr gerne, dafür werden 250 Euro fällig. Wünsche hat er noch mehr als genug, aber manchmal schmerzt ihn das leicht lädierte linke Kreuzband. Seit nun sogar einige seiner Fußballidole im Fernsehen fürs Sparen werben, möchte auch er schon heute an morgen denken und von nun an **500 Euro** pro Monat als Altersvorsorge auf die hohe Kante legen.

**Familie Kovac:** Herr Kovac (42) arbeitet als Ingenieur bei einem lokalen Automobilzulieferer. Er verdient monatlich 3.000 Euro netto. Seine Frau (43) arbeitet ebenfalls als Ingenieurin bei einer Maschinenbaufirma in der Region und verdient auch 3.000 Euro netto. Weil die Geschäfte in ihrer Firma sehr gut laufen, bekommt Frau Kovac in diesem Jahr 3.000 Euro Mitarbeiterbeteiligung. Herr Kovac bekommt in diesem Jahr allerdings leider keinen Bonus. Das Ehepaar nimmt jedoch auch noch 30 Euro an Zinsen pro Monat ein. Für jedes der beiden Kinder im Teenager-Alter bekommen sie noch 194 Euro Kindergeld. Momentan zahlen sie 1.250 Euro Miete für ihre Wohnung (inklusive Strom, Wasser, Heizung...). Handys und Internet kosten 50 Euro. Für diverse Versicherungen gehen 400 Euro drauf. Der Unterhalt der beiden Autos kostet 500 Euro im Monat. Für Essen und Getränke geben sie, da ihnen eine gesunde Ernährung wichtig ist, insgesamt 750 Euro aus. Hinzu kommen noch für Urlaubsreisen der Familie auf den Monat gerechnet 300 Euro. Außerdem besitzt die Tochter ein eigenes Pferd, wofür 100 Euro für Futter und den Tierarzt pro Monat fällig werden. Den Eltern in Kroatien schicken sie monatlich 500 Euro als Zuschuss zur Rente in die alte Heimat. Kleidung und Schuhe kaufen sie im Schnitt für 350 Euro pro Monat und geben 50 Euro für Abos und 25 Euro für Bücher und andere Medien aus. Irgendwas ist immer kaputt oder Geschenke müssen gekauft werden, weshalb sie 250 Euro für Sonstiges veranschlagen. Nun haben sie ein kleines **Einfamilienhaus** gefunden, das sie gerne kaufen würden. Beim Hauskauf würde die bisherige Miete wegfallen, aber Zins und Tilgung für den Hauskredit (→ **S. 46**, **M11**) würden in den nächsten 25 Jahren monatlich mit **1.500 Euro** zu Buche schlagen. Die Nebenkosten für das neue Haus (Strom, Wasser, Heizung, Grundsteuer...) betragen 200 Euro pro Monat.

*Bearbeiter*

2.1 Die Finanzen im Blick? | 29

## M5 Zu viele Ausgaben?

»Die Kosten laufen uns davon. Ich muß einen von euch entlassen.«

*Karikatur: Tiki Küstenmacher*

### AUFGABEN

1. a) Stelle Tims monatliche Einnahmen und Ausgaben (**M3**) in einem Haushaltsplan (**M2**) dar.
   b) Beurteile anhand von Tims Saldo und seiner Ausgabenstruktur seine finanzielle Situation. Überprüfe dabei auch, ob Tim sich seinen Wunsch vom neuen Longboard (**M1**) erfüllen kann.

2. Arbeite mit einem Partner: Entwickelt Vorschläge und erläutert Tim, wie er seinen Traum früher wahr werden lassen kann.

3. Können sich Levin und Familie Kovac ihre jeweiligen Wünsche erfüllen (**M4**)? Arbeitet in Gruppen:
   a) Bildet zwei Zweiergruppen: Jede Zweiergruppe stellt nun einen der beiden Haushaltspläne auf (Monatszeitraum).
   b) Tauscht euch danach zunächst mit einer oder mehreren anderen Zweiergruppen aus, die denselben Plan erstellt haben. Vergleicht dabei eure Ergebnisse (insbesondere die Salden mit und ohne das jeweilige Ziel/den jeweiligen Wunsch).
   c) Präsentiert anschließend den aufgestellten und überprüften Plan euren Ausgangsgruppenmitgliedern (Vierergruppe). Beurteilt gemeinsam, welcher Plan zu welcher Lebenssituation passt und was in Bezug auf die jeweiligen Ziele/Wünsche verändert werden sollte.

4. Analysiere die Karikatur **M5**. Entwickelt Lösungsvorschläge, wie eine Familie mit einer solchen Situation umgehen kann.

**F ZU AUFGABE 3c**
Entwickelt bei Bedarf für Levin und Familie Kovac sinnvolle Lösungsvorschläge, die Einnahmen zu erhöhen oder die Ausgaben zu kürzen (**M4**).

## 2.1.2 Der Wirtschaftskreislauf – wie hängt alles zusammen?

**M6** Was passiert mit meinem Geld?

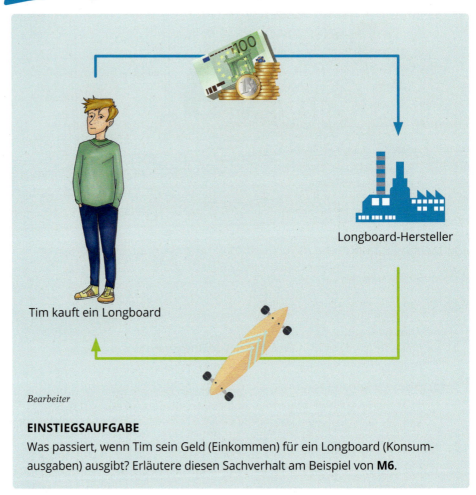

Tim kauft ein Longboard

Longboard-Hersteller

Bearbeiter

**EINSTIEGSAUFGABE**
Was passiert, wenn Tim sein Geld (Einkommen) für ein Longboard (Konsumausgaben) ausgibt? Erläutere diesen Sachverhalt am Beispiel von **M6**.

---

**Verschiedene Einkommensarten**
Familien beziehen oft Einkommen aus verschiedenen Quellen: zum einen aus dem Faktor Arbeit (z. B. Lohn), dem Faktor Boden (z. B. Mieteinkünfte für eine vermietete Wohnung) und dem Faktor Kapital (z. B. Zinsen für Spargutthaben), zum anderen Einkünfte aus Transferleistungen vom Staat, wie z. B. das Kindergeld für Tim und Sandra.

**M7** Der einfache Wirtschaftskreislauf

Schauen wir uns den **Geld- und Güterkreislauf** genauer an: Um die Vielzahl der wirtschaftlichen Verflechtungen in einer Volkswirtschaft überschaubar darzustellen, fasst man zunächst die Akteure zu **Sektoren** (Wirtschaftseinheiten) zusammen. So wird das Ganze viel übersichtlicher: Familie Müller gehört z. B. zum Sektor private Haushalte. Die Arbeitgeber von Tims Eltern zählen zum Sektor Unternehmen. Sowohl Haushalte als auch Unternehmen haben Einnahmen und Ausgaben. Die Einkommen der Haushalte, etwa aus Lohnzahlungen der Unternehmen, fließen nun in Konsumausgaben und sind dann die Einnahmen der Unternehmen, die diese Güter (Waren oder Dienstleistungen) auf den Märkten anbieten. So ergibt sich ein einfaches Kreislaufmodell einer Volkswirtschaft.

2.1 Die Finanzen im Blick? 31

*Bearbeiter*

**Einfaches Kreislaufmodell**
Im einfachen Kreislaufmodell wird davon ausgegangen, dass die Haushalte ihr Einkommen vollständig für den Konsum ausgeben und die Unternehmen ihre Gewinne vollständig für Löhne und Gehälter.

**Erklärfilm „Wirtschaftskreislauf"**

Mediencode: 82031-01

## AUFGABEN

1. Beschreibt in euren eigenen Worten anhand des Schaubilds in **M7** die Beziehungen zwischen den Haushalten und den Unternehmen. Wendet dazu das Beispiel von Tims Mutter an, die als Ärztin in einer Privatklinik arbeitet.

2. Überprüfe, inwieweit bereits das Modell des einfachen Wirtschaftskreislaufs von der Realität abweicht (**M7, Randspalte S. 31**) und charakterisiere mögliche Erweiterungen.

3. Neben den beiden Sektoren private Haushalte und Unternehmen kann man im erweiterten Wirtschaftskreislauf (→ **S. 38**) auch noch den Staat, die Banken und das Ausland zu Sektoren zusammenfassen. Erweitere das Modell in **M7**, indem du diese Akteure anhand der im Folgenden aufgeführten Sachverhalte in den Wirtschaftskreislauf einordnest.
    a) Staat: Deine Eltern bekommen Geld vom Staat in Form von Kindergeld. Deine Eltern geben einen Teil ihres Lohnes als Steuern und Sozialabgaben an den Staat ab.
    b) Banken: Du bekommst zum Geburtstag von deinen Großeltern 60 Euro geschenkt und zahlst dieses Geld auf dein Konto ein. Dafür erhältst du Zinsen von der Bank. Die Bank leiht deinen Eltern Geld für ein neues Auto. Dafür müssen diese monatlich einen Teil des geliehenen Geldes und zusätzliches Geld als Zinsen (Leihgebühr) zurückzahlen.
    c) Ausland: Dein Vater erhält eine Barausschüttung (Dividende) aus Auslandsaktien, die er in seinem Aktiendepot bei einer inländischen Bank hält. Im Auslandsurlaub geht deine Familie essen.

4. Analysiere mögliche Machtverhältnisse im erweiterten Wirtschaftskreislauf.

**H ZU AUFGABE 4**
→ S. 268

## 2.1.3 Kaufverträge – unter welchen Bedingungen kommen sie zustande?

### M8 Darf ich alles kaufen?

Tim (15) hat genug Geld gespart und kann sich nun seinen langersehnten Wunsch, das Longboard, erfüllen. Doch seine Schwester Sandra ist skeptisch: „Du darfst doch so was noch gar nicht selbst kaufen, du bist noch nicht volljährig". Stimmt das?

*Bearbeiter*

**EINSTIEGSAUFGABE**
Gebt eine erste Einschätzung ab, ob Tim das Longboard kaufen darf. Begründet eure Entscheidung.

### M9 Geschäftsfähigkeit

Wer etwas kaufen möchte, schließt einen Vertrag mit dem Verkäufer. Dies gilt auch für das Internet. Das Gesetz erlaubt erst ab einem bestimmten Alter, einen solchen Kaufvertrag zu schließen. Man nennt diese Erlaubnis „Geschäftsfähigkeit".
- **Geschäftsunfähig:** Bis zum 7. Lebensjahr ist man geschäftsunfähig. D. h., die Eltern müssen den Kauf erlauben.
- **Beschränkt geschäftsfähig:** Ab dem vollendeten 7. Lebensjahr bist du beschränkt geschäftsfähig. Dies bedeutet, dass du ohne Zustimmung deiner Eltern oder anderer „gesetzlicher Vertreter" Verträge abschließen darfst. Allerdings können deine Eltern den Kauf wieder rückgängig machen, wenn sie damit nicht einverstanden sind.
- **Unbeschränkt (voll) geschäftsfähig:** Ab 18 Jahren bist du volljährig und auch voll geschäftsfähig. D. h., du brauchst für den Kauf von niemandem mehr eine Erlaubnis.

*Bearbeiter*

### M10 Was sagt das Gesetz?

Tim will es etwas genauer wissen: Im Internet stand etwas vom „Taschengeldparagrafen" des Bürgerlichen Gesetzbuches. Im Bücherregal seiner Mutter steht ein Bürgerliches Gesetzbuch, dort sucht Tim nach den relevanten Paragrafen:

> **§ 1 Beginn der Rechtsfähigkeit**
> Die Rechtsfähigkeit des Menschen beginnt mit der Vollendung der Geburt.

## § 106 Beschränkte Geschäftsfähigkeit Minderjähriger
Ein Minderjähriger, der das siebente Lebensjahr vollendet hat, ist [...] in der Geschäftsfähigkeit beschränkt.

## § 107 Einwilligung des gesetzlichen Vertreters
Der Minderjährige bedarf zu einer Willenserklärung, durch die er nicht lediglich einen rechtlichen Vorteil erlangt, der Einwilligung seines gesetzlichen Vertreters.

## § 108 Vertragsschluss ohne Einwilligung
(1) Schließt der Minderjährige einen Vertrag ohne die erforderliche Einwilligung des gesetzlichen Vertreters, so hängt die Wirksamkeit des Vertrags von der Genehmigung des Vertreters ab.

## § 110 Bewirken der Leistung mit eigenen Mitteln („Taschengeldparagraf")
Ein von dem Minderjährigen ohne Zustimmung des gesetzlichen Vertreters geschlossener Vertrag gilt als von Anfang an wirksam, wenn der Minderjährige die vertragsmäßige Leistung mit Mitteln bewirkt, die ihm zu diesem Zweck oder zu freier Verfügung von dem Vertreter oder mit dessen Zustimmung von einem Dritten überlassen worden sind.

## § 516 Begriff der Schenkung
(1) Eine Zuwendung, durch die jemand aus seinem Vermögen einen anderen bereichert, ist Schenkung, wenn beide Teile darüber einig sind, dass die Zuwendung unentgeltlich erfolgt.

*Bürgerliches Gesetzbuch (BGB) in der Fassung der Bekanntmachung vom 02.01.2002*

### Bürgerliches Gesetzbuch (BGB)
Im Bürgerlichen Gesetzbuch (BGB) stehen die Gesetze, die das Privatrecht (Zivilrecht), also die rechtlichen Beziehungen zwischen Privatpersonen (Bürgerinnen und Bürgern) regeln. So etwa ab wann eine Person als volljährig gilt oder was ein gültiger Vertrag ist. Das BGB kann verändert werden.

## M11 Meine Rechte und Pflichten beim Einkauf

Sind sich Verkäufer und Käufer über die Sache, deren Eigenschaften und den Preis einig, so schließen sie einen Kaufvertrag. Der Verkäufer verpflichtet sich, dem Käufer die Sache ohne Mängel zu übergeben und der Käufer verpflichtet sich, dem Verkäufer den vereinbarten Kaufpreis zu zahlen und die gekaufte Sache abzunehmen. Der Kaufvertrag kommt zustande, wenn beide Seiten ihren Willen zum Kaufge-

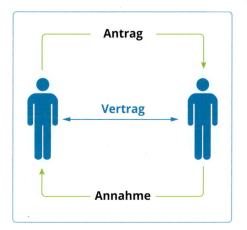

### Allgemeine Geschäftsbedingungen (AGB)
Wenn du einen Kaufvertrag abschließt, dann akzeptierst du gleichzeitig die allgemeinen Geschäftsbedingungen (AGB) des Verkäufers, sofern die dort genannten Rechte und Pflichten im gesetzlichen Rahmen liegen. Dort erfährst du z. B. etwas über mögliche Versandkosten, Zahlungsbedingungen, Umtausch und Garantie. Viele setzen online sofort ein Häkchen unter das „Kleingedruckte", wie die AGB auch genannt werden. Das ist riskant, denn genau da steht, welche Rechte und Pflichten du eingehst.

**Tipp:**
Bewahre die Kaufbelege von teuren Einkäufen auf oder scanne sie ein. Benenne diese sauber mit Datum und Produktname und lege sie sinnvoll in einem PC-Ordner ab. Dann kannst du deine Rechte, etwa bei mangelhafter Ware am besten einfordern.

schäft eindeutig zum Ausdruck bringen. Das nennt man auch übereinstimmende Willenserklärungen: der eine bietet das Geschäft an (Antrag), der andere nimmt es an (Annahme). Willenserklärungen können mündlich oder schriftlich abgegeben werden. Aber auch durch schlüssiges Handeln, bei dem der Vertragspartner am Tun erkennen kann, dass man einen Vertrag schließen möchte, z. B. wenn der Kunde sein Obst an die Kasse legt und offensichtlich bezahlen möchte.

Käufer, die über den Versandhandel (auch im Internet) eingekauft haben, haben das Recht, von Ihrem Kauf zurückzutreten. Das nennt man **Widerrufsrecht**, d. h., wenn sie die Ware erhalten haben, können sie 14 Tage lang das bestellte Produkt zurückschicken und den Kaufvertrag widerrufen. Beim Widerruf muss der Käufer keine Gründe angeben. Käufer dürfen das Produkt allerdings nicht benutzen, sondern es nur anschauen und prüfen. Bei Downloads und Streaming erlischt das Widerrufsrecht mit Beginn des Herunterladens. Auch muss der Kunde die Kosten für Rücksendung tragen, sofern nichts anderes vereinbart wurde. Manche Online-Shops räumen aber immer noch freiwillig das Recht zur kostenlosen Rückgabe oder einem Umtausch ein.

*Bearbeiter*

## AUFGABEN

1. Erkläre mithilfe der Informationen zur Geschäftsfähigkeit (**M9**), ob Tim sich das Longboard (Preis 180 Euro) selbst kaufen darf.

2. Überprüfe folgende Fälle mithilfe der Informationen zur Geschäftsfähigkeit (**M9**) und des Gesetzestextes (**M10**) sowie unter Verwendung der Methode „Gesetzestexte verstehen" (→ **S. 35**):
   a) Darf Lena (5) sich alleine beim Bäcker eine Brezel kaufen?
   b) Darf Can (16) ein Handy für 0 Euro bekommen, das 24 Monate an einen Vertrag gebunden ist?
   c) Darfst du dir im Internet das neueste Videospiel für deine Spielkonsole kaufen?

3. a) Arbeite aus **M11** die Bedingungen und jeweiligen Pflichten und Rechte für Käufer und Verkäufer für das Zustandekommen eines Kaufvertrages heraus.
   b) Erkläre deine Rechte und Pflichten beim Einkauf anhand eines selbstgewählten Beispiels (**M11**).

4. Tim hat sich sein Longboard bei einem Online-Händler bestellt. Beim Auspacken des Paketes stellt er erschrocken fest, dass er im Internet die falsche Variante bestellt hat. Überprüfe mithilfe von **M11**, ob bzw. unter welchen Bedingungen Tim seinen Kauf rückgängig machen kann.

5. **WebQuest** (→ Methodenglossar): Um Fehlbestellungen und qualitative Reinfälle zu vermeiden, kann man sich vor dem Kauf über Produkte genau informieren. Erstellt eine Liste zuverlässiger, unabhängiger Verbraucherinformations- und Verbraucherschutzportale, die euch informieren.

**WIRTSCHAFT KONKRET**
Wir checken unsere Mobilfunkverträge:
a) Recherchiert die AGBs und die Vertragsdetails eures Handy-Vertrages im Internet oder im Online-Kundencenter eures Mobilfunkanbieters.
b) Analysiert die AGBs und die Vertragsdetails eures Handy-Vertrages nun nach folgenden Gesichtspunkten: Tarifdetails (Flatrates, mobiles Internet), Mindestvertragslaufzeit, Kündigungsfrist, Abrechnung und Bezahlung, Modellkosten für ein Jahr.

2.1 Die Finanzen im Blick?

35

# METHODE

## Gesetzestexte verstehen

### I. Worum geht es?

Gesetzestexte sind in Fachsprache formuliert. Sie beinhalten viele Regelungen, Bestimmungen und Fachbegriffe. Gesetzestexte sind immer gleich aufgebaut: Sie haben eine Überschrift, ihr Anfang beginnt mit dem Paragrafenzeichen „§" und eine weitere Unterteilung erfolgt in Absätzen mit Nummern in Klammern, z. B. (1).

### II. Geht dabei so vor:

Mit den folgenden Schritten kannst du jeden Gesetzestext entschlüsseln:

**Beispiel: Darf sich Tim (15) von seinem ersparten Taschengeld ein Longboard kaufen (M1)?**

Betroffenes Gesetz/Artikel: *„Taschengeldparagraf"* → §110 Bewirken der Leistung mit eigenen Mitteln (BGB)

| 1. Schritt: Themengebiet klären |
| --- |

Was wird geregelt? Nenne den inhaltlichen Bereich, um den es geht.
→ Es geht um die Verwendung von Taschengeld.

| 2. Schritt: Unbekannte Begriffe klären |
| --- |

Kläre dir unbekannte Begriffe.
→ *Minderjähriger*: Jeder, der das 18. Lebensjahr noch nicht vollendet hat.
→ *Gesetzlicher Vertreter*: Jemand, der rechtlich für einen anderen handeln darf. In der Regel sind das die Eltern, manchmal auch das Jugendamt.
→ *Vertragsmäßige Leistung*: Produkt oder Dienstleistung, die gekauft wird.
→ *Mittel*: Geldbetrag

| 3. Schritt: Geltungsbereich eingrenzen |
| --- |

Auf wen bezieht sich diese Regelung?
→ Der §110 (BGB) bezieht sich auf Minderjährige.

| 4. Schritt: Regelung/Bestimmung verstehen |
| --- |

Was sagt die Regelung genau aus? Was ist der konkrete Inhalt des Paragrafen? Meist kann die Regelung in Tatbestand und Rechtsfolge zerlegt werden. Dabei wird der Tatbestand mit „wenn" eingeleitet und z. B. der Personengruppe, auf die sich die Regelung bezieht. Die Rechtsfolge erkennt man häufig, aber nicht immer, mit „so".
→ *Tatbestand*: „Wenn der Minderjährige die vertragsmäßige Leistung mit Mitteln bewirkt, die ihm zu diesem Zweck oder zu freier Verfügung [...] überlassen worden sind."
→ *Rechtsfolge*: „[...] Vertrag gilt als von Anfang an wirksam [...]." Hier wird geregelt, ob bzw. wann ein Minderjähriger das Taschengeld ohne Zustimmung z. B. der Eltern ausgeben darf: Unter 18-Jährige dürfen nur über einen (kleinen) Betrag in Höhe des Taschengeldes selber verfügen.

Fazit: Wenn Tim sich ohne Zustimmung seiner Eltern ein Longboard kauft, muss er damit rechnen, dass der Verkauf auf Bitte seiner Eltern hin rückgängig gemacht wird. Denn das Longboard ist teurer als der Betrag, der ihm als Taschengeld zur Verfügung steht.

*Bearbeiter*

## 2.1.4 Wozu brauche ich ein Girokonto?

### M12 Bargeldloses Bezahlen mit dem Handy – die Zukunft?

**EINSTIEGSAUFGABE**
Könnt ihr euch vorstellen, dass ihr in Zukunft nur noch bargeldlos mit eurem Smartphone bezahlen könnt? Diskutiert in eurer Klasse die Vor- und Nachteile dieser Bezahlart und begründet eure Meinung.

**Tipp:**
Wenn du mit deiner EC-Karte bei fremden Banken Bargeld abhebst, werden oft hohe Gebühren erhoben. Du solltest also genau prüfen, ob deine kontoführende Bank in deiner Nähe auch einen Geldautomaten hat oder Teil eines Verbundes ist, sodass du mit deiner Karte problemlos und kostenlos an Bargeld kommst.

**Sicherheits-Tipps:**
1. Gib deine Kontodaten nicht an Personen, denen du nicht vertraust.
2. Lerne deine PIN sofort nach Erhalt auswendig und schreibe sie nicht auf einen Zettel in deinem Geldbeutel.
3. Gib deine PIN am Geldautomat oder im Geschäft immer verdeckt ein.
4. Kontrolliere regelmäßig deine Kontoauszüge, ob alle Buchungen stimmen.

### M13 Rund ums Girokonto

Ein Girokonto ist in erster Linie ein Konto zur Teilnahme am baren und bargeldlosen Zahlungsverkehr. Zunächst solltest du dir verschiedene Angebote einholen und die unterschiedlichen **Gebühren** vergleichen. Nach der Wahl der Bank musst du einen Antrag zur Kontoeröffnung ausfüllen. Dann ist zunächst eine **Legitimation** nötig, d. h. ein Personalausweis oder ein Reisepass muss vorgelegt und eine Unterschriftenprobe abgegeben werden. Bei Jugendlichen **unter 18 Jahren** brauchst du die **Zustimmung der Erziehungsberechtigten** bei der Kontoeröffnung. Nach Eröffnung erhältst du dann eine **IBAN**, eure 22stellige Bankkontonummer. Außerdem bekommst du eine EC-Karte (**girocard**), mit der du Bargeld am Automaten abheben oder direkt im Geschäft (quasi als „Plastikgeld") bezahlen kannst. Aus Sicherheitsgründen musst du bei solchen Bezahlvorgängen eine **Persönliche Identifikationsnummer (PIN)** eingeben oder den Zahlungsbeleg mit der eigenen Unterschrift bestätigen. Immer beliebter wird auch das Bezahlen per App. Damit du den Überblick nicht verlierst, gibt es **Kontoauszüge**, die zeigen, welche Beträge (Einnahmen und Ausgaben) auf deinem Konto verbucht wurden und wie dein aktueller Kontostand (**Saldo**) ist. Die Auszüge kannst du online anschauen, als pdf-Dokument herunterladen oder am Kontoauszugsdrucker der Bank ausdrucken. Manchmal werden dabei die Begriffe „**Soll**" (eine Belastung oder ein Minus) und „**Haben**" (eine Gutschrift oder ein Plus) verwendet. Für junge Leute unter 18 Jahren werden Girokonten aber nur auf Guthabenbasis geführt. Das bedeutet, dass du das Konto nicht „überziehen" und damit nur so viel ausgeben kannst, wie du Guthaben auf deinem Konto hast.

*Bearbeiter*

2.1 Die Finanzen im Blick?

37

## M14 Online-Banking und verschiedene Zahlungsarten

Viele Menschen führen ihr Girokonto mittlerweile online und bequem von zu Hause aus. Dazu braucht es zunächst einen Online-Banking-Vertrag. Dann kannst du über eine App oder die Internetseite der Bank nach Eingabe deiner **Zugangsdaten** auf dein Konto zugreifen. Dazu bekommst du für jeden Auftrag eine **Transaktionsnummer (TAN)** z. B. auf dein Handy geschickt.

**Bargeldlose Zahlungsarten:**
- **Überweisung:** Dazu benötigst du den Namen desjenigen, der das Geld erhalten soll (Begünstigter), dessen IBAN und meist einen Verwendungszweck (z. B. eine Rechnungsnummer, eine Kundennummer o. ä.), damit der Begünstigte auch nachvollziehen kann, dass du es bist, der bezahlt hat.
- **Dauerauftrag:** Dies ist eine regelmäßige Überweisung mit einem bestimmten Betrag.
- **Lastschrift:** Wenn du regelmäßig Rechnungen bezahlen musst, die in der Höhe jedoch unterschiedlich sind, dann macht eine Lastschrift Sinn. Du erteilst damit dem Rechnungssteller die Erlaubnis, die anfallenden Beträge von deinem Konto einzuziehen. Dazu muss aber auch immer genug auf deinem Konto sein, sonst werden schnell teure Gebühren fällig.

*Bearbeiter*

**Vorsicht beim Online-Banking**
Trotz PIN und TAN gibt es immer wieder sogenannte Phishing-Attacken, bei denen Bankkunden auf gefälschte Homepages gelockt werden und Hacker dabei versuchen, die Kontodaten und Passwörter auszuspähen. Manchmal wird auch per E-Mail dazu aufgefordert, die Kontodaten irgendwo einzugeben oder an Anbieter vorab Geld zu überweisen. Hier ist gesundes Misstrauen angebracht und im Zweifelsfall solltet ihr zuerst bei eurer Bank nachfragen.

## AUFGABEN

1. Arbeitet mit einem Partner und stellt euch eure Ergebnisse gegenseitig vor.
   a) Partner 1: Gestalte auf Grundlage von **M13** einen Kurzvortrag (→ Methodenglossar) zum Thema „Girokonto und bargeldloser Zahlungsverkehr".
   b) Partner 2: Bereite mithilfe von **M14** einen Kurzvortrag (→ Methodenglossar) zum Thema „Online-Banking und verschiedene Zahlungsarten" vor.

2. Übertrage die Matrix in dein Heft. Ordne die jeweils am besten geeigneten Zahlungsarten zu (**M14**) und begründe deine Entscheidung.

| Situation | Zahlungsart | Begründung |
|---|---|---|
| Rechnung für die Reparatur deines PCs | | |
| monatlicher Beitrag für den Tanzkurs im Fitnessstudio | Ins Heft | |
| Handy-Rechnung | | |

3. Gestaltet ein Streitgespräch (→ Methodenglossar), indem ihr erörtert, ob die Abschaffung des Bargeldes und das Bezahlen ausschließlich per Handy-App eine gute Idee wäre. Berücksichtigt dabei die Folgen für euch selbst (I), die Anderen (II) und das System (III).

4. **WebQuest** (→ Methodenglossar): Wer findet das beste Girokonto? Führt eine Internetrecherche durch und vergleicht Jugendgirokonten. Präsentiert euren Gewinner.

**F** ZU DEN AUFGABEN 1a UND b
Alle fettgedruckten Begriffe sollen darin vorkommen.

**H** ZU AUFGABE 4
→ S. 268

# WAS WIR WISSEN

**Mit Geld umgehen – meine Einnahmen und Ausgaben im Blick**
→ M2

In diesem Kapitel stand der Umgang mit Geld im Mittelpunkt. Grundlegend ist dabei das Verständnis für **Salden** sowie Einnahmen und Ausgaben.

Um den Überblick über die eigenen Finanzen zu behalten, ist es ratsam, seine Ausgaben in einem Haushaltsbuch zu dokumentieren. Damit man besser mit seinem vorhandenen Geld auskommt oder wenn man eine teurere Anschaffung plant, hilft ein **Haushaltsplan** (**Einnahmen-Ausgaben-Rechnung**), sich einen Überblick zu verschaffen, wieviel Geld einem im Monat zur Verfügung steht. Hier werden die Einnahmen den Ausgaben gegenübergestellt und so der aktuelle **Saldo** ermittelt.

**Wie alles zusammenhängt – der Wirtschaftskreislauf als Modell**
→ M7

Um die vielschichtigen Vorgänge in einer Volkswirtschaft besser verstehen zu können, werden die Abläufe in Modellen einfacher dargestellt, als sie in Wirklichkeit sind. Im **erweiterten Wirtschaftskreislauf** werden dazu die verschiedenen Wirtschaftsakteure in Sektoren zusammengefasst: private Haushalte, Unternehmen sowie Staat, Banken und Ausland. Die wesentlichen Tauschvorgänge zwischen diesen Akteuren werden als Geld- und Güterströme dargestellt, wodurch man Machtverhältnisse analysieren kann.

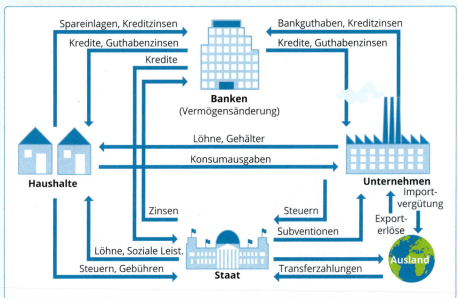

*Nach: Udo Schmitz/Bernd Weidtmann, Handbuch der Volkswirtschaftslehre, Stuttgart 2000, S. 66 f.*

**H ZU TRANSFERZAHLUNGEN**
→ S. 269

## WAS WIR WISSEN

Das Bürgerliche Gesetzbuch (BGB) schränkt einige Rechte für Kinder und Jugendliche beim Kauf zu deren Schutz ein. Mit zunehmendem Alter bekommt man aber immer mehr Rechte und erlangt die **Geschäftsfähigkeit**:

| 0-7 Jahre | 7-18 Jahre | Ab 18 Jahren |
|---|---|---|
| geschäftsunfähig | beschränkt geschäftsfähig | unbeschränkt geschäftsfähig |

Eine Besonderheit ist der sogenannte Taschengeldparagraf. Wenn Kinder und Jugendliche nur ihr Taschengeld zum Kauf verwenden, dürfen sie ab 7 Jahren alleine entscheiden, was sie kaufen möchten (§110 BGB).
**Kaufverträge** kommen zustande, wenn Käufer und Verkäufer eine übereinstimmende **Willenserklärung** abgeben.

**Kaufverträge und gesetzliche Regelungen für ihr Zustandekommen**
→ M9, M11

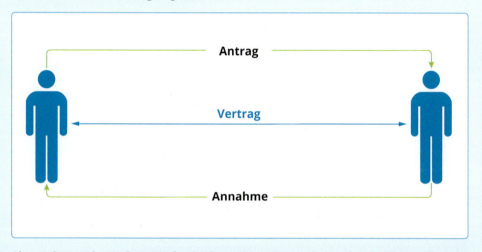

Aber Achtung: bei jedem Kauf unbedingt die AGBs prüfen, ggf. das **Widerrufsrecht** nutzen sowie auch das Thema Umgang mit persönlichen Daten und Datenschutz v. a. bei **Online-Geschäften** beachten.

Ein **Girokonto** ist die „Eintrittskarte" zur Teilnahme am baren und bargeldlosen Zahlungsverkehr. Viele Banken bieten Jugendlichen besondere Jugendkonten auf Guthabenbasis meist mit günstigeren Bedingungen an. Hier lohnt ein Vergleich. Mit dem Girokonto sind auch **verschiedene** bargeldlose **Zahlungsarten** möglich:

| Situation: | Einmalige Rechnung | Monatlich anfallender Betrag in selber Höhe | Monatlich anfallender Betrag in unterschiedlicher Höhe |
|---|---|---|---|
| Zahlungsart: | Überweisung | Dauerauftrag | Lastschrift |

**Die Bedeutung eines Girokontos für verschiedene Zahlungsarten**
→ M13, M14

Auch Online-Bezahldienste und Zahlsysteme sind eine Möglichkeit für die bargeldlose Zahlung von Einkäufen etwa in Online-Shops und erfreuen sich zunehmender Beliebtheit. Das Konto online führen ist bequem und spart Kosten. Beim **Online-Banking** sind jedoch besondere Sicherheitsmaßnahmen zu beachten, um nicht Opfer von Betrügern zu werden.

## 2.2 Ausgeben, sparen, anlegen – was tun mit meinem Geld?

### 2.2.1 Ist sparen sinnvoll?

**M1**   **Unverhofft Geld**

**Zinsen**

Zinsen sind eine Art „Miete" für Geld. Leihst du der Bank oder einem Unternehmen dein gespartes Geld, bekommst du Zinsen. Leiht die Bank dir Geld, bekommt sie von dir Zinsen.

**Zinseszins**

Geld für sich arbeiten lassen? Der Zinseszins-Effekt entsteht, wenn man gutgeschriebene Zinsen nicht jedes Jahr vom Konto holt, sondern sie dort belässt und sie jedes Jahr aufs Neue mitverzinst werden. Im Internet gibt es Zinseszinsrechner. Recherchiere doch mal online und berechne den Zinseszinseffekt für dein Erspartes.

Oma Müller hat ein altes Sparkonto aufgelöst und beschlossen: Ihre Enkel Sandra und Tim bekommen je 2.500 Euro. Beim Abendessen entwickelt sich eine Diskussion darüber, wie sie das Geld verwenden sollen.

**Tim:** „Ich habe das Geld geschenkt bekommen. Ich möchte ein Mountainbike und eine Spielkonsole. Ich will das Geld nicht für irgendetwas sparen!"

**Vater:** „Wenn du 18 bist, wirst du den Führerschein machen wollen. Vielleicht möchtest du dir auch einen Roller kaufen oder mal eine längere Zeit ins Ausland gehen. Das alles kostet viel Geld. Wenn wir deine 2.500 Euro in Aktien anlegen, haben wir die Chance, daraus in vier Jahren 3.000 Euro zu machen."

**Mutter:** „Lass uns das Geld lieber auf der Bank anlegen. Das bringt Zinsen und man weiß doch nie, wofür du das Geld in ein paar Jahren brauchst. Was ist, wenn die Aktienpreise dann gerade im Keller sind? Falls du studierst, brauchst du vielleicht ein Notebook oder Möbel."

**Sandra:** „Lasst uns das doch in Ruhe überlegen!"

*Bearbeiter*

**EINSTIEGSAUFGABE**

Entscheidet, auf welcher Seite der Diskussion ihr steht und begründet dies.

**M2**   **Sparziele**

Sparen heißt zunächst einmal, auf gegenwärtigen Konsum zu verzichten, um in Zukunft über einen größeren Geldbetrag verfügen zu können. Das Sparen kann unterschiedlichen Zielen dienen. Spart man für unvorhergesehene Ausgaben (wie z. B. eine überraschende Fahrrad- oder Autoreparatur) oder plötzliche Einnahmeausfälle (z. B. durch Arbeitslosigkeit), so nennt man das Vorsorgesparen. Vorsorgesparen gibt allgemein mehr Sicherheit bei der Lebensplanung. Spart man für eine Urlaubsreise, ein Auto oder den Führerschein, so spricht man vom Zwecksparen. Man spart für eine größere Anschaffung, also einen konkreten Konsumwunsch

2.2 Ausgeben, sparen, anlegen – was tun mit meinem Geld?

in der Zukunft. Vermögenssparen hat
das Ziel Rendite, d. h. Ertrag zu erzielen und das Vermögen zu vermehren.
Sparen hat nämlich den Vorteil, dass
man Geld dafür bekommt, wenn
man das Geld zum Beispiel bei einer
Bank anlegt. Dann erhält man Zinsen. In den meisten Fällen ist es aber
nicht möglich, zwischen den Sparzielen eindeutige Grenzen zu ziehen.

*Bearbeiter*

## M3 Haltet das Geld

Steigende Preise auf der einen Seite,
niedrige Zinsen auf der anderen:
Diese Kombination könnte 2017 zum
„allerschlechtesten Jahr" für Sparer
seit Langem werden lassen, warnte
jüngst Clemens Fuest. Der Präsident
des Münchner ifo Instituts befürch-
tet, das Vermögen der Bürger werde
„so stark wie lange nicht mehr" ent-
wertet. [...]
Eine Inflationsrate von knapp unter
zwei Prozent im Euro-Raum ist zwar
das erklärte Ziel der EZB und gilt
als stabiles Preisniveau. Doch im
Februar lag die Rate in Deutschland
bereits bei 2,2 Prozent – so hoch wie
zuletzt 2012 – und im gesamten Euro-
Raum bei 2,0 Prozent. Was angesichts der niedrigen Zinsen bedeutet,
dass Guthaben auf Giro- und Tages-
geldkonten noch schneller an Wert
verlieren.
Sebastian Murawski merkt sofort,
wenn die Preise steigen. [...] Im Auftrag des Statistischen Amts für Hamburg und Schleswig-Holstein schaut
er nach, welche Produkte teurer oder
billiger geworden sind. [...]
Murawski [...] weiß über Preise fast
alles. [...] Nur eines weiß Sebastian
Murawski nicht so recht: wie er
sein Geld anlegen soll [...]. [...] Also
sammelt sich das Geld auf einem
Tagesgeldkonto, erzählt Murawski,
er will halt auf Nummer sicher gehen.
Auf Nummer sicher gehen: Diesen Wunsch bekommt auch Marco
Herrmann, [Geschäftsführer der Fi-
duka Depotverwaltung in München],
immer wieder zu hören. „Die
Deutschen fürchten, dass ihr Geld
auf lange Sicht durch die Inflation an
Wert verliert, und scheuen zugleich
kurzfristige Verluste mit Aktien",
sagt Herrmann [...]. [...] Herrmann
beobachtet aber nicht nur, dass viele
Anleger und Sparer aus Angst die
richtigen Schritte unterlassen – aus
Übermut machen sie mitunter die falschen.

*Jens Tönnesmann, www.zeit.de, Jetzt wird's brenzlig,
30.03.2017*

## AUFGABEN

1. Prüft mithilfe von **M2**, welche Sparziele Sandras und Tims Eltern (**M1**) verfolgen.

2. Ausgeben oder sparen? Bildet einen Familienrat und erörtert mithilfe der
Informationen aus **M2**, was mit Sandras und Tims Geld geschehen soll.
Präsentiert eure begründete Entscheidung anschließend im Plenum.

3. Beurteilt die Auswirkungen von Niedrigzinsen auf Sparer (**Randspalte S. 41,
M3**).

---

**Inflation**
Inflation meint die
Geldentwertung durch
steigende Preise. Wenn
dein Lieblingsprodukt nun
mehr kostet, dann kannst
du für dasselbe Geld we-
niger davon kaufen.

**Realzins**
Wie hoch der Ertrag einer
Geldanlage nach Berück-
sichtigung der Inflationsrate ausfällt, zeigt der
Realzins. Dieser zeigt,
ob das Ersparte auf dem
Sparkonto an Kaufkraft
gewinnt oder verliert.
Nehmen wir einmal an,
du hast 100 Euro gespart
und bekommst 0,5 % Zins.
Dann bekommst du 50
Cent Zinsen von der Bank
pro Jahr. Wenn nun die
Inflation jedoch 1,5 % beträgt, dann besitzen deine
100 Euro und 50 Cent
nach Ablauf des Jahres
nur noch eine Kaufkraft
von 99 Euro (100 Euro +
50 Cent Zinsen – 1 Euro
und 50 Cent Inflation =
99 Euro Kaufkraft). Nur
wenn der Realzins positiv
ist, macht Sparen für die
Vermögensbildung Sinn.

🌐 **WebQuest**
(→ Methodenglossar):
Die Deutschen und
besonders die Schwaben
gelten als Sparweltmeister.
Recherchiere online die
aktuelle Sparquote
deutscher Privathaushalte
in verschiedenen Bundes-
ländern und vergleiche
diese mit anderen
europäischen Ländern.

## 2.2.2 Geld anlegen – aber wie?

**M4** Aktie oder Tagesgeld: Welche Anlage soll es sein?

**Erklärfilm „Aktien"**

Mediencode: 82031-02

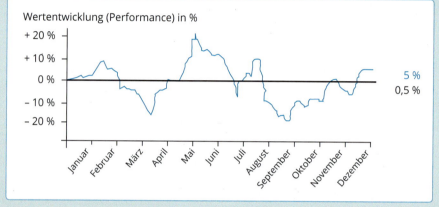

Entwicklung der ABC AG-Aktie (blauer Graph) im Vergleich zu Tagesgeld 0,5 % (schwarze Gerade):

*Bearbeiter*

**EINSTIEGSAUFGABE**

Frau Müller sagt: „Aktienanlagen sind viel zu riskant!" Überprüfe diese Aussage, indem du beide Anlagemöglichkeiten (Aktie und Tagesgeld) vergleichst.

**H ZUR EINSTIEGS-AUFGABE**
→ S. 269

**Ethisch-nachhaltige Werteaspekte**
In unserem Fall der ABC AG-Aktie kann man sich im Sinne der drei Dimensionen von Nachhaltigkeit (→ Schaubild S. 64) vor dem Kauf z. B. folgende Fragen stellen: Wie nachhaltig ist das Geschäftsmodell, d. h. setzt die Firma auf langfristige Ausrichtung oder geht sie hohe Risiken ein, um kurzfristige Gewinne zu erzielen (ökonomischer Aspekt von Nachhaltigkeit)? Wie geht das Unternehmen mit Ressourcen und der Umwelt um (ökologischer Aspekt)? Wie behandelt das Unternehmen seine Mitarbeiter (ethischer und sozialer Aspekt)?

**M5** Das magische Dreieck der Geldanlage

*Bearbeiter*

## M6 Anlageformen im Vergleich

Um eine geeignete Anlageform zu finden, wollen sich Tim, Sandra und ihre Eltern bei einer Bank beraten lassen. Die Bank bietet unter anderem die beiden folgenden Geldanlageformen an:

### Tagesgeld und Sparbuch

Auf dem **Tagesgeldkonto** ist dein Geld täglich verfügbar. Je nachdem wie hoch der aktuelle Zinssatz ist, bekommst du am Ende des Jahres oder des Quartals (Vierteljahres-)Zinsen für dein Guthaben. Es gibt fast kein Verlustrisiko, weil die Bank verpflichtet ist, einem Einlagensicherungssystem anzugehören, das im Notfall das Geld ausbezahlt.

### Tagesgeldkonto im Check – Hauptziel: Liquidität

| Rendite | Sicherheit | Liquidität |
|---------|------------|------------|
| gering  | hoch       | hoch       |

### Aktien, Aktienfonds und ETFs

Wenn man eine Aktie (auch Wertpapier genannt) kauft, dann erwirbt man ein Miteigentum an einem Unternehmen. Das Unternehmen gibt diese Aktien aus, um sich für Investitionen Geld zu beschaffen. Bei positiver Geschäftsentwicklung zahlen die Unternehmen oft eine Dividende (ausgeschütteter Gewinnanteil) an den Aktionär. Dieser kann die Aktien, die er zu einem bestimmten Wert gekauft hat, anschließend jederzeit wieder verkaufen (gegen Gebühr). Der Wert der Aktie schwankt, d. h. der Wert kann täglich (stark) fallen oder (stark) steigen, je nachdem, wie sich Angebot und Nachfrage entwickeln. Deshalb zählt die Aktie zwar zu den liquiden, aber auch zu den risikoreicheren Formen der Geldanlage. Geht das Unternehmen pleite, so ist das angelegte Geld im schlimmsten Fall komplett verloren. Dieses Risiko lässt sich verringern, wenn man in einen **Aktienfonds** investiert. Dabei handelt es sich um eine Mischung von Aktien verschiedener Unternehmen, die nach bestimmten Kriterien (Risiko, Branchen, Nachhaltigkeit...) in einem „Topf" zusammengefasst sind. Sie können von einem Manager nach den festgelegten Kriterien zusammengestellt werden (aktiver Aktienfonds) oder einfach einen der bekannten Indizes (z. B. den DAX) nachbilden und sämtliche Aktien kaufen, die dem Index angehören (passiver Indexfonds oder **Exchange Traded Fund (ETF)**). Diese ETFs erfreuen sich zunehmender Beliebtheit, da ihre Kosten wesentlich niedriger sind als bei einem aktiven Fonds und viele aktive Fondsmanager in der Vergangenheit schlechter als der Index abgeschnitten haben.

*Bearbeiter*

---

**Sparbuch**

Das Sparbuch ist eine sehr beliebte, weil sehr einfache Form des Sparens. Man kann auch kleinste Beträge kostenlos anlegen. Es ist aber auch etwas unflexibel: Man kann pro Monat nur 2.000 Euro abheben. Höhere Beträge müssen drei Monate vorher gekündigt werden und die Zinsen sind genauso niedrig wie beim flexibleren Tagesgeldkonto.

**Erklärfilm „Fonds"**

Mediencode: 82031-03

**Vorsicht bei der Bankberatung**

Bankberater sind Verkäufer. Man muss wissen, dass sie nicht immer und nicht nur im Interesse der Geldanleger handeln. Sie haben auch eigene Interessen und leben vom Verkauf bestimmter Anlageprodukte. Deshalb gibt es gesetzliche Regelungen zum Anlegerschutz, die mehr Transparenz herstellen sollen. Der Bankberater muss über Vermittlerhonorare (Provisionen) beim Produktverkauf informieren und dem Kunden ein Beratungsprotokoll aushändigen. Wichtig ist aber auch, sich selbst gut über angebotene Anlageformen zu informieren. Etwa mithilfe der Basisinformationsblätter (BIB) der Banken, die Informationen zu Risiken und auch zu Produktkosten enthalten müssen.

## M7 Wie legen die Deutschen ihr Geld an?

| Welche der folgenden Geldanlagen besitzen Sie zur Zeit? | | |
|---|---|---|
| Tagesgeld<br>50 % | Bausparvertrag<br>31 % | Fest- bzw. Termingeld<br>18 % |
| Sparbuch<br>44 % | Fondsanteile (z. B. Aktien- und Immobilienfonds sowie ETFs)<br>31 % | Sparvertrag, Sparbrief<br>10 % |
| Lebensversicherung oder private Rentenversicherung<br>34 % | Aktien<br>19 % | Gold<br>7 % |

*Nach: Gesellschaft für Konsumforschung; 20. Oktober bis 6. November 2015; 1.794 Befragte; 18 – 69 Jahre, © Statista 2017, Quelle: Bank of Scotland*

## M8 Gute Tipps zur Geldanlage

„[Bei der Geldanlage] nicht alle Eier in einen Korb legen."
**Harry M. Markowitz**, *amerikanischer Ökonom und Wirtschaftsnobelpreisträger*

„Ich kann Ihnen nicht sagen, wie Sie schnell reich werden; ich kann Ihnen aber sagen, wie Sie schnell arm werden, nämlich indem Sie versuchen, schnell reich zu werden."
**André Kostolany**, *Spekulant und nie um einen Spruch verlegener Börsenexperte*

*Quelle des unteren Zitats: Interview mit Frank Lehmann durch Christian Panster, Handelsblatt, „Ich kann Ihnen sagen, wie Sie schnell arm werden", 11.03.2011*

---

**Hinweis:**

Möchte Tim Markowitzs Ratschlag (**M8**) umsetzen, so steht er vor einem Problem: Beim Kauf und Verkauf von Anlageprodukten fallen Transaktionskosten (z. B. Kauf- und Verkaufsgebühren) an, die gerade bei vergleichsweise kleinen Beträgen besonders zu Buche schlagen. Recherchiere online (→ Methodenglossar) vor dem Kauf, wie hoch die Transaktionskosten etwa beim Kauf von Aktien oder Gold sind (Ankaufs- vs. Verkaufspreis). Hinzu kommen laufende Gebühren etwa für Kontoführung, Verwaltung oder Lagerkosten. Alle diese Kosten und Gebühren verringern die Rendite.

---

**F ZU AUFGABE 1**
Erläutere, warum man die Ziele der Vermögensanlage als „magisches Dreieck" bezeichnet (**M5**).

**H ZU AUFGABE 3**
→ S. 269

## AUFGABEN

1. Stelle die Zielkonflikte im „magischen Dreieck" dar (**M5**).

2. Sandra, Tim und ihre Eltern entscheiden sich für einen Mittelweg: Ein kleiner Teil des Geldgeschenkes darf von den beiden ausgegeben werden und jeweils 2.000 Euro werden gespart.
   a) Ordnet die Anlageform Aktie (**M6**) mithilfe einer Rendite-, Sicherheits-, Liquiditäts-Tabelle in das „magische Dreieck" ein.
   b) Tim möchte nun 2.000 Euro sicher anlegen, da er das Geld mit 18 benötigt. Sandra hat dagegen schon für den Führerschein gespart und braucht ihr Geld erst langfristig. Sie möchte deshalb eine höhere Rendite erzielen. Erörtert, welche Anlageformen (**M6**) für Tim und Sandra nun infrage kommen.

3. Analysiere, wie die Mehrheit der Deutschen ihr Geld anlegt (**M7**). Bewerte anschließend die jeweiligen Ziele der beliebtesten Vermögensanlagen.

4. Erkläre Tim die zwei „Börsenweisheiten" (**M8**): Bezogen auf Tims Situation bedeutet dies ... .

## 2.2.3 Alles auf Pump – wie geraten Jugendliche in die Schuldenfalle?

 **M9** Der Weg in die Schulden: Montagmorgen in der großen Pause ...

Filip benötigt dringend 20 Euro für eine Eintrittskarte zum Pokalspiel seiner Lieblingsmannschaft, welches am Dienstagabend stattfindet. Er möchte sich das Geld bei jemandem leihen und ist damit bereit, sich zu verschulden. Filip bekommt allerdings erst in einer Woche wieder Geld fürs Zeitungaustragen. Vielleicht kann ihm eines der sparsamen Mädchen aus der 8. Klasse seiner kleinen Schwester helfen? Filip verspricht eine pünktliche Rückzahlung und wäre auch bereit, dem Verleiher eine kleine Gegenleistung zu erbringen.

Sandra hat für diesen Monat bereits 40 Euro Taschengeld bekommen und noch nichts ausgegeben. Sie braucht das Geld auch erst am nächsten Samstag wieder, um mit Freunden in die Stadt zu gehen. Für sie wäre es daher kein Problem, das Geld bis zum Wochenende zu verleihen. Aber nur 15 Euro, denn sie will am Mittwoch noch ins Schülerkino. Filip aus der 10. Klasse kennt sie nur vom Sehen, aber seine Schwester geht in ihre Klasse. Als Gegenleistung hätte sie gerne ein Stück Kuchen beim freitäglichen Kuchenverkauf.

*Bearbeiter*

**EINSTIEGSAUFGABEN**
- Sandra könnte Filip Geld für die Eintrittskarte leihen. Arbeite die Probleme heraus, die dem entgegenstehen. Siehst du eine Chance auf Einigung?
- Tausche dich mit einem Partner aus: Habt ihr bereits in der Vergangenheit einmal Schulden gemacht? Wofür und bei wem? Würdet ihr euch wieder Geld leihen? Welche Probleme können dabei entstehen (für den Leihenden und den Verleiher)?

**M10** Soll Yannick einen Kredit aufnehmen?

Yannick (18) ist Tims Cousin und macht gerade eine Ausbildung zum Fachinformatiker. Er spielt für sein Leben gerne MMORPG Computerspiele. Dafür braucht er aber dringend einen leistungsfähigeren Gaming-PC. Der kostet mindestens 2.000 Euro. Leider hat er momentan nichts gespart und seine Eltern wollen ihm dafür nichts leihen. Immerhin hat er einen groben Haushaltsplan gemacht und könnte sich eine Monatsrate von 100 Euro leisten.

Sicherheiten kann er der Bank außer seiner Ausbildungsvergütung nicht anbieten, aber bisher hat er immer brav alle Rechnungen bezahlt.

*Bearbeiter*

## M11 Das Kredit-ABC

Bei einem **Kredit- oder Darlehensvertrag** gibt es zwei Partner: Der Geldgeber (auch **Gläubiger** genannt, z. B. eine Bank) und der Kreditnehmer (auch **Schuldner** genannt, z. B. deine Eltern). Der Geldgeber stellt den Kredit zur Verfügung. Er überlässt dem Kreditnehmer sein Geld und berechnet dafür **Zinsen**. Der Zins ist der Preis für die Überlassung des Geldes und ist abhängig von der Bonität. Das ist der „gute Ruf" einer Person in Sachen Zahlungsfähigkeit und Zahlungswilligkeit. Diese entscheidet über die **Kreditwürdigkeit** des Kreditnehmers, denn die Geldverleiher versuchen das Risiko eines **Kreditausfalles** (Rückzahlung bleibt aus) einzuschätzen: Jemand mit hohem, regelmäßigem und sicherem Einkommen bekommt bessere Zinssätze als jemand mit unregelmäßigem, unsicherem Einkommen, bei dem der Geldgeber ein höheres Risiko eingeht. Zum Nominalzins (der Prozentsatz, mit dem der Kredit verzinst wird) kommen oft einmalige Abschlusskosten oder Provisionen für Kreditberater. Diesen dann höheren Zinssatz nennt man Effektivzins.

Vor der Kreditvergabe macht die Bank eine **Bonitätsabfrage** bei einer Auskunftei, z. B. bei der Schutzgemeinschaft für allgemeine Kreditsicherung (SCHUFA). Wer bei der SCHUFA bekannt dafür ist, seine Kredite oder Handy-Rechnungen nicht pünktlich zurückzubezahlen, der bekommt keinen neuen Kredit. Dann hilft nur noch der Weg zu dubiosen Kreditverleihern, die oft sehr hohe Zinsen für Kredite ohne SCHUFA verlangen. Manchmal verlangt die Bank aber auch weitere **Sicherheiten**, etwa Lohn- und Gehaltsabtretung, das eigene Haus oder den Kfz-Brief des Autos. Der Kreditnehmer zahlt das geliehene Geld und die angefallenen Zinsen später durch Abtretung eines Teils des monatlichen Einkommens in Raten zurück, das nennt man **Tilgung**. Der Kauf auf Kredit kommt also grundsätzlich teurer als ein Kauf mit angespartem Vermögen, denn die Rückzahlungssumme erhöht sich um Kosten und Zinsen (und Zinseszinsen) und ist dann deutlich höher. Dieser „Aufschlag" auf den Kaufpreis ist der Preis für die sofortige Nutzung des Gutes. Das sollte man sich vorher mit einer ausführlichen **Kosten-Nutzen-Analyse** (manchmal auch Nutzwertanalyse genannt) genau überlegen und kritisch prüfen. Auch ein Blick in den eigenen Haushaltsplan ist sehr wichtig, um zu prüfen, in welcher Höhe man sich einen Kredit überhaupt leisten kann.

*Bearbeiter*

**Tipp:**
Jeder Bürger hat die Möglichkeit, einmal im Jahr eine kostenlose Selbstauskunft der SCHUFA anzufordern, um zu sehen, was dort über ihn gesammelt wurde.

## M12 Kreditformen

| Kreditform | Dispositionskredit (Überziehungs- kredit) des Giro- kontos | Ratenkredit (Verbraucher- kredit) | Immobilienkredit (Hypothekendar- lehen) |
|---|---|---|---|
| **Höhe** | 1 bis 3 Monats- gehälter (erst ab 18 und bei regelmäßigem Einkommen) | 2.000 € bis ca. 30.000 € | ab 50.000 € bis 1.000.000 € |
| **Laufzeit** | unbestimmt | meist 6 Monate bis zu 6 Jahren | meist 10 Jahre |
| **Verwendung** | z. B. kurzfristiger Geldbedarf zur Überbrückung | z. B. Finanzierung eines Autos oder von Möbeln | z. B. Kauf einer Wohnung, eines Grundstückes oder eines Hauses |
| **Rückzahlung** | Ausgleich über Geldeingänge auf dem Konto<br><br>Vorsicht: meist sehr hohe Zinsen (um oder mehr als 10 %) | Gehaltsabtretung und feste monat- liche Raten oder Sondertilgung nach Möglichkeit | Gehaltsabtretung, Haus etc. gehört der Bank (Grund- bucheintragung) |

*Bearbeiter*

**Verschuldung ≠ Überschuldung**

Verschuldet ist derjenige, der Schulden hat, weil er sich Geld geliehen hat. Bspw. zum Kauf einer Immobilie, in der man wohnen kann oder wenn ein Unternehmer eine neue Fabrikhalle zur Aus- weitung seiner Produktion bauen lässt. Auch Staaten und Kommunen machen Schulden, etwa zum Bau von Straßen oder Schulen. Reichen die Einnahmen aus, um den Kredit plus Zinsen zurückzuzahlen, so ist Verschuldung kein Problem.
Überschuldung hingegen bedeutet, dass die verfüg- baren Einnahmen nicht mehr ausreichen, um die Lebenshaltung sowie Raten für die Schulden zu begleichen.

## AUFGABEN

1. Wer leiht Yannick (**M10**) Geld und welche Kreditform kommt in Frage?
   a) Bereite einen Kurzvortrag (→ Methodenglossar) vor. Berate Yannick, indem du ihm erläuterst, wie die Kreditvergabe funktioniert (**M11**) und welche Kreditform (**M12**) in seinem Fall infrage kommt.
   b) Arbeite mit einem Partner: Spielt eure Vorträge mit wechselnden Rollen durch und vergleicht eure Lösungen zur Kreditform.

2. **WebQuest** (→ Methodenglossar): Recherchiere für Yannick online: Berechne seine Kreditkosten für einen Ratenkredit anhand eines aktuellen Angebotes. Beurteile dann, ob er einen Kredit aufnehmen soll.

3. Was haltet ihr davon, sich Geld zu leihen (Schulden zu machen), um sich etwas anschaffen zu können? Erörtert mithilfe der Methode „Fishbowl- Diskussion" (→ Methodenglossar) die Frage, ob es „gute" und „schlechte" Schulden gibt (**Randspalte S. 47**)?

## 2.2.4  Raus aus den Schulden – aber wie?

### M13  Yannick in Not

| Die Konsumfalle – was junge Leute laut Inkassofirmen in die Überschuldung treibt | |
| --- | --- |
| zu hohe Konsumausgaben | 80 % |
| schlechtes Vorbild der Eltern | 70 % |
| mangelnde Thematisierung von Finanzen in der Schule | 65 % |
| zu wenig Eigenverantwortung | 64 % |
| zu wenig Kenntnisse über Verträge | 64 % |
| zu wenige Kenntnisse über Wirtschaft | 57 % |
| zu früh Dispokredit eingeräumt | 38 % |
| Arbeitslosigkeit/keine Lehrstelle | 27 % |
| schlechte Zukunftsperspektive | 8 % |
| Löhne/Gehälter zu niedrig | 5 % |

*Bundesverband Deutscher Inkasso-Unternehmen e.V.; Nach: Die Zeit 15/2016. Geld, Nr. 1*

Yannick (18) hat ein Problem. Er hat einen Kredit aufgenommen und den Gaming-PC gekauft, natürlich ohne vorherige Nutzwertanalyse. Bei einer LAN-Party zwei Wochen später ist es passiert: Es wurde sehr spät und irgendjemand muss am Spannungsregler seines Netzteils rumgefummelt haben. Das Ergebnis beim nächsten Start des PCs: Ein Blitz im Gehäuse und die teuren, neuen Teile waren nur noch ein Haufen qualmenden Elektronikschrotts. Zu allem Unglück läuft sein teures Premium-Plus-Abo für das Online-Spiel auch noch ganze fünf Monate weiter. Sein Notgroschen ist schon weg. Sein Vermieter wartet auf das Geld und Strom- und Telefonanbieter sitzen ihm auch schon im Nacken. Diese verlangen hohe Mahngebühren und drohen mit Rechtsanwälten und Inkassobüros. Seinem Bankberater geht er auch aus dem Weg. Er hat da was von Zwangsvollstreckung, Kontenpfändung und Gerichtsvollzieher gehört. Zu alledem kann er jetzt mit den Kollegen mittags nicht mehr im für ihn viel zu teuer gewordenen Restaurant essen gehen und fühlt sich einfach nur noch antriebslos. Sein bester Freund rät Yannick dringend, sein Problem anzupacken.

*Bearbeiter*

**EINSTIEGSAUFGABE**

Yannick ist verzweifelt. In einer E-Mail an seinen besten Freund erläutert er ihm die Ursachen für seine Überschuldung und welche Folgen das für ihn hat. Verfasse Yannicks E-Mail.

### M14  Schuldnerberatung: der Weg aus den Schulden

Sieht man keinen Ausweg mehr aus den finanziellen Problemen, so sollte man sich so früh wie möglich beraten lassen. Kompetente Berater sind z. B.
5 die Schuldnerberatungsstellen der Landratsämter. Auch Wohlfahrtseinrichtungen wie Caritas oder Diakonie beraten kostenlos. Zur Beratung sollte man eine Aufstellung der eigenen
10 Einnahmen und Ausgaben mitbringen (→ S. 26, M2) sowie eine ehrliche Auflistung aller Schulden und der Personen, denen man etwas schuldet (Gläubiger). Die Berater helfen aber auch dabei, den Notfall zu meistern 15 und den Überblick zu bekommen und zu behalten. Dann sollte man Vorschlägen zur Ausgabenkürzung oder Einnahmenverbesserung gegenüber aufgeschlossen sein, denn nun 20 gilt es, einen Rückzahlungsplan (Tilgungsplan) aufzustellen und mit den Gläubigern zu verhandeln.

*Bearbeiter*

## M15 Privatinsolvenz

Wer überschuldet ist, d. h. seine Schulden nicht mehr bezahlen kann und sich mit seinen Gläubigern, etwa im Rahmen einer Schuldnerberatung,
5 nicht außergerichtlich einigen konnte, der kann Privat- oder Verbraucherinsolvenz beim Amtsgericht anmelden. Das gesetzlich geregelte Verfahren ist mühsam und mit viel Papierkram
10 verbunden, weshalb auch hier ein Termin bei der Schuldnerberatung sinnvoll ist. Im vereinfachten Insolvenzverfahren muss der Insolvenzantragsteller nun zustimmen, dass seine
15 Wertgegenstände und sein pfändbares Vermögen von einem eingesetzten Treuhänder an die Gläubiger verteilt werden. Er muss sich dann sechs Jahre lang „wohl verhalten".
20 Während dieser Wohlverhaltenszeit verwaltet eine vom Gericht bestimmte Person das Vermögen des Schuldners. Das bedeutet, er muss jede zumutbare Arbeit annehmen und vom Einkommen alles, was er nicht direkt 25 zum Leben braucht, für die Schuldentilgung an die Gläubiger abgeben. Das ist ein Leben auf Sparflamme und man muss äußerste Haushaltsdisziplin beweisen. Bewährt sich der 30 Schuldner, d. h. erfüllt er alle Auflagen, wird ihm am Ende das Gericht die Restschuld erlassen. Der Betroffene kann einen wirtschaftlichen Neuanfang starten. Die Gläubi- 35 ger hingegen bleiben auf ihren Restforderungen sitzen. Vergehen wie Schwarzarbeit, Steuerhinterziehung oder falsche Angaben über Geld und Vermögen können diese Restschuld- 40 befreiung gefährden.

*Bearbeiter*

## AUFGABEN

**1.** Was würdet ihr Yannick als Hilfe zur Selbsthilfe raten? Verfasst aus der Sicht seines besten Freundes eine Antwortmail (**M13**, **M14**).

**2.** Erläutert die Hauptgefahren (**Randspalte S. 48**), die Jugendliche in die Überschuldung treiben. Erstellt dann ein Wandplakat (→ Methodenglossar) für euer Klassenzimmer, auf dem ihr diese visualisiert darstellt.

**3.** Erstelle ein Flussdiagramm (→ Methodenglossar), mit dem du den Weg aus den Schulden mittels Schuldnerberatung (**M14**) und Privatinsolvenz (**M15**) visualisierst.

**4.** Beurteile das Instrument der Verbraucherinsolvenz in Bezug auf die Folgen für Gläubiger und Schuldner.

**5.** In Kapitel 2.1.3 hast du mehr über deine Rechte als Verbraucher bei Vertragsabschlüssen erfahren (z. B. Widerrufsrecht). Brauchen Verbraucher wie Yannick mehr staatliche Schutzvorschriften, um vor Verschuldung und Überschuldung geschützt zu werden? Fälle dein Urteil und nimm deinen Platz auf der Positionslinie (→ Methodenglossar) ein.

# WAS WIR WISSEN

**Konsumwünsche erfüllen oder sparen – meine Entscheidung**
→ M2

**Sparen** oder konsumieren ist eine individuelle Entscheidung. Die entscheidende Frage ist die Dringlichkeit der Bedürfnisse bzw. die individuellen Präferenzen. Ist der gegenwärtige Konsumwunsch stärker oder der Wunsch, sich Bedürfnisse in der Zukunft zu erfüllen und zu sparen? Dabei gibt es aber einen Zusammenhang zwischen Sparen und Verschuldung, denn beide Marktteilnehmer brauchen einander:

| Marktteilnehmer 1 = Kreditgeber (Gläubiger) | Marktteilnehmer 2 = Kreditnehmer (Schuldner) |
|---|---|
| Spart, verleiht sein Geld und verzichtet auf gegenwärtigen Konsum. | Kann sich mit dem geliehenen Geld des Sparers gegenwärtigen Konsum finanzieren, muss dann aber „nachträglich Sparen", um das geliehene Geld zurückzuzahlen. |

An **Sparzielen** unterscheidet man: Vorsorgesparen (z. B. für Reparaturen), Zwecksparen (z. B. für ein neues Smartphone) und Vermögensbildungssparen (z. B. für die Rente).

**Geld anlegen**
→ M5 – M7

Falls Geld gespart wird, so stehen die drei Anlageziele Risiko, Rendite und Verfügbarkeit in einem Spannungsverhältnis zueinander (**magisches Dreieck** der Geldanlage): Hohe Renditen bedeuten hohes Risiko. Geringes Risiko bedeutet niedrigere Rendite. Kurzfristige Verfügbarkeit bedeutet niedrigere Rendite. Langfristige Bindung bedeutet höhere Rendite.
Was die **Anlageformen** angeht, so gibt es viele verschiedene mit unterschiedlichem Risiko-Rendite-Verfügbarkeitsprofil. Es gibt nicht die beste Anlageform. Sie muss zum jeweiligen Ziel und zum eigenen Risiko passen. Es empfiehlt sich eine Mischung verschiedener Anlageformen, um das **Risiko** zu **streuen**.
Vorsicht ist auch bei der Bankberatung angebracht. Denn Bankberater sind Verkäufer. **Gesetzliche Regelungen zum Anlegerschutz** und sich selbst gut zu informieren, können hier helfen.

**Kredite (Verschuldung) und das Problem der Überschuldung**
→ M11, M14, M15

Will man sich Konsumwünsche sofort erfüllen, kann sie aber nicht aus dem laufenden Einkommen oder Ersparnissen finanzieren, so ist die Kreditaufnahme eine Option. Dann muss man allerdings „nachträglich sparen", da man dem Kreditgeber monatlich Zins und Tilgung schuldet. Je nach Kreditwürdigkeit (Bonität) ist das eine teure Angelegenheit und die Rückzahlungssumme immer deutlich höher. Manchmal bekommt man auch gar keinen Kredit. Man sollte jede Kreditaufnahme kritisch prüfen und sicherstellen, dass man sich die Kreditraten auch leisten kann (Haushaltsplan).

| Verschuldung: | Überschuldung: |
|---|---|
| normaler Vorgang etwa zum Immobilienkauf oder für Investitionen, die man in absehbarer Zeit tilgen kann | kritischer Vorgang, da die verfügbaren Einnahmen nicht mehr ausreichen, um die Kreditraten zu begleichen |

Bei Überschuldung hilft nur noch, die Einnahmen zu erhöhen, die Ausgaben zu kürzen und im Krisenfall die Schuldnerberatung in Anspruch zu nehmen und eine Privatinsolvenz mit gesetzlichen Auflagen anzumelden.

# WAS WIR KÖNNEN

**Passen Sparziel und Anlageform?**

Michael wird in Kürze 14. Sein Opa schenkt ihm von nun an jeden Monat 30 Euro, damit er mit 18 seinen Führerschein machen kann. Michael investiert das Geld in einen Aktienfonds.

Jana (18) möchte für die Rente sparen. Sie zahlt dazu jeden Monat 20 Euro auf ihr Sparbuch ein.

**Aufgaben**
1. Überprüfe mithilfe deines Wissens aus diesem Kapitel, ob Michaels und Janas Anlageformen zu ihren jeweiligen Sparzielen passen.
2. Sparen kann man nicht nur Geld, sondern auch durch sparsamen Einsatz anderer Güter, wie etwa Energie oder Wasser. Erläutere diese Folgen des Sparens für euch selbst (I), die Anderen (II) und das System (III).

---

**Der Traum vom Eigenheim – für Familie Meier finanzierbar?**

Viele Familien mit Kindern träumen von einem eigenen Haus. Aber reicht das Einkommen für den Kauf? Familie Meier findet ihr Traumhaus. Es soll 450.000 Euro kosten. Beide Eltern arbeiten und sie könnten monatlich 1.000 Euro für das Haus abbezahlen. 100.000 Euro haben sie bereits gespart und eine Bank gewährt ihnen den zur Zeit sehr günstigen Immobilienkredit über die fehlenden 350.000 Euro zu 2 % bei einer Zinsbindung von zehn Jahren. Immobilienkredite sind viel günstiger als der Dispositionskredit oder ein Konsumentenkredit, da die Bank das Grundstück oder Haus als Sicherheit erhält. Bei 1 % anfänglicher Tilgung würde der Kredit ca. 28 Jahre laufen.

**Aufgaben**
1. Überprüfe, ob Familie Meier sich das eigene Haus leisten kann. Errechne dazu die monatliche Rate für den Kredit und addiere die Tilgung dazu. Zins + Tilgung ergeben den Betrag, der im ersten Jahr bezahlt werden muss. Teile diesen durch 12 Monate und du bekommst die monatliche Belastung.
2. Nicht immer waren Kredite so günstig. Im Jahr 1995 waren z. B. 8 % für ein solches Hypothekendarlehen fällig. Errechne die Monatsrate für diesen Zinssatz.
3. In den USA ist eine Zinsbindung unüblich. Erläutere, welche Probleme dadurch entstehen können.

# Deine Rolle als Konsument auf dem Markt

Konsum ist ein fester Bestandteil unseres Alltags: die Brezel beim Bäcker, die Fahrkarte für den Schulbus oder das neuste Smartphone, immer musst du eine Kaufentscheidung treffen. Dabei haben wir oft die Qual der Wahl: teures Marken- oder günstiges No-Name-Produkt, Schnäppchenangebot oder das neueste Gerät aus der Werbung. Doch was beeinflusst dein Kaufverhalten? Wie kommen die Preise zustande? Und kannst du durch dein Konsumverhalten Einfluss auf die Produktionsbedingungen nehmen?

## KOMPETENZEN

**Am Ende des Kapitels solltet ihr Folgendes können:**
- verschiedene Einflüsse auf euer Kaufverhalten unterscheiden und bewerten
- das eigene Konsumverhalten reflektieren
- die Preisbildung auf Märkten erklären und die Bedingungen eines vollkommenen Marktes beschreiben
- am Beispiel von Umweltbelastungen Möglichkeiten und Grenzen des Marktmechanismus bewerten
- die Bedeutung von Börsen als besondere Märkte erläutern
- die Macht des Konsumenten auf dem Markt bewerten und die Bedeutung der Verbraucherpolitik erklären

## WAS WISST UND KÖNNT IHR SCHON?

Die Jugendlichen (→ S. 52) machen sehr unterschiedliche Aussagen dazu, welche Faktoren Einfluss auf ihre Kaufentscheidung haben. Was ist für euch wichtig beim Kauf? Hängt dazu 5 Plakate mit den Aussagen der Sprechblasen im Klassenraum auf.
a) Entscheidet euch, von was ihr euch am stärksten beim Kauf leiten lasst und positioniert euch dort.
b) Begründet eure Entscheidung.

## 3.1 Die Qual der Wahl – wie treffe ich überlegte Kaufentscheidungen?

### 3.1.1 Sollen Marken, die Clique und der Lebensstil den Kauf bestimmen?

**M1** Welcher Laufschuh soll es sein?

**Beispiele für Marken, die sich hinter No-Name-Produkten verstecken**

Teuer ist nicht immer besser – denn hinter vielen No-Name-Produkten von Aldi, Lidl und Co. verstecken sich bekannte Marken. Für die Discounter werden die Produkte mit anderen Verpackungen versehen, sodass es für Verbraucher nicht ersichtlich ist, welches Original dahinter steckt. [...] So verbirgt sich beispielsweise hinter dem Desira-Milchreis von Aldi Süd die bekannte Molkerei Müller, wie die Firmendatenbank „Wer zu wem" zeigt. [...]
Weitere Beispiele:

| Eigenmarke | Originalhersteller |
|---|---|
| K-Classic Schmelzkäse (Kaufland) | Hochland |
| Pianola Joghurt (Lidl) | Müller Milch |
| ja! Fischstäbchen (Rewe) | Tönnies |

*© 2018 DuMont Mediengruppe, www.express.de, Aldi, Lidl, Penny – Diese bekannten Marken stecken hinter No-Name-Produkten, 22.08.2017*

**Laufschuhe vom Discounter**

27,99 €

**Crivit PRO\* Laufschuh**
- Obermaterial in modernem Design aus leichtem, atmungsaktivem Mesh
- 3 Phylon-Zwischensohlen in unterschiedlichen Shore-Härtegraden
- Zusätzliche Dämpfungselemente im Vor- und Rückfußbereich
- Abriebfeste Laufsohle mit Traction Control für verbesserten Grip im Rückfußbereich
- Dämpfende Blown-Rubber-Laufsohle mit Grip Motion im Vorfußbereich
- Reflektierende Elemente für bessere Sichtbarkeit

*\* Anm. d. Red.: Das Bild zeigt keinen Crivit PRO Laufschuh.*
Lidl E-Commerce International GmbH & Co. KG, www.lidl.de, CRIVIT®PRO Damen Laufschuhe, Abruf am: 18.05.2017

**Laufschuhe aus dem Fachgeschäft**

179,95 €

**Ultra Boost ST Laufschuh**
- adidas Primeknit Obermaterial umschließt den Fuß passgenau und sorgt so für Halt und ultraleichten Komfort
- ultrabequeme boost™ Zwischensohleboost™ für eine reaktionsfreudige Dämpfung
- TORSION® SYSTEM ermöglicht eine optimierte Bewegungsfreiheit von Rück- zu Vorfuß
- Ergonomische Struktur im Fersenbereich für zusätzlichen Halt
- Außensohle aus Continental™ Gummi für optimalen Grip bei allen Bedingungen; STRETCHWEB Gummiaußensohle für ein natürliches Abrollverhalten

*adidas International Trading B.V., www.adidas.de, Ultra Boost ST Schuh, Abruf am: 18.05.2017*

**EINSTIEGSAUFGABEN**
- Du möchtest neue Laufschuhe kaufen. Begründe, für welchen Laufschuh du dich entscheidest.
- Sammelt anschließend in der Klasse die vorgebrachten Argumente an der Tafel.

## M2 Was bestimmt den Kauf? – die Bestimmungsfaktoren der Nachfrage und die Rolle des Angebots

Die Grundlage jeglichen Kaufs sind individuelle Bedürfnisse, die durch den Kauf befriedigt werden. Bedürfnisse können nur befriedigt werden, wenn dafür ausreichend Mittel zur Verfügung stehen. Jeder Konsument verfügt über ein bestimmtes Budget für den Konsum. Teure Markenlaufschuhe kann sich nur leisten, wer genügend Geld hat oder bereit ist, dafür mehr Geld auszugeben. Wer nur ca. 30 Euro für Sportschuhe ausgeben kann (**Budgetgrenze**), kann sich keine teuren Markenschuhe kaufen. Wer 180 Euro zur Verfügung hat, muss sich überlegen, ob es seinen Bedürfnissen entspricht, sein gesamtes Budget für die Markenschuhe auszugeben (**Opportunitätskosten**). Hier wird die große Bedeutung des Preises deutlich. Der Preis des Sportschuhs und damit **das Angebot** werden maßgeblich durch die Produktionskosten und den zu erzielenden Gewinn bestimmt. In die Produktionskosten fließen die Kosten für die **Produktionsfaktoren** ein, wozu u. a. die Arbeits- und Materialkosten zählen. Da sich mit dem Markenkauf häufig die Vorstellungen von Qualität (**Qualitätsvermutung**) und den neuesten Modetrends verbinden, können diese Bedürfnisse beim Kauf befriedigt werden. Der Kauf von Markenartikel ist darüber hinaus auch häufig ein **Prestigekauf**. Kaufentscheidungen werden nämlich grundsätzlich stark vom sozialen Umfeld bestimmt, z. B. von Freunden, der Peergroup, Eltern oder Geschwistern. Markenschuhe zu kaufen, kann in einer Clique, die nur Markenschuhe trägt, angesagt sein, um das **Zugehörigkeitsgefühl** zu stärken. Nach einer Jugendstudie des Deutschen Jugendinstituts (DJI) in München kaufen 8 Prozent der Jugendlichen Dinge, um bei Freunden Eindruck zu machen, 19 Prozent achten darauf, dass die Güter, die sie kaufen, auch von Freunden positiv bewertet werden. Für 27 Prozent sind Konsumartikel Mittel zur Selbstdarstellung, 38 Prozent wollen stets über Produkte und Marken auf dem Laufenden sein, 43 Prozent bevorzugen Markenprodukte. Das soziale Umfeld ist auch eng verbunden mit dem **Lebensstil**, welcher nicht zuletzt durch das verfügbare Einkommen geprägt wird.

*Bearbeiter*

**Peergroup**
Clique

**Umfrage unter Adidas-Kunden in Deutschland zum Vorrang von Markenbewusstsein oder Preisbewusstsein beim Kauf von Sportschuhen**
Im Jahr 2017 achteten rund 61,8 Prozent der Adidas-Käufer (Sportbekleidung, Badebekleidung oder Sportschuhe) beim Kauf von Sportschuhen eher auf die Marke als auf den Preis. [...] Basis der Erhebung ist jeweils die deutschsprachige Bevölkerung ab 14 Jahren.
© Statista 2018;
Quelle: VuMA

**Produktionsfaktoren**
Alle zur Leistungserstellung im Produktionsprozess eingesetzten Sachgüter und Dienstleistungen. Volkswirtschaftlich unterscheidet man zwischen Arbeit, Kapital und Natur. Die Betriebswirtschaft unterscheidet drei Elementarfaktoren: Arbeitsleistung, Betriebsmittel und Werkstoffe.

## M3 Wie der Lebensstil den Kauf prägt – wie ticken Jugendliche?

> **Die familien- und heimatorientierten Bodenständigen mit Traditionsbewusstsein und Verantwortungsethik** haben den Wunsch an der bewährten gesellschaftlichen Ordnung festzuhalten; [...] haben eine geringe Lifestyle-Affinität und Konsumneigung und kein Interesse, sich über Äußerlichkeiten zu profilieren; [...] stellen die Erwachsenenwelt nicht infrage.

> **Die freizeitorientierte Unterschicht mit ausgeprägten markenbewussten Konsumwünschen** sind sehr konsum- und markenorientiert: Kleidung, Schuhe und Modeschmuck sind ihnen äußerst wichtig, weil sie Anerkennung in ihren Peer-Kontexten garantieren; [...] möchten Spaß und ein „gechilltes Leben" haben; Shoppen, Party und Urlaub gelten als die coolsten Sachen der Welt.

**Affinität**
Nähe

**profilieren**
auffallen, sich abheben

**urbane, kosmopolitische Hipster** (→ S. 56)
Personen, die dem eigenen Verständnis nach wissen, was angesagt ist und sich äußerlich bewusst städtisch und weltoffen präsentieren.

**Die nachhaltigkeits- und gemeinwohlorientierten Jugendlichen mit sozialkritischer Grundhaltung und Offenheit für alternative Lebensentwürfe** betonen Demokratie, Gerechtigkeit, Umweltschutz und Nachhaltigkeit als zentrale Pfeiler ihres Wertegerüsts; sind sehr [...] am Gemeinwohl orientiert; [...] distanzieren sich von materialistischen Werten; halten Verzicht nicht für einen Zwang, sondern für ein Gebot; kritisieren die Überflussgesellschaft.

**Die um Orientierung und Teilhabe bemühten Jugendlichen mit schwierigen Startvoraussetzungen und Durchbeißermentalität** haben von allen Jugendlichen die schwierigsten Startvoraussetzungen (meist bildungsfernes Elternhaus, häufig Erwerbslosigkeit der Eltern, Familieneinkommen an oder unterhalb der Armutsgrenze etc.); [...] haben eine eher geringe Affinität zum Lifestyle-Markt.

**Die erfolgs- und lifestyle-orientierten Networker** sehen sich selbst als urbane, kosmopolitische „Hipster"; bezeichnen sich als interessant, einzigartig, eloquent [= redegewandt] und stilsicher; möchten sich von der „grauen Masse abheben"; haben ein ausgeprägtes Marken- und Trendbewusstsein.

*Marc Calmbach u. a., www.sinus-akademie.de, Wie ticken Jugendliche? Lebenswelten von Jugendlichen im Alter von 14 bis 17 Jahren in Deutschland, Abruf am: 26.02.2018*

## M4 Das Angebot – wie setzen sich die Kosten eines Sportschuhes zusammen?

**Distributor**
Zwischenhändler

**Gewinn innerhalb der Produktion**
Gewinn des ausländischen Produzenten

**Markenkonzern**
Kosten für Werbung (Marketing), Entwicklung und Forschung und Gewinn

Rohstoffe 10 €
Gewinn innerhalb der Produktion 4 €
Transport und Zölle 4 €
Einzelhandel 45 €
Lohnkosten in der Produktion 2,50 €
Sonstige Produktionskosten 3,50 €
Markenkonzern 26 €
Distributor 5 €
Mehrwertsteuer 20 €
Preis gesamt 120 €

SÜDWIND

## AUFGABEN

**ZU AUFGABE 1a**
Ergänze in diesem Zusammenhang die Bedeutung von Werbung.

Diskutiert, ob einheitliche Schulkleidung (Schuluniform) ein Weg sein könnte, um dem „Markenterror" zu entgehen.

1. a) Erkläre am Beispiel von Sportschuhen, welche Faktoren den Kauf bestimmen können (**M2**).
   b) Erstelle hierzu ein Schaubild mit dem Titel: „Wovon die Nachfrage abhängt".
2. Ordne den in **M3** aufgeführten Lebensstilen jeweils begründet zu, welcher Sportschuh aus **M1** vermutlich gekauft werden würde.
3. Warum kostet der Crivit PRO Laufschuh in **M1** nur ein Sechstel des Markenschuhs? Analysiere die Kostenstruktur des Sportschuhes (**M4**) unter dieser Fragestellung.
4. Beurteile abschließend, ob du dich beim Kauf eher für ein Marken- oder No-Name-Produkt entscheiden würdest. Prüfe dazu deine aus der Einstiegsaufgabe formulierte Begründung.

## 3.1.2 Bestimmt Werbung unseren Kaufwunsch?

### M5 Werbung – zwei Meinungen

**Tim (15)**

„Werbung informiert einen darüber, was gerade „hip" und „cool" ist. Damit können wir uns einen guten Überblick über das Marktangebot verschaffen. Werbung fördert den Wettbewerb der Anbieter. Sie ist oft schön und originell gemacht und die Sprüche sind manchmal sehr lustig, sodass wir gut unterhalten werden. Die Werbebranche bietet zahlreiche interessante Arbeitsplätze und durch die Einnahmen aus Werbung finanzieren sich zahlreiche Medien. Viele Arbeitsplätze können deshalb erhalten oder neu geschaffen werden."

*Bearbeiter*

**Lea (13)**

„Werbung setzt einen unter Druck, weil sie einem das Gefühl gibt, blöd zu sein, wenn man ihr nicht folgt. Sie will einem vorschreiben, was schön oder gut für einen ist. Werbung wurde erfunden, um Menschen Dinge anzudrehen, die sie eigentlich nicht brauchen oder wollen. Werbung versucht uns also zu manipulieren. Die Werbung gaukelt uns eine heile Welt vor und weckt bei uns Illusionen. Unternehmen schlagen die Kosten für Werbung auf die Produktpreise drauf, sodass die Produkte teurer werden."

*Bearbeiter*

**EINSTIEGSAUFGABE**

Tim und Lea schätzen die Bedeutung von Werbung unterschiedlich ein. Vergleicht die Argumentationen beider. Stimmt in der Klasse ab, welcher Meinung ihr euch anschließen könnt.

### M6 Die Funktionen von Werbung

Ob an Plakatwänden, in Schaufenstern, in Zeitungen und Zeitschriften, im Radio, im Fernsehen oder im Internet, überall bewerben die Unternehmen ihre Produkte. Sie geben mehrere Milliarden Euro aus, um euch von einem Kauf zu überzeugen. Die Menge an Werbung hat dramatisch zugenommen. Ging man noch vor wenigen Jahren davon aus, dass wir 3.000 Werbebotschaften am Tag ausgesetzt werden, gehen Schätzungen heute sogar von 10.000 pro Tag aus. Alleine durch das Internet hat sich die Werbemenge fast verdoppelt. **Aber warum gibt es Werbung?** Ziel der Unternehmen ist es, mit Werbung ihr Produkt bekannt zu machen und die Verkaufszahlen zu steigern. Du sollst als Kunde über das neue Produkt und dessen Eigenschaften informiert und von der Notwendigkeit eines Kaufs überzeugt werden. Die Werbung soll dich als Kunden zunächst auf das Produkt aufmerksam machen. Dazu muss die

*Bianca Heinicke (22) alias „Bibi" ist die Betreiberin des deutschen Youtube-Kanals BibisBeautyPalace. Hier präsentiert sie ihre Einkäufe, gibt Mode- und Stylingtipps und reist für einen Reiseveranstalter durch die Welt.*

**Product Placement**
[= Produktplatzierung] Produkte, Dienstleistungen oder Logos werden gegen entsprechendes Entgelt bei TV-Sendungen oder Kinofilmen in die Handlung integriert und gut sichtbar in die Kamera gezeigt.

Werbebotschaft so gemacht sein, dass sie dir im Gedächtnis bleibt. Es soll ein Kaufwunsch entstehen, indem du als Umworbener mit der Ware positive Gefühle verbindest, die durch die Werbung vermittelt werden. Gute Werbung ist in der Regel kreativ und nicht langweilig. Nicht zu vergessen ist, dass Werbung ein wichtiger Wirtschaftszweig ist, in dem deutschlandweit rund 900.000 Menschen arbeiten. Außerdem finanzieren sich Medien (v. a. Internetangebote) zu einem erheblichen Teil durch Werbeeinnahmen. Unternehmen wie Red Bull investieren z. T. Millionen als Sponsoren in Trendsportarten.

*Bearbeiter*

## M7 Schminktipps auf Youtube – versteckte Werbung?

Im Internet [...] kennen ihre Fans sie unter den Namen Dagi Bee und Bibi. [...] [Sie] zeigen in den wenige Minuten langen Filmen, wie sie morgens vor dem Spiegel stehen und sich schminken – und wie sie sich abends wieder abschminken. [...] Viele junge Mädchen zwischen 10 und 16 Jahren sehen sich die Videos von Dagi Bee und Bibi an. Oft werden sie innerhalb einer Woche jeweils über eine Million Mal angeklickt. [...] Bibi, Dagi Bee und andere Youtuber machen das nicht nur zum Spaß. Sie verdienen viel Geld mit ihren Videos. Das ist erst einmal ganz normal. Auch Zeitungen und Fernsehsender wollen Geld verdienen. Deshalb zeigen sie Werbung auf ihren Seiten oder in Werbepausen. Die muss jedoch deutlich als Werbung zu erkennen sein, das ist vorgeschrieben. In den Videos von Bibi gibt es auch Werbung. Nur ist das meist nicht leicht zu erkennen. Wenn Bibi sich in einem Video schminkt, lobt sie die Marke des Lippenstifts. Sie hält ihn in die Kamera, damit man ihn gut sehen kann. In dem Video wird dann ein Satz eingeblendet: „Unterstützt durch Produktplatzierungen". Das heißt, dass Bibi von der Lippenstift-Firma Geld bekommt. Aber das wissen viele

Fans nicht. Nur den Lippenstift wollen sie haben. Denn durch ihre coole und lustige Art ist Bibi so etwas wie eine Freundin aus dem Internet. Und ein Vorbild. [...] Also kaufen sie sich mit ihrem Taschengeld all die Dinge, die Bibi empfiehlt. [...] Doch für Bibi sind die Empfehlungen nicht bloß ein Freundschaftsdienst, sondern ein riesengroßes Geschäft. [...] In Drogerie-Geschäften gibt es mittlerweile auch einen Bibi-Duschschaum zu kaufen, in Elektronikmärkten ein Bibi-Handy. Bibi erlaubt den Herstellern, ihren Namen und ihr Gesicht für die Produkte zu benutzen. Wie viel sie damit verdient, weiß man nicht. Denn über Geld spricht Bibi in ihren Videos nicht.

*Christoph Dorner, Süddeutsche Zeitung, Youtube-Stars – Kohle und Kajal, 11.01.2016*

## 3.1 Die Qual der Wahl – wie treffe ich überlegte Kaufentscheidungen?

### M8 Onlinewerbung – die wirksamste Werbung der Zukunft?

Onlinewerbung wird immer beliebter. Denn im Internet können mögliche Kunden mit personalisierten und auf ihre Kaufwünsche zugeschnittenen
5 Angeboten gezielt angesprochen werden. Eine Werbestrategie ist das sogenannte Re-Targeting. Hier werden Daten, die du als User über dein Surfverhalten preisgibst, zur gezielten
10 Kundenansprache eingesetzt. Hast du bspw. Artikel im Onlineshop X angeklickt oder Hotels beim Reiseportal Y gesucht, ist es wahrscheinlich, dass anschließend der Onlineshop X mit den
15 angeklickten Artikeln oder das Reiseportal Y mit Hotels in der gesuchten Stadt als Banner auf den folgenden Webseiten beworben werden. So wirst du mit Werbung erneut auf Angebo-
20 te hingewiesen, für die du dich bereits interessiert hast. Eine weitergehende Form dieser Internet-Werbung ist das sogenannte Keyword Advertising. Dabei werden Werbemittel auf den Web-
25 seiten abhängig von den individuellen Schlüsselwörtern angezeigt, d. h. ange-

lehnt daran, welche Begriffe du bspw. bei (Such-)Portalen eingegeben hast. Im Netz kann jede Bewegung beob-
30 achtet werden: Welche Webseiten du anschaust, welche E-Mail du liest und was du in sozialen Netzwerken postest. Aus diesen Informationen können individuelle Profile erstellt werden,
35 die es ermöglichen, dir auf dich zugeschnittene Werbeangebote zu zeigen (Tracking). Für die Unternehmen ist diese Form der Werbung sehr effektiv. Onlinewerbung kann viele potentielle
40 Kunden erreichen (große Reichweite). Sie bietet die Chance, neue Kunden zu gewinnen und möglichst dauerhaft an sich zu binden sowie Umsatz und Gewinn zu steigern. Gleichzeitig bie-
45 tet personalisierte Onlinewerbung einen hohen Informationsnutzen für den Verbraucher. Doch Kunden fühlen sich häufig durch die Werbeeinblendungen genervt und befürchten Miss-
50 brauch ihrer persönlichen Daten zu Werbezwecken.

*Bearbeiter*

**WIRTSCHAFT KONKRET**
Gestaltet in Kleingruppen einen eigenen Werbespot oder ein Werbeplakat zu einem Gegenstand aus eurem Alltag. Überlegt euch, welche Produkteigenschaften ihr auf welche Art bewerben möchtet. Erfindet außerdem einen passenden Werbeslogan.

## AUFGABEN

1. In **M6** wird die große Bedeutung von Werbung dargestellt. Beschreibe die Funktionen der Werbung für die Unternehmen, die Wirtschaft und Gesellschaft Deutschlands und für die Konsumenten.

2. a) Erläutere anhand von **M7**, wie diese Art der Werbung funktioniert.
   b) Erkläre, warum diese Art der Werbung im Internet oft nur schwer als solche zu erkennen ist.

3. Tims Onkel ist Leiter der Marketingabteilung eines großen Unternehmens. Er erzählt begeistert, dass er zusammen mit seinem Team eine neue kreative Online-Werbekampagne für einen neuen Sportschuh entwickelt hat. Seiner Meinung nach bietet das Internet als Werbeplattform enorme Vorteile. Tim sieht das nicht uneingeschränkt so. Verteilt die Rollen (Tims Onkel als Unternehmer, Tim als Verbraucher) und führt ein Streitgespräch (→ Methodenglossar) zu den Möglichkeiten und Grenzen dieser Form der Werbung (**M8**).

**H ZU AUFGABE 3**
→ S. 269

# METHODE

## Wirtschaftliche Sachverhalte kriterienorientiert beurteilen

### I. Worum geht es?

Der Operator (Handlungsanweisung) „beurteilen" bedeutet *Aussagen, Behauptungen, Vorschläge oder Maßnahmen im Zusammenhang auf ihre Stichhaltigkeit bzw. Angemessenheit prüfen und dabei die angewandten Kriterien nennen*. Wenn wertende Aussagen über Personen oder wirtschaftliche Sachverhalte gemacht werden, sind diese mal mehr und mal weniger gut begründet.

Entscheidend ist dabei nicht, ob man z. B. für oder gegen Werbung ist – also nicht das Ergebnis ist entscheidend –, sondern wie überzeugend das Ergebnis begründet wird. Je umfassender alle Argumente z. B. für und gegen Werbung bekannt und deren Bedeutung für die eigene Position eingeschätzt werden können, desto umfassender und überzeugender werden die eigenen Urteile und Argumente ausfallen.

### II. Geht dabei so vor:

Beim kriterienorientierten Urteilen ist es hilfreich, die verschiedenen Perspektiven, die häufig an Interessen und bestimmte Akteure gebunden sind, voneinander zu unterscheiden. Geht man so strukturiert vor, spricht man von „kriterienorientiertem Urteilen".

Anhand des komplexen Themas „Pro und Kontra Werbung", wird im Folgenden dargestellt, wie die unterschiedlichen Positionen und Argumente den betroffenen Akteuren Konsumenten – Unternehmen – Staat strukturiert und kriterienorientiert zugeordnet werden können:

| Pro Werbung | | |
|---|---|---|
| **Aus der Sicht der Konsumenten** | **Aus der Sicht der Unternehmen** | **Aus der Sicht des Staates** |
| Der Wettbewerb der Anbieter kann zu niedrigen Preisen führen. | Verkaufszahlen und Gewinne können gesteigert werden. | Höhere Verkaufszahlen lassen die Steuereinnahmen des Staates anwachsen (Mehrwertsteuer und Gewinnsteuern). |
| Für Konsumenten dient Werbung der Markttransparenz (Produkt- und Anbieterinformationen). | Werbung dient dem positiven Image einer Marke. | Werbung kann zur Verbraucheraufklärung beitragen. |
| Werbung dient auch der Unterhaltung. | | |
| Werbung schafft auch bei den privaten Medien Arbeitsplätze, die durch Werbung hohe Einnahmen erzielen (z. B. private Fernsehsender). | | Werbung führt zu mehr Beschäftigung und weniger Unterstützungsleistungen für Arbeitslose. |

## METHODE

| Kontra Werbung | | |
|---|---|---|
| **Aus der Sicht der Konsumenten** | **Aus der Sicht der Unternehmen** | **Aus der Sicht des Staates** |
| Wenn es weniger Anbieter und Konkurrenz gibt, ist die Marktposition der Konsumenten schlechter. Letztlich bezahlt der Konsument die Werbung selbst, weil die Werbekosten sich auch im Produktpreis niederschlagen können. | Teure Werbung können sich nur große Unternehmen leisten. Kleine und mittlere Anbieter verlieren so immer mehr Marktanteile und werden womöglich vom Markt verdrängt. | Werbung kann den Wettbewerb gefährden. |
| Aufgrund der Werbung soll ein Kaufwunsch entstehen, weil der Umworbene mit der Ware positive Gefühle verbindet. Außerdem sind die Informationen der Werbung oft geschönt, die negativen Produkteigenschaften werden in der Werbung nicht genannt. Damit wird der Konsument in seinem Kaufverhalten gesteuert und evtl. sogar manipuliert. | Es besteht ein Risiko, dass die Werbeausgaben nicht den gewünschten Erfolg bringen. | Werbung kann zur Kaufsucht beitragen, zur Überschuldung – dann müssen häufig staatliche Stellen helfen, z. B. die Schuldnerberatung. |
| Die Millionenbeträge für Werbung sollten die Unternehmen besser für soziale Zwecke, z. B. um notleidenden Menschen zu helfen, verwenden. | | |

**III. Die Unterscheidung von Sach- und Werturteilen**

**Sachurteile** beziehen sich auf Fakten, auf die Wirksamkeit (Effizienz).

**These: Es soll ruhig noch mehr Werbung geben, weil Werbung schließlich allen nützt.**

Z. B. Werbung ist gut, weil sie den Unternehmen größere Gewinne ermöglicht und der harte Wettbewerb zu niedrigeren Preisen für den Konsumenten führt. Außerdem profitiert der Staat von einer funktionierenden Werbebranche, die viele Arbeitsplätze schafft und den Medien hohe Werbeeinkünfte ermöglicht.

**Werturteile** beziehen sich hingegen z. B. auf Fragen der Gerechtigkeit, Gleichheit, Freiheit, Menschenwürde.

**These: Werbung soll eingeschränkt werden, weil sie auch immer manipulativ ist.**

Aufgrund der Werbung soll ein Kaufwunsch entstehen, weil der Umworbene mit der Ware positive Gefühle verbindet. Damit wird der Konsument in seinem Kaufverhalten gesteuert und evtl. sogar manipuliert. Jeder Mensch sollte ohne von außen gesteuert zu werden, wirtschaftliche Entscheidungen vernünftig treffen können. Manipulationen sind gegen den Menschen gerichtet, weil sie seine Willensfreiheit in Frage stellen. Damit wird auch seine Eigenständigkeit und Würde beeinträchtigt.

*Bearbeiter*

## 3.1.3 Konsum mit Verantwortung – möglich und wünschenswert?

**M9** Konsumentscheidungen unter der Nachhaltigkeitslupe

**Jan** kauft grundsätzlich seine T-Shirts bei Primark für 5 Euro und trägt sie nur ein paar Mal.

Produziert in Bangladesch

**Samira** kauft grundsätzlich Fairtrade-T-Shirts für 30 Euro, die unter Fairtrade-Bedingungen, z. B. zu fairen Löhnen, produziert wurden.

**Anton** übernimmt gerne die T-Shirts von seinem Bruder. Löcher und Risse flickt er. Ein neues T-Shirt kauft er sich erst, wenn er das alte überhaupt nicht mehr tragen kann.

Herstellungsland ist im Label schon lange nicht mehr lesbar.

*Bearbeiter*

**EINSTIEGSAUFGABEN**

- Jan, Samira oder Anton – welchem Kaufverhalten kannst du dich anschließen? Entscheide dich und begründe deine Entscheidung. Positioniere dich dazu an einer der drei Klassenzimmerwände, die jeweils mit Plakaten mit den Namen der drei Jugendlichen („Jan" – „Samira" – „Anton") gekennzeichnet sind.
- Führt ein fiktives Gespräch zwischen Jan und Samira, in dem ihr die Gründe für ihr Konsumverhalten darlegt.

3.1 Die Qual der Wahl – wie treffe ich überlegte Kaufentscheidungen?

## M10 Wie nachhaltig ist die Produktionskette eines T-Shirts?

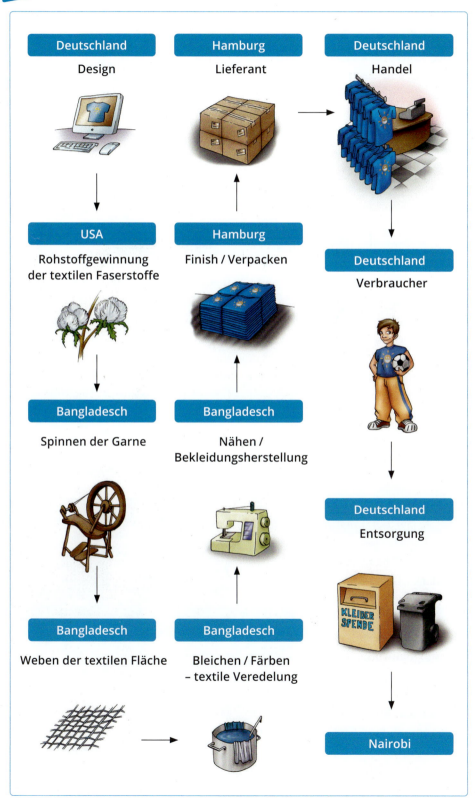

Nach: www.fair-zieht-an.de (6.3.2011)

**Primärproduktion, Baumwolle:** hoher Landschaftsverbrauch durch Baumwollanbau, hoher Einsatz von Insektiziden, Herbiziden und Entlaubungsmitteln, Einsatz von Konservierungsstoffen bei Transport und Lagerung von Baumwolle, hoher Wasserbedarf mit ökologisch negativen Folgen, Düngemitteleinsatz (Nitrifizierung des Bodens)

**Produktion von Fasern, Garnen, Flächengebilden:** Energiebedarf beim Spinnen und Weben, Einsatz von Hilfsmitteln, die bei nachfolgenden Verarbeitungsschritten zu Emissionen führen, Staub- und Lärmbelästigungen, textile Abfälle

**Veredelung:** Einsatz großer Mengen an Textilhilfs- und Ausrüstungsmaterialien, Emissionen in Wasser und Luft, hoher Energieverbrauch, hoher Wasserbedarf, Klärschlammanfall

**Gebrauch:** mögliche schädliche Wirkungen der Textilchemikalien auf den Verbraucher, Einsatz von Wasch- und Reinigungsmitteln, Verteilung ökologisch relevanter Stoffe durch Auswaschung (diffuser Eintrag in das Abwasser), Einsatz ökotoxischer Stoffe bei der chemischen Reinigung, hoher Energieeinsatz für die Jeanspflege (Waschen, Trocknen, Bügeln)

**Entsorgung:** Beanspruchung von Deponieraum, Emissionen bei Müllverbrennung und Deponie

**Erklärfilm „Nachhaltigkeit"**

Mediencode: 82031-04

**Konsumverzicht**

Dem Konzept des nachhaltigen Konsums steht das Konzept des Konsumverzichts gegenüber. Hierbei steht die Überlegung im Mittelpunkt, ob man tatsächlich ein neues Produkt benötigt, oder nicht das alte reparieren, ein gebrauchtes kaufen, mieten oder tauschen möchte oder mithilfe von Recycling aus einem alten ein neues Produkt herstellen kann.

**Tipp:**
Teste deinen ökologischen Fußabdruck unter:
www.footprint-deutschland.de

## M11 Nachhaltiger Konsum

Nachhaltig zu konsumieren bedeutet, bei seiner Lebensweise auch auf die Umwelt und das soziale Miteinander zu achten. Zum Beispiel geht es darum, Produkte zu kaufen, die möglichst wenige Rohstoffe verbrauchen und die umweltschonend hergestellt werden. Nachhaltiger Konsum bedeutet, Ressourcen zu schonen und Rücksicht auf die Generationen der Zukunft zu nehmen. Vom Wohlstand sollen möglichst alle profitieren, also auch die Hersteller der Konsumgüter. Dazu gehört auch, dass die Arbeiter, beispielsweise in den Entwicklungsländern, unter menschenwürdigen Bedingungen arbeiten und so viel verdienen, dass sie gut davon leben können. Wenn man die Nachhaltigkeit von Produkten bestimmen möchte, sind neben den Bedingungen, unter denen Menschen arbeiten auch die **Ökobilanzen** der Konsumgüter ein wichtiges Kriterium. Diese umfassen alle Umweltbelastungen (z. B. Luft- und Wasserverschmutzung, Energie- und Ressourcenverbrauch), die ein Produkt erzeugt – von der Produktion über die Nutzung des Konsumenten bis zur Entsorgung.

*Bearbeiter*

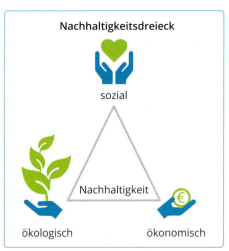

## M12 Möglichst viel für wenig Geld – wo ist der Haken?

Mindestens 1.127 Tote und 2.438 Verletzte hat der Einsturz eines achtstöckigen Hauses in Bangladeschs Hauptstadt Dhaka am 24. April 2013 gefordert. [Bild rechts] [...] Die meisten Verschütteten konnten nur noch tot geborgen werden. Tausende Menschen lagen unter den Trümmern. [...] Ursprünglich sollte das Haus nur vier Stockwerke haben, aber die Textilfabrikanten rissen sich geradezu um den billigen Mietraum, also wurden noch einmal vier Stockwerke angebaut – mit [nicht ausreichend] tragenden Wänden. Immer wieder kommt es in dem Land, dessen Textilindustrie boomt und sein wichtigster Wirtschaftszweig ist, wegen Missachtung von Sicherheitsvorschriften zu Katastrophen. [...]
Uns trifft dabei eine Mitschuld. Europäische und US-amerikanische Kunden sind es gewohnt, ihre Kleidung zu Discountpreisen zu kaufen. Firmen wie Primark, H&M, C&A oder kik unterbieten sich gegenseitig bei dem

Versuch, immer billiger zu werden. Sie geben diesen Druck an die Produzenten weiter. In den Trümmern fanden sich noch die Überreste der [Billighosenkollektion]. Diese Hose war offensichtlich für den britischen Markt bestimmt und sollte nur 14 Pfund kosten. [...] Die Frauen, die diese Kleidung herstellen, könnten sie sich selbst nie leisten. Im Durchschnitt verdient eine Arbeiterin in Bangladesch etwa 24 Dollar im Monat.

*n-tv/jtw/AFP, www.n-tv.de, Billig-Textilfabriken in Bangladesch – Die marode Nähstube der Welt, 26.4.2013*

## M13 Fiktive Position eines Textilproduzenten

*Der Pressesprecher eines bekannten, auch in Bangladesch produzierenden Textilunternehmens, erklärt:*

„Die Herstellung liegt in den Händen von Zulieferern vor Ort. Die stellen die Näherinnen ein und diese hatten vorher oft überhaupt keine Arbeit. Wir geben nur den Auftrag! Abgesehen davon: Unsere Kunden wollen günstige Textilien. Wir müssen als Unternehmen auch an unsere Rentabilität denken und wirtschaftlich handeln. Die Konkurrenz im Textilbereich ist groß und wir möchten unseren Kunden die besten Produkte zu günstigen Preisen liefern. Wir sichern dadurch auch die Arbeitsplätze unserer Mitarbeiterinnen und Mitarbeiter im Lager und im Verkauf in Deutschland!"

*Bearbeiter*

## AUFGABEN

1. Erläutere, inwiefern die Produktion eines T-Shirts als Beeinträchtigung für die Umwelt gesehen werden kann (**M10**).
2. Erkläre anhand des Nachhaltigkeitsdreiecks, was Nachhaltigkeit bedeutet (**M11**) und finde Beispiele für nachhaltiges Konsumieren aus deinem Alltag.
3. In **M12** wird der Zusammenhang zwischen den Produktionsbedingungen von Textilien und unserem Konsumverhalten aufgezeigt. Arbeite diesen Zusammenhang heraus.
4. Was hältst du von der Erklärung des Pressesprechers in **M13**? Formuliere dazu eine eigene Stellungnahme.
5. Beurteile, ob du durch Konsumverzicht (**Randspalte S. 64**) bestimmte gesellschaftliche und ökologische Veränderungen erreichen kannst.
6. **WebQuest** (→ Methodenglossar): Ähnlich wie für Bio-Produkte gibt es auch Siegel für Textilien. Informiere dich im Internet über diese Siegel und finde heraus, was diese Zeichen bedeuten. Erörtere, ob diese Siegel eine geeignete Maßnahme sind, um die Bedingungen in der globalen Textilindustrie zu verbessern.

**WIRTSCHAFT KONKRET**
Viele der Lebensmittel, die wir im Supermarkt kaufen, sind in Plastik verpackt. Verzichtet eine Woche lang auf diese Produkte und berichtet von euren Erfahrungen.

 **WebQuest**
(→ Methodenglossar): Recherchiere, wie viele Kilometer das T-Shirt aus **M10** ungefähr zurücklegt, bis es schließlich auf einem Markt in Nairobi ankommt.

## 3.1.4 Muss der Verbraucher geschützt werden?

### M14 Abofallen im Internet

**a) In die Falle getappt ...**
Fragwürdige Rechnungen verschickte das Internetportal „top-of-software.de" der Antassia GmbH. Die Masche war stets gleich: Lena (15) hatte auf der Seite nach kostenlosen Programmen wie „OpenOffice", „Adobe Flash Player" oder nach Virenschutzprogrammen gesucht. Nach mehreren Klicks kam sie zu einer Anmeldeseite. Neben einer Eingabemaske für persönliche Daten fand sich dort ein kaum erkennbarer Hinweis auf Kosten in Höhe von 96 Euro und eine Laufzeit von einem Jahr. In der Annahme, die geforderten Daten seien lediglich für den kostenlosen Download der Software nötig, übersah sie diese Klausel. Die Rechnung und auch die Mahnung vom Rechtsanwalt kamen per E-Mail.
© *2011 Verbraucherzentrale Sachsen-Anhalt e. V., Vorsicht Abzocker: So täuschen sie Verbraucher!, S. 11*

**b) Ein Gesetz gegen Abofallen im Internet**
Wenn Verbraucher im Internet zum Abschluss von kostenpflichtigen Abonnements gelockt werden sollen, spricht man umgangssprachlich von „Abofallen". Die Angebote erscheinen auf den ersten Blick meist kostenlos. Vorsicht ist geboten, wenn persönliche Daten abgefragt werden. Denn typisch für Abofallen ist, dass sich die Internetnutzer mit E-Mail-Adresse und Namen registrieren sollen. Daraufhin werden sie per E-Mail oder Brief mit Rechnungen und Mahnungen bombardiert. Dieser Praxis wollte der Gesetzgeber einen Riegel vorschieben. Am 1. August 2012 trat daher das Gesetz zur sogenannten „Button-Lösung" in Kraft. Seitdem müssen in der Nähe des Bestell-Buttons alle Folgekosten klar und deutlich aufgelistet sein. Erst durch das Anklicken des mit bspw. „kostenpflichtig bestellen" versehenen Buttons wird der Kaufvertrag abgeschlossen.
*Bearbeiter*

**EINSTIEGSAUFGABE**
Erläutere die Bedeutung des 2012 verabschiedeten Gesetzes zum Schutz der Verbraucher im Internet.

## M15 Wie der Verbraucher geschützt wird

Damit du dich als Verbraucher in der Vielfalt der Produktangebote zurechtfinden kannst, musst du dich gut informieren. Aber wie machst du das? Und kannst du auf korrekte Produktangaben der Unternehmen vertrauen? Einige Lebensmittelskandale haben beispielsweise gezeigt, dass du als Verbraucher auch getäuscht werden kannst, wenn es um die Qualität und die Herkunft der Produkte geht. Im Rahmen der **Verbraucherpolitik** wurden daher eine Vielzahl an Gesetzen und Verordnungen erlassen, um den Verbraucher zu schützen (z. B. Lebensmittelgesetz, Kennzeichnungspflichten, Gesetz gegen unerlaubte Werbung usw.). Konkrete Ziele der Verbraucherpolitik sind der Schutz vor einer Irreführung durch Anbieter, Gesundheitsschutz, Schutz vor verbotenen Verkaufspraktiken, die Pflicht zur Wiedergutmachung von erlittenen Schäden durch Anbieter, der Zugang zu angemessenen Informationen über Produkte und Dienstleistungen, Interessenvertretung der Verbraucher auf politischer Ebene sowie die Förderung des nachhaltigen Konsums.

Ein weiteres Problem ist, dass du oft nicht alle Eigenschaften eines Produktes kennst, das du kaufen willst. Damit kannst du dessen Qualität nur schwer beurteilen. Ergänzende Produktinformationen von neutralen Stellen sollen dir deshalb helfen, durchdachte Kaufentscheidungen unabhängig von den einseitigen Anbieterinformationen zu treffen. Wichtige Informationen liefern dabei sowohl staatliche als auch nichtstaatliche Organisationen, wie z. B. die **Verbraucherzentralen** in den Bundesländern, die **Stiftung Warentest** oder **foodwatch**. Auch mithilfe der Medien kannst du wichtige Verbraucherinformationen, z. B. durch spezielle Verbraucherzeitschriften oder TV-Sendungen, erhalten. Darüber hinaus orientieren sich Verbraucher immer mehr an **Produktbewertungen im Internet**, in den sozialen Medien oder durch Verbraucher- und Vergleichsportale.

*Bearbeiter*

### WIRTSCHAFT KONKRET

Bildet Kleingruppen und einigt euch darauf, welches Produkt aus eurem Alltag ihr testen wollt. Entwickelt anschließend geeignete Kriterien für euren Test. Vergleicht am Ende eure getesteten Produkte und stellt eure Ergebnisse in einem Blog vor. Wenn ihr selbst einmal Produkte oder Dienstleistungen für die Stiftung Warentest testen wollt, dann könnt ihr beim Wettbewerb „Jugend testet" mitmachen (www.jugend-testet.de).

**Beispiel für eine Informationsasymmetrie**
(→ S. 80, M14)
Weiß nur der Produzent, dass sein Produkt ein minderwertiges Verschleißteil mit kurzer Lebensdauer beinhaltet, welches bei einem Defekt eine Reparatur unwirtschaftlich macht, ist der Verbraucher gegenüber dem Produzenten im Nachteil.

**Produktsiegel**
Auf der Suche nach Anhaltspunkten für die Qualität von Produkten und Dienstleistungen sind Produktsiegel eine wichtige Orientierungshilfe beim Einkauf. Sie sollen auf besondere Qualitäten von Produkten und Dienstleistungen hinweisen, z. B. gesundheitliche, soziale oder ökologische Eigenschaften. Damit sind Siegel ein wichtiges Verbraucherinformationsinstrument im Rahmen des Verbraucherschutzes.

## M16 Zu viel des Guten? Ampelkennzeichnung von Lebensmitteln in der Diskussion

Wie gesund oder ungesund Lebensmittel sind, ob in ihnen zu viel Zucker, Fett oder Salz steckt, all dies können Konsumenten auf den ersten Blick nicht erkennen. Verbraucherschützer fordern deshalb die Einführung einer sogenannten Ampelkennzeichnung. Auf jeder Lebensmittelpackung werden Nährwertangaben dann mit roten, gelben oder grünen Signalfarben hinterlegt. So soll der Käufer auf einen Blick erkennen können, welche Lebensmittel als gesund und welche als eher ungesund einzustufen sind.

*Tabelle in Scheckkartenform mit der Ampelkennzeichnung für Lebensmittel*

**Ausgewählte Produktsiegel**

„Die Ampelkennzeichnung ist sehr ungenau. Wie soll man zum Beispiel den Fettgehalt eines Lebensmittels bewerten, das hauptsächlich aus hochwertigem Rapsöl besteht? Grün für den hohen Gehalt an ungesättigten Fettsäuren und gleichzeitig rot wegen des hohen Fettgehalts? Gelten die Angaben für Kinder und Erwachsene gleichermaßen? Die Verbraucher sollen vielmehr aufgeklärt werden, um sie zu befähigen, die richtigen Produkte auszuwählen. Ernährung ist viel zu komplex, als dass sie auch nur annähernd in Farben wiedergegeben werden kann. Außerdem will kein Verbraucher bevormundet werden. Wenn es um die individuellen Ernährungsgewohnheiten der Menschen geht, darf der Staat sich nicht einmischen. Zudem kann man sowieso nicht per Verordnung dafür sorgen, dass die Menschen mehr Spinat und weniger Chips essen."

„Vielen Verbrauchern ist nicht klar, wie ungesund bestimmte Produkte sind, insbesondere wenn es um Fertiggerichte geht. Die per Gesetz vorgeschriebenen Nährwerttabellen mit Angaben zu Fett, Salz oder Kohlenhydraten finden sich in der Regel versteckt im Kleingedruckten auf der Rückseite der Verpackung. Irreführende und unterschiedliche Nährwertangaben stiften mehr Verwirrung als Orientierung. Und wer zwischen Beruf und Haushalt gestresst an den Regalen vorbeihetzen muss, braucht die wichtigsten Informationen klar verständlich auf einen Blick. Dass vor allem die Süßwarenindustrie gegen die Ampelfarben wettert, ist nicht verwunderlich. Zucker ist ein Hauptbestandteil ihrer Produkte, denen deshalb allesamt ein roter Punkt droht. Dabei werden die Kunden das Naschzeug doch nicht deshalb meiden."

*Bearbeiter*

## AUFGABEN

**F ZU AUFGABE 1**
Hältst du die Regeln zum Schutz der Verbraucher in Deutschland für ausreichend? Diskutiert diese Frage in der Klasse.

**H ZU AUFGABE 2**
→ S. 269

1. Tims Vater möchte einen neuen Fernseher für die Familie kaufen. Erkläre, wie er nun vorgehen sollte. Berücksichtige dazu die Informationsmöglichkeiten von Verbrauchern aus **M15**.
2. Diskutiert am Beispiel der Ampelkennzeichnung von Lebensmitteln die Notwendigkeit und Grenzen von Verbraucherschutzgesetzen (**M16**).
3. **WebQuest** (→ Methodenglossar): Produktsiegel geben dem Käufer zusätzliche Informationen über ein Produkt.
    a) Bildet Kleingruppen und wählt ein Produktsiegel aus.
    b) Sammelt in einer Internetrecherche Informationen dazu: Wofür steht das Produktsiegel? Wer vergibt das Produktsiegel? Welche Kriterien muss ein Produkt erfüllen, um das Siegel zu erhalten?
    c) Vergleicht eure Ergebnisse.
    d) Beurteilt abschließend, ob das Produktsiegel für den Verbraucher nützlich ist.

# WAS WIR WISSEN

Vor allem für Jugendliche spielt die **Marke** beim Kauf eine wichtige Rolle. Denn Markenprodukte sind auch Statussymbole. Das Bedürfnis der Nutzung der Güter zu ihrem Gebrauch tritt in den Hintergrund zugunsten des Nutzens, welcher z. B. aus der **Anerkennung in der Gruppe** (**Peergroup**) gewonnen wird. Verbunden damit ist ein **Lebensstil**, der eher konsumfreudig oder konsumkritisch ist. Die Befriedigung von Bedürfnissen auf dem Markt stößt immer auf **Budgetgrenzen** jedes Einzelnen. Gerade Jugendliche stehen als Zielgruppe der Werbestrategen immer mehr im Mittelpunkt. Dies nicht zuletzt, weil sie u. a. noch keine festen Kaufgewohnheiten haben, spontaner handeln und sich gegenüber Neuem oft unkritischer verhalten. **Werbung** kann unsere Bedürfnisse und unser Kaufverhalten stark beeinflussen. Ziel der werbenden Unternehmen ist es, ihre Produkte und deren Vorzüge bekannt zu machen, sodass sie vom Kunden gekauft werden und Umsatz und Ertrag der Unternehmen steigen. Einerseits dient Werbung dazu, über Angebote und deren Eigenschaften zu informieren. Andererseits entwickeln die Unternehmen ausgefeilte Werbestrategien, Bedürfnisse nach einem Produkt bei Kunden „künstlich" zu erzeugen. Bei **Onlinewerbung** im Internet sind Werbebotschaften oft nicht auf den ersten Blick als solche zu erkennen, wenn bspw. auf einem Youtube-Kanal Schminktipps weitergegeben und scheinbar beiläufig Kosmetikartikel einer bestimmten Firma empfohlen werden.

**Was den Kauf bestimmt – Bedürfnisse, Preise, Budgetgrenzen, Marken, Peergroups, Lebensstil, Werbung**
→ M2, M3, M6, M8

Jegliche Produktion und jeglicher Konsum verbraucht Umweltressourcen. Um Waren preisgünstig anbieten zu können, findet die Herstellung von Textilien überwiegend im Ausland statt, wo Arbeitskräfte häufig unter sehr schlechten Bedingungen arbeiten müssen und die Schonung der Umwelt keine Rolle spielt. Durch den **Kauf von nachhaltig produzierten Waren**, z. B. Fairtrade-Produkten, können Konsumenten dazu beitragen, dass sich die ökologischen und sozialen Produktionsbedingungen verbessern. Der höhere Preis von nachhaltig hergestellten Produkten gibt bei den Kaufentscheidungen aber häufig den Ausschlag gegen einen solchen Kauf.

**Kaufentscheidungen unter dem Aspekt der Nachhaltigkeit**
→ M11, M12

Das Produktangebot ist zwischenzeitlich so umfangreich geworden, dass es für Verbraucher oft schwierig ist, ausreichend informiert eine überlegte Kaufentscheidung zu treffen. Hinzu kommt, dass der Verbraucher in der Regel weniger über die Qualität oder Lebensdauer von Produkten weiß als der Hersteller (**Informationsasymmetrien**). Um die **Macht des Konsumenten** auf dem Markt zu stärken, der durch seinen Kauf gleichsam die Stimme für das beste Produkt abgibt und damit Einfluss auf die Produzenten ausüben kann, übernimmt der **Gesetzgeber** daher u. a. mithilfe von Gesetzen und Verordnungen die Aufgabe, die Position des Verbrauchers zu stärken. Darüber hinaus werden die Verbraucher durch die Verbraucherzentralen oder die Stiftung Warentest mit Produktinformationen und Beratung unterstützt. Zudem tragen Medien – z. B. mithilfe von Verbraucherzeitschriften oder Bewertungs-, Verbraucher- und Vergleichsportalen – zur Verbraucherinformation und damit auch zum **Verbraucherschutz** bei.

**Wie wird der Verbraucher geschützt?**
→ M15, M16

## 3.2 Wie funktionieren Märkte?

### 3.2.1 Wie können sich Anbieter und Nachfrager auf Märkten einigen?

**M1** Vielfalt von Märkten

*Einkaufsstraße*

*Virtueller Marktplatz*

*Börse in Frankfurt*

*Wochenmarkt*

**EINSTIEGSAUFGABE**
Die Bilder zeigen verschiedene Märkte. Beschreibe die Gemeinsamkeiten und Unterschiede.

**M2** Wie gelingt der Ausgleich der unterschiedlichen Interessen von Anbietern und Nachfragern auf Märkten?

Ob Wohnungsmarkt, Stellenmarkt oder Supermarkt – auf allen Märkten treffen Verkäufer (Anbieter) und Käufer (Nachfrager) von Gütern zum
5 **Tausch** aufeinander. Die am Markt auftretenden Anbieter und Nachfrager haben spezielle Interessen und Ziele, und die sind oft unterschiedlich. Denn die Anbieter wollen am Markt ihre Waren zu einem hohen Preis verkaufen, um einen möglichst hohen 10 Gewinn zu erzielen. Da alle Anbieter dieses Ziel verfolgen, stehen diese am freien Markt im Wettbewerb zueinan-

der. Die Nachfrager wollen die Güter, die sie zur Befriedigung ihrer Bedürfnisse benötigen, zu möglichst niedrigen Preisen einkaufen. Der Ausgleich der unterschiedlichen Interessen von Anbietern und Nachfragern wird am Markt durch den Preis erreicht.

*Bearbeiter*

## M3 Das Modell des vollkommenen Marktes

**Merkmale des vollkommenen Marktes**

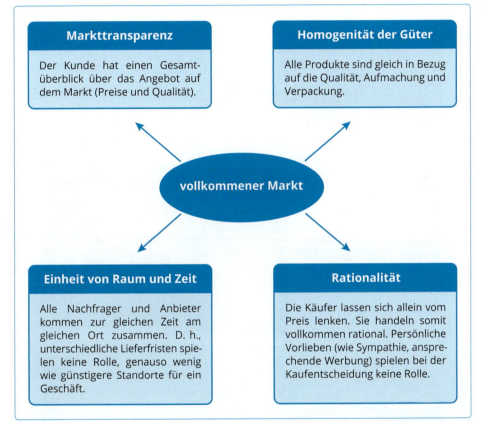

**Marktttransparenz**
Der Kunde hat einen Gesamtüberblick über das Angebot auf dem Markt (Preise und Qualität).

**Homogenität der Güter**
Alle Produkte sind gleich in Bezug auf die Qualität, Aufmachung und Verpackung.

**Einheit von Raum und Zeit**
Alle Nachfrager und Anbieter kommen zur gleichen Zeit am gleichen Ort zusammen. D. h., unterschiedliche Lieferfristen spielen keine Rolle, genauso wenig wie günstigere Standorte für ein Geschäft.

**Rationalität**
Die Käufer lassen sich allein vom Preis lenken. Sie handeln somit vollkommen rational. Persönliche Vorlieben (wie Sympathie, ansprechende Werbung) spielen bei der Kaufentscheidung keine Rolle.

*Bearbeiter*

**Vollkommener Markt**
Um die Zusammenhänge zwischen Angebot, Nachfrage und Preisbildung besser veranschaulichen und untersuchen zu können, geht man in der Wirtschaftstheorie vom Modell des vollkommenen Marktes aus. In der Realität findet man allerdings kaum Märkte, die alle Merkmale eines vollkommenen Marktes erfüllen. Das Modell dient lediglich als Bezugspunkt, um die in der Wirklichkeit vorherrschenden unvollkommenen Märkte zu untersuchen.

## AUFGABEN

1. Vervollständigt in Partnerarbeit folgenden Satz: „Als „Markt" bezeichnet man ..." (**M1**, **M2**).
2. Erkläre an einem Beispiel, inwiefern Anbieter und Nachfrager auf dem Markt Konkurrenten sind (**M2**).
3. „Der Ausgleich der Interessen von Anbietern und Nachfragern wird am Markt durch den Preis erreicht" (**M2**). Erläutere dies am Beispiel eines Kaufs auf dem Flohmarkt.
4. Analysiere mithilfe von **M3**, ob es sich bei den Märkten in **M1** um „vollkommene Märkte" handelt.

**H ZU AUFGABE 1**
→ S. 269

**F ZU AUFGABE 4**
Es stellt sich dir die Frage, warum man vom vollkommenen Markt als Modell ausgeht, obwohl seine Merkmale in Wirklichkeit nicht alle zutreffen. Erläutere diese Nichtübereinstimmung.

## 3.2.2 Der Handel an der Börse – ein besonderer Markt?

### M4 Die Entwicklung des Handels an der Börse

Die 1558 gegründete Hamburger Börse auf einem Kupferstich von Johan Dircksen vom Anfang des 17. Jahrhunderts: Bis zur Einweihung des hölzernen Gebäudes 1583 handelten die Börsenbesucher auf einem gepflasterten Platz im Freien.

Börsenhandel in Frankfurt 1956

Börsenhandel in Frankfurt 2017

*Bearbeiter*

**EINSTIEGSAUFGABE**
Beschreibe die Entwicklung im Börsenhandel anhand der drei Bilder.

## M5 Der Handel an den Börsen – ein besonderer Handel

Schon im Mittelalter trafen sich in den Handelszentren Venedig, Florenz und Genua Geldwechsler, Kaufleute und Händler auf öffentlichen Marktplätzen, um Geschäfte abzuschließen. Dabei wurden eine Vielzahl an Produkten, Rohstoffen sowie Währungen gehandelt. Als die Anzahl der Händler immer mehr zunahm und damit auch die Menge der gehandelten Produkte, brauchte es Regeln für den Handel und ein Handelsgebäude. So entstand Anfang des 15. Jahrhunderts die **erste Börse in Brügge (Belgien)**. Den Namen verdankt die Börse der dort wohnhaften Kaufmannsfamilie „Van der Beurse", in deren Haus der Handel verlegt wurde.

**Börsen sind ein Marktplatz**, auf dem Anbieter und Nachfrager von Aktien, Anleihen und Rohstoffen aufeinandertreffen. Allerdings werden die Geschäfte nicht direkt zwischen Käufer und Verkäufer abgewickelt, sondern über Banken und Makler, die als „Mittler" fungieren. Der heutige Börsenhandel läuft nahezu ausschließlich auf elektronischem Weg. Unternehmen bieten Teilhaberechte an ihrem Unternehmen an. Diese geben sie in Form von **Aktien** aus. Mit dem Geld, das sie von den Anlegern bekommen, können sie zum Beispiel

*Sammelaktie der Mercedes-Automobil-Holding-Aktiengesellschaft aus dem Jahr 1976*

neue Maschinen kaufen oder neue Arbeitskräfte einzustellen (also Investitionen tätigen). Wenn das Unternehmen Gewinne macht, bekommt man einen Teil davon (die sogenannte Dividende). Bei Verlusten des Unternehmens verliert die Aktie an Wert und der Anleger damit sein Geld. Wichtig ist: das Geld des Aktionärs wird nicht zurückgezahlt. Der Anleger kann seine Aktie nur an einen anderen Anleger verkaufen, nicht aber das Geld vom Unternehmen zurückfordern.

**Der Preis einer Aktie (Aktienkurs)** bestimmt sich durch Angebot und Nachfrage. Kann ein Unternehmen z. B. hohe Gewinne bei der Bekanntgabe seines Geschäftsberichts melden, wird die Nachfrage nach dessen Aktien steigen. Damit steigt der Preis der Aktie, was sich im Kursgewinn an der Börse zeigt.

*Bearbeiter*

---

**DAX (Deutscher Aktienindex)**
Der DAX gibt die wirtschaftliche Entwicklung der 30 größten und umsatzstärksten deutschen Unternehmen an, die an der Frankfurter Börse mit Aktien handeln. Sein Kursverlauf gilt als Gradmesser (Indikator) der wirtschaftlichen Entwicklung in Deutschland.

**Erklärfilm „Börsenkurs"**

Mediencode: 82031-05

---

### AUFGABEN

1. Vergleiche den Handel auf dem Wochenmarkt (→ **S. 70, M1**) mit dem Handel des Aktienmarkts an den heutigen Wertpapierbörsen (**M5**).
2. Erläutere, warum der Handel an Börsen (**M4**, **M5**) am ehesten einem vollkommenen Markt entspricht (→ **S. 71, M3**).

# METHODE

## Modellbildung – Wie bildet sich der Preis auf freien Märkten? Das Preis-Mengen-Diagramm

### Gemüseburger in der Schulkantine – die Nachfrageseite

Um das Prinzip der Preisbildung zu verstehen, bedient man sich eines Modells. In diesem Modell wird angenommen, dass sich Angebot und Nachfrage unabhängig voneinander bilden. Betrachten wir also zunächst die Nachfrageseite: Für Schüler und Lehrer einer Schule soll ein Mittagessen angeboten werden. Jeden Donnerstag sollen Gemüseburger verkauft werden. Lehrer und Schüler stellen die Nachfrage auf dem Gemüseburgermarkt dar. Natürlich unterscheiden sich die Nachfrager: Manche haben mehr, manche weniger Hunger, einige haben mehr Geld für den Mittagstisch zur Verfügung als andere, nicht alle mögen Gemüseburger, für viele ist es ihr Leibgericht. Wie könnte sich also die Nachfrage nach den Bratlingen entwickeln?

Nehmen wir an, 100 Schüler und Lehrer wären bereit, 3 € für ihren Gemüseburger auszugeben. Bei einem niedrigeren Preis von 2 € wären schon weitere 100 Schüler und Lehrer geneigt, den Mittagssnack zu kaufen. Nochmals 100 Schüler und Lehrer würden die Burger nachfragen, wenn der Preis dafür nur 1 € betragen würde. Es ist einleuchtend, dass die Schüler und Lehrer, die bereit gewesen wären, 2 oder 3 € für den vegetarischen Burger auszugeben, auch für 1 € kaufen würden. Sie freuen sich lediglich, dass sie ihn so günstig bekommen. Wie man erkennen kann, ist die Nachfrage bei einem niedrigen Preis höher. Umgekehrt ist die Nachfrage geringer, wenn der Preis hoch ist. Deshalb addiert sich die Nachfrage der einzelnen Käufer mit abnehmendem Preis. Im Modell spricht man von der aggregierten (zusammengefassten) Nachfrage. Sie lässt sich grafisch so darstellen:

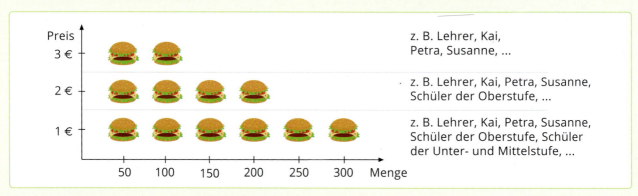

*Ein gezeichneter Burger steht für 50 „echte" Burger.*

### Gemüseburger in der Schulkantine – die Angebotsseite

Betrachten wir nun die Angebotsseite: Hausmeister, Eltern und ein Catering-Service wären bereit, die Gemüseburger anzubieten. Der Hausmeister, so nehmen wir an, könnte mit seiner Frau 100 vegetarische Bratlinge für 1 € verkaufen. Die Eltern könnten zusammen 100 Gemüseburger für 2 € anbieten, da ihr Herstellungsaufwand etwas größer wäre. Sie müssten sich abstimmen, wer wie viele Burger produziert, und den Transport zur Schule organisieren. Der Catering-Service mit hohen Personalkosten könnte weitere 100 Burger für 3 € anbieten. Selbstverständlich würden Hausmeister und Eltern auch für 3 € ihre Gemüseburger anbieten können. Hier addiert sich also das Angebot bei steigendem Preis. Man spricht vom aggregierten (zusammengefassten) Angebot. Je höher der Preis, desto größer ist die angebotene Menge. Je niedriger der Preis, desto geringer das Angebot, weil nur wenige Anbieter in der Lage sind, zu diesem Preis zu produzieren. Anbieter, die bei einem niedrigeren Preis nicht mehr gewinnbringend produzieren können, werden einfach vom Markt verdrängt. Die Angebotsseite im Beispiel lässt sich grafisch so darstellen:

3.2 Wie funktionieren Märkte?

## METHODE

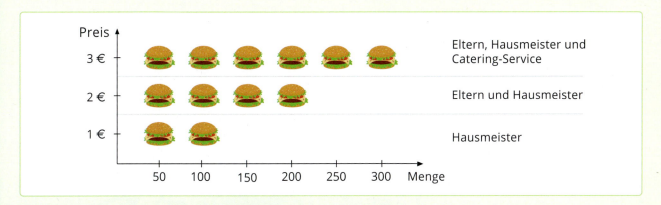

### Ungleichgewicht von Angebot und Nachfrage

Zum Preis von 3 € pro Gemüseburger beträgt die Nachfrage in der Schulkantine nur 100 Stück, angeboten würden jedoch 300 Burger. Die Differenz bezeichnet man als Angebotsüberschuss. Konkret bleiben diese Burger einfach übrig. Da sie nicht haltbar sind, werden die Anbieter sich überlegen, ob sie ihre Preispolitik (oder ihre Mengenpolitik) ändern. Sobald aber klar ist, dass diese Menge nur zu einem erheblich niedrigeren Preis verkäuflich ist, wird sich der Catering-Service zurückziehen. Für weniger als 3 €/Stück kann er seine Kosten nicht mehr decken. Das Angebot geht zurück, es bleiben Eltern und Hausmeister, die den Gemüseburger auch für einen Verkaufspreis von 2 € rentabel produzieren können.

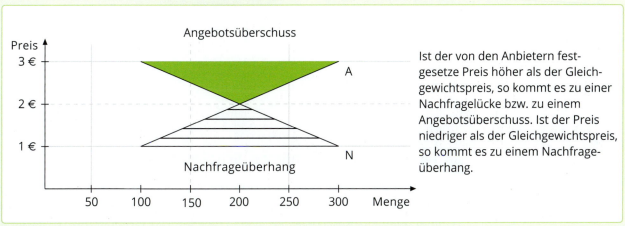

Ist der von den Anbietern festgesetze Preis höher als der Gleichgewichtspreis, so kommt es zu einer Nachfragelücke bzw. zu einem Angebotsüberschuss. Ist der Preis niedriger als der Gleichgewichtspreis, so kommt es zu einem Nachfrageüberhang.

*Bearbeiter*

### Aufgaben

1. Übertrage die Werte aus den ersten beiden Grafiken und zeichne die Nachfragekurve (Liniendiagramm) und die Angebotskurve (Liniendiagramm) in ein Koordinatensystem ein.
2. Der Gleichgewichtspreis ist der Preis, zu dem sich die Geraden schneiden. Hier ist der Umsatz (Menge x Preis) am höchsten. Bestimme den Gleichgewichtspreis und berechne den Höchstumsatz.
3. Fasst in Gruppenarbeit in einer Tabelle zusammen, von welchen Faktoren die Bereitschaft, Gemüseburger zu kaufen und zu verkaufen, abhängig ist.
4. Erkläre anhand der letzten Grafik, was man unter einem Angebotsüberschuss bzw. Nachfrageüberhang versteht.

### 3.2.3 Versagt der Markt beim Schutz der Umwelt?

**M6** Mobilität und Ökosystem Erde

*Karikatur: Norbert Niessen*

**EINSTIEGSAUFGABE**
Beschreibe das Problem, auf das der Karikaturist hinweisen möchte.

**M7** Was der Markt alleine nicht lösen kann

Normalerweise sorgt der **Marktmechanismus** für eine Verteilung von Gütern und einen schonenden Umgang mit Ressourcen. Denn die Preise zeigen an, was ein Gut kostet und wie knapp (und damit kostbar) dieses ist. Wenn z. B. die Vorräte von Öl schrumpfen oder die Nachfrage steigt, dann sorgt der Markt über steigende Preise für einen sparsameren Umgang. Zugleich bieten die steigenden Preise einen Anreiz, energieschonendere Techniken zu erfinden oder alternative Energieträger nutzbar zu machen. Beim Schutz des Klimas und der Umwelt versagen die Märkte aber immer wieder. Der Grund dafür ist, dass die Verschmutzung der Umwelt den Verursacher nichts kostet. Wer mit dem Auto fährt, zahlt zwar das Benzin, nicht aber die **umweltbedingten Folgekosten**, die durch die Fahrt entstehen. Dazu zählen Kosten für Gesundheitsschäden als Folge von Lärm und Umweltbelastungen wie Feinstaub sowie Kosten, die durch Schäden an Natur und Landschaft entstehen (Landschaftsverbrauch).

Auch die Kosten des Klimawandels, an dem der Verkehr durch seine $CO_2$-Emissionen in hohem Maße beteiligt ist, sind nicht berücksichtigt. Ökonomen sprechen von **negativen externen Effekten**. Die Kosten werden also nicht vollständig vom Verursacher getragen. Sie werden in Teilen auf unbeteiligte Dritte oder auf die Gesellschaft übertragen.

Wie kann eine Lösung aussehen? Sind die Produzenten bereit, freiwillig zum Schutz der Umwelt beizutragen (z. B. durch freiwillige Senkung der Schadstoffemissionen der von ihnen hergestellten Fahrzeuge), spricht man von Selbstverpflichtungen der Hersteller. Falls diese Selbstverpflichtungen die gewünschte Wirkung jedoch nicht erreichen, kann der Staat zum Schutz der Umwelt mit Instrumenten der **Umweltpolitik** regulierend eingreifen. Dies kann bspw. über Verbote geschehen. Durch Umweltbelastung entstehende Kosten können aber auch über einen erhöhten Preis ab-

gebildet und damit vom Verursacher bezahlt werden. Man sagt, dass die entstandenen Kosten **internalisiert** werden. Dies kann durch Steuern oder Subventionen (gezielte staatliche Förderung umweltgerechter Produktionen) vonstattengehen. Ein in der EU im Jahr 2005 eingeführtes Instrument zum Schutz der Umwelt stellt der Handel mit Verschmutzungsrechten dar. Möchte ein Unternehmen schädliches Kohlendioxid in die Luft abgeben, muss es sich das Recht dazu durch den Kauf von Emissionszertifikaten erwerben. Wie viel Kohlendioxid jährlich in die Atmosphäre abgegeben werden darf, wird von der EU festgelegt. Die Emissionszertifikate können gehandelt werden. Benötigt ein Unternehmen weniger Zertifikate als zunächst erworben, kann es diese an andere Unternehmen, die einen größeren Bedarf an $CO_2$-Emissionen haben, weiter verkaufen.

*Bearbeiter*

**Positive externe Effekte**
Spendet mir z. B. die Straßenbeleuchtung vor meiner Wohnung Licht, ziehe ich daraus einen Nutzen, ohne dafür direkt etwas bezahlen zu müssen. Die Kosten für die Beleuchtung trägt die Allgemeinheit.

**Direkte Kosten**
Auto: amtliches Kilometergeld, Besetzung mit einer Person
Bus/Bahn: Jahresnetzkarte für 2 Regionen (Entfernung 15 km), 200 Arbeitstage
Fahrrad: Kaufpreis 600 Euro, 10 Jahre Lebensdauer, jährlich 60 Euro für Reparatur, tägliche Strecke 10 km
Fußgänger: ein paar gute Schuhe für 100 Euro, tägliche Strecke 5 km

**Externe Kosten**
Unfallkosten, Lärm- und Abgaskosten: Gesundheits-, Sach- und Umweltschäden
Klimakosten: Schäden durch klimawirksame Emissionen
Staukosten: Berechnungen der INFRAS-Studie 2010
Zuschüsse: direkte Zahlungen, Steuernachlässe und Sachleistungen durch die öffentliche Hand

## M8 Kosten unterschiedlicher Verkehrsträger je km in Cent

| Kosten / km (Cent) | Auto | Bus | Bahn | Fahrrad | Fußgänger |
|---|---|---|---|---|---|
| Direkte Kosten | 42,0 | 5,5 | 5,5 | 6,0 | 10,0 |
| Unfallkosten | 3,1 | 0,2 | 0,1 | 1,0 | 0,5 |
| Lärm und Abgase | 1,8 | 2,2 | 0,3 | 0,0 | 0,0 |
| Klimakosten | 1,8 | 0,8 | 0,6 | 0,0 | 0,0 |
| Staukosten | 7,7 | 0,5 | 0,0 | 0,0 | 0,0 |
| Zuschüsse | 2,0 | 6,5 | 6,9 | 0,4 | 0,8 |
| Summe Externe Kosten | 16,4 | 10,2 | 7,9 | 1,5 | 1,3 |
| Gesamtkosten | 58,4 | 15,7 | 13,4 | 7,5 | 11,3 |

© Deutscher Sparkassen Verlag GmbH, Petra Sauerborn, www.sparkassen-schulservice.de, 2011

## Fallbeispiele

- Bei der Einweihungsparty von Florian wird sehr laut Musik gespielt. Um 3 Uhr wird die Polizei wegen Ruhestörung gerufen.
- Der Eigentümer eines von Hochwasser gefährdeten Grundstücks lässt einen Deich bauen.
- In Speiselokalen darf wieder geraucht werden.
- Da es in der Auergasse in letzter Zeit zahlreiche Einbrüche gab, beauftragt Herr Müller für einige Wochen einen privaten Wachmann.
- Auch in diesem Jahr melden die Skigebiete steigende Urlauberzahlen.

## M9    Feinstaubbelastung in Stuttgart – welche Lösungen kann es geben?

Stuttgart gilt als eine der am stärksten durch Feinstaub belasteten deutschen Städte. Verursacht wird dies vor allem durch die Nutzung privater Fahrzeuge. Durch welche Maßnahmen soll das Feinstaubproblem gelöst werden?

Es werden Anreize für die Automobilhersteller geschaffen (z. B. Subventionen des Staates), damit diese in die Forschung und Entwicklung für emissionsarme oder emissionsfreie Fahrzeuge investieren. Es werden Anreize zum Kauf von Elektroautos geschaffen, z. B. durch Kaufprämien des Staates.

Die Gesamtkosten bestimmen den Preis fürs Autofahren. Eine Möglichkeit, die Feinstaubbelastung zu reduzieren, sind höhere Spritpreise oder Steuern.

Für die besonders belasteten Gebiete wird eine Straßennutzungsgebühr (Maut) verlangt, deren Höhe die Gesamtkosten berücksichtigt.

Der Fahrer muss Verschmutzungsrechte pro gefahrenem Kilometer kaufen, die ihm das Fahren auf den Straßen erlauben. Verkäufer der Rechte ist der Staat. Der Preis ist abhängig vom Verbrauch und den Emissionen des jeweiligen Fahrzeugs.

*Bearbeiter*

## AUFGABEN

1.  a) Sortiert die Fallbeispiele (**Randspalte S. 78**) danach, ob positive oder negative externe Effekte durch die Handlungen entstehen (**M7**). Legt dazu eine Tabelle an und begründet eure Zuordnung.
    b) Findet weitere Beispiele aus eurem Alltag für externe Effekte und ordnet diese ebenfalls in die Tabelle ein.

2.  Welche Form von Mobilität verursacht die geringsten externen Kosten? Welches Verkehrsmittel belastet die Umwelt am stärksten? Analysiere dazu die Tabelle **M8**.

3.  Es soll eine politische Entscheidung getroffen werden, um das Feinstaubproblem in Städten wie Stuttgart zu lösen. Dazu sollen Experten dem Gesetzgeber eine Empfehlung geben. Bildet Expertengruppen, diskutiert die Vorschläge in **M9** und sprecht eine Empfehlung aus.

**H** ZU AUFGABE 3
→ S. 269

**F** ZU AUFGABE 3
Zur Reduktion der Feinstaubbelastung wird ein generelles Fahrverbot erwogen. Bewerte diese Maßnahme des Staates im Vergleich zu den marktorientierten Maßnahmen.

## 3.2.4 Wie mächtig ist der Verbraucher innerhalb der verschiedenen Marktformen?

### M10 Kaufentscheidungen im Supermarkt

Die Firma Wiesenhof schlachtet pro Sekunde sieben Hähnchen. Das sind 4,5 Millionen Hähnchen pro Woche. Während der 30-tägigen Aufzucht haben die Tiere kaum Platz, und ihre Knochen sind manchmal so schwach, dass sie unter dem eigenen Gewicht brechen. Nur 10.000 von ihnen sind privilegiert. Die Bio-Hähnchen haben mehr Platz und mehr Zeit zum Wachsen. Sie haben ein besseres Leben. Das Problem ist nur: Kaum einer will sie kaufen. Darum schlachtet Wiesenhof nur 10.000 Hähnchen pro Woche. Fragt man allerdings die Deutschen, ob sie bereit wären, mehr Geld für Fleisch auszugeben, wenn es dadurch weniger Massentierhaltung gäbe, stimmen mehr als 70 Prozent zu.

Maria Braun, Die Macht des Verkäufers im Supermarkt, Die Welt, 27.11.2011

*Biofreilandhuhn*

**EINSTIEGSAUFGABE**
Können Verbraucher mit ihrem Kaufverhalten bewirken, dass Unternehmen ihre Produktionsweisen verändern? Positioniert euch zu dieser Frage entlang einer gedachten Linie (→ Methodenglossar) im Klassenraum und begründet eure Meinung.

### M11 Marktformen und Marktmacht

Wenn es nur einen Anbieter für ein Produkt oder eine Dienstleitung auf dem Markt gibt, spricht man von einem „**Monopol**". Der Anbieter kann den Preis und die Qualität für sein Produkt alleine bestimmen. Wenn dieses Angebot dem Käufer nicht gefällt oder es ihm zu teuer ist, hat er dennoch keine Wahl: er muss dieses Produkt wie angeboten erwerben oder sich gegen einen Kauf entscheiden. Je dringender der Verbraucher das Produkt benötigt, umso höher kann der Monopolist den Preis ansetzen. Außerdem kann er die Produktqualität verringern, indem er bspw. günstiger produziert und damit mehr Gewinn erzielen kann. Hohe Preise und eine schlechtere Qualität könnten aber auf lange Sicht andere Anbieter auf den Markt locken, die sich bei solchen verbraucherfeindlichen Bedingungen als konkurrenzfähig ansehen. Bei einem schlechten Preis-Leistungs-Verhältnis besteht für den Monopolisten außerdem die Gefahr, dass die Kunden doch lieber auf das Produkt gänzlich verzichten.

Sind dagegen eine Vielzahl von Anbietern auf dem Markt vorhanden (z. B. auf dem Wochenmarkt), spricht man von einem „**Polypol**" (vollständige Konkurrenz). In diesem Fall ist der Wettbewerbsdruck zwischen den Anbietern groß: sie müssen ihre Produkte laufend weiterentwickeln und

**Erklärfilm „Marktformen"**

Mediencode: 82031-06

**Konsumentensouveränität**
Verbraucher (Konsumenten) können durch ihre Konsumentscheidungen Art und Umfang der Produktion steuern. Dies bedeutet, dass die Konsumenten durch ihre wohl überlegten Konsumentscheidungen bestimmen, wie viel von welchen Gütern hergestellt bzw. Dienstleistungen angeboten werden. Dadurch nehmen die Konsumenten auch Einfluss auf die Qualität der Produkte.

**Produzenten-souveränität**
Unterlegene Stellung der Konsumenten gegenüber dem Angebot und den Interessen der Produzenten

verbessern, damit sich der Kunde für ihre Produkte entscheidet. Außerdem müssen sie ihren Preis der Wettbewerbssituation anpassen. Die Konsumenten haben eine große Auswahl an Produkten und Dienstleistungen und können das Preis-Leistungs-Verhältnis verschiedener Anbieter miteinander vergleichen. Dies setzt aber voraus, dass die Verbraucher über die jeweiligen Produkteigenschaften ausreichend informiert sind (**Markttransparenz**). Da hier aber ein Machtungleichgewicht zwischen Anbietern und Verbrauchern besteht, weil Anbieter und Nachfrager nicht über die gleichen Produktinformationen verfügen (**Informationsasymmetrien**), übernehmen der Staat und private Verbraucherschutzorganisationen die Aufgabe, die Verbraucher zu informieren und dadurch zu schützen. So kann die Position der Verbraucher gegenüber den Anbietern gestärkt werden (→ Kapitel 3.1.4).

*Bearbeiter*

### M12 Flixbus dominiert den Fernbusmarkt

*Doppeldeckerbus von Flixbus*

Wer mit öffentlichen Verkehrsmitteln durch Deutschland reisen will, ist seit 2013 nicht mehr nur ausschließlich auf die Bahn angewiesen. Grund dafür ist das durch die Bundesregierung geänderte Personenbeförderungsgesetz. Seitdem dürfen Fernbusse der Bahn Konkurrenz machen. Viele Anbieter drängten in diesen neuen Markt. Die Passagierzahlen und die Zahl der angebotenen Strecken steigen stetig. Doch der Wettbewerb unter den Fernbusanbietern ist hart. Nur wenige können mit der Preispolitik des Markführers Flixbus mithalten. Inzwischen hat das Unternehmen die meisten Mitanbieter aufgekauft, wie zuletzt Postbus im Jahr 2016. Damit besitzt Flixbus 90,8 Prozent des Marktanteils bei Fernbussen (nach angebotenen Fahrplankilometern).

*Bearbeiter*

### M13 Marktanalyse Fernbusmarkt

**a) Wie viele Passagiere befördern Bahn, Bus, Flugzeug in Deutschland?**

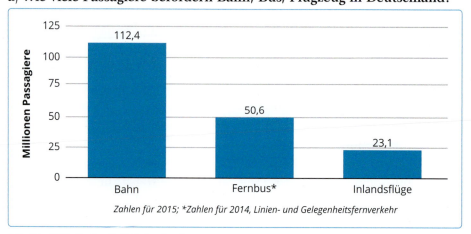

*Zahlen für 2015; *Zahlen für 2014, Linien- und Gelegenheitsfernverkehr*

© Statista 2018; Quelle: Statistisches Bundesamt

## b) Preisvergleich von Bahn, Bus und Flugzeug

Strecke: Stuttgart – Berlin; Datum: 05.10.2016

| Flixbus | Bahn | Flug |
|---|---|---|
| Preise: zwischen 25,00 Euro (7:50 Uhr) und 58,90 Euro (11:10 Uhr) | Preis: Sparangebot für 115,90 Euro | Preis: billigstes Angebot für 149,99 Euro |

*Quelle: Recherchen des Bearbeiters*

 **Bewertungs- und Vergleichsportale im Internet – die neue Macht der Verbraucher?**

Früher mussten sich Kunden beim Kauf eines Produkts auf die Beratung des Fachhändlers verlassen. Heutzutage findet man auf Vergleichs- und Bewertungsportalen im Internet nur ein paar Klicks entfernt Bewertungen und Preise von Smartphones, Kosmetika, Autos oder Ärzten u. v. m. Die Verbraucher vertrauen dabei oftmals den Bewertungen anderer unbekannter Kunden und entscheiden sich bei vergleichbarem Preis häufig für das Produkt mit der besten Bewertung. Vergleichs- und Bewertungsportale übernehmen dabei eine schnelle und übersichtliche Informationsfunktion für die Verbraucher.

Untersuchungen haben allerdings auch gezeigt, dass Vergleichs- und Bewertungsportale im Internet nicht ganz so unabhängig und objektiv sind, wie diese auf den ersten Blick scheinen. Manche Vergleichs- und Bewertungsportale erhalten bspw. für vermittelte Verträge Geld von den Anbietern und finanzieren sich durch Vermittlungsprovisionen sowie bezahlte Werbeanzeigen. Zudem finden sich auf den Internetseiten der einzelnen Produktanbieter auch immer wieder günstigere Preise als über die Vergleichs- und Bewertungsportale.

*Bearbeiter*

### AUFGABEN

1. a) „Ein Monopolist beherrscht den Markt." Erläutere diesen Satz mithilfe von **M11**.
   b) Begründe, warum der Wettbewerb zwischen Anbietern auf dem Markt dem Verbraucher nützt.
2. a) Beschreibe anhand der Materialien **M12** und **M13** den Fernbusmarkt.
   b) Erkläre am Beispiel des Fernbusmarktes, welche Bedeutung die Marktform (Monopol, Oligopol, Polypol) für die Marktmacht des Verbrauchers hat (**M11**, **M12**).
3. Diskutiert ausgehend von **M14**, inwiefern Vergleichs- und Bewertungsportale im Internet eine neue Möglichkeit darstellen, die Position des Verbrauchers gegenüber den Unternehmen zu stärken.

# WAS WIR WISSEN

## Die Preisbildung auf Märkten
→ M2, M3, METHODE

Konsumenten und Produzenten kooperieren auf Märkten, um ihre Bedürfnisse zu befriedigen. Dabei treffen Anbieter und Nachfrager, die beide das Ziel der Nutzenmaximierung verfolgen, mit gegensätzlichen Interessen auf Märkten aufeinander. Das Angebot und der Nutzen der Produzenten werden durch die **Produktionskosten, die Nachfrage und die Wettbewerbsbedingungen** bestimmt. Der Interessengegensatz zwischen Anbietern und Nachfragern äußert sich in unterschiedlichen Preisvorstellungen. Unter den Voraussetzungen der **vollständigen Konkurrenz** (Vielzahl von Anbietern und Nachfragern), der **Homogenität der Güter** (Güter mit gleicher Qualität) und der **Markttransparenz** (vollkommener Überblick über das Angebot) bilden Angebot und Nachfrage den **Preis**. Ist die angebotene Menge größer als die nachgefragte, dann sinkt der Preis. Der sinkende Preis führt zu einer Erhöhung der Nachfrage und zu einer Verminderung des Angebots. Ist die nachgefragte Menge größer als die angebotene, steigt der Preis. Der steigende Preis führt zu einem Rückgang der Nachfrage und einem steigenden Angebot. Der **Gleichgewichtspreis**, der grafisch der Schnittpunkt der Nachfrage- und Angebotskurve ist, ist der Preis, zu dem der größte Güterumsatz erfolgt.

## Wann der Marktmechanismus versagt
→ M7

Beim Schutz der Umwelt versagt der Preismechanismus, weil in die Preise vieler Güter nicht die tatsächlichen Kosten fließen. Denn die Nutzung von natürlichen Ressourcen wie Luft und Wasser ist für den einzelnen vermeintlich kostenlos. Für die Gesellschaft als Ganzes ist die Nutzung aber mit erheblichen Kosten verbunden. In der eigentlichen Kalkulation des einzelnen Unternehmens bzw. Haushalts gehen die Kosten aber nicht ein (negative **externe Kosten**). Die tatsächlichen Kosten z. B. für Umweltverschmutzungen werden damit meist nicht vom Verursacher getragen, sondern von allen Betroffenen. Um diese allgemeinen Kosten in die Preise einzurechnen (**Internalisierung** externer Kosten), gibt es Gebote und Verbote des Staates oder marktorientierte Lösungen wie Steuern, Lizenzen oder Subventionen.

## Die Macht des Verbrauchers in verschiedenen Marktformen – Produzenten- und Konsumentensouveränität
→ M11, M14

Gibt es nur einen Anbieter für ein Produkt auf dem Markt (**Monopol**), kann dieser Preis und Qualität allein bestimmen (**Produzentensouveränität**). Der Verbraucher kann sich zwar gegen einen Kauf entscheiden, eine Wahl- oder Ausweichmöglichkeit auf einen anderen Anbieter hat er aber nicht. Gibt es mehrere Anbieter (**Oligopol, Polypol**), die im **Wettbewerb** zueinander stehen, hat der Verbraucher eine deutlich bessere Position gegenüber den Anbietern. Er stimmt mit seinem Kauf über ein Produkt und damit über einen Anbieter ab (**Konsumentensouveränität**). Diese sind entsprechend stärker gefordert, ihre Produkte ständig zu verbessern und ihre Preise der Wettbewerbssituation anzupassen, damit der Kunde sich (weiter) für ihr Produkt entscheidet. Gerade das Internet bietet heute viele neue Möglichkeiten, sich als Verbraucher über Angebote zu informieren (Bewertungsportale) oder diese zu vergleichen (Vergleichsportale). Viele sehen hierin eine Stärkung der Position der Verbraucher gegenüber den Anbietern.

3 Deine Rolle als Konsument auf dem Markt

# WAS WIR KÖNNEN

**Auf Gruppenfahrt – welches Angebot soll es sein?**

Ihr plant mit eurer Jugendmannschaft vom Sportverein in den Sommerferien eine Woche nach Italien zu fahren. Dabei müsst ihr darauf achten, dass der Urlaub euren finanziellen Rahmen nicht sprengt. In eurer Gruppe gibt es unterschiedliche Vorstellungen von dem Reiseziel: während die einen sich nur am Stand erholen wollen, wollen die anderen lieber einen Aktivurlaub in den Bergen. Ihr vergleicht die Angebote und seid überrascht, dass die Preise bei gleicher Leistung sehr unterschiedlich sind.

### Italien – Sonne, Strand und Meer

| | April | August | November |
|---|---|---|---|
| Pro Woche | 1.514 € | 1.900 € | 1.220 € |

- Großzügige Ferienwohnungen (für max. 8 Personen)
- große Terrasse mit Grillmöglichkeiten
- Strand fußläufig erreichbar
- Freizeitaktivitäten im Park der Ferienanlage, z. B. Schwimmbad, Tennishalle (teilweise kostenpflichtig)
- Selbstversorgung (Einkaufsmöglichkeiten im Stadtzentrum)

### Italien – Wanderungen in unberührter Natur

| | April | August | November |
|---|---|---|---|
| Pro Woche | 1.310 € | 1.600 € | 1.050 € |

- Großzügige Ferienwohnungen (für max. 8 Personen)
- große Terrasse mit Grillmöglichkeiten
- ruhige Lage direkt in den Bergen
- Wandertouren auch geführt möglich (buchbar in der Touristeninformation im Ort)
- Selbstversorgung (Einkaufsmöglichkeiten im Stadtzentrum)

### Sonderpreise

- Frühbucherrabatt von 20 % bei einer Buchung bis spätestens 12 Monate vor dem geplanten Reiseantritt oder 10 % bei einer Buchung bis spätestens 9 Monate davor
- Rabatt von 200 Euro bei Buchung von zwei Ferienwohnungen für den gleichen Reisezeitraum
- 2 Wochen bleiben, nur 12 Tage bezahlen – bei einem Aufenthalt von mindestens 2 Wochen im Zeitraum Januar bis März.
- Last-Minute-Angebote – 2 Wochen vor Reiseantritt eine noch freie Ferienwohnung im August für den April-Preis buchen

*Bearbeiter*

**Aufgabe**

a) Erklärt mithilfe des Preisbildungsmechanismus, warum sich die Preise der Urlaubsangebote so stark unterscheiden.
b) Als ihr die Urlaubsangebote im Internet genauer anschaut, stoßt ihr auf Sonderpreise. Erläutert, welche Kundentypen hier angesprochen werden sollen und erklärt, welche Ziele die Reiseunternehmen mit diesen Sonderangeboten verfolgen.
c) Bei eurer Recherche nach dem besten Urlaubsangebot im Internet orientiert ihr euch vor allem an der Bewertung von anderen Reisenden. Dabei seht ihr, dass die von euch favorisierte Ferienanlage keine guten Bewertungen hat. Erklärt, welchen Einfluss das auf eure Wahl hat.
d) Beurteilt, inwiefern Verbraucher durch Online-Bewertungsportale Macht ausüben können. Beachtet dabei, welche Bedeutung Kundenbewertungen im Internet mittlerweile für Unternehmen haben.

# Arbeitnehmer im Spannungsfeld unterschiedlicher Interessen

**4**

Bis du als Arbeitnehmer (oder vielleicht sogar als Arbeitgeber) ins Berufsleben einsteigst, dauert es noch eine Weile. Nichtsdestotrotz wird auch diese Phase in deinem Leben eintreten. Dafür solltest du gewappnet sein.

Welche Rolle soll Arbeit einmal in deinem Leben spielen? Welche Interessen hast du als künftiger Arbeitnehmer, welche haben die Arbeitgeber und wie können diese miteinander vereinbart werden? Weshalb unterscheiden sich Arbeitsverhältnisse und Löhne? Wer kann dich in deinen Interessen unterstützen und spielt in diesem Zusammenhang auch der Staat eine Rolle?

## KOMPETENZEN

**Am Ende des Kapitels solltet ihr Folgendes können:**

* die Bedeutung von Arbeit erläutern
* die Folgen prekärer Arbeitsverhältnisse und von Arbeitslosigkeit für den Einzelnen erläutern
* Interessen von Arbeitnehmern und Arbeitgebern vergleichen
* die Ausgestaltung von Arbeitsverhältnissen exemplarisch analysieren
* Bestimmungsfaktoren von Angebot und Nachfrage auf dem Arbeitsmarkt darstellen
* Möglichkeiten der Lohnbildung erklären
* die Bedeutung von Gewerkschaften und Arbeitgebervertretungen für den sozialen Frieden erklären sowie für einen Tarifkonflikt einen möglichen Lösungsweg gestalten
* betriebliche Mitbestimmungsmöglichkeiten beurteilen

## WAS WISST UND KÖNNT IHR SCHON?

Stell dir vor, eine gute Fee schenkt dir eine Million Euro. Die einzige Bedingung ist, dass du nie arbeiten darfst. Nimmst du das Geschenk an? Wovon würdest du deine Entscheidung abhängig machen? Begründe deine Entscheidung in einem rotierenden Partnergespräch (→ Methodenglossar).

# 4.1 Schöne neue Arbeitswelt?
## 4.1.1 Leben, um zu arbeiten?

### M1  Was ist eigentlich „Arbeit"?

a) Du bearbeitest diese Aufgabe.

b) Ein Profifußballer schießt einen Elfmeter.

c) Ein Musiker komponiert einen Song.

d) Eltern begleiten ihre Kinder auf den Spielplatz.

e) Euer Nachbar schneidet Rosen in seinem Schrebergarten.

f) Eine befreundete Familie lädt deine Familie ein und kocht ein aufwändiges Menü.

g) Ein Millionär legt sein Geld in Aktien an.

h) Eine Sekretärin sortiert Akten in Regale.

i) Der Vater deines Schulkameraden trainiert die Jugendmannschaft im Fußballverein.

j) Ein Industrieroboter montiert automatisch Motorteile.

k) Das Team einer Marketingabteilung entwirft eine neue Verkaufsstrategie.

*Nach: Bruno Zandonella, Bundeszentrale für politische Bildung, Wirtschaft für Einsteiger, Dezember 2011, S. 20*

**EINSTIEGSAUFGABE**
Entscheide, ob es sich bei diesen Tätigkeiten um „Arbeit" handelt.

###  Die menschlichen Bedürfnisse und ihre Befriedigung durch Arbeit

Arbeit wird als planmäßige menschliche Tätigkeit verstanden, die auf die Erzielung von **Einkommen** zur Bedarfsdeckung gerichtet wird (= **Erwerbsarbeit**). Zur Arbeit im volkswirtschaftlichen Sinne würde damit nicht die Arbeit im physikalischen Sinne wie die von Maschinen sowie Freizeitbeschäftigungen zählen.

Allerdings gibt es auch Teile unseres Lebens, die zwar nicht als Arbeit gelten, bei denen es uns aber dennoch schwerfällt, sie als Nicht-Arbeit einzuordnen, zum Beispiel die Pflege von Angehörigen, die Erziehung von Kindern oder jegliche Form von ehrenamtlicher Tätigkeit. Arbeit kann somit auch dadurch bestimmt werden, dass sie Verpflichtungen schafft.

*Bearbeiter*

**Die Bedeutung von Arbeit kann man folgenden Bedürfnissen zuordnen:**

| Sicherheitsbedürfnisse befriedigt dadurch, | Soziale Bedürfnisse befriedigt dadurch, | Grundbedürfnisse befriedigt dadurch, |
|---|---|---|
| • dass die Sicherheit am Arbeitsplatz gewährleistet ist.<br>• dass der Mensch und seine Familie im Alter, bei Krankheit, Unfall und im Fall der Arbeitslosigkeit geschützt sind. | • dass der Mensch Kontakte und Beziehungen zu anderen Menschen hat. | • dass der Mensch einen Lebensunterhalt für sich und seine Familie verdienen kann. |

| Bedürfnisse nach Selbstverwirklichung befriedigt dadurch, | Bedürfnisse nach Geltung und Wertschätzung (sog. „Ich-Bedürfnisse") befriedigt dadurch, | |
|---|---|---|
| • dass der Mensch den Arbeitsablauf und die Arbeitsorganisation selbstständig bzw. mitgestalten kann.<br>• dass der Mensch dabei seine Kenntnisse, Fähigkeiten und Fertigkeiten anwenden kann.<br>• dass Arbeit interessant ist und Spaß macht. | • dass die eigene Tätigkeit als sinnvoll angesehen werden kann.<br>• dass der Mensch dabei die Verantwortung trägt bzw. Verantwortung übertragen bekommt.<br>• dass der Mensch Anerkennung durch andere erfährt.<br>• dass der Mensch dadurch Selbstachtung gewinnt. | |

**Bedürfnisse**
→ S. 16

*Nach: Walter Gagel/Wolfgang Hilligen/Ursula Buch, Sehen – Beurteilen – Handeln, Arbeitsbuch für den politischen Unterricht, Frankfurt a. M. 1979, S. 137*

## M3 Anekdote zur Senkung der Arbeitsmoral

In einem Hafen an einer westlichen Küste Europas liegt ein ärmlich gekleideter Mann in seinem Fischerboot und döst. Ein schick angezoge-
5 ner Tourist legt eben einen neuen Farbfilm in seinen Fotoapparat, um das idyllische Bild zu fotografieren: blauer Himmel, grüne See mit friedlichen schneeweißen Wellenkämmen,
10 schwarzes Boot, rote Fischermütze. Klick. Noch einmal: Klick [...]. Das spröde, fast feindselige Geräusch weckt den dösenden Fischer [...]. „Sie werden heute einen guten Fang ma-
15 chen." Kopfschütteln des Fischers. „Aber man hat mir gesagt, dass das Wetter günstig ist!" Kopfnicken des Fischers. „Sie werden also nicht ausfahren?" Kopfschütteln des Fischers,

steigende Nervosität des Touristen. 20 [...] „Oh, Sie fühlen sich nicht wohl?" [...]. „Ich fühle mich großartig", sagt der Fischer. „Ich habe mich nie besser gefühlt." Er steht auf, reckt sich [...]. „Ich fühle mich phantastisch." 25 Der Gesichtsausdruck des Touristen wird immer unglücklicher, er kann die Frage nicht mehr unterdrücken, die ihm sozusagen das Herz zu sprengen droht: „Aber warum fah- 30 ren sie dann nicht aus?" Die Antwort kommt prompt und knapp: „Weil ich heute Morgen schon rausgefahren bin." „War der Fang gut?" „Er war so gut, dass ich nicht noch einmal raus- 35 zufahren brauche [...]." Der Fischer endlich erwacht, taut jetzt auf und klopft dem Touristen beruhigend

**Arbeitsmoral**
innere Einstellung zur Arbeit

auf die Schultern. Dessen besorgter Gesichtsausdruck erscheint ihm als Ausdruck zwar unangebrachter, doch rührender Kümmernis. „Ich habe sogar für morgen und übermorgen genug," sagt er. […] Der Fremde setzt sich kopfschüttelnd auf den Bootsrand, legt die Kamera aus der Hand, denn er braucht jetzt beide Hände, um seiner Rede Nachdruck zu verleihen. „Ich will mich ja nicht in Ihre persönlichen Angelegenheiten einmischen", sagt er, „aber stellen Sie sich mal vor, Sie führen heute ein zweites, ein drittes, vielleicht sogar ein viertes Mal aus und Sie würden drei, vier, fünf, vielleicht gar zehn Dutzend Makrelen fangen […] stellen Sie sich das mal vor." Der Fischer nickt. „Sie würden nicht nur heute, sondern morgen, übermorgen, ja, an jedem günstigen Tag zwei-, dreimal, vielleicht viermal ausfahren – wissen Sie was dann geschehen würde?" Der Fischer schüttelt den Kopf. „Sie würden sich in einem Jahr einen Motor kaufen können, in zwei Jahren ein zweites Boot, in drei oder vier Jahren können Sie vielleicht einen kleinen Kutter haben […]", die Begeisterung verschlägt ihm für einen Augenblick die Stimme, „Sie würden ein kleines Kühlhaus bauen, vielleicht eine Räucherei, später eine Marinadenfabrik, mit einem eigenen Hubschrauber rundfliegen, die Fischschwärme ausmachen und Ihrem Kutter per Funk Anweisungen geben. Sie könnten die Lachsrechte erwerben, ein Fischrestaurant eröffnen, den Hummer ohne Zwischenhändler direkt nach Paris exportieren – und dann …?", wieder verschlägt die Begeisterung dem Fremden die Sprache. […] „Was dann?" fragt der Fischer leise. „Dann", sagt der Fremde in stiller Begeisterung, „dann könnten Sie beruhigt hier im Hafen sitzen, in der Sonne dösen – und auf das herrliche Meer blicken." „Aber das tue ich doch schon jetzt", sagt der Fischer, „ich sitze beruhigt am Hafen und döse, nur Ihr Klicken hat mich dabei gestört."

*Heinrich Böll\*, Entfernung von der Truppe – Erzählungen, München 1992, S. 86*

*\* Heinrich Böll schrieb diese Kurzgeschichte zum „Tag der Arbeit" am 1. Mai 1963.*

## AUFGABEN

**H** ZU AUFGABE 1
→ S. 270

**F**
Wie beurteilst du es, dass viele Leute ehrenamtlich tätig sind (und dabei kein Einkommen erzielen)?

1. Beschreibe ausgehend von **M2**, was dir an einer zukünftigen Arbeit wichtig wäre.

2. Der Tourist und der Fischer haben unterschiedliche Auffassungen über den Stellenwert von Arbeit (**M3**). Stelle dar, worin sich beide unterscheiden und erläutere Vor- und Nachteile beider Auffassungen.

3. Diskutiert ausgehend von **M2** und **M3** folgende Aussagen: „Ich lebe, um zu arbeiten."/„Ohne Fleiß kein Preis."

## 4.1.2 Arbeitsverhältnisse: Zwischen Zwang und Selbstverwirklichung?

**M4**  Fallbeispiele für unterschiedliche Konzepte von Arbeitsverhältnissen

### a) Die Werbeagentur Nesenbachpower

*Die Agentur Nesenbachpower hat ihren Sitz in Stuttgart. Ihr Chef ist gerade einmal 30 Jahre alt. Die Agentur wirbt mit einem modernen Konzept um Mitarbeiter:*

| Flexible Arbeitszeit | Unbegrenzter Urlaub | Team Events |
|---|---|---|
| Bei uns gibt es keine feste Regelung und keine Kernarbeitszeiten, jeder kann kommen und gehen wie es ihm passt. Natürlich spielt dabei das jeweilige Projekt eine Rolle – wenn ein Kunde z. B. um 8:30 Uhr ein Gespräch möchte, dann ist auch jemand da. | Urlaub ist bei uns genauso geregelt wie die Arbeitszeit und das Gehalt: Man muss sich einfach im Team absprechen. Eine Begrenzung gibt es nicht, der Urlaub wird im Diskurs ausgehandelt und dieses Konzept funktioniert für uns sehr gut. | Alle zwei Wochen kommt ein Masseur ins Büro. Die Massagen sind günstig und man kann sich einfach während der Arbeit verwöhnen lassen, ohne irgendwohin laufen zu müssen. |
| **Vertrauensarbeitszeit** | **Home Office** | **Mitarbeiterhandy** |
| Bei uns wird die Arbeitszeit nicht kontrolliert. Es geht uns darum, die Aufgaben zu erfüllen und nicht darum, Stunden im Büro abzusitzen. | Bei uns kann man jederzeit und unbegrenzt aus dem Home Office arbeiten. Trotzdem sind die meisten Leute im Büro – auch deshalb, weil wir in Teams arbeiten und das die Arbeit einfacher macht. | Bei uns bekommt jeder ein Smartphone seiner Wahl. Oft ist es auch so, dass wir bestehende Verträge übernehmen, weil neue Mitarbeiter meist schon ein Handy haben, wenn sie zu uns kommen. |

*Nach: © HRM Data Solutions GmbH, Das bietet elbdudler, www.feelgood-at-work.de, Abruf am: 21.09.2016*

### b) Die Konkurrenzagentur Panama

*Das Konkurrenzunternehmen „Panama" hat wie die Agentur Nesenbachpower seinen Sitz in Stuttgart und wirbt folgendermaßen um Mitarbeiter:*

| Festgelegte Arbeitszeiten | Leistungsabhängige Entlohnung | Verlässliche Urlaubszeiten |
|---|---|---|
| Bei uns müssen Sie keine Angst haben, dass Sie viele Überstunden machen müssen und nicht wissen, wann Sie Feierabend machen können. Unsere Kernarbeitszeit ist genau festgelegt. Es wird überprüft, dass sich jeder an diese hält. | Sie wollen sicher sein, dass Ihre Leistung auch erkannt wird? Vertrauen ist gut – Kontrolle ist besser. Wir achten darauf, dass Sie nach ihrer Leistung bezahlt werden. | Sie wollen nicht ständig aushandeln müssen, wer wann in den Urlaub darf? Wir legen die Urlaubszeiten in unserem Team fest. Das spart Zeit und Energie. |
| **Moderner Arbeitsplatz und eigenes Büro** | | **Schutz des Privatlebens** |
| Wir finden: Ein inspirierendes Umfeld, ein fröhliches Miteinander, ein reger Gedankenaustauch und spielerischer Wettbewerb lassen Ideen geradezu sprudeln. Das geht nicht allein von zu Hause aus, sondern nur zusammen in unseren modernen Büros. | | Irgendwann muss auch einmal Schluss sein mit der Arbeit: keine gemeinsamen Urlaube, keine Wochenendtrips mit Kollegen. Wir garantieren die Trennung zwischen Arbeit und Freizeit. |

*Bearbeiter*

**EINSTIEGSAUFGABEN**

- Entscheide und begründe, in welchem der beiden Unternehmen du gerne arbeiten würdest.
- Ordnet anschließend in der Klasse die vorgebrachten Argumente.

## M5 Das Arbeitsverhältnis – eine Win-win-Situation?

Im Rahmen eines **Arbeitsverhältnisses** erwartet der **Arbeitgeber** von seinen Arbeitnehmern i. d. R. großes Engagement, eine möglichst hohe Leis-
5 tung und eine starke Produktivität. Diese Interessen kann der Arbeitgeber bspw. durch einen **autoritären Führungsstil** versuchen zu erreichen, indem er alle Entscheidungen in eige-
10 ner Verantwortung trifft, deren Durchführung durch detaillierte Anweisungen an alle nachgeordneten Ebenen veranlasst und die Arbeitnehmer „an der kurzen Leine hält."
15 Arbeitgeber können allerdings auch auf einen **kooperativen Führungsstil** setzen, um die von ihnen gewünschten Leistungs- und Produktivitätssteigerungen zu erreichen. Entscheidungen werden dann im Zusammenwirken 20 mit den Arbeitnehmern getroffen und die Aufgabenerfüllung den Arbeitnehmern eigenverantwortlich zur Durchführung übertragen. Diese Strategie ist eher mit den **Interessen der Arbeit-** 25 **nehmer** kompatibel, die oftmals Flexibilität, Eigenverantwortung und Selbstverwirklichung von ihrem Arbeitsverhältnis erwarten.

*Bearbeiter*

## M6 Tagebuch einer Amazon-Packerin

„Eine Schicht bei Amazon [...] begann immer wie folgt: Mit dem Ertönen eines Gongs versammelten sich alle Mitarbeiter der Schicht. Der ‚Lead'
5 der Schicht bezifferte die zu bearbeitenden Bestellungen und las einen ‚safety tip' für die Arbeit vor. Daraufhin ging jeder an seinen Arbeitsplatz. Im Bereich ‚Pack', in dem ich
10 tätig war, gibt es sechs sogenannte ‚Linien', an denen jeweils rund 20 Leute arbeiteten. Für jede Linie ist ein Fließband vorhanden, auf dem die zu verpackenden Waren ange-
15 liefert werden. Links und rechts davon befinden sich dann jeweils parallel neben- und hintereinander die Arbeitsplätze. Als Packer steht man alleine an einem Tisch; davor eine Art Regal mit den verschiedenen Ver- 20 packungen; links zwei Fließbänder: eines, das die Waren in Kisten anliefert, und eines, auf das die fertigen Pakete gelegt werden. Je Linie gibt es einen Aufseher, einen sogenann- 25 ten ‚Co-Worker', der für alle auftauchenden kleineren Schwierigkeiten verantwortlich ist. Über den Co-Workern standen [...] fünf ‚Leads', deren Aufgabe es ist, dass alles reibungs- 30 los funktioniert. Sie liefen daher die meiste Zeit durch die Linien und beobachteten die Mitarbeiter. Da sie im Grunde recht wenig zu tun haben,

aber wichtig sind und über allen anderen stehen, merken sie sich etwa, wie oft man schon auf Toilette war, fragen, warum man nicht zur näheren Toilette gegangen sei (von deren Existenz man nicht wusste), und kontrollieren vor allem, dass alle schnell genug arbeiten."

o. V., Frankfurter Allgemeine Zeitung, Das Tagebuch einer Amazon-Packerin, 21.02.2013

## M7 Keine Vorschriften

„Ich arbeite im Backoffice von V & S (Beratungspartner im Maschinenbau) als Assistentin der Geschäftsführung. Wir haben zwei Backoffices in Hannover und Stuttgart, in denen insgesamt vier Mitarbeiter arbeiten, dazu 20 Berater, die meist beim Kunden im Einsatz sind. Der Deal ist: In jedem Büro muss mindestens ein Mitarbeiter da sein. Sonst gibt es keine Vorschriften. In unseren Arbeitsverträgen steht zwar eine Wochenarbeitszeit, aber es gibt keine Stechuhren und niemand fragt nach, ob man die Stunden auch abgesessen hat. Der Fokus liegt nicht auf der Arbeitszeit, sondern auf dem, was wir leisten. Wenn ich meine Arbeit in zwei Stunden erledigt habe und die Sonne scheint, dann gehe ich nach Hause. [...] Natürlich spielt Vertrauen eine sehr große Rolle. Das fängt schon damit an, dass wir unser Gehalt selbst bestimmen. [...] Das zeugt von einem großen Vertrauen, das die Geschäftsführer an den Tag legen und das spiegelt sich in der Arbeit der Angestellten wider. Das klingt jetzt alles sehr paradiesisch, aber das ist es nicht immer. Das Modell wurde durchaus auch schon ausgenutzt. Da gab es Leute, die nur noch Home Office gemacht haben und sich auch beim Gehalt höher eingeschätzt haben, als es zu ihren Leistungen gepasst hätte. [...] Wir können niemanden einstellen, der darauf wartet, dass ihm gesagt wird, was er tun muss, wann er es tun muss und wie. Man muss mit den Freiheiten, die wir hier haben, auch umgehen können. Für manche ist das eine regelrechte Bürde."

Christina Waechter/Dorothea Grass, Süddeutsche Zeitung, Arbeiten nach dem Lustprinzip, 13.03.2015

## M8 Wie Arbeitgeber und Arbeitnehmer gemeinsam „glücklich" werden können

Alexander Kjerulf ist Chief Happiness Officer des dänischen Startups Wohoo. „Die Unternehmen merken, dass glückliche Arbeitskräfte glückliche Kunden haben und mehr Geld verdienen", sagt Kjerulf. Studien belegten, dass glückliche Mitarbeiter produktiver, innovativer und motivierter sind. Sie würden zudem weniger krank und blieben länger beim Unternehmen. [...] Von daher sei es nur konsequent, einen Glücksvorstand zu berufen. [...]
„Die Aufgabe des CHO besteht darin, Initiativen durchzuführen, etwa die Organisation von Feiern, Trainings, Events und ähnlichen Aktivitäten am Arbeitsplatz, die den Mitarbeitern helfen, gute Arbeit zu leisten."
Man sollte nicht glauben, dass es sich

bei dem Posten um einen Jux handelt. Chade-Meng Tan führt bei Google offiziell den Titel CHO im Profil. Die Mitarbeiter des Internetkonzerns gelten als äußerst glücklich. Im Hauptquartier in Mountain View können die Angestellten von Etage zu Etage rutschen, in zu Sesseln umfunktionierten Schiffen ihre kreativen Ideen ausleben und in einer „Stresskapsel" abschalten. [...]

Dan Haybron lehrt Philosophie an der Saint Louis University in den USA und hat mehrere Bücher zum Thema Glück veröffentlicht. Er sagt: „Ich denke, es ist wirklich wichtig für Unternehmer, Glück und Lebensqualität ernst zu nehmen, denn ein guter oder schlechter Job kann einen großen Unterschied im Leben einer Person machen." [...] Was für Glück wichtig sei, hänge mit den grundlegenden Strukturen des Arbeitsplatzes zusammen, zum Beispiel der Kultur, Arbeitszeit und Mitsprache. Die entscheidende Frage sei, ob sich der CHO in diesen Bereichen einsetze oder nur einen blassen Bürokraten abgebe, der sich pro forma um die Anliegen der Mitarbeiter kümmere.

*Adrian Lobe, www.welt.de, „Gestatten, ich bin der neue Glücksvorstand", 20.03.2015*

### M9  Bespaßt und gequält

Felix K. (Name geändert) ist einer von denen, die sich abgewendet haben. Er saß bis vor Kurzem im mittleren Management der europäischen Sektion von Google, einem Unternehmen, bei dem buntes Spielzeug auf den Fluren, Massagen am Arbeitsplatz, demonstrative Fröhlichkeit und lange Arbeitszeiten zur Firmenkultur gehören – zur Googliness. „Wer bei Google arbeiten will, muss daran glauben", sagt Felix K., „und wahrscheinlich war ich nicht googly genug." Er sei nicht der Typ gewesen, der ständig mit seinen Kollegen ausgehen wollte. [...] Wenn er nicht mitfeierte bei den Google-Partys, wurde er schräg angeguckt. Unter dem Deckmantel der Freundschaftspflege verbrachte er Wochenenden und Ferien mit seinen Arbeitskollegen. Er hatte keine Zeit mehr für seine Freundin, keine Zeit mehr für Freizeit. Sein Privatleben wurde zu einer Art Zweitjob; ein Privatleben, das ihm von Google diktiert wurde. Vielen gefällt es so, sie arbeiten gern bei Google. Felix K. nicht. Er brauchte mehr Abstand. Er kündigte und machte sich selbstständig.

*Amrai Coen/Thomas Fischermann, www.zeit.de, Bespaßt und gequält, 24.11.2012*

### AUFGABEN

1. Die Wünsche von Arbeitnehmern an ihre Tätigkeit können sehr unterschiedlich sein: Auf der einen Seite Sicherheit, Anweisung und Kontrolle gegenüber Freiheit, Kreativität, Selbstverwirklichung, freie Zeiteinteilung. Erläutere Vor- und Nachteile beider Arbeitswelten (**M5 – M7**).

2. Beurteile die Strategien von Wohoo und Google (**M8**, **M9**).

## 4.1.3 Wie sicher sind Jobs für junge Arbeitnehmer?

**M10 Ein Stellenangebot…**

Es ist soweit: nach deinem Studium und verschiedenen Praktika bist du bereit, in das Arbeitsleben einzutreten. Du wirst daher auf das Stellenangebot als Marketingreferent/in aufmerksam. Dabei stolperst du über das Wort „befristet".

> Marketingreferent (m/w) befristet gesucht

*Bearbeiter*

**EINSTIEGSAUFGABE**
Welche Fragen stellen sich dir zum Stellenangebot? Siehst du in der Befristung eher Chance oder Risiko? Tausche dich mit deinem Sitzpartner darüber aus.

**M11 Befristete Jugend**

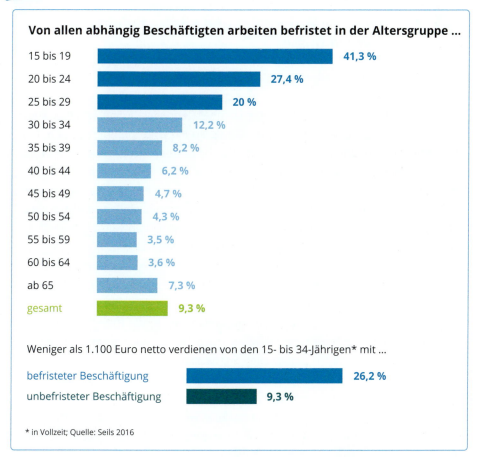

© Hans-Böckler-Stiftung 2017

**Normalarbeitsverhältnis und atypische Beschäftigungsverhältnisse**

Ein **Normalarbeitsverhältnis** ist ein abhängiges Beschäftigungsverhältnis, das in Vollzeit oder in Teilzeit ab 21 Wochenstunden und unbefristet ausgeübt wird. Ein Normalarbeitnehmer arbeitet zudem direkt in dem Unternehmen, mit dem er einen Arbeitsvertrag hat und ist voll in die sozialen Sicherungssysteme integriert.

Ein **atypisches Beschäftigungsverhältnis** liegt laut der Definition des Statistischen Bundesamtes vor, wenn eines oder mehrere der folgenden Merkmale zutreffen:

- Befristung des Beschäftigungsverhältnisses
- Teilzeitbeschäftigung mit 20 oder weniger Stunden an Wochenarbeitszeit
- Zeit- bzw. Leiharbeitsverhältnis
- geringfügige Beschäftigung (Minijob).

Das Normalarbeitsverhältnis ist in Deutschland immer noch die Regel, atypischen Beschäftigungsverhältnissen kommt aber eine wachsende Bedeutung zu. Auffällig ist, dass befristete Arbeitsverhältnisse v. a. junge Berufsanfänger betreffen.

*Bearbeiter*

 **Kontrovers diskutiert: Pro und Kontra befristete Arbeitsverhältnisse**

**Melanie, 21: Flexibel bleiben!**
Befristete Arbeitsverträge? Was für manche wie ein Schimpfwort klingt ist für mich und viele andere Jugendliche die Lösung. Denn viele junge Arbeitnehmer wollen sich heutzutage noch nicht langjährig an ein Unternehmen binden. [...] Ich lerne zwar in einem Unternehmen, das heißt aber nicht, dass ich dort alt werden möchte. Vielleicht möchte ich mich ja [...] in einem anderen Unternehmen weiterentwickeln oder gar um die Welt reisen. Mit Auslaufen des Arbeitsvertrages kann ich die Weichen meines Lebens neu stellen. Und mal ganz ehrlich: Wer weiß schon in jungen Jahren, was er im Leben will? [...] Befristete Arbeitsverträge bieten uns jungen Menschen die Möglichkeit, flexibel in verschiedene Berufe reinzuschnuppern und Lebenserfahrung zu sammeln. [...]
Hier kann man über einen festgelegten Zeitraum Geld verdienen, gleichzeitig Erfahrung sammeln und man muss nicht kündigen, sondern der Arbeitsvertrag läuft einfach aus. Eine unkomplizierte Angelegenheit sowohl für Arbeitgeber als auch Arbeitnehmer. Befristete Arbeitsverträge bieten auch dem Arbeitgeber Vorteile: So können sie bei personellen Engpässen unmittelbar Leute einstellen und müssen sie nicht kündigen, wenn es wieder schlechter läuft. Mit einem befristeten Beschäftigungsverhältnis kann besser auf Veränderungen in der Auftragslage oder auf dem Arbeitsmarkt reagiert werden. [...] Nicht zu vergessen ist ein ebenso wichtiges Argument: Für mich wäre ein befristeter Arbeitsvertrag immer noch besser als gar kein Arbeitsvertrag.

### Vicky, 21: Das ist Ausbeutung!

Den Uniabschluss in der Tasche müssen viele frisch gebackene Akademiker oft monatelang nach einem gut bezahlten Job suchen, der im besten Fall auch noch unbefristet ist. Die Alternative sind schlecht bezahlte Praktika für mindestens sechs Monate, wo oft am Ende noch nicht einmal eine Festanstellung winkt. Oder aber: sich von einem befristeten Job zum nächsten zu hangeln. Für mich ein Albtraum [...]. Deshalb suche ich zum Beispiel gezielt nach unbefristeten Jobs. Denn befristete Arbeitsverträge bringen meiner Ansicht nach nur Nachteile für die Arbeitnehmer mit sich. Allen voran die Angst, nach Fristende keine Verlängerung zu bekommen oder nicht übernommen zu werden. Für junge Menschen bedeutet das vor allem eines: die Familienplanung oder ein Karriereziel für unbestimmte Zeit zu verschieben. Außerdem wirkt sich diese Unsicherheit auch auf die Arbeitsleistung aus. Wo soll der Ansporn herkommen, wenn die Tage am Arbeitsplatz schon von Beginn an gezählt sind? Wer für bestimmte Zeit angestellt ist, wird in meinen Augen nur ausgebeutet, ohne am Ende den verdienten Lohn in Form einer unbefristeten Stelle zu ernten. [...] In meinen Augen machen befristete Arbeitsverhältnisse nur dann Sinn, wenn es sich um Praktika- oder Traineestellen handelt. Solche Stellen eignen sich für junge Leute, wenn sie sich ausprobieren oder Erfahrung sammeln wollen. Sie wollen diese Arbeit auf Zeit also freiwillig. [...] Doch viele junge Menschen sehnen sich nach einem sicheren Job, um ihre Zukunft planen zu können. Deshalb sollte es mehr unbefristete Stellen geben.

*mitmischen.de – Das Jugendportal des Deutschen Bundestages, www.mitmischen.de, Pro und Contra: Befristete Jobs, 01.04.2014*

### M14  „Wir Ausgebeuteten"

*Tina Kaiser, 33 Jahre. Arbeitet als: freiberufliche Lehrkraft für Wirtschaftsenglisch und Deutsch als Fremdsprache. Verdient: etwa 900 Euro für 20 Stunden Wochenarbeitszeit. Ärgert sich über: schlechte Bezahlung, prekäre Arbeitsbedingungen.*

„Viele Dozenten bei uns an der Uni haben weniger Geld als ihre Studenten. Das ist ihnen peinlich, sie müssen ihre latente Armut überspielen,
5 was mitunter nicht einfach ist, wenn man sich nicht einmal einen Zahnersatz leisten kann. Wer das Maximum von 24 Unterrichtseinheiten leistet, kommt etwa auf 1.800 Euro im
10 Monat. Mit Vor- und Nachbereitung ist das aber eine 40-Stunden-Woche. Viele Kollegen schlagen sich permanent mit etwa 1.000 Euro pro Monat durch, weil sie gar nicht mehr Kurse
15 zum Unterrichten bekommen. [...] Honorarlehrkräfte wie ich haben keinerlei Sicherheiten: Die jährlich fünf Monate langen Semesterferien bedeuten komplettes Verdienstaus-
20 fall, das gleiche gilt übrigens, wenn man krankheitsbedingt nicht unterrichten kann. Die Verträge sind auf ein Semester befristet und wie viele Kurse man im kommenden Semester geben kann, erfährt man wenige Tage 25 vor dem Start. [...] In 30 Jahren droht Altersarmut, weil meine Bezüge nicht reichen, um in die Rentenkasse einzuzahlen, geschweige denn, privat vorzusorgen. Auf eine Festanstellung hoffe 30 ich schon lange nicht mehr. Ich habe deswegen nebenher noch Staatsexamen für Gymnasiallehramt gemacht, um nach meiner Promotion Kinder an Schulen unterrichten zu dürfen. Dies 35 macht mir zwar weniger Spaß, bietet jedoch die finanzielle Sicherheit, die es – spätestens wenn man sich mit Familienplanung beschäftigt – nun mal braucht. Natürlich hat diese Schiefla- 40

ge im System auch Auswirkungen auf die Lehre: Die Motivation ist im Keller und letztlich lohnt es sich für die Lehrkräfte – zynisch gesagt –, möglichst
45 wenig Zeit in Vor- und Nachbereitung ihrer Stunden zu investieren. Im Prinzip ist das eine Art akademischer Billiglohn-Sektor.

© SZ.de/olkl/jobr/mkoh/cat, Süddeutsche Zeitung, *Es ist eine Art akademischer Billiglohn-Sektor,* 11.03.2015

## M15 Jung – befristet – prekär?

Es gibt keine allgemein akzeptierte Definition oder eindeutige Kriterien, wann Beschäftigung als „prekär" (= misslich, heikel) anzusehen ist.
5 Schon der Begriff an sich ist umstritten. Atypische Beschäftigung kann häufig mit prekärer Beschäftigung einhergehen, ist mit dieser aber nicht gleichzusetzen. Die Frage, ob ein
10 atypisches Beschäftigungsverhältnis als prekär gilt, könnte man anhand folgender Dimensionen prüfen:
- Inwiefern besteht die Möglichkeit, ein eigenständiges existenzsichern-
15 des Einkommen zu erzielen?

- Sind die Betroffenen (voll) in die sozialen Sicherungssysteme einbezogen?
- Ist die Beschäftigung stabil?
- Ist der Erhalt der Beschäftigungs- 20 fähigkeit gewährleistet – etwa durch den Zugang zu Weiterbildungsangeboten?
- Ist die Erwerbsarbeit mit Sinn- und Anerkennungsverlust sowie 25 Planungsunsicherheit verbunden?

Claudia Weinkopf/Bettina Hieming/Leila Mesaros, Universität Duisburg-Essen/Institut Arbeit und Qualifikation IAQ (Hrsg.), Prekäre Beschäftigung – Expertise für die SPD-Landtagsfraktion NRW, September 2009, S. 6

---

**Soziales Sicherungssystem**

Zum sozialen Sicherungssystem gehören z. B. die gesetzliche Renten-, Kranken-, und Arbeitslosenversicherung. Die Finanzierung ist solidarisch: Arbeitnehmer und Arbeitgeber teilen sich die Sozialversicherungsbeiträge in etwa zur Hälfte. Die meisten Arbeitnehmer sind pflichtversichert. Sie erhalten Leistungen, sobald sie Bedarf oder Anspruch haben.

---

## AUFGABEN

1. Werte **M11** aus: Welche Altersgruppen sind am stärksten von Befristung betroffen? Welche Erklärungen hast du, dass gerade in diesen Altersgruppen befristete Arbeitsverträge angeboten werden?

2. Arbeite die jeweiligen Pro- und Kontra-Argumente von Melanie und Vicky aus **M13** heraus und sortiere die Argumente anschließend hinsichtlich ihrer auf dich persönlich wirkenden Überzeugungskraft.

3. Soll der Staat eingreifen, um die unterschiedlichen Interessen von Arbeitnehmer und Arbeitgeber beim befristeten Arbeitsverhältnis in Einklang zu bringen? Entwickelt in Gruppenarbeit Vorschläge und stellt euch diese anschließend gegenseitig vor.

4. Überprüfe mithilfe von **M15**, ob sich Tina Kaiser in einer prekären Situation befindet (**M14**).

5. **WebQuest** (→ Methodenglossar): Beschreibt, was Zeitarbeit ist und wie sie funktioniert. Analysiert die Entwicklung der Zeitarbeit und bildet euch eine Meinung zu einem aktuellen Fall.

**H ZU AUFGABE 2**
→ S. 270

**WebQuest**
(→ Methodenglossar): Recherchiere die aktuelle gesetzliche Regelung zu befristeten Beschäftigungsverhältnissen.

## 4.1.4 Arbeitslos, und dann...?

### M16 Wie Arbeitslosigkeit unter die Haut geht

„Als ich die Kündigung bekommen habe, war ich zunächst geschockt", erzählt Anna Marcs (Name geändert). Monatelang bewarb sich Anna Marcs, wurde zu Vorstellungsgesprächen eingeladen, kassierte unzählige Absagen. „Ich wusste irgendwann nicht mehr so recht, was ich machen soll und woran es lag. Mit jedem Gespräch habe ich größere Selbstzweifel bekommen." Um nicht in absolute Lethargie zu verfallen, wurde Anna Marcs Dauergast im Fitness-Studio. „Die Sportkurse waren das Einzige, was mir eine vernünftige Tagesstruktur gegeben hat."

Das kennt auch Martin Walsberg (Name geändert). Der 33-jährige Historiker ist seit einigen Monaten arbeitslos. [...] [Zusätzlich] kamen bei Martin Walsberg mehr und mehr auch körperliche Beschwerden [hinzu]. „Ich schlafe ziemlich schlecht, weil ich mir permanent Gedanken mache. Ich bin nervös und habe manchmal das Gefühl, dem Ganzen nicht gewachsen zu sein. Weder psychisch noch körperlich."

*Daniela Lukaßen-Held, www.wila-arbeitsmarkt.de, Wie Arbeitslosigkeit unter die Haut geht, 13.05.2015*

**EINSTIEGSAUFGABE**
Arbeite die in den Fallbeispielen genannten Folgen von Arbeitslosigkeit heraus.

### M17 Welche Folgen hat Arbeitslosigkeit für den Einzelnen?

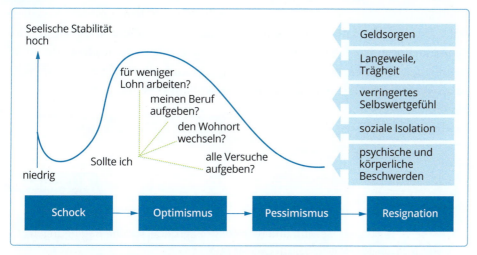

*Nach: H. Welzer/A. Wacker/ H. Heinelt: Leben mit der Arbeitslosigkeit. Zur Situation einiger benachteiligter Gruppen auf dem Arbeitsmarkt. In: Aus Politik und Zeitgeschichte. B38/88, 16.09.1988, S. 18*

## M18 Arbeitslosigkeit als Gewinn und Befreiung?

*Nicht für alle ist das Ende des Jobs eine persönliche Katastrophe. Der Sozialwissenschaftler Benedikt Rogge hat das Selbstbild von Arbeitslosen untersucht. [...]*

Arbeitslosigkeit gilt infolgedessen als ein individuelles und gesamtgesellschaftliches Unglück, vor dem die Menschen bewahrt werden sollen.
5 Die Sozialforschung sieht Arbeitslose entsprechend einseitig als ausgegrenzte und seelisch kranke Opfer. Und [...] die Vorstellung, dass arbeitslos zu werden für manch einen Betroffenen
10 möglicherweise gar nicht so schrecklich sein muss, schlicht unsagbar.

In der Wirklichkeit kommt aber genau das durchaus vor. Angesichts der flächendeckenden Zunahme von
15 Stress und psychischen Belastungen am Arbeitsplatz, wird immer deutlicher, dass auch moderne, vordergründig nicht gesundheitsschädliche Büroarbeit eine Qual sein kann.
20 „Ugly, horrible, uninteresting work" bleibt seit Oscar Wildes Zeiten traurige Realität für viele Menschen. Manch einer erreicht irgendwann einen Arbeitsüberdruss, der den Ver-
25 lust des festen Gehalts übersteigt und den Verlust des Jobs als Befreiung erleben lässt.

Der Bremer Sozialwissenschaftler Benedikt Rogge hat jetzt in einer er-
30 staunlichen Doktorarbeit („Wie uns Arbeitslosigkeit unter die Haut geht. Identitätsprozess und psychische Gesundheit bei Statuswechseln") basierend auf knapp 60 Interviews mit
35 [...] Kurz- und Langzeitarbeitslosen das Selbstbild und die Psyche von Arbeitslosen untersucht. Er zeigt die Vielfalt von individuellen Handlungs- und Deutungspraktiken und sozialen
40 Kontexten auf. Rogges Fazit: Arbeitslos zu werden, lässt kaum jemanden kalt. Es ist zwar für viele Menschen eine schwere psychische Last, aber andere sehen ihre Arbeitslosigkeit sogar als Gewinn. [...]
45
Rogge berichtet von einem Controller, der nach 15 Jahren im selben Unternehmen nicht mehr der „Zahlenknecht" sein wollte. Seinen Job empfand er, obwohl gut bezahlt, als
50 monoton und entfremdet. Die selbst gewählte Arbeitslosigkeit nutzt er zur Wiederherstellung des Selbst, wie er sagt. Meist seien es, so Rogge, Menschen höheren Bildungs-
55 stands, die gelernt haben, ihre freie Zeit zu kultivieren, Bücher lesen, spazieren gehen, Sport treiben. Menschen meist auch, die gewisse finanzielle Mittel haben, um sich vor einer
60 Phase geringer Einkünfte nicht fürchten zu müssen. Menschen, die sich meist sicher sind, bald eine neue, vergleichbare Beschäftigung zu finden.

*Ferdinand Knauß, WirtschaftsWoche, Arbeitslosigkeit kann eine Befreiung sein, 28.05.2013*

---

**Arbeitslosengeld I und II**
Das Arbeitslosengeld I (ALG I) ist eine befristete Lohnersatzleistung [...]. Die Dauer des Anspruchs auf ALG I richtet sich nach der Dauer der versicherungspflichtigen Beschäftigung und dem Lebensalter. Für die Höhe des Arbeitslosengeldes ist das vor Eintritt der Arbeitslosigkeit erzielte Arbeitsentgelt maßgeblich. Im Gegensatz zum ALG I ist das Arbeitslosengeld II (ALG II; „Hartz IV") eine Grundsicherung für Arbeitsuchende. ALG II können alle Personen erhalten, die erwerbsfähig und hilfebedürftig sind [...]. Die Höhe der Leistung (Regelsatz 2018: 416 €) wird nicht vom vorherigen Arbeitseinkommen bestimmt.
*Bundeszentrale für politische Bildung, Bundesagentur für Arbeit (BA): Analytikreport der Statistik 07/2012, Arbeitsstatistik 2011, SGB II – Jahresbericht 2011, Arbeitsmarkt 2011, 03.06.2013*

**ZU AUFGABE 1**
→ S. 270

Beschreibe anhand des Wirtschaftskreislaufs (→ S. 31, 38) mögliche Folgen von Arbeitslosigkeit.

### AUFGABEN

1. Erläutere **M17** und gehe dabei auch auf individuelle Lösungsmöglichkeiten ein.
2. Arbeitslosigkeit als Gewinn und Befreiung? Begründe, welche Bedingungen hierfür jeweils erfüllt sein müssten (**M18**).

# WAS WIR WISSEN

**Arbeit** als Erwerbsarbeit hat nicht nur eine **Einkommensfunktion**, welche die Grund- und Sicherheitsbedürfnisse des Einzelnen befriedigt. Arbeit gibt unserem Leben auch eine Struktur, integriert einen durch Kontakte zu anderen Menschen (soziale Bedürfnisse) in die Gesellschaft, lässt uns unsere Fähigkeiten und Grenzen erfahren (Anerkennung, Selbstachtung) und kann im besten Fall für **Selbstverwirklichung** sorgen – oder aber auch für **Zwang** und Eintönigkeit.

Bei der Frage, welche Bedeutung Arbeit im eigenen Leben spielt, muss jeder Einzelne das richtige Maß finden: Auf der einen Seite gibt es Arbeitnehmer, die viel arbeiten müssen, um „leben" zu können. Auf der anderen Seite gilt es, die Balance zwischen Arbeit und Freizeit einzuhalten und ab einem gewissen Punkt abzuwägen, was das „Mehr" an Arbeit auf Kosten der Freizeit bringt.

**Bedeutung der Arbeit für den Einzelnen**
→ M2

In Rahmen eines Arbeitsverhältnisses findet ein **Tausch** statt: Der Arbeitnehmer erbringt seine Arbeitsleistung gegen Zahlung eines Lohns vom Arbeitgeber. Arbeitsverhältnisse können z. B. danach untersucht werden, welche Anreize geschaffen werden, um eine möglichst hohe Leistung zu erbringen. So gibt es neben einem hohen Maß an **Kontrolle** und Anweisung durch den Arbeitgeber auch Konzepte der Arbeitsorganisation, die verstärkt auf **Selbstverantwortung** der Arbeitnehmer setzen.

**Interessen von Arbeitnehmern und Arbeitgebern im Rahmen von Arbeitsverhältnissen**
→ M5

Arbeitsverhältnisse können nach „**Normalarbeitsverhältnis**" und „**atypischem Arbeitsverhältnis**" unterschieden werden. Am Beispiel der befristeten Arbeitsverhältnisse wird dies deutlich: in Abgrenzung zu Normalarbeitsverhältnissen haben befristete Beschäftigungsverhältnisse nur eine begrenzte Laufzeit und gelten deshalb als atypisch. Das Arbeitsverhältnis endet, ohne dass es einer Kündigung bedarf. Dies kann – je nach Perspektive – folgende Vor- und Nachteile haben und damit zu einem Interessenkonflikt zwischen Arbeitgeber und Arbeitnehmer führen:

**Normalarbeits- und atypische Beschäftigungsverhältnisse**
→ M12, M15

| Aus Sicht des Arbeitgebers | Aus Sicht des Arbeitnehmers |
| --- | --- |
| • Arbeitgeber bindet sich nicht langfristig an den Arbeitnehmer. | • Verunsicherung und somit erschwerte Zukunftsplanung für den Arbeitnehmer. |
| • Arbeitgeber kann relativ flexibel auf wirtschaftliche Veränderungen reagieren. | • Erschwertes berufliches Vorwärtskommen für Arbeitnehmer. |

Als **prekäre Arbeitsverhältnisse**, gelten unsichere Arbeitsverhältnisse, die mit wenig Lohn, nicht ausreichender Einbindung in die Sozialversicherungssysteme und fehlender Planungssicherheit für den Arbeitnehmer einhergehen.

Arbeitslose leiden unter **Existenz- und Geldsorgen**, Langeweile und Selbstzweifel/verringertem Selbstwertgefühl, was zu Rückzug/weniger sozialen Kontakten/Isolation sowie **körperlichen und seelischen Beschwerden** (z. B. Schlafstörungen/Depressionen) führen kann.

**Folgen von Arbeitslosigkeit für den Einzelnen**
→ M17, M18

## 4.2 Arbeitsverhältnisse gestalten: zwischen Konflikt und Kooperation

### 4.2.1 Betriebliche Mitbestimmung – welche Aufgaben hat ein Betriebsrat?

**M1** Ich will mitbestimmen!

| „Mitbestimmung bedeutet für mich …" | „Wie werden die Interessen der Schülerschaft an der Schule vertreten?" | „Worüber sollten Arbeitnehmer/innen in ihrem Betrieb mitbestimmen dürfen?" |
|---|---|---|

*Bearbeiter*

**EINSTIEGSAUFGABEN**
- Vervollständige den Satz „Mitbestimmung bedeutet für mich …"
- Tauscht euch im Anschluss daran in Form eines Schreibgesprächs (→ Methodenglossar) zu den beiden aufgeführten Fragen und dem vervollständigten Satz aus.

**M2** Fallbeispiele: Welche Probleme können in Betrieben auftreten und wie kann der Betriebsrat helfen?

**Hatice Acar** (26) ist verärgert. Da ist in ihrem Betrieb endlich die Stelle ausgeschrieben, auf die sie so lange gewartet hat, und nun ist bei der Bewerbung eine externe Person zum Zuge gekommen. Sie ist sich sicher: Sie verfügt über alle Qualifikationen, die für die Stelle benötigt werden. Ihre Bewerbung hat sie auch fristgerecht eingereicht …

**Hubert Sinn (42)** ist beunruhigt: Es wird gemunkelt, dass der Betrieb vor einer umfassenden Neuorganisation der Arbeitsabläufe steht. Um seinen Arbeitsplatz muss er sich zwar keine Sorgen machen. Aber wird er mit den neuen Arbeitsabläufen klarkommen? Und ist eine Änderung der Arbeitsabläufe in seinem Fall überhaupt sinnvoll? Schließlich hat er viel Erfahrung mit seiner Tätigkeit und glaubt, dass diese bereits optimal organisiert ist …

**Juliane Kraft (31)** ist seit ihrer Ausbildung bei der Bäckerei Meier beschäftigt. Bisher war die Bäckereifachverkäuferin immer mit ihrer Arbeit zufrieden. Nun allerdings fühlt sie sich von der Betriebsleitung schikaniert: Sie muss permanent zwischen den verschiedenen Verkaufsfilialen wechseln. Aus diesem Grund hat sie sich bei der Betriebsleitung beschwert. In zwei Wochen hat sie ein Gespräch mit der Chefin ...

*Moritz Peter Haarman, in: Hans-Böckler-Stiftung (Hrsg.), Themenheft Mitbestimmung, 2016, S. 32*

 **Voraussetzungen für die Bildung und die Aufgaben eines Betriebsrats**

Betriebe ab fünf Mitarbeitern müssen laut **Betriebsverfassungsgesetz** auf Wunsch der Belegschaft einen Betriebsrat einrichten. Der Betriebsrat wird alle vier Jahre von und aus der Belegschaft gewählt. Wahlberechtigt sind alle volljährigen Beschäftigten. Wählbar ist, wer zusätzlich seit mind. sechs Monaten dem Betrieb angehört. Über die genaue Anzahl der Betriebsräte entscheidet die Größe der Belegschaft. Der Betriebsrat ist das gesetzliche Organ zur **Vertretung der Arbeitnehmerinteressen** und zur Wahrung der **betrieblichen Mitbestimmung** gegenüber dem Arbeitgeber in Betrieben des privaten Rechts. Der Betriebsrat hat die Aufgabe, die Beschäftigten bei Einstellungen in Lohn- und Gehaltsfragen sowie bei Kündigungen und vielen weiteren Themenbereichen vor der Willkür des Arbeitgebers zu schützen. Arbeitsbedingungen sind mit dem Betriebsrat so zu gestalten, dass sie die Bedingungen aus Recht und Gesetz sowie nach den **Tarifverträgen** erfüllen. Bei den vielen unterschiedlichen Interessen zwischen Arbeitgebern und Beschäftigten können sich die einzelnen Arbeitnehmer nur schwer allein durchsetzen. Der Betriebsrat jedoch vertritt die Interessen aller Arbeitnehmer im Betrieb.

In Betrieben mit in der Regel mindestens fünf Arbeitnehmern, die das 18. Lebensjahr noch nicht vollendet haben oder zu ihrer Berufsausbildung beschäftigt sind und das 25. Lebensjahr noch nicht vollendet haben, sind nach dem Betriebsverfassungsgesetz **Jugend- und Auszubildendenvertretungen** zu wählen. Die Jugend- und Auszubildendenvertretung nimmt die spezifischen Interessen der beiden Gruppen wahr und kann Betriebsratsbeschlüsse einmal für die Dauer von einer Woche zwecks Erörterung von Verständigungsmöglichkeiten aussetzen lassen. Sie kann zu allen Betriebsratssitzungen Vertreter entsenden. Der Betriebsrat hat die Jugend- und Auszubildendenvertretung zu Besprechungen zwischen Arbeitgeber und Betriebsrat hinzuziehen, wenn Angelegenheiten der betreffenden Gruppen vom Betriebsrat behandelt werden.

*Bearbeiter*

**WIRTSCHAFT KONKRET**
Ladet ein Mitglied einer Jugend- und Auszubildendenvertretung (JAV) ein und diskutiert Mitwirkungsmöglichkeiten von Jugendlichen auf betrieblicher Ebene.

## M4  Die allgemeinen Mitbestimmungsrechte des Betriebsrats

**Betriebsrat und Mitbestimmung**

Arbeitgeber und Betriebsrat haben ein gleichberechtigtes Initiativrecht. Sie können Entscheidungen nur gemeinsam treffen. Bei unüberbrückbaren Meinungsverschiedenheiten entscheidet die Einigungsstelle.
**Beispiel:**
Arbeitszeit, Sozialplan, Lohngestaltung

Der Arbeitgeber darf eine Maßnahme nur mit Einverständnis des Betriebsrats durchführen. Der Betriebsrat hat aber kein Recht zur Durchsetzung eines Alternativvorschlages.
**Beispiel:**
Einstellungen, Versetzungen, Ein- und Umgruppierungen

**Mitbestimmung**

**Zustimmung**

**Betriebsrat**

**Anhörung**

Der Arbeitgeber teilt dem Betriebsrat seine Absichten mit und fordert den Betriebsrat unter Fristsetzung zur Stellungnahme auf.
**Beispiel:**
Entlassungen

**Information**

Der Arbeitgeber teilt dem Betriebsrat anhand von Unterlagen seine Pläne mit.
**Beispiel:**
Personalplanung

**Beratung**

Arbeitgeber und Betriebsrat erörtern eine Angelegenheit in einem gemeinsamen Gespräch.
**Beispiel:**
Gestaltung von Arbeitsplatz, Arbeitsablauf und Arbeitsumfang

*Horst-Udo Niedenhoff, Mitbestimmung in der Bundesrepublik Deutschland, 13. Auflage, Köln 2003, S. 87*

## M5  Konfliktfall Kündigung

Für ein mittelständisches Unternehmen, das Werkzeugmaschinen herstellt, hat sich aufgrund der internationalen Situation in den letzten beiden Jahren die wirtschaftliche Lage drastisch verschlechtert.

Die daraus resultierenden Umsatzeinbußen und die nicht mehr ausgelasteten Kapazitäten veranlassen die Unternehmensleitung, bei den Personalkosten Einsparungen vorzunehmen.

Eine Maßnahme betrifft die Dreherei des Unternehmens. Von bisher vier beschäftigten Drehern soll ein Arbeitnehmer entlassen werden.

In der Dreherei sind folgende Arbeitnehmer beschäftigt:

**Silke Wortmann,** 25 Jahre alt, ist nicht verheiratet und seit acht Jahren im Betrieb. Ihre Leistungen werden mit sehr gut beurteilt. Der Bruttomonatslohn beträgt etwa 2.500,- €.

**Heiner Schmidt** ist 54 Jahre alt und seit 18 Jahren im Betrieb. Er ist verheiratet und hat zwei Kinder, die 16 und 19 Jahre alt sind. Die Ehefrau ist nicht berufstätig. Die Familie hat große finanzielle Belastungen durch den Bau eines Eigenheims. Die Leistungen von Heiner Schmidt werden als zufriedenstellend beurteilt. Der für Heiner Schmidt zuständige Meister ist der Auffassung, dass er sich nicht in die Bedienung der neuen Maschine einarbeiten kann. Sein Bruttomonatslohn beträgt etwa 2.900,- €.

**Kurt Reiche**, 30 Jahre, ist seit einem Jahr im Betrieb und hat Erfahrungen mit modernen Produktionsanlagen und -verfahren. Seine Leistungsbeurteilung ist gut. Sein Bruttomonatslohn beträgt etwa 2.700,- €.

**Michael Hansen**, seit zwölf Jahren im Betrieb, ist 38 Jahre alt und verheiratet. Er hat ein Kind (13 Jahre), die Ehefrau ist berufstätig. In seiner Beurteilung steht, dass Michael Hansen mit schwierigen Situationen fertig werden kann. Sein Bruttomonatslohn beträgt etwa 3.100,- €.

*Bearbeiter*

**Kündigungsgründe**
**Betriebsbedingte Gründe:** z. B.: Absatzschwierigkeiten, Rationalisierungsmaßnahmen, Änderung des Produktionsverfahrens, Betriebseinschränkungen ...
**Personenbedingte Gründe:** z. B.: fehlende Eignung des Arbeitnehmers, mangelhafte oder abnehmende Leistungsfähigkeit, häufige oder lang andauernde Krankheit ...
**Verhaltensbedingte Gründe:** z. B.: unterlassene oder unberechtigte Krankmeldung, unentschuldigtes Zu-Spät-Kommen, Beleidigung des Arbeitgebers ...

## AUFGABEN

1. Überprüfe mithilfe von **M4**, inwiefern sich der Betriebsrat in den geschilderten Fällen (**M2**) einbringen kann.

2. Im Fall von **M5** muss die Unternehmensleitung eine Entscheidung treffen. Bildet Zweiergruppen, dabei vertritt einer die Interessen der Unternehmensleitung, der andere die des Betriebsrats. Die Unternehmensleitung teilt seine Entscheidung mit, der Betriebsrat muss dazu gehört werden. Stellt das Ergebnis der Klasse vor.

3. Vergleiche deine ursprünglichen Gedanken zum Thema Mitbestimmung (**M1**) mit den gesetzlichen Regelungen (**M3**, **M4**). Begründe anschließend, ob Beschäftigte in Deutschland bei der Ausgestaltung der Arbeitsverhältnisse aus deiner persönlichen Sichtweise ausreichend mitbestimmen können.

## 4.2.2 Warum verdienen wir unterschiedlich viel?

**M6** Das Geheimnis um den Lohn – wer verdient wie viel?

| Facharzt/-ärztin | Altenpfleger/in | Physiotherapeut/in | Polizist/in |
|---|---|---|---|
| Pilot/-in | Friseur/in | Zahnarzthelfer/in | Arzt/Ärztin (Krankenhaus) |
| Bauingenieur/in | Kfz-Mechatroniker/in | Bürokaufmann/-frau | Florist/in |

*Bearbeiter*

**EINSTIEGSAUFGABEN**

- Ordne die Berufe beginnend von „niedrigster Lohn" bis zu „höchster Lohn" und begründe deine Reihenfolge.
- Überprüfe die Richtigkeit deiner Sortierung z. B. mithilfe des Gehaltsvergleichs unter www.gehaltsvergleich.com.
- Findest du die Lohnunterschiede gerechtfertigt? Begründe deine Antwort.

**M7** Aussagen zum Lohn

„Obwohl Lea als Altenpflegerin sehr viel leistet, bekommt Ludwig als Investmentbanker mehr Lohn."

„Obwohl Ludwig als Investmentbanker eine hohe Qualifikation hat, verdient Mario als Fußballprofi in der Bundesliga mehr Lohn."

„Obwohl Adam und Eva den gleichen Beruf ausüben und im selben Unternehmen arbeiten, bekommt Adam mehr Lohn."

„Obwohl Adam und Bert den gleichen Beruf ausüben, bekommt Adam mehr Lohn in Stuttgart als Bert in Berlin."

„Obwohl Dana und Franka denselben Beruf ausüben, bekommt Franka in ihrem tarifgebundenen Unternehmen mehr Lohn als Dana."

„Obwohl sowohl Ben als auch Chris studiert haben, bekommt Ben in seinem Job in der Pharmaindustrie mehr Lohn als Chris in der Werbeindustrie."

„Obwohl Tim weniger verdient als Niklas, bekommt er am Ende des Monats den gleichen Lohn."

*Bearbeiter*

## M8 Einflussfaktoren auf die Lohnbildung

Es gibt vereinfacht gesagt zwei Möglichkeiten, wie sich ein Lohn bilden kann: entweder völlig frei und offen vereinbar zwischen Arbeitgeber und Arbeitnehmer oder durch **Tarifverträge**, die zwischen **Gewerkschaften** (Vereinigungen von Arbeitnehmern) und **Arbeitgeberverbänden** (Zusammenschluss von Arbeitgebern) verhandelt und in denen Lohnhöhen festgelegt werden.

Bei der ersten Möglichkeit der **Lohnbildung** bestimmen das **Angebot** an Arbeitskräften und die **Nachfrage** nach Arbeitskräften den Preis der Arbeit: den Lohn. Arbeitnehmer treten als Anbieter von Arbeit, Unternehmen sowie der Staat als Nachfrager von Arbeit auf. Entscheidend für die Lohnbildung bzw. -höhe ist die Frage: Wie viele Arbeitnehmer können die gleiche Arbeit ausüben? Wenn nur sehr wenige Arbeitnehmer dieselbe Arbeit ausüben können, werden diese i. d. R. einen hohen Lohn bekommen. Wenn es hingegen ein großes Angebot an Arbeitnehmern gibt, die dieselbe Arbeit ausüben können, wird das Lohnniveau nach unten gedrückt.

Die zweite Möglichkeit der Lohnbildung stellen sog. **Entgelttarifverträge** dar. Innerhalb solcher zwischen Gewerkschaften und Arbeitgeberverbänden ausgehandelten Tarifverträge werden die unterschiedlichen Positionen und Stellen im Betrieb bestimmten **Lohngruppen** zugeordnet. Zur untersten Lohngruppe gehören z. B. Arbeitnehmer, die einfache Tätigkeiten ausüben, die nach Arbeitsanweisung ausgeführt werden und nur Fertigkeiten erfordern, die durch Einweisung erworben werden. Zur obersten Lohngruppe gehören z. B. Arbeitnehmer, die Tätigkeiten ausführen, die besondere Anforderungen an die Selbstständigkeit stellen und umfangreiche Spezialkenntnisse sowie ein hohes Maß an Verantwortung in einem übergeordneten Aufgabenbereich voraussetzen.

Weitere Einflussfaktoren auf die Lohnbildung können sein:

- **Mindestlohn:** Am 1.1.2015 trat in Deutschland ein gesetzlicher Mindestlohn (also eine Lohnuntergrenze) von 8,50 € brutto pro Stunde flächendeckend in Kraft. 2016 entschied die ständige Mindestlohnkommission einstimmig, den Mindestlohn um 34 Cent auf 8,84 € pro Stunde zu erhöhen. Die nächste Anpassung ist zum 1.1.2019 fällig.

- **Arbeitsproduktivität:** Sie gibt den Wert der Güter und Dienstleistungen an, die eine Person pro Stunde produziert. Je höher dieser Wert ist, desto höher sind i. d. R. die Löhne in der betreffenden Branche. Die Arbeitsproduktivität hängt dabei vor allem davon ab, ob mehr Maschinen, Computer und Wissen in einer Branche eingesetzt werden.

- **regionale Lage:** Die Lohnhöhe hängt eng mit der regionalen Wirtschaftskraft zusammen. Befinden sich viele Unternehmen und Beschäftigte in räumlicher Nähe zueinander, ist der Austausch von Wissen und Informationen besonders hoch und die Produktivität und damit auch die Löhne i. d. R. höher.

**Brutto- und Nettolohn**
→ S. 27

- **Geschlecht:** Traditionelle Männerberufe wie Kfz-Mechatroniker oder Handwerker werden i. d. R. immer noch besser bezahlt als traditionelle Frauenberufe wie Friseurinnen oder Krankenschwestern. Auch wenn eine Frau den gleichen Beruf wie ein Mann ausübt, verdient der Mann in Deutschland aufgrund der „klassischen Rollenverteilung" bzw. des inzwischen überholten Klischees (der Mann macht Karriere, die Frau kümmert sich um den Haushalt und die Kinder) häufig immer noch mehr.
- Der **Staat** hat bis auf den gesetzlichen Mindestlohn keinen direkten Einfluss auf die Höhe der Löhne. Er greift allerdings durch **Steuern** (z. B. Lohnsteuer) und **Sozialbeiträge** (z. B. Beitrag zur gesetzlichen Krankenversicherung) indirekt auf den Nettolohn eines Arbeitnehmers ein. Die Höhe der Lohnsteuer richtet sich nach der Höhe des Jahresgehalts und nach der Steuerklasse. I. d. R. gilt: Je höher der Lohn, desto mehr Steuern müssen prozentual bezahlt werden. Kinderlose und Unverheiratete sind zudem in Steuerklassen eingeteilt, die für den Arbeitnehmer eine höhere Lohnsteuer als Steuerklassen von Verheirateten und Arbeitnehmern mit Kindern bedeuten.

*Bearbeiter*

## M9 Leistung und gerechter Lohn – gibt es am Arbeitsmarkt Gerechtigkeit?

*Gert Wagner (geb. 1953) ist ein deutscher Wirtschafts- und Sozialwissenschaftler sowie seit 2002 Professor für Volkswirtschaftslehre an der TU Berlin. Zudem ist er Vorstandsmitglied des Deutschen Instituts für Wirtschaftsforschung (DIW Berlin).*

**Berliner Zeitung: Ein Investmentbanker verdient deutlich mehr als eine Altenpflegerin. Weil er mehr leistet?**

Gert Wagner: [...] Individuelle Leistung kann man im Allgemeinen nicht messen. Das geht vielleicht noch bei exakt gleichen Tätigkeiten: Der eine baut ein Regal bei gleicher Qualität schneller auf als der andere. Der Schnellere leistet mehr. Aber oft ist „gleiche Qualität" schwer messbar. Wer leistet mehr: Eine Pflegerin, die einen alten Menschen in zehn Minuten angezogen hat? Oder eine Kollegin, die dem alten Menschen hilft, sich selbst anzuziehen und deshalb 20 Minuten braucht? [...]

**Wenn ein solcher Leistungsvergleich unmöglich ist: Warum verdient dann ein Investmentbanker viel mehr als eine Altenpflegerin?**

Weil die Bank mehr Geld verdient als das Pflegeheim. Die unterschiedliche Bezahlung hat mit der individuellen Anstrengung nichts zu tun. Das Gehalt wird von vielen Faktoren bestimmt. Eine wichtige Rolle spielt die ökonomische Leistung eines Betriebs, die nicht mit der individuellen Leistung verwechselt werden darf, sondern auch stark von der Nachfrage abhängt.

**Und was ist für Sie als Ökonom die Leistung?**

Streng genommen gibt es gar keine feste Leistung. Denn was eine konkrete Anstrengung ökonomisch wert ist, hängt davon ab, ob sie oder ihr Produkt am Markt nachgefragt wird und welcher Preis dafür gezahlt wird. Wächst die zahlungsfähige Nachfrage, wird die Anstrengung mehr wert. Die ökonomische Leistung hängt ganz offensichtlich nicht nur davon ab, wie geschickt ein Arbeitnehmer ist oder wie hart er arbeitet.

**Wenn also die Gesellschaft Pflegekräften mehr bezahlen würde, dann würden die Beschäftigten ökonomisch mehr leisten, obwohl sie genau das Gleiche täten wie zuvor?**

Genau. Zurzeit gibt es einen relativ bescheidenen Bedarf, denn viele Familien können eine gute Altenpflege nicht finanzieren. Es fehlt die zahlungsfähige Nachfrage. Deswegen verdienen Pflegekräfte schlecht. [...]

**Stichwort Gerechtigkeit: Sie sagen, die individuelle Anstrengung allein zählt nicht, vielmehr liegt die Leistung des Arbeitnehmers im Erfolg des Unternehmens. Wie vernünftig ist dann die Forderung nach einem „leistungsgerechten Lohn" in einer Firma?**

[...] Hier dient der Begriff der „leistungsgerechten Bezahlung" dazu, Unzufriedenheit in der Belegschaft zu vermeiden. Es ist eine Legitimations-Grundlage für ein bestimmtes Lohn-Gefüge. Die Gehalts-Unterschiede sollen durch Leistungsunterschiede gerechtfertigt werden. Was aber aus den genannten Gründen im Detail unmöglich ist.

**Gibt es bei der Bezahlung letztlich keine Gerechtigkeit?**

Am Arbeitsmarkt gibt es – wie auf anderen Märkten – keine Gerechtigkeit. Wenn man mehr Gerechtigkeit anstrebt, dann kann man nicht nur beim Lohn ansetzen. In modernen Staaten gibt es die Möglichkeit, das, was als ungerecht hohes Einkommen und Vermögen empfunden wird, zu verkleinern: durch Steuern.

*Stephan Kaufmann/Eva Roth, Berliner Zeitung, Leistung und gerechter Lohn „Am Arbeitsmarkt gibt es keine Gerechtigkeit", 18.04.2014; Das Interview mit Gert Wagner führten Stephan Kaufmann und Eva Roth.*

## AUFGABEN

1. Welche Faktoren spielen eine Rolle, wenn es um die Höhe der Löhne in Deutschland geht? Erkläre die Fälle in **M7** mithilfe von **M8**.

2. „Löhne sind ungerecht!" Bewerte diese Aussage, indem du folgendermaßen vorgehst: Ordne die verschiedenen Einflussfaktoren der Lohnbildung folgenden Dimensionen (→ **S. 14**) zu:

   a) individuell (Wie kann ich/jeder Einzelne Einfluss auf die Höhe des Lohns nehmen?)

   b) Beziehung (Wer unterstützt mich/den Einzelnen; welche Rolle spielen die Arbeitgeber/Unternehmen?)

   c) System (Welche Rolle spielt der Staat; welche Rolle spielen das „Gesetz von Angebot und Nachfrage auf dem Arbeitsmarkt"?) (**M8**, **M9**).

3. **WebQuest** (→ Methodenglossar): Recherchiere die Entwicklungen auf dem Arbeitsmarkt (im Hinblick auf den Verdienst) seit der Einführung des Mindestlohns.

## 4.2.3 Konfliktfall Lohn – ein immerwährender Interessengegensatz?

### M10 Frau Müller hat Pech

Diese Woche kommt sie nicht zur Arbeit, weil die Züge stillstehen. Nächste Woche muss sie zu Hause bleiben, weil sie ihr Kind nicht in die Kita geben kann. Und in der Woche darauf? Schafft sie es vielleicht nicht in den Urlaub, weil die Flüge ausfallen. Bei Frau Müller herrscht Chaos. Sie ist eine von Millionen Deutschen, die in diesen Tagen schwer genervt sind, weil auf nichts mehr Verlass ist – außer darauf, dass die Zeit nach einem Streik nur die Vorbereitung auf den nächsten ist.

*Kerstin Bund/Kolja Rudzio, www.zeit.de, Wir zeigen's euch!, 08.05.2015*

**EINSTIEGSAUFGABE**

Was hältst du persönlich von Streikaktionen? Tausche dich mit deinem Nachbarn aus und formuliere eine erste Stellungnahme.

### M11 Die Tarifautonomie

Arbeitnehmer können ihre Interessen gemeinsam vertreten, wenn sie in einer **Gewerkschaft** organisiert sind. Gleiches gilt für Arbeitgeber, die ei-
5 nem **Arbeitgeberverband** beitreten können. Diese sogenannte **Koalitionsfreiheit** wird vom **Grundgesetzartikel 9 Absatz 3** geschützt: *„Das Recht, zur Wahrung und Förderung*
10 *der Arbeits- und Wirtschaftsbedingungen Vereinigungen zu bilden, ist für jedermann und für alle Berufe geeignet."* In Deutschland gibt es eine lange Tradition, dass Gewerkschaften und
15 Arbeitgeberverbände die Konflikte partnerschaftlich lösen, man spricht daher von **Sozialpartnerschaft**. Die Sozialpartner verhandeln autonom, also eigenständig. Der Staat darf
20 ihnen dabei nicht hineinreden. Dabei geht es um **Tarifverträge**, in denen die Arbeitsbedingungen und Löhne […] geregelt werden (Gehaltstarifver-
träge). Es geht aber auch um Arbeitszeiten, Urlaub, Schicht- und Erschwer- 25
niszulagen (Manteltarifverträge) und Lohngruppeneinteilung nach Tätigkeitsmerkmalen (Rahmentarifverträge). Um ihre Forderungen durchzusetzen, haben die gewerkschaftlich 30
organisierten Arbeitnehmer das Recht zu streiken. Sie erhalten in dieser Zeit für den wegfallenden Lohn ein Streikgeld von ihrer Gewerkschaft. Die Arbeitgeber können darauf mit Aus- 35
sperrung reagieren, indem sie den Arbeitnehmern für diese Zeit ihren Lohn und den Zutritt zur Arbeitsstelle verweigern. Ziel des **Arbeitskampfes** ist es, zu einer Vereinbarung zu gelan- 40
gen, die für beide Seiten akzeptabel ist. Während der Gültigkeitsdauer des neuen Tarifvertrags, darf dann nicht mehr gestreikt werden.

*Frauke Hagemann/Katja Rieger, Stiftung Jugend und Bildung (Hrsg.), www.sozialpolitik.com, Abruf am: 15.05.2017*

## M12 Die Tarifpartner und deren Argumente in der Lohnpolitik

| Position der Gewerkschaften | Position der Arbeitgeber |
|---|---|
| Lohnerhöhungen sollen mindestens so groß sein wie die Produktivitätssteigerung und die zu erwartende Preissteigerungsrate (Inflation).<br><br>**Argumente:**<br>• Gestiegene Lebenshaltungskosten machen Lohnerhöhungen erforderlich (Inflationsargument), um die Kaufkraft der Arbeitnehmer zu sichern.<br>• Lohnerhöhungen führen zu mehr Kaufkraft und mehr Nachfrage, wovon die Unternehmen profitieren (Kaufkraftargument).<br>• Die Produktivitätssteigerung soll durch Lohnerhöhungen belohnt werden (Leistungsargument). | Lohnkosten sollen stabil bleiben bzw. Lohnerhöhungen sollen höchstens mit der Produktivitätssteigerung einhergehen.<br><br>**Argumente:**<br>• Löhne sind Kosten und mindern sowohl den Gewinn als auch den Spielraum für Investitionen und können sich somit negativ auf die Beschäftigung auswirken (Lohnkostenargument).<br>• Höhere Löhne bergen die Gefahr, dass diese in Form von Preiserhöhungen an Verbraucher weitergegeben werden.<br>• Höhere Verbraucherpreise vermindern wiederum die Konkurrenzfähigkeit am Markt (Wettbewerbsargument). |

**Produktivitätssteigerung**
bedeutet, dass sich die Wertschöpfung in Bezug auf den Arbeitseinsatz erhöht hat bzw. das angestrebte Ergebnis mit einer geringeren Menge von Arbeitsstunden erreicht wurde. Einfluss auf die Produktivität haben vor allem der technische Fortschritt und die Arbeitsintensität.

**Inflation**
Prozess anhaltender Preisniveausteigerungen

*Bearbeiter*

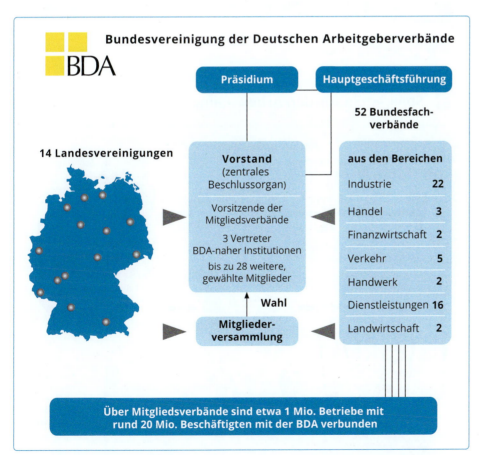

*Bergmoser + Höller Verlag AG, Zahlenbilder 236 150*     *Quelle: BDA Stand: 2014*

**Methode „Rollenspiel im Wirtschaftsunterricht: eine Tarifverhandlung durchführen"**

Mediencode: 82031-07

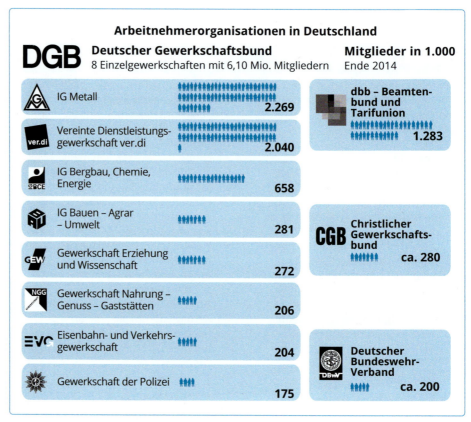

Bergmoser + Höller Verlag AG, Zahlenbilder 240 110

## M13 Spielregeln für den Arbeitskampf

**Erklärfilm „Streik"**

Mediencode: 82031-08

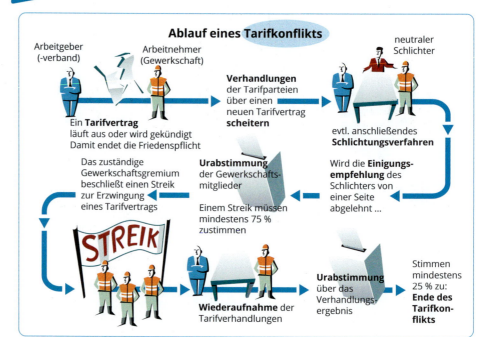

Bergmoser + Höller Verlag AG, Zahlenbilder 244 108

**Rechtliche Grundlagen für Arbeitskämpfe**
Tarifautonomie (Art. 9 Abs. 3 GG und § 2 Abs. 1 Tarifvertragsgesetz)

## M14 Dürfen Lokführer und Piloten das Land lahmlegen?

**Pro – Es geht bloß um Warnstreiks von ein paar Tagen oder Stunden ...:** Räumt die Straßenreinigung im Winter den Schnee nicht von den Straßen, trifft es Autofahrer, treten Erzieher in den Ausstand, geraten Eltern in Not, bleiben Busfahrer zu Hause, haben Tausende Probleme, ins Büro zu kommen. Und auch wenn Flugbegleiter die Arbeit verweigern, hebt kein Flieger ab [...]. Ein Streik trifft oft Unbeteiligte. Aber deshalb wird niemand Erziehern, Busfahrern oder Flugbegleitern das Streikrecht absprechen. Es steht ihnen zu – genauso wie Piloten und Lokführern. Auch die Tarifforderungen, die jetzt erhoben werden, sind beileibe nicht ungewöhnlich. Die Piloten wollen eine Gehaltserhöhung, wehren sich aber vor allem gegen Kürzungen. Denn eine Ruhestandsregelung, die in ihrem Beruf seit vielen Jahren gilt, soll verschlechtert werden. Die Lokführer verlangen fünf Prozent mehr Lohn bei weniger Arbeitszeit. Das klingt nach viel, aber dass Gewerkschaften hohe Forderungen stellen, ist normal – nur so können sie am Ende einen normalen Abschluss erzielen. [...] Auch das ist kein Grund, den Tarifkampf der Flugkapitäne und Eisenbahner als besonders verwerflich zu brandmarken. [...] Bei Streiks heißt es gerne, die einen oder anderen bekämen zu viel oder seien privilegiert. Das ist leicht dahingesagt, aber so einfach lässt sich gar nicht festlegen, welche Bezahlung bei welchen Arbeitsbedingungen, welcher Verantwortung und welcher Qualifikation angemessen ist – und bei welcher wirtschaftlichen Lage. Hat die Lufthansa kein Geld für höhere Löhne? Ihren Aktionären zahlte sie zuletzt 208 Millionen Euro Dividende. Am Ende können nur die Arbeitgeber und Arbeitnehmer der jeweiligen Branche darüber entscheiden – und manchmal gehört dazu ein Streik.

*Kolja Rudzio, www.zeit.de, Streik Pro und Contra: Dürfen Lokführer und Piloten das Land lahmlegen?, 28.08.2014*

**Kontra: Piloten und Lokführer haben sich ihr Machtmonopol nicht verdient ...:** Ohne Weiteres können sie Millionen von Bahnreisenden und Fluggästen behindern. [...] Sie können die Wirtschaft teilweise lahmlegen, indem sie dafür sorgen, dass Fabriken der Nachschub ausgeht und die Fließbänder stillstehen. Sie entscheiden, wann Pendler oder Geschäftsreisende an ihr Ziel kommen. Piloten und Lokführer haben sich dieses Machtmonopol nicht in besonderer Weise verdient. Sie haben nur einen Beruf gewählt, der ihnen Zugang zu den Schaltstellen des Landes gewährt [...]. Diesmal fordert die Pilotengewerkschaft Cockpit zehn Prozent mehr Lohn und eine großzügige Frühverrentung für ihre Mitglieder, die am Karriereende heute schon 255.000 Euro im Jahr verdienen. Die Lokführergewerkschaft GDL streitet für fünf Prozent mehr Gehalt bei zwei Stunden weniger Arbeit [...]. Natürlich sind Streiks ein legitimes Mittel. Trotzdem sollte, wer einen solch gewaltigen Hebel in der Hand hält, [...] besonders sorgfältig abwägen, ob er ihn auch benutzt. Er sollte den Menschen klarmachen können, dass dieser Konflikt die großen Fragen berührt. Fragen der Gerechtigkeit und der Solidarität. Doch bei den Piloten und Lokführern hat man den Eindruck, dass es ihnen nicht um Solidarität geht, sondern um die Mehrung ihrer Privilegien. Es sind Privilegien, die anderen Berufsgruppen vorenthalten sind.

*Kerstin Bund, www.zeit.de, Streik Pro und Contra: Dürfen Lokführer und Piloten das Land lahmlegen?, 28.08.2014*

## AUFGABEN

1. Partnerarbeit: Erklärt euch gegenseitig, warum ihr die Tarifautonomie sowohl aus Arbeitgeber- als auch Arbeitnehmersicht für wichtig haltet (**M11**).

2. Recherchiere nach einer aktuellen Tarifauseinandersetzung und analysiere diese hinsichtlich der konkreten Ziele der beteiligten Gewerkschaft und der erwiderten Reaktionen der Arbeitgeber (**M11**, **M12**).

3. Diskutiert ausgehend von **M14**, ob Lokführer und Piloten mithilfe von Streiks das Land „lahmlegen" dürfen.

**F** Überprüft, ob oder inwiefern sich eure Meinung über Streiks im Vergleich zur Einstiegsaufgabe zu **M10** verändert hat.

# WAS WIR WISSEN

**Betriebliche Mitbestimmung**
→ M3, M4

Arbeitnehmer und Arbeitgeber haben oft unterschiedliche Interessen, wenn es um die konkrete Ausgestaltung von Arbeitsverhältnissen geht. Besonders konfliktträchtig sind dabei Personalfragen, insbesondere bei Kündigungen und Fragen der Arbeitszeitregelung.

Die **Interessenvertretung der Arbeitnehmer** im Betrieb ist der von den Arbeitnehmern gewählte **Betriebsrat**. Ab einer bestimmten Betriebsgröße muss die Gründung eines Betriebsrats durch die Belegschaft vom Arbeitgeber zugelassen werden (rechtliche Grundlage: Betriebsverfassungsgesetz).

Der Betriebsrat hat abgestufte Rechte der Mitwirkung: die Mitbestimmung im engeren Sinne besteht im **Zustimmungsrecht** (z. B. bei Einstellungen) und im **Mitbestimmungsrecht** (z. B. bei der täglichen Arbeitszeit). Bei Kündigungen muss der Betriebsrat gehört werden.

**Löhne, Lohnbildung und Lohngerechtigkeit**
→ M3, M4

Grundsätzlich kann sich ein **Lohn völlig frei bilden oder durch Tarifverträge**. Angebot und Nachfrage auf dem Arbeitsmarkt bestimmen den Lohn. Die **Anbieter** von Arbeit unterscheiden sich z. B. durch Qualifikation, Erfahrung und Produktivität. Diese bestimmen die Knappheit: je weniger die gleiche Arbeit machen können, umso mehr Lohn werden sie bekommen, wenn auch die Nachfrage groß ist.

Die **Nachfrageseite** wird z. B. über die Zahlungsfähigkeit bestimmt bzw. die ökonomische Leistung des Unternehmens. Auch ist in manchen Branchen und Regionen die Produktivität höher, was zu höheren Löhnen führt.

Der **Staat** spielt bei der Lohnbildung erst im Nachhinein eine Rolle, indem er z. B. durch die **Lohnsteuer** auf die letztendliche Höhe des Einkommens einwirkt. Vereinfacht gesagt: je mehr jemand verdient, umso mehr Steuern muss er zahlen. Des Weiteren hat der Staat durch den **Mindestlohn** eine gesetzliche Lohnuntergrenze geschaffen.

**Tarifautonomie, Sozialpartnerschaft und Arbeitskampf**
→ M11 – M13

In einem Unternehmen haben Arbeitgeber und Arbeitnehmer das gemeinsame Interesse am Erfolg des Unternehmens. Wenn es um die Verteilung des erwirtschafteten Gewinns, um die Arbeitsbedingungen oder um die Folgen wirtschaftlicher Misserfolge geht, unterscheiden sich die Interessen jedoch.

In der Öffentlichkeit werden besonders die Auseinandersetzungen um die Bezahlung von Arbeitskräften, die **Tarifkonflikte**, wahrgenommen.

Um sozialen Frieden zu erzielen, kann ein Kompromiss durch Verhandlungen herbeigeführt werden: **Gewerkschaften** und **Arbeitgebervereinigungen** haben das Recht, ohne staatliche Einmischung Tarifverträge auszuhandeln (**Tarifautonomie**). Diese Tarifverhandlungen bestehen aus zahlreichen Schritten, in denen die Tarifparteien versuchen, ihre Interessen durchzusetzen. Endergebnis dieser Verhandlungen sind Tarifverträge, die für den Zeitraum eines oder mehrerer Jahre Löhne und Arbeitsbedingungen ganzer Wirtschaftszweige regeln.

# WAS WIR KÖNNEN

**Digitalisierung der Arbeit und der Arbeitnehmer von morgen**

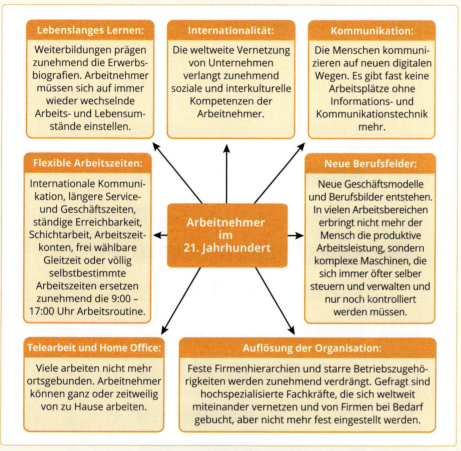

Susanne Patzelt, Arbeitswelt im Wandel, in: Stiftung Jugend und Bildung (Hrsg.) in Zusammenarbeit mit dem Bundesministerium für Arbeit und Soziales: Foliensatz „Sozialpolitik", Ausgabe 2017/2018, Folie 3: Arbeitswelt im Wandel

### Aufgaben

1. Ergänze die Liste „Der Arbeitnehmer von morgen" um eigene, weitere Punkte. Erläutere, welche der Punkte du eher als Chance bzw. eher als Risiko siehst.

2. Stelle ausgehend von der Liste mögliche Interessenkonflikte zwischen Arbeitnehmern und Arbeitgebern dar.

3. Wähle einen Konfliktpunkt heraus und entwickle für diesen Lösungsmöglichkeiten. Tipp: Du kannst hierbei von verschiedenen Akteuren ausgehen: z. B. Betriebsrat, Gewerkschaft oder auch staatliche Regelung.

4. Sprung in die Zukunft: Stell dir vor, wir befinden uns im Jahr 2050. Gestalte ein fiktives Interview (→ Methodenglossar), in dem ein Journalist zwei Arbeitnehmer zu ihrer Arbeitssituation befragt. Welche Fragen würdest du den Arbeitnehmern stellen? Formuliere mithilfe deiner Ergebnisse aus Aufgabe 1 Antworten auf die Interviewfragen. Ein Arbeitnehmer antwortet dabei positiv, der andere negativ.

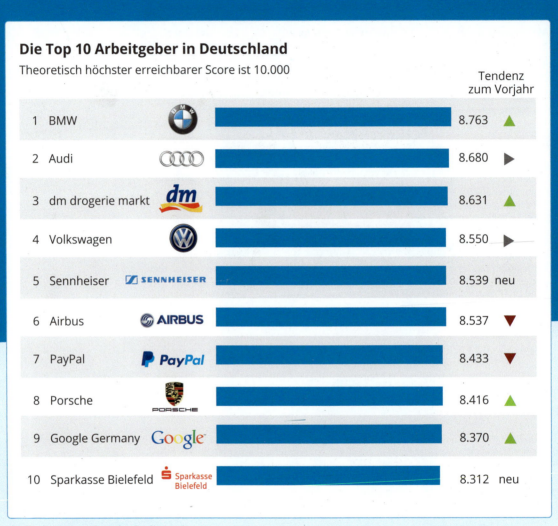

Quelle: Statista – Arbeitgeber-Studie 2015

Statista (Statistisches Bundesamt) untersuchte gemeinsam mit dem Magazin FOCUS, dem Karriere-Netzwerk XING sowie der Arbeitgeberbewertungsplattform kununu.com die Attraktivität der Unternehmen als Arbeitgeber. Hierfür wurden über 70.000 Arbeitnehmerurteile ausgewertet.

# Die Rolle des Unternehmers

Welche Eigenschaften sollte ein Unternehmensgründer haben? Und welche Schritte muss man beim Weg in die Selbstständigkeit beachten? Diese und viele andere Fragen stellen sich Menschen, die vor der Gründung eines eigenen Unternehmens stehen. Unternehmen haben das Ziel, Gewinne zu erwirtschaften. Verfehlen sie dieses Ziel, wird ihr Erfolg gefährdet sein und sie werden in einer Wettbewerbswirtschaft nicht überleben können.

Unternehmen müssen Entscheidungen im Spannungsfeld der Erwartungen von Kapitalgebern, Mitarbeitern, Kunden, Geschäftspartnern, Öffentlichkeit etc. treffen. Dabei wird ihnen neben der wirtschaftlichen auch eine ökologische und soziale Verantwortung zugeschrieben.

## KOMPETENZEN

**Am Ende des Kapitels solltet ihr Folgendes können:**
- Motive für eine Unternehmensgründung mit eigenen Berufsvorstellungen vergleichen
- Zusammenhänge von betrieblichen Abläufen in einem Unternehmen erklären
- die Bedeutung von Unternehmen darstellen und deren Verantwortung für die Gesellschaft erörtern
- Chancen und Risiken für Unternehmen auf globalen Märkten anhand eines regionalen Beispiels erörtern
- betriebswirtschaftliche Daten und ihre Bedeutung für das Unternehmen darstellen
- grundlegende Unternehmensziele erläutern und vergleichen
- die Bedeutung von Diversity Management im Unternehmen erläutern

## WAS WISST UND KÖNNT IHR SCHON?

Liste die fünf wichtigsten Eigenschaften auf, die ein attraktiver Arbeitgeber für dich persönlich erfüllen sollte. Mache dich anschließend über drei Unternehmen der TOP 10-Arbeitgeber kundig und überprüfe, inwieweit diese deinen Wünschen entsprechen würden.

# 5.1 Die Welt der Unternehmen

## 5.1.1 Wie werde ich Unternehmensgründer?

**M1** **Ein Zwiegespräch unter Freunden**

Endlich geschafft: Abitur! Nach insgesamt 12 Jahren haben Felix und Jonas den ersehnten Schulabschuss und stehen nun vor der großen Frage, was die Zukunft bringen soll. Beide unterhalten sich, welche Aussichten sie haben.

**Felix:** Nach den 12 Jahren Lernerei will ich jetzt erstmal ausspannen. Ich mache eine Weltreise mit zwei Kumpels. Und du, Jonas?

**Jonas:** Bei mir schaut es anders aus. Ich habe meinen Studienplatz für Englisch und Deutsch auf Lehramt schon sicher. Bis zum Studienbeginn im Oktober werde ich im Sommer noch eine vierwöchige Sprachreise nach England machen.

**Felix:** Soso, Beamter willst du also werden. Gesichertes Einkommen, fester Arbeitsplatz, hohe Pension und viel Ferien – das hört sich alles prima an, ist aber überhaupt nicht mein Ding. Freiheit und Unabhängigkeit, das sind meine Präferenzen. Und ich habe auch schon eine Idee: mit unserer Schülerfirma haben wir ein tolles Produkt entworfen. Das will ich jetzt weiterentwickeln und dann selber ein Unternehmen gründen, um es später verkaufen zu können.

**Jonas:** Das wäre mir wiederum zu unsicher. Jeden Tag die Angst haben, dass ich zu wenig verkaufe, meine Miete nicht bezahlen kann, die Mitarbeiter nicht motiviert sind oder gar nicht erst erscheinen, der Staat mit neuen Gesetzen mir die Arbeit erschwert.

**Felix:** Wer nicht wagt, der nicht gewinnt. Oder, um in den Worten von Facebookgründer Mark Zuckerberg zu sprechen: „The biggest risk is not taking any risk. [...] In a world that's changing really quickly, the only strategy that is guaranteed to fail is not taking risks."

*Bearbeiter*

**EINSTIEGSAUFGABE**

Arbeite aus dem Zwiegespräch Eigenschaften heraus, welche einerseits für Unternehmensgründer und andererseits für jemanden stehen, der abhängig beschäftigt ist.

**M2** **Ein erfolgreicher Gründer mit 16 Jahren**

Er ist 16 Jahre alt, hat noch keinen Führerschein, keinen Schulabschluss, aber dafür eine Wohnung in Manhattan und knapp zwei Mil-
5 lionen Dollar. Das Geld sammelte Ben Pasternak von einer Gruppe von Risikokapitalgebern ein. Dieselben Investoren hatten zuvor schon Internethits wie Twitter, Instagram und Snapchat finanziert. Sie glauben, Pasternak 10

könnte ihr nächster Goldesel werden, der nächste Mark Zuckerberg. Am Donnerstag ging Pasternaks App „Flogg" an den Start. Die Smartphone-
15 App ist eine Mischung aus Instagram und Ebay. Nutzer können Fotos von Kleidung, Möbeln oder Elektrogeräten aufnehmen, die Bilder mit Filtern aufhübschen und in dem sozialen Netz-
20 werk teilen. Andere Nutzer können Gebote abgeben und die Gegenstände über die App kaufen. [...] Die Eltern des minderjährigen Australiers waren erst gar nicht begeistert von den Unter-
25 nehmerambitionen ihres Sohnes. Ben Pasternak wuchs in Sydney auf, seine Eltern Mark, ein Immobilienentwickler, und Anna, eine Hausfrau, wollten, dass er zuerst die Schule beendet,
30 studiert und sich dann selbstständig macht. Aber Ben ließ nicht locker und überredete die Eltern schließlich zu einem Kompromiss: Wenn er auf eigene Faust das Startkapital auftreibe,
35 dürfe er in die USA ziehen und sein Startup gründen. „Sie haben natürlich gedacht, dass kein Investor einem 15-Jährigen Geld geben würde", sagte Ben Pasternak dem „Sydney Morning

Herald". Da hatten sich die Eltern ver-
40 rechnet. Ben fand nicht nur einen Finanzier, sondern gleich mehrere, darunter die bekannten Tech-Venture-Kapitalgeber Binary Capital und Greylock. [...] Er arbeite 16 bis 18 Stun-
45 den am Tag, oft ganz allein in seinem Apartment. „Manchmal stelle ich die Musik oder den Fernseher an, aber das ist nicht dasselbe, wie mit Menschen zu sprechen." Seine Firma hat
50 sieben Mitarbeiter, die arbeiten aber alle nur halbtags. Die meisten der Mitarbeiter sind selber Teenager oder Anfang 20. Ausnahme ist ein Angestellter, der laut Pasternak „richtig alt" sei.
55 Er ist 30 Jahre alt. So richtig glücklich sind die australischen Eltern von Pasternak nicht, sehen sich aber machtlos gegenüber dem starken Willen ihres Sohnes. „Wenn man ein Kind hat, das
60 enorm ehrgeizig ist, und das das Einzige ist, was das Kind interessiert, dann kannst du zwar dagegen ankämpfen, aber du wirst nie gewinnen", sagt Vater Mark Pasternak im Interview mit
65 dem Tech-Blog Mashable.

*Tina Kaiser, www.welt.de, New Yorks jüngster Start-up-Millionär ist gerade mal 16, 16.04.2016*

*Ben Pasternak (geb. 1999), australischer Startup-Gründer*

**Die wertvollsten Startups der Welt**

| Startup | Investiertes Kapital | Bewertung |
|---|---|---|
| Uber (USA) | 7,4 Mrd. USD | 51,0 Mrd. USD |
| Xiaomi (China) | 1,4 Mrd. USD | 46,0 Mrd. USD |
| Airbnb (USA) | 2,3 Mrd. USD | 25,5 Mrd. USD |
| Palantir (USA) | 1,9 Mrd. USD | 20,0 Mrd. USD |
| Meituan-Dianping (China) | 3,3 Mrd. USD | 18,3 Mrd. USD |
| Didi Kuaidi (China) | 4,0 Mrd. USD | 16,0 Mrd. USD |
| Snapchat (USA) | 1,2 Mrd. USD | 16,0 Mrd. USD |
| Flipkart (Indien) | 3,0 Mrd. USD | 15,0 Mrd. USD |
| SpaceX (USA) | 1,1 Mrd. USD | 12,0 Mrd. USD |

© Statista 2017, Quelle: The Wall Street Journal/Dow Jones VentureSource; Stand: Februar 2016; nicht börsennotierte Unternehmen, in die in den letzten vier Jahren Fremdkapital investiert wurde

## M3 Startup – was ist das eigentlich?

Es gibt Unternehmer, die hochwertige Autos oder Hotels am Strand bauen. So etwas kostet bei Beginn sehr viel Zeit und noch mehr Geld: Man braucht
5 ein Grundstück, eine Infrastruktur und Personal und muss sich mit der Bürokratie auseinandersetzen. Und nach 5-6 Jahren kann sich so ein Business auch amortisieren und Ge-
10 winn machen. Und es gibt so ein einfaches Spiel, das nennt sich „Angry Birds". Damit hat das finnische Startup „Rovio Entertainment" 55,5 Millionen Euro verdient (2012). Die Start-
15 Investitionen betrugen damals etwa 100.000 Euro. [...] Kein Wunder also, dass heute überall von Startups die Rede ist. **Aber wann ist ein Unternehmen ein Startup?** Wo kommt
20 das Wort Startup überhaupt her und welches Startup war das erste? [...] Wir schreiben das Jahr 1939: In den USA, in der Nähe von San Francisco (Santa Clara, Kalifornien) schießen
25 zahlreiche High-Tech-Firmen wie Pilze aus dem Boden. Zwei Studenten der Stanford-Universität starten ein kleines Projekt und nennen diese ganze Geschichte anschließend
30 Startup. Heute kennt man die beiden Jungs und ihr Projekt unter dem Namen Hewlett-Packard Company, besser bekannt als HP. **Das Wort Startup (engl. für starten) bezeichnet**
35 **ein gerade oder vor kurzem gegründetes Unternehmen.** Hinter einem Startup steckt oft eine innovative Idee oder eine aktuelle Technologie. Zwei Dinge zeichnen ein Start-
40 up aus: Fehlende Finanzen und eine unsichere und damit auch riskante Position auf dem Markt. Die meisten Startups werden in den USA von Studenten gegründet, die ihre ersten Startup-Ideen in einer Garage um-
45 setzen. Deshalb werden solche Firmen auch Garagenfirmen genannt. Wichtig ist hier, dass Startups nicht zwingend IT-Unternehmen sein müssen! Oft werden Online-Projekte und
50 Websites als Startups bezeichnet, wenn sie sich durch „das gewisse Etwas" von anderen Services oder Portalen unterscheiden. Das ist nicht ganz richtig. Dienste wie Facebook,
55 Google+ und andere soziale Netzwerke werden hier in einen Topf geworfen. Streng genommen muss ein Startup jedoch einzigartig sein und eine freie Nische besetzen. In diesem
60 Sinne darf sich heute nur Facebook als ein waschechtes Startup bezeichnen (auch wenn's nicht das erste seiner Art ist). Alle anderen social networks sind demzufolge Kopien oder
65 Klone anderer, bereits existierender Startups. [...] Es gibt mehrere Möglichkeiten, um sein Startup zu finanzieren, die naheliegenden davon sind:

- **Familie und Freunde:** Vor allem
70 am Start, wo man nicht so viel Geld benötigt und die Zukunft des Startups nicht vorhergesagt werden kann, macht es Sinn, diese Menschen zu kontaktieren und
75 nach Geld zu fragen.
- **Crowdfunding (Schwarmfinanzierung):** Das berühmteste Beispiel für eine Crowdfunding-Plattform ist „kickstarter" [...].
80 Dort trifft man auf private Personen und Interessenten, die spannende Projekte und Produkte von Startup-Gründern mitfinanzieren.
- **Business-Angels (BA):** Das sind
85 meistens selbst erfolgreiche Unter-

Erklärfilm „Crowdfunding"

Mediencode: 82031-09

nehmer oder Gründer. Sie unterstützen Startups mit Investitionen (ihrem eigenen Geld), Beziehungen und Wissen. [...] Natürlich wollen sie später vom Startup profitieren und rechnen mit hohen Renditen.
- **Venture Capital- oder Risikokapital-Geber:** Das sind Startup-Investoren, die im Gegensatz zu Business-Angels, mit dem Geld anderer Menschen (Versicherungsgesellschaften, Pensionsfonds, privater Personen) arbeiten und dieses dem Startup bereitstellen.

*Andreas Nejbert, www.start-up-paket.de, Was ist ein Startup?, Abruf am: 19.05.2017*

## M4 Sich selbstständig machen oder nicht?

Wenn man sich selbstständig macht, gibt es viele Vorteile. Man kann unabhängig arbeiten und seine eigenen Ideen verwirklichen. Die Verantwortung liegt bei einem selber, ebenso kann man alleine Entscheidungen treffen. Seine eigene Leistungsfähigkeit kann man steigern und kreative und innovative Talente nutzen und ausbauen. Auf der finanziellen Seite kann man sein Einkommen steigern und Steuervorteile für Selbstständige nutzen. Ebenfalls können die Arbeitszeiten frei und vor allem flexibel gestaltet werden. Und zu guter Letzt genießen Selbstständige ein hohes gesellschaftliches Ansehen.

Aber es gibt natürlich auch Argumente, welche gegen eine Selbstständigkeit sprechen. So hat man keine geregelten Arbeits- und Urlaubszeiten, ebenfalls ist das Einkommen nicht geregelt oder gesichert. Der eigene Arbeitseinsatz ist in der Regel (vor allem in der Anfangsphase) sehr hoch, was zu einer großen physischen und psychischen Belastung führen kann. Man hat kaum noch Zeit für Hobbys, Freunde und die Familie. Die Risiken können viel höher sein als bei einer abhängigen Tätigkeit, so z. B. durch einen wachsenden Konkurrenzdruck, Forderungsausfällen oder Steuernachzahlungen. Auch gibt es keine betrieblichen Sonder- und Sozialleistungen und man muss eine eigene Kranken- und Altersversicherung abschließen.

*Bearbeiter*

### Hemmnisse, die Startups in Deutschland beeinträchtigen

| | |
|---|---|
| Schwierige Finanzierung | 55 % |
| Kunden zu traditionell | 55 % |
| Allgemeine Bürokratie | 52 % |
| Fehlende Kooperation mit etablierten Firmen | 32 % |
| Mindestlohngesetz | 28 % |
| Mangel an Fachkräften | 27 % |
| Hohe Steuern | 26 % |
| Regulierung in einzelnen Branchen | 26 % |
| Zu langsame Internetverbindungen | 20 % |
| Fehlende Kooperation mit Startups | 7 % |
| Zu kleiner Binnenmarkt | 6 % |
| Sonstige | 8 % |
| Keine | 1 % |
| Weiß nicht/keine Angabe | 1 % |

*Basis: alle befragten Gründer von IT-Startups (n = 143), Quelle: Bitkom Research, Welcher dieser Hemmnisse schränken Ihr Startup in Deutschland besonders stark ein?, 21.10.2016*

Vergleiche **M2** mit **M3** und arbeite Belege dafür heraus, dass Ben Pasternak ein Startup nach der klassischen Beschreibung (**M3**) gegründet hat.

Du hast eine Idee für eine neue App und willst sie unbedingt auf den Markt bringen. Würdest du genauso handeln wie Ben Pasternak oder andere Wege gehen? Begründe deine Entscheidung.

## AUFGABEN

1. Charakterisiere die Unternehmerpersönlichkeit von Ben Pasternak (**M2**) und vergleiche dein Ergebnis mit deiner Lösung der Einstiegsaufgabe. Welche Eigenschaften sollte deiner Meinung nach ein Unternehmer darüber hinaus noch haben?
2. Wäge die Pro- und Kontra-Argumente von **M4** ab und begründe, ob du dich später eher mit einem eigenen Unternehmen selbstständig machen willst oder eher ein Angestelltenverhältnis bevorzugst.

## 5.1.2 Welche Charaktereigenschaften muss ich als erfolgreicher Unternehmer haben?

### M5 Der typische deutsche Unternehmer?

**EINSTIEGSAUFGABE**
Beschreibe den Unternehmertypus, der auf dem Bild dargestellt wird. Welche Aussage soll das Bild vermitteln?

### M6 Was unterscheidet Manager von Unternehmern?

Der Unternehmerbegriff konzentriert sich ursprünglich auf den **Eigentümer-** oder **Inhaberunternehmer**. Er leitet sein Unternehmen selbstständig und trägt das unternehmerische Risiko durch die Haftung mit dem eingesetzten Kapital oder dem gesamten persönlichen Vermögen. Kapitalgeber- und Unternehmerfunktion fallen grundsätzlich zusammen. Nach der Entstehung der Aktiengesellschaften im 19. Jahrhundert entwickelte sich zusätzlich die Form des **angestellten Unternehmers** oder **Managers**. Auch er besitzt weitgehendste unternehmerische Entscheidungsbefugnis, doch handelt er auf fremde Rechnung und fremdes Risiko. Durch Aktienoptionen (Gehaltszahlung in Form von Wahlmöglichkeiten zwischen Geld oder Aktien des Unternehmens) kann auch der Manager zum Miteigentümer oder Beteiligten des Unternehmens werden. Die Kontrolle des Unternehmensvorstandes obliegt dem Aufsichtsrat. Wechsel im Unternehmensmanagement gehören zur Normalität. Die etwa 3,68 Millionen selbstständigen Unternehmen in Deutschland – einschließlich der Freiberufler – werden zu 95,3 v. H. von Familienunternehmern und zu knapp 4,7 v. H. von angestellten Managern geleitet. Unternehmer sind flexibel: Sie können entscheiden, wann, was, wo, mit welchen Mitteln produziert wird. [...] Unternehmer sind vor allem als Innovatoren gefordert, die in der Marktwirtschaft durch gewinnorientierte Eigeninitiative, Leistungs- und Risikobereitschaft das wirtschaftliche Ergebnis ihres Unternehmens verbessern. Die Umsetzung von Erfindungen, die ständige Erneuerung von Produkten und Produktionsprozessen sowie die Erschließung neuer Märkte gehören zu den originären Unternehmeraufgaben. Der österreichische Ökonom Joseph Alois Schumpeter hat in diesem Sinne den Begriff des „schöpferischen Unternehmers" oder „Pionierunternehmers" geprägt. Durchsetzungskraft, Kreativität, organisatorisches Können und Menschenführung gehören zu den unternehmerischen Kernkompetenzen.

Über Markt und Wettbewerb führt die zunächst vom unternehmerischen Eigeninteresse geleitete Dynamik zur bestmöglichen Erfüllung von Konsumentenwünschen (Absatzpotenzial) und zur Anhebung des allgemeinen Wohlstandsniveaus. Wirtschaftliche Erneuerung und Strukturwandel schließen dabei den vorübergehenden Verlust unrentabel gewordener Arbeitsplätze keineswegs aus. Unternehmerischer Wettbewerb und Marktauslese bieten jedoch die besten Chancen, durch hohes Innovationstempo, neu gewonnene Wettbewerbsfähigkeit und wirtschaftliches Wachstum zu einem hohen Beschäftigungsstand zurückzukehren und konkurrenzfähig zu bleiben. Die wirtschafts- und gesellschaftspolitische Mitverantwortung des Unternehmers entwickelt sich im Zeitalter von Globalisierung und Internetwirtschaft in einem neuen Spannungsfeld. Neue internationale Produktionsformen und Geschäftsmodelle, weltweite Konkurrenz selbst für bislang vorwiegend regional tätige Anbieter tragen zu einer drastischen Verschärfung des internationalen Standortwettbewerbs bei. Das beschleunigte Entscheidungstempo muss durch flachere Unternehmenshierarchien unterstützt werden.

*Kurt J. Lauk/Rainer Gerding, www.kas.de, Unternehmer/Manager, Abruf am: 24.05.2017*

## M7 Was ist eigentlich ein Entrepreneur?

Joachim Klement*: „Wir definieren **Entrepreneure** relativ zum Manager. Während der Manager ein Angestellter eines Unternehmens ist, der im Auftrag der Eigentümer eine Firma führt, ist der Unternehmer gleichzeitig Eigentümer und Leiter dieser Gesellschaft. Der Vorteil des Entrepreneurs ist, dass es keine Zielkonflikte gibt zwischen Firmeneigentümer und Unternehmensführung. Wie wir in der Vergangenheit gesehen haben, ist dieser Konflikt zwischen den Interessen des Managers und jenen der Eigentümer trotz aller Anreizprogramme für Manager immer wieder Ursache für schlechte Firmenwertentwicklungen gewesen."

*Cyril Schicker, Auszug aus einem Interview mit Joachim Klement, www.punktmagazin.ch, Ein Thema, zwei Standpunkte, 18.05.2011*

*\* Joachim Klement ist CFO bei Wellershoff & Partners. Bis 2007 war er bei UBS Wealth Management als Head of Equity Strategy tätig. Klement studierte an der ETH Zürich Physik und Mathematik sowie Business Administration an der Universität Zürich.*

## M8 Anteile der Familienunternehmen in Deutschland an allen Unternehmen*

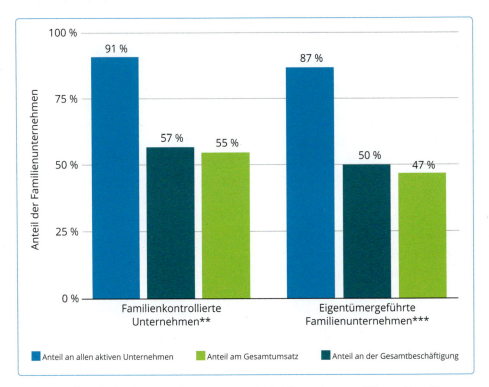

* ohne öffentliche Unternehmen
**Familienkontrollierte Unternehmen: In dieser Definition werden laut Quelle alle Unternehmen subsummiert, die von einer überschaubaren Anzahl von natürlichen Einzelpersonen kontrolliert werden. Eigentum und Leitung muss dabei laut Quelle nicht notwendigerweise übereinstimmen. Diese Definition ist die in der Öffentlichkeit wie auch in der wissenschaftlichen Literatur gebräuchlichste.

*** Eigentümergeführte Familienunternehmen: Nach dieser Definition sind laut Quelle solche Unternehmen Familienunternehmen, die von einer überschaubaren Anzahl natürlicher Personen kontrolliert werden und in denen wenigstens einer der Eigentümer auch die Leitung des Unternehmens innehat.

© Statista 2018;
Quellen: Stiftung Familienunternehmen, ZEW

## M9 Braucht man wirklich unternehmerisch denkende Mitarbeiter?

Druckers Definition des Entrepreneurs sprengt die gängige Vorstellung vom Unternehmer, der selbstständig ein kleines Geschäft führt. Entrepreneurship macht Drucker auch in großen etablierten Unternehmen und im öffentlichen Verwaltungsbereich aus. „Größe" ist für ihn kein Hindernis für unternehmerisches und innovatives Denken und Handeln. Für Drucker macht zudem nicht eine „unternehmerische Persönlichkeit" mit einem „Hang zur Risikofreude" den Entrepreneur aus, sondern seine Haltung. Für den Entrepreneur ist Veränderung und nicht der Status quo das Normale, und im Wandel sieht er stets die Chance für Innovationen. Und: Jeder fähige Manager kann auch als Entrepreneur wirken. Drucker geht es nicht darum, Unternehmer gegen Manager auszuspielen. Im Gegenteil: Die beiden Funktionen ergänzen sich zwingend. Ein Unternehmen, das nur Manager hat, verändert sich zu wenig, verpasst neue Technologiesprünge oder Umwälzungen im Kundenverhalten. Ein Betrieb mit lauter Unternehmern bringt es auf keinen grünen Zweig, weil immer etwas Neues versucht wird und Managementkenntnisse fehlen. Nur die richtige Kombination von Managern und Unternehmern garantiert den Erfolg.

Auf Basis dieser Erkenntnis entwickelte Drucker sein Konzept des „Entrepreneurial Managements". So wie der Manager mit Methoden und Tools arbeitet, soll auch der Entrepreneur systematisch vorgehen und dabei bewährte Prinzipien und Methoden anwenden. „Entrepreneurial Management" bedeutet demnach, systematisch Innovation zu betreiben. Drucker macht deutlich, dass Innovationen nur selten spontan aus genialen Ideen hervorgehen. Sie beruhen zu über 90 Prozent auf gezielter, organisierter Innovationsarbeit. Diese Innovationsarbeit ist gewissen Prinzipien verpflichtet.

*Peter Ferdinand Drucker (1909 – 2005) war ein US-amerikanischer Ökonom österreichischer Herkunft und Pionier der modernen Managementlehre.*

*Ignaz Furger/Jürgen Schreier, www.maschinenmarkt. vogel.de, Braucht man wirklich unternehmerisch denkende Mitarbeiter?, 05.06.2014*

### AUFGABEN

1. Erstelle mithilfe von **M6 – M9** eine Tabelle mit den Eigenschaften eines Managers und eines Entrepreneurs. Vergleiche diese mit den Eigenschaften von Ben Pasternak (→ **S. 116 f., M2**). Welchem Typus eines Unternehmers entspricht er am ehesten?

2. Erkläre mithilfe von **M6 – M9**, ob tatsächlich eine Mischung von Manager und Entrepreneur ideal für den Erfolg von Unternehmen ist.

3. Analysiere (→ **Methode S. 227**) das Diagramm **M8** unter der Fragestellung, ob Entrepreneure unseren Wohlstand sichern?

## 5.1.3 Von der Geschäftsidee bis zum (erfolgreichen) Unternehmen

**M10** Fallbeispiel Mynigma – mitlesen nicht erwünscht

Der Inhalt einer E-Mail lässt sich genauso einfach mitlesen, wie der einer Postkarte. Es gab schon viele Versuche die E-Mail sicherer zu machen. Um vertrauliche Daten zu schützen, führt kein Weg an einer guten Verschlüsselung vorbei. Die Möglichkeiten hierzu verbergen sich jedoch tief in den Einstellungen des E-Mail-Programms und sind für den normalen User zumeist kaum zu verstehen.

Mynigma ist eine E-Mail-App, die sich automatisch um die Verschlüsselung kümmert, ohne dass sich der Nutzer damit selbst beschäftigen müsste. Das Programm arbeitet mit bekannten E-Mail-Konten, wie Gmail, GMX oder web.de, zusammen und ist für Privatanwender kostenlos.

Damit eine verschlüsselte Mail auch vom Empfänger gelesen werden kann, müssen natürlich beide Kommunikationsparteien Mynigma nutzen. Das Programm ist Open-Source und kann damit sogar von unabhängigen Experten auf Sicherheitslücken geprüft werden. Die App von Mynigma ist sowohl für den Desktop als auch für die wichtigsten Smartphone-Betriebssysteme verfügbar.

*Michael, www.fuer-gruender.de, Wild bis smart: fünf Geschäftsideen, die Juroren überzeugen, 22.02.2016*

**EINSTIEGSAUFGABE**
Stelle Vermutungen darüber an, warum die E-Mail-App Mynigma bei einem Gründerwettbewerb als eine der besten Geschäftsideen in Deutschland des Jahres 2016 ausgezeichnet wurde.

**M11** Was benötigt man alles, um aus einer Geschäftsidee ein (erfolgreiches) Unternehmen zu machen?

*Bearbeiter*

## M12 Aka-Aki – Aufstieg und Fall eines Startups

*Aka-Aki-Team: „Dem Hype darf man nicht trauen."*

2004 kommt der damals 25-Jährige [Gabriel Yoran] auf die Idee, ein Handy-Programm zu entwickeln. Es soll das Prinzip der zu dieser Zeit populären Netzwerke Xing und MySpace auf das Handy übertragen. „Ich dachte mir, vielleicht könnte man dieses ‚Ich kenne den über den über den'-Prinzip auf die Straße bringen", erinnert sich Yoran. Die einfache Grundidee: Das Telefon piept in der Hosentasche und teilt dem Nutzer mit – deine Freundin Anja ist in der Nähe.

Als er die Idee einigen seiner Kommilitonen präsentiert, sind sie begeistert. Zusammen mit zwei externen Programmierern steigen sie ins Geschäft ein. Die Investoren stehen Schlange, noch bevor die Unternehmer ihr Produkt 2007 überhaupt veröffentlichen. „Der Hype ging schon los, als wir in einem Blog-Beitrag über unsere Idee geschrieben haben", erinnert sich Yoran. Schnell findet sich ein passender Geldgeber, die Nutzerzahlen steigen. Anfangs erst langsam, weil nur wenige Handys einen Internetzugang haben und mobile Datenverbindungen noch sehr teuer sind. 2008 kommt Aka-Aki aber schon auf 50.000 Nutzer.

Im Februar 2009 folgt die erste Aka-Aki-App für das iPhone und die Zahlen explodieren. „Wir hatten Hunderttausende neue Nutzer – gleichzeitig. Die haben uns völlig überrannt", sagt Yoran. Sein Startup muss 40 neue Server kaufen, um die Überlastung unter Kontrolle zu bekommen. Ein enormer Aufwand. Yoran und seine Kollegen sind allein ein halbes Jahr damit beschäftigt, ihr System zu stabilisieren und für immer neue Server zu programmieren. Tag und Nacht.

Währenddessen kostet Aka-Aki immer mehr Geld, denn der Markt für neue Smartphone-Produkte wird härter. Mehr Anbieter wollen mitspielen. Die wenigen professionellen App-Entwickler verlangen immer höhere Preise. Weil Aka-Aki aber kostenlos ist, zahlen die Gründer für jeden neuen Nutzer drauf.

Ein Finanzierungsmodell soll ihr Projekt retten. Sie entwickeln den Plan, die App über Werbung zu finanzieren. Aber auch auf diese Idee hoffen immer mehr Anbieter und nur wenige Werbekunden wechseln zunächst zum mobilen Markt. Die Werbebanner bringen deshalb immer weniger ein. Die ersten Nachahmer kopieren zudem das Prinzip von Aka-Aki.

Schließlich spalten sich die sieben Gründer in zwei Lager. Das eine will einen bezahlten Dating-Dienst im Netzwerk integrieren. Das andere baut

auf das gerade wachsende Geschäft mit Social Gaming. Man ist uneinig darüber, wie es weitergehen soll.
70 Die Unternehmer ringen sich zur Gaming-Variante durch. Ein Fehler, denn die User nehmen das eigens neu entwickelte Spiel nicht an. Es scheint, als lasse sich mit Aka-Aki einfach kein Geld verdienen. Yoran und seine Kollegen entscheiden sich, das Unternehmen kontrolliert abzuwickeln, bevor sie insolvent gehen.

*Max Biederbeck, www.spiegel.de, Am Boom gescheitert, 07.03.2013*

**M13** Wie erkennt man eine gute Geschäftsidee und die Erfolgsaussichten eines Unternehmens? – Ideenbewertung mithilfe des „T-Modells"

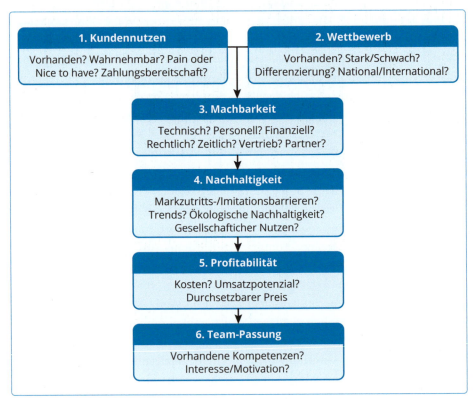

Borderstep Institut für Innovation und Nachhaltigkeit gemeinnützige GmbH, https://start-green.net, Ideenentwicklung, Abruf am: 19.05.2017

## AUFGABEN

 1. **WebQuest** (→ Methodenglossar): Informiere dich im Internet unter Verwendung von Aspekten aus **M11** über die Gründungsgeschichte eines von dir gewählten Unternehmens.

2. Analysiere mithilfe des T-Modells aus **M13** das Startup-Unternehmen Aka-Aki (**M12**). Erläutere anschließend, welche Punkte das Unternehmen haben scheitern lassen.

## 5.1.4 Wie arbeitet ein Unternehmen?

**M14** Arbeitsabläufe in Unternehmen in der Karikatur

**EINSTIEGSAUFGABE**
Beschreibe, auf welches Problem der Karikaturist im Zusammenhang mit Arbeitsabläufen in Unternehmen hinweisen möchte.

**M15** Wer übernimmt welche Aufgaben in einem Unternehmen?

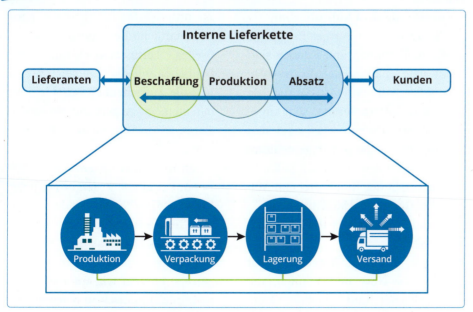

Nach: ProfTrain, www.proftrain.eu, Das Modell, 24.10.2012

Es gibt sehr viele unterschiedliche Unternehmen mit unterschiedlichen Produkten und Dienstleistungen. Drei Kernprozesse haben aber alle Unternehmen gemein: die Beschaffung, die Produktion und den Absatz.

Bei der **Beschaffung** geht es nicht nur um den Einkauf von Betriebsmitteln oder Werkstoffen, sondern auch um das Einstellen von Personal oder um das Bereitstellen von Finanzmitteln. Eine der Hauptaufgaben ist es, dass Material in erforderlicher Menge zum für den Produktionsprozess richtigen Zeitpunkt vorhanden ist. Dabei spielen Kosten und Qualität eine sehr große Rolle, ob es nun Lohnkosten oder Kosten für Rohmaterialien sind. Die Qualität ist ebenfalls bei dem Personal und den Materialien von Bedeutung.

In der **Produktion** werden Produkte hergestellt oder Dienstleistungen erbracht. Wichtige Entscheidungen sind hier z. B. die Frage, welche Produkte man in welchen Mengen herstellt oder welche Ausstattung und in welcher Vielfalt sie hergestellt werden sollen. Weiter stellen sich Fragen wie der Ankauf von Maschinen und die dabei entstehenden Kosten, die Auslagerung von Produktionsschritten an Drittanbieter, aber auch, ob es genügend Lagerflächen gibt.

Der **Absatz** hat die Aufgabe, Produkte oder Dienstleistungen an den Kunden zu verkaufen. Hier zeigt es sich, ob man mit den angebotenen Waren und Dienstleistungen überhaupt Gewinn machen kann. Grundlegende Fragen sind, wie der Verkauf und Vertrieb organisiert wird, also ob man das eigenständig macht oder man mit Vertriebspartnern zusammenarbeitet.

*Bearbeiter*

### Wie sieht der Arbeitsablauf in einem Feinwerktechnik-Unternehmen aus?

**Wir sind:**
- **zuverlässig und kalkulierbar.**
  Als zuverlässiger Partner für unsere Mitarbeiter/innen und Kunden sind wir stets kalkulierbar. Mit uns können Sie rechnen. Das Wertvollste unseres Unternehmens sind unsere Mitarbeiter/innen. Flexibel und kompetent sichern wir gemeinsam unseren Erfolg und unsere Zukunft. Dabei steht der Kunde stets im Mittelpunkt unseres Handelns.
- **schnell, qualifiziert und partnerschaftlich.**
  Unsere Kunden begeistern wir mit Know-How und Können, mit Schnelligkeit und Qualität. Und: Wir bieten alles aus einer Hand. Zu unseren Stärken gehören partnerschaftliche Beziehungen und ein breites Fertigungsspektrum. Dabei haben wir die 0-Fehler-Strategie und die Zufriedenheit unserer Kunden stets vor Augen. Für sie produzieren wir in Perfektion und Vollendung.
- **offen und transparent.**
  Bei uns sind alle Türen offen! Jeder kann sich an jeden wenden. Auch die Geschäftsführung hat jederzeit ein offenes Ohr. Das heißt für uns: kurze Wege – schnelle Entscheidungen. So können wir auf alle Anfragen unbürokratisch und schnell reagieren.

- **zukunftsweisend und wachstumsorientiert.**

Als wachstumsorientiertes Unternehmen sorgen wir stetig für Weiterentwicklung und nutzen vielseitige Technologien. Deshalb investieren wir kontinuierlich in die Qualifizierung unserer Mitarbeiter, in die Fertigungstechnologie und in die Entwicklung von Betriebsmitteln.

Unseren Mitarbeiter/innen bieten wir berufliche Perspektiven und fördern sie individuell. Wir bieten ihnen sichere und attraktive Arbeitsplätze. Auf Ordnung und Sauberkeit legen wir höchsten Wert.

Alles, was wir tun, geschieht auf höchstem Niveau. Denn wir sind bestrebt, langfristig unsere strategische Position zu sichern – sowohl im Automotive-Umfeld als auch auf den neuen Märkten.

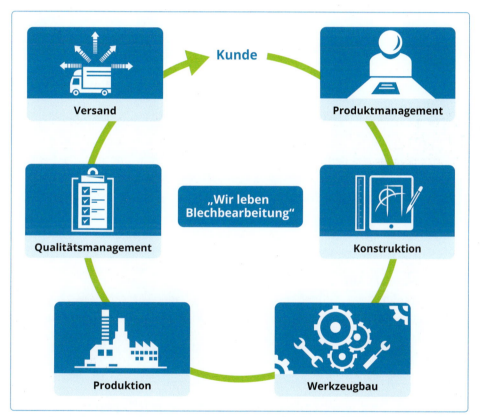

Text: Feinwerktechnik hago GmbH, www.hago-ft.de, Unser Leitbild/Kurzporträt, Abruf am: 23.05.2017; Grafik: Bearbeiter

### AUFGABEN

1. Beschreibe mögliche Probleme, welche beim Zusammenarbeiten der drei Abteilungen entstehen können (**M15**).
2. Nenne mögliche Vor- und Nachteile von einem stark durch Routine geprägten und einem stark kundenorientierten Arbeitsablauf (**M14**, **M16**).

## 5.1.5 Die Stellung und Bedeutung von klein- und mittelständischen Unternehmen innerhalb der deutschen Wirtschaft

### M17 VAUDE als mittelständisches Unternehmen im „Konzert" der großen Outdooranbieter

*Offizielles Firmenlogo*

Der baden-württembergische Familienbetrieb überzeugt seit über vierzig Jahren mit zuverlässigen und langlebigen Produkten im Outdoor-Bereich. Die stetige Kontrolle der Herstellungsbedingungen und der Einsatz von recycelten Materialen macht Vaude zu dem führenden Hersteller von fair produzierter und ökologisch nachhaltiger Ausrüstung in Deutschland. Dies wurde 2016 mit dem DNWE Preis für Unternehmensethik honoriert. [...]
VAUDE steht für Bergsportkompetenz, Innovation und den verantwortungsvollen Umgang mit Mensch und Natur. Die Produkte garantieren ein Höchstmaß an Qualität, Funktionalität und Zuverlässigkeit. Das Familienunternehmen vom Bodensee hat sich auf den Weg zum umweltfreundlichsten Outdoor-Ausrüster Europas gemacht, damit auch die Sportler von morgen die Natur genießen können. Dazu setzt VAUDE auf die im ökologischen Sinne beste verfügbare Technologie. Mit Blick auf die Alpen arbeitet das Team jeden Tag daran, den Spirit of Mountain Sports in der Ausrüstung spürbar zu machen. Das Unternehmen beschäftigt 480 Mitarbeiter in Deutschland.
*Globetrotter Ausrüstung GmbH, www.globetrotter.de, VAUDE, Abruf am: 19.05.2017*

**EINSTIEGSAUFGABE**
Stelle Vermutungen darüber an, warum sich der baden-württembergische Familienbetrieb VAUDE im „Konzert" der großen Outdooranbieter behaupten kann.

### M18 Vor- und Nachteile von kleinen und mittleren Unternehmen

**KMU**
kleine und mittlere Unternehmen

**IfM Bonn**
Institut für Mittelstandsforschung Bonn

KMUs haben im Gegensatz zu Großunternehmen den Nachteil, dass sie aufgrund eines geringeren Marketing- und Kommunikationsbudgets von den potenziellen Kunden weniger wahrgenommen werden und in der Öffentlichkeit sowie den Medien weniger stark präsent sind. KMUs sind oft durch die Persönlichkeit des Unternehmers geprägt – wobei auch die Kontakte zwischen der Unternehmensleitung und den Mitarbeitern vergleichsweise eng und informell sind. KMUs können rasch auf Veränderungen auf dem Markt reagieren, da sie nicht von großen Konzernapparaten gelenkt werden.
Das IfM Bonn grenzt in seiner aktualisierten KMU-Definition nach wie vor alle **kleinen und mittle-**

ren Unternehmen (KMU) von den Großunternehmen mithilfe von quantitativen Kriterien wie Jahresumsatz (≤ 50 Millionen) und Beschäftigtenzahl (< 500 Mitarbeiter) ab.

*Bearbeiter*

25

### KMU-Definition des IfM Bonn seit 01.01.2016

| Unternehmensgröße | Zahl der Beschäftigten | Umsatz €/Jahr |
|---|---|---|
| kleinst | bis 9 | bis 2 Millionen |
| klein* | bis 49 | bis 10 Millionen |
| mittel** | bis 499 | bis 50 Millionen |
| (KMU) zusammen | unter 500 | bis 50 Millionen |

© IfM Bonn

\* und kein kleinstes Unternehmen
\*\* und kein kleinstes oder kleines Unternehmen

**M19** Exportunternehmen 2005 – 2015 in Deutschland nach Unternehmensgröße

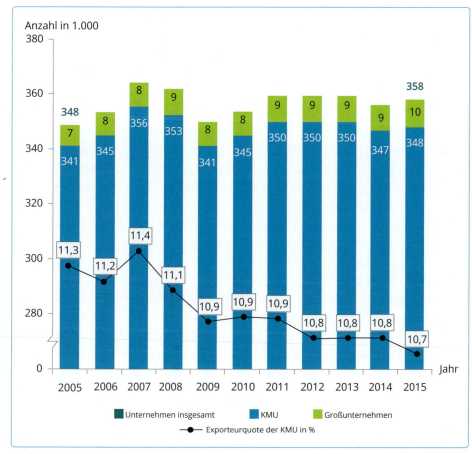

Quelle: Statistisches Bundesamt: Umsatzsteuerstatistik (Voranmeldungen), Wiesbaden 2016, Berechnungen des IfM Bonn; © IfM Bonn

## M20 Exportumsatz 2015 von deutschen Unternehmen nach Umsatzgrößenklassen

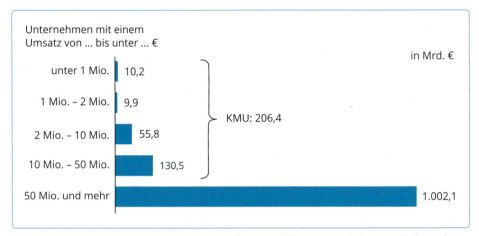

Unternehmen mit einem Umsatz von … bis unter … €

in Mrd. €

- unter 1 Mio.: 10,2
- 1 Mio. – 2 Mio.: 9,9
- 2 Mio. – 10 Mio.: 55,8
- 10 Mio. – 50 Mio.: 130,5

KMU: 206,4

- 50 Mio. und mehr: 1.002,1

Quelle: Statistisches Bundesamt: Umsatzsteuerstatistik (Voranmeldungen), Wiesbaden, verschiedene Jahre, Berechnungen des IfM Bonn; © IfM Bonn

## M21 Ein erfolgreiches Familienunternehmen – VAUDE als Musterbeispiel?

*Kletterwand für die Mitarbeiter im Eingangsbereich der VAUDE-Firmenzentrale*

**Ist VAUDE ein klassisches KMU?**
Frau von Dewitz: Ja, VAUDE ist ein klassisches KMU. Wir haben ca. 500 Mitarbeiter, wovon rund die Hälfte in Teilzeit beschäftigt ist. 60 % des Personals sind weiblich. Dies ist zum Teil durch die Textilbranche bedingt, liegt aber vermutlich auch an unserer Unternehmenskultur. Wir legen großen Wert darauf, dass unsere Mitarbeiterinnen und Mitarbeiter Beruf und Familie bzw. Privatleben gut verbinden können. Dies trägt sicher auch dazu bei, dass bei uns rund 40 % der Führungskräfte weiblich sind.

**Welche Bedeutung messen Sie VAUDE für Obereisenbach und für die Region Oberschwaben zu?**
VAUDE hat etwa so viel Mitarbeiter wie Obereisenbach Einwohner. Wir sind natürlich ein wichtiger Arbeitgeber, sorgen aber auch für eine gewisse Infrastruktur mit unserem Café, dem Werksverkauf, dem Kinderhaus, einer Biokantine und im Sommer natürlich auch mit dem Freibad. Hier gilt es anzumerken, dass damit auch negative Aspekte verbunden sind, wie das erhöhte Verkehrsaufkommen und Beeinträchtigungen, die mit unserer Bautätigkeit einhergehen. In Oberschwaben und darüber hinaus ist VAUDE eine Inspirationsquelle für Wirtschaft und Politik. Wir hatten schon viele Politiker bei uns. Ebenfalls besuchen uns häufig Universitäten, Schulen und Unternehmensverbände. Allgemein sind KMUs das „Rückgrat" für Deutschland, denn es gibt hier noch viele Familienunternehmen, die einen langfristigeren Kurs haben. Im Gegensatz dazu ist für shareholderabhängige Großunternehmen der Profit die wichtigste Maxime, während soziale und ökologische Komponenten häufig auf der Strecke bleiben.

**Sie sind zu 100 % ein Familienunternehmen. Wollen Sie externe**

Teilhaber zu VAUDE holen, um gegen die starke Konkurrenz wie Mammut, Jack Wolfskin, North Face etc. bestehen zu können?

Nein, das wollen wir nicht, da dies einen negativen Einfluss hätte: Wir würden uns dadurch abhängig machen und wären nur dem Gewinn verpflichtet. Allgemein befindet sich die Branche momentan in einer Konzentrationsphase und leidet unter einem Überangebot. Früher gab es fast nur Familienunternehmen, heute sind viele Unternehmen wie z. B. Mammut oder North Face Konzerne geworden. Wir wollen nicht nur unabhängig bleiben, sondern immer unabhängiger werden. Daher können wir einen langfristigen Weg einschlagen, der auch mehr Zeit braucht. Doch wir können uns dabei finanziell selbst tragen.

Können Sie bitte in eigenen Worten eine Unterscheidung der Begriffe Entrepreneur und Manager geben?

Ein Entrepreneur ist ein Unternehmer, der alles im Blick hat. Er hat ein ganzheitliches Wissen und muss dabei viele Aspekte berücksichtigen, also das ganze unternehmerische Denken im Kopf haben. Der Manager ist eher der fachliche Experte mit Führungsverantwortung.

Wie unterscheidet sich der Führungsstil Ihres Vaters als Ihr Vorgänger und Ihrem eigenen Führungsstil?

Mein Vater hat VAUDE in den 70er-Jahren mit ganz geringem Startkapital aufgebaut. Als eines von sieben Kindern hat er als Entrepreneur alles selbst aufgebaut. In seiner Zeit sind viele Entscheidungen über seinen Schreibtisch gelaufen, er wollte alles im Blick haben. Ich selber habe einen anderen Stil, da ich 30 Jahre später eingestiegen bin. Das Unternehmen war schon komplexer und international aufgestellt in einer immer schneller und dynamischer werdenden Branche mit gestiegenen Anforderungen an die Mitarbeiter. Der erforderte auch einen anderen Führungsstil. Gleichzeitig haben wir die Verantwortung auf mehr Schultern verteilt. Es wurden weitere Führungsebenen geschaffen und eine Struktur der Mitverantwortung im ganzen Unternehmen geschaffen.

Wenn Sie sich aus dem Unternehmen verabschieden, wie möchten Sie in Erinnerung behalten werden?

Das Wirtschaftssystem läuft in die falsche Richtung: es schadet der Menschheit und es schadet der Umwelt. Wir bewegen uns am Abgrund. Daher freuen wir uns bei VAUDE, wenn wir zeigen können, dass es auch anders geht. Dass man mit ökologischen und sozialen Werten erfolgreich wirtschaften kann. Und bei VAUDE darf man Mensch sein! Unsere Mitarbeiter nehmen wir nicht nur als Arbeitskräfte wahr, sondern als Menschen, die Bedürfnisse haben und sich entfalten möchten.

*Interview des Bearbeiters mit der VAUDE-Geschäftsführerin Antje von Dewitz am 02.02.2017*

*Antje von Dewitz (geb. 1974), Geschäftsführerin des Bergsportausstatters VAUDE*

## AUFGABEN

1. Beschreibe anhand von **M18 – M21**, warum Frau von Dewitz KMUs als Rückgrat der deutschen Wirtschaft definiert.
2. Arbeite aus **M21** die Gründe für den Erfolg von VAUDE heraus.

## 5.1.6 Unternehmen auf globalen Märkten – welche Faktoren sind bei der Standortwahl zu berücksichtigen?

### M22  Standort Deutschland karikiert…

*Karikatur: Thomas Plaßmann*

**EINSTIEGSAUFGABEN**
- Analysiert die Aussageabsicht des Karikaturisten hinsichtlich des Produktionsstandorts Deutschland.
- Bildet anschließend in Gruppen ein Spontanurteil über die Frage: „Ist Deutschland als Produktionsstandort für Unternehmen eher Chance oder Risiko?" Haltet euer Ergebnis fest.

### M23  Was sind Standortfaktoren?

**a) Definition von Standortfaktoren**

Wo soll die neue Fabrik hin? Ist das ein guter Platz fürs neue Büro? Die unterschiedlichen Vor- und Nachteile einer Lage teilen sich in harte und weiche Standortfaktoren auf. Sie sollen Unternehmen dabei helfen, den richtigen Fleck für den Sitz oder eine Niederlassung zu wählen. Die BWL hat auch eine Definition für Standortfaktoren: „Alle Bedingungen, Umstände, Einflüsse und Kräfte, die für ein Unternehmen bei der Wahl einer Wirkungsstätte wichtig sind – also Gründung und Entwicklung beeinflussen können". Dazu zählen sowohl positive als auch negative Faktoren. Allgemeingültig zuordnen lassen die sich aber nicht. Denn was die eine Branche anzieht, schreckt die andere ab. Wie schon gesagt, gibt es harte und weiche Standortfaktoren. Die Definition von harten Standortfaktoren: Sie sind quantifizierbar und somit messbar. Sie können also in Kostenrechnungen und Analysen einbezogen werden. Weiche Standortfaktoren hingegen sind nicht konkret greifbar und haben eher indirekte Wirkung.

*Christopher Kiel, Harte und weiche Standortfaktoren: Wo soll's hingehen?, www.mittelstand-die-macher.de, 04.11.2015*

**b) Mögliche Standortfaktoren**

Nähe zu Zulieferern

Steuern, Abgaben, Subventionen

Schulen

Wohnwert

Verkehrsanbindung

Flächenverfügbarkeit

Verwaltungsflexibilität und -schnelligkeit

Kulturangebot

Aus- und Weiterbildungseinrichtungen

regionaler Arbeitsmarkt

Qualität und Quantität des Arbeitskräfteangebots

„Unternehmensfreundlichkeit" der Verwaltung

Forschungs- und Entwicklungseinrichtungen, wissenschaftliche Kooperationsmöglichkeiten

soziales Klima

Freizeitwert

Mentalität der Bevölkerung, Arbeitseinstellung

physisches Klima

Stadtbild/ Innenstadtattraktivität

Image als Wirtschaftsstandort

*Bearbeiter*

**c) Standortfaktoren in der Grafik**

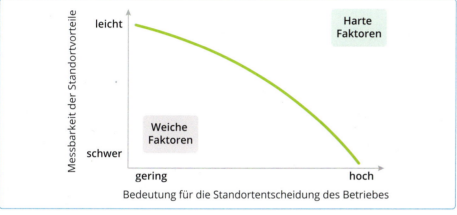

*Bearbeiter*

## M24 Zurück nach Deutschland?

Normalerweise expandieren deutsche Unternehmen nach China. Doch das baden-württembergische Familienunternehmen Electrostar bläst zum Rückzug aus Fernost. Bis 2020 will der Mittelständler aus Reichenbach in der Nähe von Stuttgart seine gesamte Produktion der Warmluft-Handtrockner zurück nach Deutschland geholt haben. „Die Kostenvorteile sind in China nicht mehr so groß, die Qualität und die Flexibilität hierzulande sind höher", sagt Electrostar-Geschäftsführer Roman Gorovoy. „Zudem wollen wir just in time [→ **Randspalte S. 136**] liefern, in China brauchen wir wegen der bis zu achtwöchigen Lieferzeit Lagerpuffer. Zudem gibt es unsere heutigen Trockner in mehr Varianten und kleineren Losgrößen. In dieser Konstellation hat China wenig Sinn."
Erlebt der Hochlohnstandort Deutschland eine Renaissance? Das sogenannte Reshoring, also die Rückverlagerung von Produktionsstätten, scheint für manche Unternehmen immer interessanter zu werden. Wie eine Untersuchung des Fraunhofer Instituts ISI und der Hochschule Karlsruhe Technik und Wirtschaft unter 1.300 Firmen zeigt, haben in den Jahren 2013 bis 2015 rund 500 Betriebe jährlich Teile ihrer Fertigung in die Republik zurückgeholt. [...]
„Früher haben Unternehmen häufig vor allem aus Kostengründen die Produktion in Billiglohnländer verlagert", sagt Andreas Eggert, Partner beim

**just in time**

„Just in time" bedeutet, dass Materialien immer erst dann geliefert werden, wenn sie tatsächlich für die Produktion gebraucht werden. Dadurch lassen sich für Unternehmen teils sehr hohe Lagerkosten einsparen.

Beratungsunternehmen Strategy & Deutschland. „Heute gehen die Firmen sehr viel differenzierter vor, der Kostenfaktor ist nur ein Kriterium von vielen." Eggert weiß von vielen Unternehmen, bei denen es zum Tagesgeschäft gehört, über die richtige Austarierung der Produktionskapazitäten in verschiedenen Ländern zu diskutieren. […]

Auch die Digitalisierung wirkt sich auf die Wahl der Produktionsstätte aus. Der Untersuchung zufolge verlagern bei der Digitalisierung „fortgeschrittene" Betriebe signifikant häufiger Teile ihrer Produktion wieder an den deutschen Standort zurück als Betriebe mit geringer Digitalisierungsnutzung in der Produktion. „Der Einsatz von Digitalisierungstechnologien kann zu einer erhöhten Automatisierung und Produktivität des deutschen Produktionsstandorts führen. Dadurch nimmt die Kapitalintensität zu und der Lohnkostenanteil wird geringer, was Rückverlagerungen begünstigt", bestätigt Martin Gornig, Experte vom Deutschen Institut für Wirtschaft in Berlin, die Ergebnisse. Studienautor Kinkel verweist auf einen zweiten Grund. „Der Einsatz von Digitalisierungstechnologien kann zu einer erhöhten Flexibilität und Fähigkeit zur individualisierten Produktion genutzt werden, die eine effiziente Bedienung individueller Kundenwünsche ermöglicht", sagt Kinkel. Das biete für Firmen den Anreiz, die Produktion in die Nähe ihrer europäischen Kunden zurückzuholen. Unter dem Strich, so Kinkel, könne der intensive Einsatz von Digitalisierungstechnologien signifikant zu attraktiveren Produktionsbedingungen mit erhöhter Wertschöpfung am deutschen Standort beitragen.

Ein Beispiel dafür ist Adidas. Der Sportausrüster hatte eine Serienproduktion von Sportschuhen gestartet, die zum Teil aus dem 3-D-Drucker kommen. Standort ist die sogenannte Speedfactory in Ansbach, mit der der Dax-Konzern schneller neue Produkte auf den Markt bringen und flexibler auf Trends und Kundenwünsche reagieren kann. Bisher vergingen etwa 18 Monate zwischen dem Entwurf eines Schuhs und der Lieferung in die Filialen. Durch die Speedfactory soll sich die Zeitspanne auf wenige Stunden verkürzen. Ein weiterer Teil der Wahrheit ist aber auch: In den bisherigen Billigproduktionsländern steigen die Löhne.

*Martin Scheele, www.morgenpost.de, Zurück nach Deutschland, Abruf am: 21.02.2018*

## AUFGABEN

1. Erklärt in eigenen Worten den Begriff „Standortfaktoren" (**M23a**) und ordnet danach die einzelnen Standortfaktoren in **M23b** den harten und weichen Standortfaktoren in der Grafik **M23c** zu. Fertigt hierüber eine Tabelle an.

2. Arbeitet aus **M24** Vor- und Nachteile des Standorts Deutschland heraus. Bezieht die Aussage der Karikatur **M22** mit ein.

3. Bildet in der Klasse eine Positionslinie (→ Methodenglossar) zur Frage „Ist Deutschland als Produktionsstandort für Unternehmen eher Chance oder Risiko?" Vergleicht eure Ergebnisse mit dem Ergebnis der Einstiegsaufgabe.

# WAS WIR WISSEN

„**Startup**" ist die Bezeichnung für ein junges Unternehmen, das zur Verwirklichung einer innovativen Geschäftsidee gegründet wurde. Da das Startkapital von Startups in der Regel gering ist, sind diese für die eigene **Unternehmensfinanzierung** oftmals schon sehr früh auf den Erhalt von **Fremdkapital** angewiesen.

**Startup**
→ M2, M3

Der Begriff „**Entrepreneur**" wird oftmals mit „**dem Unternehmer**" gleichgesetzt. Allerdings muss ein Unternehmer nicht immer auch ein Entrepreneur sein. Letztere unterscheiden sich vom normal angestellten **Manager** durch ganz bestimmte Charaktereigenschaften und eine besondere Lebenseinstellung. Der „klassische" Entrepreneur ist Gründer und Inhaber eines Unternehmens. Er handelt eigenständig, verantwortungsbewusst, willensstark, übernimmt die größte Verantwortung in einem Unternehmen und damit auch gleichzeitig die höchsten Risiken.

**Manager und Entrepreneur**
→ M6 – M9

Die richtige **Geschäftsidee** ist wesentliche Voraussetzung der erfolgreichen Unternehmensgründung. Unternehmensgründer sollten sich überlegen, ob ihr Produkt benötigt wird und die erforderliche Kaufkraft vorhanden ist (**Marktvolumen**). Dafür müssen der **Absatzmarkt** und die entsprechenden Zielgruppen analysiert werden. Dies ist Aufgabe der **Marktforschung**. Außerdem sollte sichergestellt werden, dass der **Finanzierungsbedarf** mit Eigen- und Fremdkapital gedeckt werden kann.

**Geschäftsidee**
→ M11, M13

Ohne die folgenden Grundfunktionen kann kein Betrieb funktionieren: **Beschaffung** (befasst sich mit dem Einkauf von Rohstoffen), **Produktion** (beinhaltet die Erstellung von Gütern und/oder Dienstleistungen) und **Vertrieb/Absatz** (befasst sich mit dem Verkauf der produzierten Güter und/oder Dienstleistungen am Markt).

**Betriebliche Kernprozesse**
→ M15, M16

Das Institut für Mittelstandsforschung Bonn grenzt **kleine und mittlere Unternehmen (KMU)** von Großunternehmen ab. Die Sammelbezeichnung für Unternehmen, die gewisse quantitative Grenzen hinsichtlich Beschäftigtenzahl und Umsatzerlös nicht überschreiten, lautet „klein- und mittelständische Unternehmen" (KMU). KMUs sind oft stark durch die Persönlichkeit des Unternehmers geprägt und können im Gegensatz zu großen Konzernapparaten rascher auf Marktveränderungen reagieren.

**Klein- und mittelständische Unternehmen (KMU)**
→ M18 – M20

Unter dem Begriff „**Standortfaktoren**" versteht man alle Bedingungen, die bei der Wahl eines Produktions- oder Handelsstandorts für Unternehmen ausschlaggebend sind. Dabei werden **harte** (quantifizierbare und somit messbare) und **weiche** (nicht konkret greifbare mit eher indirekter Wirkung) **Faktoren** voneinander unterschieden. Je nach Unternehmen und Branche können sich die einzelnen Faktoren sowohl positiv als auch negativ auf die Entscheidung für oder gegen einen Produktions- bzw. Handelsstandort auswirken.

**Standortfaktoren**
→ M23, M24

# 5.2 Was zeichnet ein erfolgreiches Unternehmen aus?

## 5.2.1 Ohne Moos nix los

**M1** Zahlungsunfähig: Die Kasse ist die Wahrheit!

**Das Unternehmen:** Familienfirma, seit zwei Generationen auf dem Markt, 10 Millionen Euro Umsatz, 108 Mitarbeiter. Produziert wurden Zulieferteile für LKWs aller führenden Hersteller.

**Der Insolvenzantrag** wurde im März gestellt, nachdem bereits im Dezember absehbar war, dass Zahlungsschwierigkeiten eintreten würden, und die Gehälter für Februar nicht mehr gezahlt worden waren.

**Die Gründe** kumulierten sich im Jahr vor dem Insolvenzantrag, weil die Geschäftsführung gleich mehrere gravierende Managementfehler beging. Das Unternehmen zog an einen erheblich größeren Produktionsstandort, da das Unternehmen bedeutend mehr Aufträge akquiriert hatte, als es am alten Standort produzieren konnte. Der neue Standort war allerdings völlig überdimensioniert. Gleichzeitig wurde mit dem Umzug eine nagelneue EDV eingeführt, die am ersten Tag auf Knopfdruck im neuen Domizil funktionieren musste.

Zum produktionstechnischen Harakiri kam ein wahnwitziges Marketing. Um die Nachfrage weiter anzukurbeln, wurden die LKW-Teile – auch über das Internet – zu Festpreisen angeboten, unabhängig vom Liefertermin. Die in den nächsten Monaten explosionsartig steigenden Stahlpreise konnten dann nicht mehr in der Preiskalkulation aufgefangen werden.

*Ursachen von Insolvenzen, Wirtschaft Konkret 414/2006, S. 14*

### EINSTIEGSAUFGABE

Nenne ausgehend vom voranstehenden Text Gründe, die zur Zahlungsunfähigkeit von Unternehmen führen können.

---

> **insolvent**
> zahlungsunfähig

> **Gewinn**
> Ein Gewinn liegt nach der Gewinn- und Verlustrechnung (GuV) [...] dann vor, wenn die Erträge die Aufwendungen übersteigen. [...] Der Gewinn eines Unternehmens wird im Rahmen der GuV folgendermaßen berechnet: Gewinn = Ertrag – Aufwand [...]. Der Aufwand umfasst [u. a. die Lohnkosten] [...]. Der Gewinn nach Gewinn- und Verlustrechnung wird auch als *Unternehmensgewinn* bezeichnet.
> *Debitoor GmbH, https:// debitoor.de, Gewinn – Was ist der Gewinn?, Abruf am: 19.03.2018*

---

**M2** Ohne Gewinn ist alles nichts

Die wesentliche Voraussetzung für die Existenz eines Unternehmens ist dessen **Liquidität**, d. h. dessen **Zahlungsfähigkeit**. Zahlungsfähigkeit von Unternehmen bedeutet die Fähigkeit, alle Zahlungsverpflichtungen termingenau begleichen zu können. Umgekehrt spricht man von **Zahlungsunfähigkeit**, wenn es einem Unternehmen nicht gelingt, seinen Zahlungsverpflichtungen nachzukommen. Gemessen werden kann die Liquidität mit sogenannten Liquiditätszahlen, die das Verhältnis von flüssigen Mitteln zu kurzfristigen Verbindlichkeiten angeben.

Auch wenn Liquidität und **Gewinn** aus betriebswirtschaftlicher Sicht nicht identisch sind, so kann man vereinfachend sagen, dass es in der Marktwirtschaft die **Kernaufgabe eines Unternehmens** sein muss, durch effiziente Produktion von Gütern und Dienstleistungen einen Gewinn zu erwirtschaften, auch wenn es einzelne Unternehmen gibt, bei denen keine Gewinnerzielungsabsicht besteht, so z. B. bei gemeinnützigen Unternehmen. Der Unternehmensgewinn ist eine Art Risikoprämie für das Wagnis des Kapitaleinsatzes und der Lohn für die Tätigkeit des Unternehmers. Dabei wird dieser Unternehmensgewinn bei einer Kapitalgesellschaft (Unternehmen mit mehreren Angestellten, welche ein Gehalt beziehen) nach dem Abzug der Gehälter ermittelt. Bei Einzelunternehmen entspricht der Unternehmensgewinn den Einzelentnahmen und damit dem Gehalt der Eigentümer. In der Praxis besteht damit immer die Gefahr, dass Eigentümer ihr Gehalt der jeweiligen wirtschaftlichen Situation ihres Unternehmens anpassen. Bessere wirtschaftliche Praxis ist es daher, ein branchenübliches Gehalt anzusetzen und nach dessen Abzug den Unternehmensgewinn zu ermitteln.

**Unterziele, die der Gewinnmaximierung** direkt oder indirekt **dienen**, sind: Umsatzsteigerung, Sicherung und Vergrößerung des Marktanteils, Kostensenkung, Streben nach Ansehen und Prestige. Es ist allerdings umstritten, wie hoch der Gewinn eines Unternehmens sein soll, um diese Ziele zu erfüllen, und ab wann **andere Ziele**, wie zum Beispiel die Sicherung oder Schaffung von Arbeitsplätzen, eine gerechte Entlohnung von Mitarbeitern, menschenwürdige Arbeitsbedingungen, Gewinnbeteiligung der Arbeitnehmer oder ökologische Ziele damit in Konflikt geraten. Viele Unternehmen finden es auch wichtig, sich gesellschaftlich zu engagieren, zum Beispiel durch Spenden oder Stiftungen.

*Bearbeiter*

## M3 Beispiel Gartenpflegebetrieb – rechnet sich das Ganze?

Ein Unternehmen steht auf soliden Füßen, wenn die laufenden Kosten und die Eigenentnahme der Unternehmer/innen erwirtschaftet werden können. Dazu stellen sich folgende Fragen:

1. Wie hoch sind die Betriebskosten im Jahr?
2. Wie viel wollen oder müssen die Unternehmer/innen für sich entnehmen?
3. Können sie die Betriebskosten und die Eigenentnahme durch ihre Einnahmen decken?

Sehen wir uns die Betriebskosten im Jahr genauer an:

| | |
|---|---|
| Personalkosten (für eine Aushilfe) | 4.800 € |
| Miete für kleines Büro und Garage, für Auto und Werkzeug | 1.250 € |
| Leihgebühr für besondere Maschinen | 500 € |
| Telefon, Porto, Büromaterial | 1.100 € |
| Werbung | 2.000 € |
| Kapitaldienst (Zinsen, Tilgung) geschätzt | 1.800 € |
| Fahrtkosten, Kfz-Kosten | 3.200 € |

**Umsatz**

Als Umsatz bezeichnet man den [geldmäßigen] Wert der verkauften Waren und Dienstleistungen einer Periode.

*Debitoor GmbH, https:// debitoor.de, Umsatz – Was ist der Umsatz?, Abruf am: 22.05.2017*

## Variable Kosten

Variable Kosten sind veränderliche Kosten, deren Höhe vom Beschäftigungsgrad oder der Produktionsmenge abhängig ist (Beispiel: Schwankung der Benzinpreise für die Transport-LKWs).

*Debitoor GmbH, https:// debitoor.de, Variable Kosten – Was sind variable Kosten?, Abruf am: 22.05.2017*

## Fixe Kosten

Fixe Kosten sind unveränderliche Kosten, deren Höhe unabhängig vom Beschäftigungsgrad oder der Produktionsmenge ist (Beispiel: Miete für die Fabrikhalle).

*Debitoor GmbH, https://debitoor.de, Fixe Kosten (Fixkosten) – Was sind fixe Kosten?, Abruf am: 22.05.2017*

## Einzelkosten

Bei Einzelkosten handelt es sich um Kosten, die direkt einem Produkt zugerechnet werden können. Beispielsweise können Rohstoffe und Hilfsstoffe direkt einem Produkt zugeordnet werden – es handelt sich also um Materialeinzelkosten.

*Debitoor GmbH, https://debitoor.de, Selbstkosten – Was sind Selbstkosten?, Abruf am: 13.02.2018*

## Gemeinkosten

Materialgemeinkosten können hingegen nicht so einfach einem Produkt zugerechnet werden. Sie müssen erst über einen Schlüssel auf die Produkte verteilt werden (z. B. Verpackungskosten, Frachtkosten, Lagerkosten).

*Debitoor GmbH, https://debitoor.de, Selbstkosten – Was sind Selbstkosten?, Abruf am: 13.02.2018*

| | |
|---|---|
| Literatur, Zeitung, Weiterbildung | 500 € |
| Steuer-/Unternehmensberater/in | 1.200 € |
| Abschreibung geschätzt | 1.500 € |
| Reparaturen | 500 € |
| Betriebsversicherungen | 500 € |
| Summe | 18.850 € |
| Plus 5 % für Unvorhergesehenes | 942 € |
| **Betriebskosten im Jahr** | **19.792 €** |

Die Eigenentnahme muss alle Lebenshaltungskosten abdecken, einschließlich Krankenversicherung und Altersvorsorge.

Jule und Kathrin haben sich ein Minimum von 1.500 Euro im Monat ausgerechnet; soviel muss jede von ihnen unbedingt entnehmen, denn sie werden ihre Krankenkassenbeiträge selber zahlen müssen. Im Grunde ist die Eigenentnahme nichts anderes als eine weitere Position der Betriebskosten. Daher die Eigenentnahme von:

| | |
|---|---|
| 3.000 € mal 12 Monate | 36.000 € im Jahr |

Betriebskosten und Eigenentnahme werden zusammengezählt. So erhalten wir die Gesamtkosten, die durch Einnahmen gedeckt werden müssen. Also:

| | |
|---|---|
| 19.792 € plus 36.000 € | 55.792 € |

Das ist das Geld, das sie brauchen. Nun wissen die Unternehmerinnen, wie hoch ihre Einnahmen sein müssen.

*Nach: Barbara Sichtermann/Marie R. Sichtermann/Brigitte Siegel, Den Laden schmeißen, München 2005, S. 74 f.*

## AUFGABEN

1. Angenommen, du möchtest das Betriebsergebnis verbessern (**M3**): Wie könntest du die Betriebskosten senken? Erläutere, welche Maßnahmen dazu nötig sind.

2. Bei den Kosten unterscheidet man variable und fixe Kosten (**Randspalte S. 140**.) Ordne die in **M3** aufgelisteten Kosten beiden Kostenarten begründet zu.

3. Angenommen, die beiden Unternehmensgründerinnen Jule und Kathrin haben ihr Hauptziel erreicht. Sie konnten so hohe Einnahmen erzielen, dass ihnen am Ende noch ein sehr schöner Betrag zur Verfügung steht. Jetzt müssen sie entscheiden, welche Ziele sie damit verfolgen wollen. Sammelt die in **M2** genannten Unternehmensziele und diskutiert, wie ihr als Unternehmer/innen das Geld verwenden würdet.

4. **WebQuest** (→ Methodenglossar): Informiere dich im Internet über Unternehmensinsolvenzen und präsentiere deiner Lerngruppe einen prominenten Fall.

## 5.2.2 Profit als einziges Unternehmensziel?

### M4 Welche Ziele sollte ein Unternehmen verfolgen?

**Unternehmensziel von Daimler:** „In unseren Geschäften streben wir die Spitzenposition an. Wir wollen die Maßstäbe bei Technologien und Innovationen setzen und unsere Kunden begeistern. Wir wollen, dass unsere Mitarbeiter stolz darauf sind, bei Daimler zu arbeiten. Und mit all dem wollen wir weiter profitabel wachsen."
© 2017 Daimler AG, www.daimler.com, Ziele, Abruf am: 26.01.2017

**Patagonias Unternehmensphilosophie** (US-amerikanischer Sportartikelhersteller): „Stelle das beste Produkt her, belaste die Umwelt dabei so wenig wie möglich, inspiriere andere Firmen, diesem Beispiel zu folgen und Lösungen zur aktuellen Umweltkrise zu finden."
patagonia, http://eu.patagonia.com, Patagonias Unternehmensphilosophie, Abruf am: 26.01.2017

**Milton Friedman** (Wirtschaftsnobelpreisträger): „Die einzige soziale Verantwortung des Unternehmens ist es, seine Gewinne zu steigern."
Nach: New York Times Magazine, September 13, 1970

**EINSTIEGSAUFGABE**
Welche Ziele sollte ein Unternehmen haben? Stellt ausgehend von den Aussagen im obigen Text verschiedene Unternehmensziele zusammen und sortiert sie anschließend nach Wichtigkeit (z. B. mithilfe einer Punktabfrage).

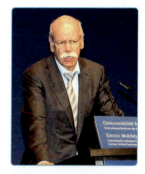
Dieter Zetsche (geb. 1953), seit dem 1. Januar 2006 Vorstandsvorsitzender der Daimler AG

Yvon Chouinard (geb. 1938), Gründer von Patagonia

### M5 Unternehmensziele im Spiegel unterschiedlicher Interessen

Die **unterschiedlichsten Gruppen (Stakeholder)**, zu denen die Unternehmenseigentümer, die Manager, die Arbeitnehmer, die Lieferanten, die Kunden und die Konkurrenten, die Fremdkapitalgeber, aber auch der Staat und die Öffentlichkeit zählen, tragen ihre Interessen und Erwartungen an die Unternehmen heran. Während die **Eigentümer und Kapitalgeber** an einem möglichst hohen Gewinn und damit an einer möglichst hohen Verzinsung ihres eingesetzten Kapitals interessiert sind, strebt **das Management** gegebenenfalls nach mehr Macht und einer Ausweitung seiner Gestaltungsspielräume. Die **Mitarbeiter** sind vor allem an einer sicheren und leistungsbezogenen Entlohnung sowie an guten Arbeitsbedingungen interessiert. Die **Kunden** erwarten qualitativ hochwertige Produkte zu möglichst günstigen Preisen. Der **Staat** und die **Öffentlichkeit** hoffen auf die Erhaltung oder Schaffung von Arbeitsplätzen, ein hohes Steueraufkommen, auf umweltgerechtes Verhalten und auf die Wahrnehmung der gesamtgesellschaft-

Milton Friedman (1912 – 2006)

lichen Verantwortung des Unternehmens. Die **Unternehmensführung** steht grundsätzlich vor der schwierigen Aufgabe, diese unterschiedlichen Erwartungen und Interessen in Einklang zu bringen. Die Unternehmensziele dienen dabei als Orientierungsgrundlage für alle unternehmerischen Entscheidungen. Sie stehen nicht isoliert nebeneinander, sondern bilden ein kompliziertes Zielsystem.

*Bearbeiter*

### M6  Unternehmensleitbild – das Beispiel der Drogeriekette dm

**Deutschlands bester Händler**

Nach einer repräsentativen Umfrage des Marktforschungsunternehmens Servicevalue im Auftrag des Handelsblatts [ist] die Drogeriekette dm Deutschlands beste[r] Händler.

*© 2016 Handelsblatt GmbH, www.handelsblatt.com, Ranking Deutschlands beste Händler, 19.06.2016*

„So wie ich mit meinen Mitarbeitern umgehe, so gehen sie mit den Kunden um." Diese einfache [...] Erkenntnis liegt der Arbeitsgemeinschaft dm-drogerie markt zugrunde. Sie beinhaltet die ständige Herausforderung, das Unternehmen so zu gestalten, dass die Konsumbedürfnisse der Kunden veredelt werden, die zusammenarbeitenden Menschen Entwicklungsmöglichkeiten erhalten und dm als Gemeinschaft vorbildlich in seinem Umfeld wirkt. Dazu ist es erforderlich, die Eigentümlichkeit jedes Menschen anzuerkennen und mit den individuellen Wesenszügen der Beteiligten umzugehen.

**dm-Kundengrundsätze:** Wir wollen uns beim Konsumenten – dem Wettbewerb gegenüber – mit allen geeigneten Marketinginstrumenten profilieren, um eine bewusst einkaufende Stammkundschaft zu gewinnen, deren Bedürfnisse wir mit unserem Waren-, Produkt- und Dienstleistungsangebot veredeln.

*Sich die Probleme des Konsumenten zu eigen machen*

**dm-Mitarbeitergrundsätze**: Wir wollen allen Mitarbeitern helfen, Umfang und Struktur unseres Unternehmens zu erkennen, und jedem die Gewissheit geben, in seiner Aufgabe objektiv wahrgenommen zu werden.

*Transparenz und Geradlinigkeit*

Wir wollen allen Mitarbeitern die Möglichkeit geben, gemeinsam voneinander zu lernen, einander als Menschen zu begegnen, die Individualität des anderen anzuerkennen, um die Voraussetzungen zu schaffen, sich selbst zu erkennen und entwickeln zu wollen und sich mit den gestellten Aufgaben verbinden zu können.

*Bereitschaft zur Zusammenarbeit in Gruppen*

**dm-Partnergrundsätze:** Wir wollen mit unseren Partnern eine langfristige, zuverlässige und faire Zusammenarbeit pflegen, damit für sie erkennbar wird, dass wir ein Partner sind, mit dem sie ihre Zielsetzungen verwirklichen können.

*Erkennen seines Wesens; Anerkennen seiner Eigentümlichkeit*

*© 2017 dm-drogerie markt GmbH + Co. KG, www.dm.de, Grundsätze, Abruf am: 09.12.2013*

### M7  Eine Dimension mehr

*Im Januar meldete Schlecker, Langzeit-Champion der Drogerieketten, Insolvenz an. Der Konkurrent dm steht blendend da. Warum?*

**Die Preise**

Die kleinteilige Filialstruktur erhöhte die Stückkosten, und so schnitt Schlecker im Preisvergleich mit dm [...]

regelmäßig schlecht ab. Konkurrenzfähig waren bei Schlecker allenfalls Sonderangebote, die zusätzliche Kunden in die Märkte locken sollten. Ähnlich wie die großen Elektronikmarkt-Ketten behauptete Schlecker nur, billig zu sein. [...] Die Rechnung ging für Schlecker nur so lange auf, wie seine Kunden noch die Preise der alten, familiengeführten Drogerien im Hinterkopf hatten. Seit Jahren aber vergleichen die Verbraucher eher mit Supermärkten wie [...] Aldi – oder eben mit dm [...]. Lange Jahre warb dm mit dem Slogan „Große Marken, kleine Preise" und erhob damit von Anfang an den Anspruch, [...] billiger als die Konkurrenz zu sein. [...] Ende der 1980er-Jahre wurde die Strategie geändert. Götz Werner spricht von der Entdeckung der „vierten Dimension". Zu den üblichen drei Dimensionen – die richtige Ware zum richtigen Preis am richtigen Ort – kam ein weicher Faktor. Werner baute die konsumkritische Haltung der Öko- und Friedensbewegung in sein Geschäftsmodell ein. Der Slogan hieß fortan: „Hier bin ich Mensch, hier kauf ich ein." So wurde dm zu einem der ersten Unternehmen, die sich durch einen moralischen Mehrwert vom Wettbewerb absetzen wollen – allerdings ohne dabei den Anspruch auf Preisführerschaft aufzugeben.

Die praktische Schlussfolgerung war: Schluss mit den üblichen Mätzchen, die aufgeklärte Verbraucher als unehrlich empfinden – dm führte den sog. Dauertiefpreis ein. Die selbst gesetzte Regel lautete, dass ein Preis vier Monate nicht erhöht werden darf. Damit fällt die Option weg, laufend mit Preissenkungen zu werben, die in Wahrheit keine sind. Im Wettbewerb gegen Schlecker scheint diese Strategie aufgegangen zu sein. [...]

### Die Filialen

Ein Besuch in den meisten Schlecker-Filialen ist wie eine Zeitreise in die Anfänge des Hard-Discounts. Grobe Metallregale säumen enge Gänge. Das Mobiliar hat oft Gebrauchsspuren aus mehreren Jahrzehnten. Bildet sich vorn eine Schlange, wirkt gleich der halbe Laden wie lahmgelegt. Zwar wurden in den Monaten vor der Insolvenz einige hundert Filialen modernisiert. Doch dieses Umdenken kam zu spät [...]. Möglichst viel Ware auf kleinem Raum ist ebenso out wie ein ausgedünntes Sortiment. [...]

dm hat besonders seit Ende der 1980er-Jahre kontinuierlich daran gearbeitet, dass sich die Kunden in den Filialen wohlfühlen. Weniger ist wie so oft mehr. Regale stehen häufig schräg. Das ist zwar von der Raumaufteilung nicht ganz so effektiv, macht den Raum aber übersichtlicher und verkürzt Laufwege. Eine Vorgabe für die Innenarchitekten lautet: Jeder Gang muss so breit sein, dass zwei Kinderwagen aneinander vorbeikommen. Lichtdesigner komponieren Effekte, die an Wellness-Einrichtungen erinnern. [...] Aus Kundensicht resultiert aus der Größe ein weiterer Vorteil: Selbst bei gleichem Personalschlüssel findet sich in einer dm-Filiale fast immer eine Verkäuferin oder ein Verkäufer mit Zeit für Beratung.

Schlecker-Filialen sind oft nur mit einer Person besetzt. Sitzt sie gerade nicht an der Kasse, muss sie Regale auffüllen. Wünscht ein Kunde Beratung, wartet oft schon jemand an der Kasse.

*Thomas Ramge, Brandeins, Eine Dimension mehr, Ausgabe 4/2012, S. 100 – 105*

dm-Slogan

zerknüllte Schlecker-Einkaufstüte

## M8 Welche Ziele sind wie wichtig?

*Erich Harsch, Jahrgang 1961, ist bei dm in große Fußstapfen getreten. Als Nachfolger des Unternehmensgründers Götz Werner übernahm Harsch 2008 den Vorsitz der Geschäftsführung der Drogeriemarkt-Kette.*

**Herr Harsch, bei Schlecker soll jetzt alles schöner, größer, heller werden. Macht Ihnen die Offensive Ihres größten Konkurrenten Angst?**

Nein, für Schlecker mag das ein Fortschritt sein, aber ein Überholmanöver ist es nicht.

**Es kann Sie aber nicht kalt lassen, wenn Schlecker zum Angriff bläst.**

Der Vorstoß macht uns nicht nervös. Wir konzentrieren uns auf unsere Kunden. Wenn wir dabei an Schlecker vorbeiziehen – und davon gehen viele Experten aus –, dann wäre das eine unbeabsichtigte Folge, aber es ist nicht unser Ziel.

**Wenn nicht Wachstum, was ist dann das Ziel?**

Unser Ziel heißt Entwicklung, Wachstum kommt dann meistens von selbst. Ich möchte, dass die dm-Filiale in Passau glückliche Passauer hat, darum geht es. Wachstum ist dann möglicherweise die Folge. Vorgaben in diese Richtung machen wir aber nicht.

**Auch nicht die, Gewinn zu machen?**

Nein, auch die nicht. Sehen Sie: Bei dm ist alles eine Frage der Haltung. Es geht nicht darum, den Gewinn zu maximieren, sondern den Kundennutzen. Man kann nur so oder so ticken. Wenn viele glückliche Passauer kommen, kommt auch der Erfolg. [...]

**Sie verdienen immer gleich, auch wenn's schlecht läuft?**

Genau, deshalb kann die Motivation nicht am Geld liegen.

**Wie motivieren Sie dann Ihre Mitarbeiter?**

Unmotivierte Mitarbeiter können Sie auch mit Geld nicht ändern. Wir glauben daran, dass die persönliche Freude daraus kommt, dass man gestalten kann. Bonussysteme, die unterstellen, dass sich einer nur bewegt, wenn man ihm eine Wurst vorhält, sind menschenverachtend.

© *Frankfurter Allgemeine Zeitung GmbH 2001 – 2017, www.faz.net, Drogeriemarktkette dm – „Mit Geld motiviert man nicht", 15.04.2011; das Gespräch führte Bernd Freytag*

### AUFGABEN

**Radialdiagramm**

1. a) Erstelle ein Radialdiagramm, das darstellt, welche Gruppen (Stakeholder) am Unternehmen interessiert sind, und formuliere auf den Ästen die einzelnen Interessen (**M5**).
   b) Stelle anschließend mögliche Interessenkonflikte in Form einer Concept-Map (→ Methodenglossar) grafisch dar.

2. Analysiere das Leitbild deiner Schule auf wichtige Ziele hin und vergleiche sie mit den Zielen des Unternehmens dm (**M6**).

3. a) Arbeite die unterschiedlichen Leitbilder von Schlecker und dm heraus und ergänze so deine Ergebnisse von Aufgabe 2 (**M7**).
   b) Entwickle je eine Frage, die du den beiden Geschäftsführungen stellen würdest (**M7**).

4. Diskutiert in der Klasse Harschs Aussage, es sei nicht das Ziel des Unternehmens, Gewinn zu machen (**M8**).

## 5.2.3 Gesellschaftliche Verantwortung – unternehmerische Herausforderung

### M9 Was ist die soziale Verantwortung eines Unternehmens?

Zufriedene Mitarbeiter sind engagiert und motiviert: Es ist uns wichtig, dass unsere Mitarbeiter zufrieden sind und sich an ihrem Arbeitsplatz wohlfühlen. Dafür tun wir viel. Nach unseren Erfahrungen profitieren davon sowohl die Mitarbeiter als auch das Unternehmen. Denn wir sind überzeugt davon, dass Mitarbeiter, die Freude an ihrer Arbeit haben, auch die beste Leistung bringen.

*Birgit Weber, http://nachhaltigkeitsbericht.vaude.com, Nachhaltigkeitsbericht 2015, 13.07.2016*

VAUDE-Mitarbeiterin Barbara: Buchhaltung einmal anders ... ohne steifen Kleiderzwang – nur die Arbeit zählt!
Natürlich war dies nicht der Hauptgrund für meinen Wechsel zu VAUDE vor 13 Jahren, aber schon ein zusätzlicher Anreiz. [...]
Angefangen habe ich als 50 %-Teilzeitkraft in der „Debitorenbuchhaltung Ausland". Als meine Kinder selbstständiger wurden, habe ich nach und nach zeitlich etwas aufstocken können und arbeite inzwischen 80 % in Teilzeit. So habe ich genügend Zeit, um meinen Hobbys nachzugehen. Ein Konzept, das ich sehr schätze, sind übrigens die flexiblen Arbeitszeitmodelle.

*Matthias Unflat, http://karriere.vaude.com, Buchhaltung einmal anders..., 21.03.2016*

**EINSTIEGSAUFGABE**
Beschreibe, wie das Unternehmen im konkreten Fall soziale Verantwortung übernimmt.

> **VAUDE erhält Mittelstandspreis für soziale Verantwortung in Baden-Württemberg 2017**
> Sieger der dritten Kategorie bis 500 Mitarbeitende war [...] VAUDE [...]. Auf Initiative der Mitarbeitenden öffnete der Hersteller von Outdoor-Ausrüstung das betriebliche Gesundheitsmanagement für Geflüchtete. Mit dem Ziel, ihnen eine berufliche Perspektive zu eröffnen, veranstaltet das Unternehmen regelmäßig einen Tag der offenen Tür speziell für Geflüchtete, bietet auf sie zugeschnittene Trainings an und hat auch bereits mehrere Geflüchtete eingestellt.
>
> *sz, Schwäbische Zeitung, Vaude erhält Mittelstandspreis, 06.07.2017*

### M10 Was tut ein Konzern, in dem Kinderarbeit auffliegt?

Suhash Joshi (33) wollte Geld machen und gute Geschäfte. Mit Mitte 20 war er auf dem besten Weg. Er war Sales-Manager bei Bayer Cropscience, der Pflanzenschutzsparte des deutschen Chemieriesen. In Indien führt sie ein Saatgutgeschäft, etwas Mais, etwas Reis, vor allem aber Baumwollsamen, die Vertragslandwirte auf den weiten Feldern draußen vor der Stadt ziehen. Zum Anfang jeder Saison gehen die Kinder von Andhra Pradesh auf die Felder und bestäuben die Baumwollpflanzen, am Ende der Saison kommen sie und helfen bei der Ernte. Fast 2.000 sollen es allein auf den Feldern der Vertragsbauern von Bayer gewesen sein. Joshi sagt, er hat das gewusst. Er sagt, in Indien weiß jeder, dass es so ist. Und fast jedem sei es egal. Sein Job war es, die Aufwendungen niedrig, die Erträge hoch zu halten. „Ich war Geschäftsmann, hart, immer nur an Zahlen und Einnahmen interessiert. Das war mein Ding", sagt Joshi.
Als er hört, dass die Leute bei Bayer

**Andhra Pradesh**
Bundesstaat im Südosten Indiens

> „Kontrollen alleine sind nicht genug. Kinderarbeit kann dauerhaft nur durch einen integrierten Ansatz verhindert werden."

*Suhash R. Joshi, Leiter Child Care Program*

sehr nervös sind wegen der Kinder, denkt er: Was machen die denn für einen Aufstand? Nervös werden die
30 Leute bei Bayer am 12. Oktober 2004. Wie jeden Morgen liegen in Monheim am Rhein die Presseausschnitte auf dem Schreibtisch von Steffen Kurzawa, dem Unternehmenspolitik-
35 und Pressechef. An diesem Morgen brüllen sie ihm entgegen: „Bayer profitiert von Kinderarbeit in Indien." So geht es los, und es hört nicht mehr auf. Drei Nichtregierungsorganisa-
40 tionen haben Beschwerde wegen Verstoßes gegen OECD-Leitsätze eingereicht. „taz", „Süddeutsche", „FAZ", „Monitor", ach, alle berichteten. Bayer ist mittendrin in einem dieser
45 Skandale. [...]
Kalpana ist eins von diesen Kindern, von einem dieser Felder, aus einer dieser Hütten. Dicke, schwarze Zöpfe fallen ihr über die Schulter, sie ist 14 Jah-
50 re alt, ihre Augen sind älter; Kummer und Scheu im Blick. Arbeit kann sie überall finden: bei Bayer, Monsanto oder einfach auf dem nächsten Acker. Die Arbeit ist überall die gleiche. Mit
55 acht Jahren hat sie auf den Feldern angefangen. In dem Alter fangen die meisten an. Sie sind dann so groß wie die Baumwollpflanzen, wenn sie erste Blüten treiben. Dann ist die Zeit der
60 Kinder. Jede Narbe muss mit Pollen einer anderen Sorte bestrichen werden, dann bildet sie mehr Samen. Das Saatgut für Firmen wie Bayer. Das Bestäuben gelingt nur mit der Hand, am
65 besten mit einer, die sehr klein ist.
Wenn in den Schulen zur ersten Stunde geläutet wurde, stand Kalpana zusammen mit anderen Kindern unter der heißen Sonne über den pieksenden
70 Sträuchern. Die Pflanzen atmeten Pestizide aus, die Kinder atmeten sie ein. Wie lange sie dort stand, weiß Kalpana nicht, sie sagt: „Lang." 14 Stunden dauert so ein Tag in der Regel. Die Kinder bekommen Schmerzen, in den Glie- 75 dern, im Kopf, und Geschwüre an den Händen. Das Geld bekommen andere. Viele Kinder werden sehr krank. Manche sterben. [...]
Geld spielt eine entscheidende Rolle 80 im Konzept von Joshi und Bayer. Verbieten hat nichts gebracht, aufklären kaum etwas. „Uns war irgendwann klar, es kann nur über die Profite funktionieren", sagt Joshi. Eine einfache 85 Erkenntnis eigentlich, die Kritiker und NGOs schon lange predigen: Würden die Abnehmer die Farmer besser bezahlen, müssten die ihre Kinder nicht zur Arbeit schicken. [...] 90
Bayer hat sein Kinderschutzprogramm inzwischen zum Wettbewerbsvorteil gemacht. Farmer, die unterzeichnen und nachweislich keine Kinder beschäftigen, bekommen nicht nur einen 95 Bonus auf den üblichen Abnahmepreis. Sie werden auch geschult. Darin, wie sie ihre Felder bewässern können, welcher Dünger sich eignet und welche Form der Schädlingsbekämp- 100 fung. „Die meisten Landwirte machen ihre Ernten allein vom Regen abhängig und verlieren unheimlich viel", sagt Joshi. „Allein ein Bewässerungssystem kann wahnsinnig viel bewirken." Tar- 105 get 400 heißt das Programm. Auf 400 Packungen Saatgut je Hektar soll es den Saisonertrag steigern. Bei 200 bis 300 liegt der Schnitt, inzwischen schaffen viele Bayer-Farmer weit mehr als 110 600. „Je höher das Einkommen, desto kleiner ist die Notwendigkeit, Kinder zum Arbeiten zu schicken."
Ein bröckelndes weißes Gebäude am

Ende einer staubigen Straße. An den Wänden Poster mit verschlungenen Mindmap-Pfaden. Ein Tisch, der sich vor Akten biegt. 20 junge Männer in sauberen Hemden mit Bayer-Logo auf den Brusttaschen. Joshis Männer in Karnataka. Hier steht eine der Schaltzentralen. In jedem der wichtigsten Anbaugebiete hat Bayer ein Team, mehr als 80 Leute inzwischen, die meisten geschulte Landwirte. Täglich fahren sie auf die Felder. Sie unterstützen die Bauern während der Saison – und kontrollieren sie. Pro Saison mindestens sechs unangemeldete Besuche. Jede Kontrolle wird dokumentiert. Durchschläge und Kopien, händisch, digital. Alle drei Monate geht ein Bericht an den Vorstand in Monheim.

Die Bayer-Teams ziehen von Dorf zu Dorf und geben kostenlose Fortbildungen. So wurde auch Familie TG auf Target 400 aufmerksam. Bei Bayer kann man was verdienen, hieß es im Dorf. „Früher hatten wir etwas einheimisches Gemüse", sagt Kariyamma. „Das hat gerade für uns gereicht." In dieser Saison wird das Saatgut 40.000 Rupien (615 Euro) abwerfen. Für die Ernte wird Kariyamma erwachsene Helfer einstellen.

Zwischen den struppigen, braunen Feldern von Madnakalli steht flach und hell die IBT School. IBT steht für „Introduction to Basic Technology". Für Dutzende Schulen in den ländlichen Gebieten hat Bayer zusammen mit der NGO Prajayatna und der Naandi Foundation ein Curriculum erstellt, das Theorie und Praxis verbindet. Praxis ist jetzt, am Nachmittag. Die Schüler bewirtschaften ein Gewächshaus, reparieren ein Bügeleisen, bereiten verschmutztes Wasser auf. Auch Kalpana, das Mädchen mit den dicken, schwarzen Zöpfen, geht hier jetzt zum Unterricht. Kinder, die früher auf den Feldern gearbeitet haben, bekommen Einzelunterricht, bis sie mit den anderen Schülern mithalten können. Kalpana ist seit zwei Jahren hier. Was sie gut findet an der Schule? „Alles!"

*Jarka Kubsova, Financial Times Deutschland, Der Feldversuch von Bayer, 03.02.2012*

**Corporate Social Responsibility (CSR)**
CSR ist ein Konzept, das den Unternehmen als Grundlage dient, auf freiwilliger Basis – über den gesetzlichen Rahmen hinausgehend – soziale Belange und Umweltbelange in ihre Unternehmenstätigkeit und in die Wechselbeziehungen mit Interessenten am Unternehmen zu integrieren.

**Curriculum**
Lehrplan

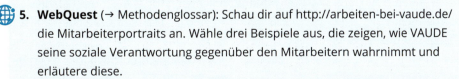

## AUFGABEN

1. Der Chemiekonzern Bayer setzte in seiner indischen Pflanzenschutzsparte bis zum Jahr 2004 auf Kinderarbeit. Erläutere, warum Bayer seine Strategie in Indien geändert hat (**M10**).

2. Nimm Stellung dazu, ob du den Strategiewandel des Unternehmens als Erfolg bezeichnest (**M10**).

3. Diskutiert die Frage, ob es sich bei Corporate Social Responsibility (**Randspalte S. 147**) um eine Unternehmerpflicht oder lediglich Eigenwerbung handelt.

4. Inwiefern könntest du dir vorstellen, eine soziale Idee mit unternehmerischen Mitteln umzusetzen? Was würde dich daran herausfordern? Geht nach der Methode „think-pair-share" (→ Methodenglossar) vor.

5. **WebQuest** (→ Methodenglossar): Schau dir auf http://arbeiten-bei-vaude.de/ die Mitarbeiterportraits an. Wähle drei Beispiele aus, die zeigen, wie VAUDE seine soziale Verantwortung gegenüber den Mitarbeitern wahrnimmt und erläutere diese.

## 5.2.4 Nachhaltigkeit als Unternehmensziel?

### M11 Selbstdarstellung – Mitarbeiterurteil

**Deutschlands nachhaltigste Marken**
2015 ist die VAUDE Sport GmbH & Co. KG Sieger in der Kategorie „Deutschlands nachhaltigste Marken" geworden.

**Unternehmenshomepage – Gute Gründe für VAUDE**
**Beitrag zum Umweltschutz**

Wir engagieren uns für eine lebenswerte Welt. Als Kooperationspartner des WWF setzen wir uns ganzheitlich für die Natur ein und legen Wert auf nachhaltige Materialien und umweltschonende Produktionsabläufe. Unser Ziel ist es, die nachhaltigste Marke für Outdoor-Ausrüstung zu sein.

**Weltweit fair produziert**

VAUDE ist zu 100 Prozent ein Familienunternehmen. Darauf basiert unser weltweites soziales und ökologisches Engagement. Als Mitglied der Fair Wear Foundation legen wir Wert darauf, dass die Produktionsmitarbeiter weltweit faire Löhne erhalten und durch alle Produktionsschritte hindurch sichere und faire Arbeitsbedingungen vorfinden.

*Birgit Weber, VAUDE Sport GmbH & Co. KG, www.vaude.com, Gute Gründe für VAUDE, Abruf am: 22.05.2017*

Arbeitnehmerperspektive – lassen wir noch einmal Barbara aus **M9** von **S. 145** zu Wort kommen:

Was ebenfalls sehr gut zu meinem Lebensstil passt, ist die VAUDE-Nachhaltigkeitsphilosophie. Als Veganerin beschäftige ich mich privat sehr viel mit den Themen Umweltschutz, Tierschutz oder Welthunger und finde es schön, dass sich mein Arbeitgeber auch Gedanken dazu macht. Unser ökonomisches Wachstum ist für mich ein Beweis dafür, dass nachhaltiges Wirtschaften auch erfolgreich sein kann. Frei nach dem Motto: umweltfreundlich und fair gewinnt!

*Matthias Unflat, http://karriere.vaude.com, Buchhaltung einmal anders…, 21.03.2016*

**EINSTIEGSAUFGABE**

Zähle auf, welche Ziele die VAUDE-Nachhaltigkeitsphilosophie konkret verfolgt.

### M12 Vom Kokon zum fairen Nachthemd

Der grüne Hügel duftet nach blühenden Sträuchern und Kräutern. Eine kleine Herde brauner Kühe wandert durch einen Wald aus 700.000 Maulbeerbäumen, der hier seit 1996 gepflanzt wurde: Seidenraupen lieben Maulbeerblätter. Gesetzt wurden auch 5.000 Obst- und andere Bäume, die Nistplätze und Beschattung bieten – und eine spürbare Verbesserung der Boden-, Wasser- und Luftqualität brachten. „Saba" heißt das Paradies auf 70 Hektar. Die weltweit erste Farm zur Herstellung biodynamischer Seide liegt 150 Kilometer nördlich der boomenden 14-Millionen-Metropole Chengdu.

[...]. Heute werden auf der Saba-Farm im Lauf eines Jahres fünf Millionen Kokons gewonnen – jeder Kokon gibt mehr als einen Kilometer hauchdünnen Seidenfaden. Vor dem Verpuppen futtern die Seidenraupen insgesamt 900.000 Kilogramm Maulbeerblätter. Auf der Seidenraupenfarm arbeiten ganzjährig sechs Mitarbeiter und saisonal bis zu 200 Menschen aus der Region. Für Obermaier ist Saba längst „ein Projekt, das landesweit Ausstrahlung hat". „Das ist der organische Kompost, und hier stellen wir die Präparate her", sagt Betriebsleiter Zhao Xing-Yuan beim Rundgang. [...] Gesunde Maulbeerblätter sind eine wichtige Voraussetzung für besonders reißfeste Seide. Die wird gesponnen, dann gestrickt oder gewoben, gefärbt und schließlich in der Saba-Mutterfirma Otex („Organic Textiles") in Chengdu konfektioniert.

Der 1996 als Joint Venture von Alkena gegründete Betrieb produziert heute außer für Rösch noch für die Freiburger Triaz-Gruppe (Waschbär). Die Tübinger Modemacher lassen bei Otex Seidennachthemden für ihre edle Lizenzmarke Féraud fertigen – und seit neuestem auch eine eigene Rösch-Kollektion: Nachtwäsche aus Bio-Seide, zertifiziert mit dem weltweit anerkannten GOTS-Siegel. Der „Global Organic Textile Standard" gilt als führend bei der ökologisch und sozial verantwortlichen Verarbeitung von Textilien.

„Der Erfolg von Otex und der Saba-Farm liegt uns sehr am Herzen", sagt Rösch-Geschäftsführer Andreas Söffker: „Als Vorzeigeprojekt kann es den dringend nötigen Wandel der chinesischen Wirtschaft zu mehr Nachhaltigkeit unterstützen." Ein ökologisches und faires Gegenmodell zum bisher in China praktizierten hemmungslosen Wachstum mit oft verheerenden Folgen für Menschen und Umwelt. Das chinesische Fernsehen interessiert sich sehr für das Projekt, Söffker sagt beim Interview: Das Beispiel Otex-Saba könne einen Weg zeigen, wie das Land seine wachsenden Umweltprobleme in den Griff bekommen kann. [...]

Die Luft im großen Nähsaal ist gut. Tageslicht scheint durch hohe Fenster auf die Nähmaschinen der Arbeiter/innen. Über hundert meist weibliche Angestellte arbeiten bei Otex. Ob sie jederzeit zur Toilette gehen darf? Huang Cui Rong schaut ein wenig ungläubig, als ihr die Frage ins Chinesische übersetzt wird – und muss dann lachen. „Ja", sagt die 48-jährige Näherin, „das dürfen wir alle." Und Geldstrafen für „Fehlverhalten", wie andernorts üblich, gebe es auch nicht. Cui Rong gehört dem neunköpfigen Betriebsrat an, der alle zwei Jahre gewählt wird. Sie verdient 3.000 Yuan (rund 350 Euro) im Monat, Überstunden inklusive. Im Firmendurchschnitt kommen die Arbeiter/innen auf 2.710 Yuan (320 Euro). Das ist mehr als doppelt so viel wie der regionale Mindestlohn – und liegt auch über dem unabhängig ermittelten „Living Wage". Damit gemeint ist ein Lohn, der die grundlegenden Lebenshaltungskosten eines Arbeiters oder einer Arbeiterin deckt: Ernährung, Kleidung, Wohnen, Gesundheit, Schule und Ausbildung. Gezahlt wird bei Otex nach „Piece Rate", einer Art Akkordlohn. Die vertragliche Wochenarbeitszeit liegt bei 40 Stunden, je nach Auftragslage können es aber auch mal 50 bis 55 Stunden werden. Cui Rong jedenfalls ist mit den Arbeitszeiten zufrieden. Für

*Näherin in einer Fabrik im chinesischen Huaibei (chinesische Provinz Anhui)*

Überstunden gibt es 150 Prozent, für Wochenendarbeit 200 Prozent des regulären Lohns. Bei Krankheit zahlt die Firma weiter – in einem Fall geschah das ein ganzes Jahr lang. Alle Angaben werden regelmäßig vor Ort von einer unabhängigen Institution überprüft, Interviews mit Arbeiterinnen inklusive: von der „Fair Wear Foundation" (FWF), einer Stiftung mit Sitz in Amsterdam. Im Vorstand sind gleichberechtigt Gewerkschaften, Nichtregierungsorganisationen (NGOs) und Vertreter von derzeit 80 Textil- und Outdoor-Firmen (mit 120 Marken) aus sieben europäischen Ländern vertreten. [...] Gerechter Handel, ethischer Konsum – das ist ein Trend, über den Rösch-Geschäftsführer Söffker sagt: „Die Kunden wollen das." Bei Händ-

ler-Schulungen höre er häufig von Verkäuferinnen: „Wir werden mehrfach am Tag gefragt: Wo kommt das her, wie wurde das produziert?" [...] „Wir haben alle genug Hosen und Hemden", sagt Söffker. Es gehe bei Kleidung und Mode weniger um Bedarfskäufe als um „Selbstverbesserung", um „die Darstellung innerhalb der Peergroup, gegenüber dem Partner" – oder sich selbst. [...] „Das Bewusstsein der Kunden ändert sich", sagt Otex-Geschäftsführer Michael Wang, 50. „Sie wollen sich selbst etwas Gutes tun – aber auch der Umwelt und den Arbeitern." Weshalb Wang und sein Mitarbeiter Xing-Yuan derzeit in Laos eine zweite Seidenraupenfarm gründen.

*Volker Rekittke, Schwäbisches Tagblatt, Vom Kokon zum fairen Nachthemd – Mit der Firma Rösch auf Transparenz-Tour in Chengdu, 01.06.2014*

## M13  Alles nur schöner Schein?

**Greenwashing**

Greenwashing betreibt, wer zu Unrecht nachhaltiges Engagement für sich in Anspruch nimmt. Der Begriff bezieht sich vor allem auf Unternehmen, die sich mit ökologischen oder auch sozialen Leistungen brüsten, die entweder nicht vorhanden sind oder die minimal sind im Verhältnis zu negativen öko-sozialen Auswirkungen des Kerngeschäfts. Manche Werbekampagnen stufen Analysten klar als Greenwashing ein.

*Lexikon der Nachhaltigkeit, www.nachhaltigkeit.info, Greenwashing, 31.07.2015*

Grün ist eine begehrte Farbe. Grün gilt nicht nur als Farbe der Hoffnung, sondern steht auch für umweltfreundliches Wirtschaften. Ein Erfolgsfaktor, mit dem sich bei Geschäftspartnern und Verbrauchern hervorragend punkten lässt. Das dachte sich auch der Fastfood-Konzern McDonald's, der angekündigt hat, dass er in Zukunft mehr „grün" als „rot" sein wolle. Geht es danach, dann hat die Farbe Rot als Hintergrund für das geschwungene goldgelbe „M" bald ausgedient, also jene Farbe, die bei Stoppschildern und Ampeln Gefahr signalisieren soll. Und die im Fall von McDonald's als Warnung vor ungesundem Essen interpretiert werden könnte?

So will man den Farbwechsel bei McDonald's freilich nicht verstanden

wissen, sondern als ein Bekenntnis zum Umweltschutz. Das ist grundsätzlich lobenswert. Allein reicht das jedoch nicht aus. Wer es ernst meint mit dem Umweltschutz, muss glaubhaft machen, dass er sparsam mit Energie und anderen Ressourcen umgeht, also ein überzeugendes Konzept vorlegen. Ein Nachweis, den die Schnellrestaurantkette bislang schuldig geblieben ist. So werden nach wie vor jedes Jahr Berge an Verpackungsmüll produziert. Tonnen von Burgerfleisch landen im Müll, weil es nicht schnell genug an den Mann oder die Frau gebracht werden kann. So gesehen ist die Grünfärbung von McDonald's nicht mehr als ein Marketinggag.

*Silvia Liebrich, Süddeutsche Zeitung, Grün allein genügt nicht, 23.11.2009*

## M14 Stahlindustrie befürchtet Wettbewerbsnachteile – Nachhaltigkeit um jeden Preis auf globalen Märkten?

Eine Milliarde Euro zusätzliche jährliche Kosten für die Stahlindustrie und der Verlust von 380.000 Arbeitsplätzen in der gesamten Wirtschaft. Diese Folgen drohen laut einer Prognos-Studie allein in Deutschland, wenn die von der europäischen Politik diskutierten Verschärfungen des Emissionsrechtehandels ab 2021 Wirklichkeit werden. Aktuell befasst sich mit dem Thema der Umweltausschuss des Europäischen Parlaments. Am 15. Dezember soll dazu in Straßburg abgestimmt werden.

„Mit einem Emissionsrechtehandel, der die Wettbewerbsfähigkeit der europäischen Stahlindustrie untergräbt, werden Arbeitsplätze vernichtet und der Umwelt kein Gefallen getan. Die Politik sollte keine Hürden aufbauen in Form von nicht erreichbaren Anforderungen. Das nützt allein außereuropäischen Herstellern mit einer wesentlich schlechteren $CO_2$-Bilanz", appelliert Hans Jürgen Kerkhoff, Präsident der Wirtschaftsvereinigung Stahl, an die Abgeordneten im Europäischen Parlament. Europaweit gehe es um die Zukunft von 320.000 Stahl-Arbeitsplätzen und weitere 1,5 Millionen in Zuliefererbranchen.

*Klaus Schmidtke, Wirtschaftsvereinigung Stahl, www.stahl-online.de, Verschärfter Emissionsrechtehandel bedroht die Stahlindustrie in Deutschland und Europa, 14.12.2016*

### AUFGABEN

1. Erläutere, wie die Firma Rösch die ökologische Verantwortung des Unternehmens umsetzt (**M12**):
    a) Wie wird die Seide produziert und verarbeitet, die die Firma Rösch für ihre eigene Kollektion verwendet?
    b) Wie wird die ökologisch und sozial verantwortliche Verarbeitung von Textilien kontrolliert?
    c) Wie sind die Arbeitsbedingungen bei der Firma Otex in Chengdu?
    d) Was motiviert Kunden, Kleidung aus fairer und nachhaltiger Produktion zu kaufen?

2. a) Arbeite heraus, warum die Autorin in **M13** die Grünfärbung des McDonald's Logos als „Marketinggag" bezeichnet.
    b) „Unternehmen müssen sich langfristig ökologisch und sozial engagieren, sonst sind sie nicht glaubwürdig." Diskutiert diese These in der Klasse (**M13**).

3. „Wenn Unternehmen mit Nachhaltigkeit Geld verdienen, sind sie nicht die Einzigen, die profitieren." Erläutere diese Aussage.

4. Wählt jeweils zu dritt ein Unternehmen aus eurer Stadt aus, in dem Nachhaltigkeit eine besondere Rolle spielt, informiert euch über dieses Unternehmen und stellt eure Ergebnisse der Klasse vor.

5. Erläutere, welche Handlungsmöglichkeiten ein Unternehmen bzw. eine ganze Branche hat, wenn bestimmte Umweltauflagen die internationale Wettbewerbsfähigkeit gefährden (**M14**).

**F ZU AUFGABE 4**
Führt mit Vertretern des besagten Unternehmens eine Befragung (→ Methodenglossar) durch.

**WebQuest**
(→ Methodenglossar): Schau Dir die Homepage des Unternehmens VAUDE (*http://www.vaude.com/de-DE/UEber-uns/Unsere-Produktionsstaetten*) mit Blick auf die Verwendung nachhaltiger Materialien und umweltschonender Produktionsabläufe an. Vergleiche diese Selbstauskunft mit den Urteilen der Mitarbeiter (*http://arbeiten-bei-vaude.de/*).

## 5.2.5 Diversity Management – braucht's das?

### M15 „Unser Gehirn ist ein störrisches Biest"

**Diversity Management**
Diversity Management beschreibt die aktive Nutzung vorhandener Potenziale im Unternehmen, die sich aus der Vielfalt der Belegschaft ergeben. […] Diversity Management hebt somit die individuelle Verschiedenheit der Mitarbeiter und Mitarbeiterinnen hervor und versucht sie für den Unternehmenserfolg nutzbar zu machen.
*Institut der deutschen Wirtschaft Köln e.V., www.kofa.de, Diversity Management, Abruf am: 24.05.2017*

*Iris Bohnet (geb. 1966) ist eine schweizerische Verhaltensökonomin und Professorin für Public Policy an der Harvard Kennedy School in Cambridge, Massachusetts.*

**Frankfurter Allgemeine Sonntagszeitung: Die alte Mär vom bösen Mann, der die Macht nicht mit den Frauen teilen will, ist wahr?**
Iris Bohnet: Das ist Unsinn. Die meisten Männer handeln ja nicht gezielt so. Die Stereotype sind ganz tief in uns – übrigens auch in uns Frauen – verankert, deshalb spreche ich von „unconscious biases", also unbewussten Vorurteilen, die unsere Entscheidungen häufig sogar gegen unseren Willen beeinflussen. Das Gehirn spielt uns Streiche. Es ist ein störrisches, unbelehrbares Biest.
**Sie sind der Gegenbeweis: Sie sind eine sehr erfolgreiche Harvard-Professorin. […] Überall bitten die Konzernlenker Sie um Rat, nehmen Sie ernst. Haben Sie sich je benachteiligt gefühlt?**
Nein, nie.
**Auch nicht als Schweizerin in Amerika?**
Als Ausländerin hat man in Harvard keine Probleme, die Kollegen und Kolleginnen kommen aus allen Teilen der Welt. […] Trotzdem: Die Wahrscheinlichkeit, dass Menschen, die nicht in das Schema passen, eine Chance haben, steigt, wenn Bilder und Namen bei den Bewerbungen keine Rolle spielen.
**Weil man dann nur auf die Qualifikation achtet?**
Ich erzähle Ihnen ein Beispiel: Jahrzehntelang saßen in den Spitzenorchestern in Amerika fast ausschließlich Männer. Die Frauen scheiterten regelmäßig am Vorspiel. Bis das Symphonie-Orchester in Boston auf die wunderbare Idee kam, die Bewerber und Bewerberinnen hinter einem Vorhang vorspielen zu lassen. In den 70er Jahren haben dann viele der großen amerikanischen Orchester diese Praxis übernommen. Danach stieg der Anteil der Frauen von 5 auf fast 40 Prozent.
**Zufall?**
Nein. Kolleginnen haben das genau analysiert. Hinter dem Vorhang steigt die Wahrscheinlichkeit, dass Frauen in eine weitere Runde kommen, um 50 Prozent. Das Ergebnis ist überall das Gleiche. Obwohl sich zum Beispiel der legendäre Leonard Bernstein von den New Yorker Symphonikern dagegen gewehrt hat: Er würde allein auf die Musik hören, alles andere spiele bei ihm keine Rolle. Der große Dirigent wollte es nicht wahrhaben, dass er sich beeinflussen lässt.
**Und?**
Auch ein Bernstein ist nicht gegen seine tief wurzelnden Vorurteile gefeit. Nur hört man das nicht gerne.
**Der gute Wille hilft nicht?**
Überhaupt nicht. Mehr als 90 Prozent von dem, was in unseren Gehirnen passiert, geschieht unbewusst.
*Interview mit Iris Bohnet durch Bettina Weiguny, Frankfurter Allgemeine Sonntagszeitung, „Unser Gehirn ist ein störrisches Biest", 05.02.2017, S. 33*

**EINSTIEGSAUFGABEN**

Frau Bohnet weist im Interview am Beispiel der Stellenbesetzung bei großen Spitzenorchestern in Amerika auf tiefverwurzelte Vorurteile hin.
- Prüfe dich und dein Umfeld: Kannst du bei dir oder in deinem schulischen Umfeld ähnlich hartnäckige Vorurteile entdecken? Beschreibe diese zunächst für dich und tausche dich dann mit deinem Nachbarn aus.
- Hast du Ideen, durch welche Maßnahmen sich diese Vorurteile abschwächen ließen? Erläutere diese Ideen.

## M16 Diversity heißt Vielfalt – Menschen sind verschieden

Der Duden übersetzt „**Diversität**" mit Vielfalt, Vielfältigkeit. [...]. Bezogen auf die Arbeitswelt und den Kontext von Unternehmen und Institutionen versteht man unter dem Begriff die Gemeinsamkeiten und Unterschiedlichkeit der Belegschaft aufgrund individueller Persönlichkeitsmerkmale sowie Lebensstile oder -entwürfe. **Diversity** umfasst sowohl sichtbare als auch unsichtbare Merkmale, die individuelle Sichtweisen, Perspektiven, Einstellungen und damit das Handeln von Menschen bedingen.

Sucht man nach Unterschieden und Gemeinsamkeiten von Menschen, lassen sich sechs Kern-Dimensionen bündeln, die am engsten mit der Persönlichkeit eines Individuums verbunden sind: die inneren Diversity-Dimensionen (→ Schaubild unten).

Im **Diversity Management** werden außerdem äußere Dimensionen, zum Beispiel Familienstand, Berufserfahrung, Einkommen oder Freizeitverhalten u. a. berücksichtigt. Hinzu können organisationale Dimensionen kommen: Gewerkschaftszugehörigkeit, Abteilung, Arbeitsinhalte/-felder u. a. Vielfalt der Belegschaft als Erfolgsfaktor erkennen, fördern, wertschätzen – und dadurch wirtschaftliche Erfolge steigern, das ist der Grundgedanke des Diversity Managements (DiM).

**Die Diversity-Dimensionen zeigen Unterschiede und Gemeinsamkeiten**

**Diversity-Maßnahmen Geschlecht (Beispiele):**

→ Recruiting- sowie Beförderungsprozesse geschlechtsneutral gestalten

→ Geschlechtergemischte Teams (mind. 30 Prozent Frauen bzw. Männer)

→ Führungskräftetrainings mit Fokus auf unbewusste Vorurteile (Unconscious Bias)

Kerstin Tote, Charta der Vielfalt, Factbook Diversity, Berlin 2016, S. 5 f., 8, 20

## M17 Ergebnisse einer Unternehmensbefragung zur Gender-Diversity

**Mentoring**
Tätigkeit einer erfahrenen Person (Mentor/in), die ihr fachliches Wissen und ihre Erfahrungen an eine unerfahrene Person (Mentee) weitergibt.

*Thomas Bartscher, http://wirtschaftslexikon.gabler.de, Definiton Mentoring, Abruf am: 22.05.2017*

### Maßnahmen Gender-Diversity

| Flexible Arbeitszeiten* 39,7 % | Quote für Anteil weiblicher Führungskräfte* 20,6 % | Arbeiten von Zuhause** 20,0 % | „Job Sharing" in Führungspositionen** 20,0 % |
|---|---|---|---|
| Netzwerk für weibliche Führungskräfte*** 16,4 % | Betriebliche Kindertagesstätten *** 14,5 % | Mentoring für weibliche Führungskräfte*** 12,7 % | Finanzielle Unterstützung für private Kinderbetreuung *** 12,7 % |

\* 1. Priorität
\*\* 2. Priorität
\*\*\* 3. Priorität

*© 2013 Deloitte Consulting GmbH, Talent & Diversity Management in deutschen Unternehmen, Köln 2013, S. 10*

## M18 Diversity-Management: Lohnt sich das überhaupt?

**Frankfurter Allgemeine Sonntagszeitung: Unternehmen scheuen weder Mühen noch Kosten, um Frauen zu fördern. Bringen die**
5 **Förderprogramme und Gender-Schulungen nichts?**

Iris Bohnet: Da muss ich leider ganz klar sagen: Es gibt keinerlei Evidenz, dass Diversitätsprogramme etwas be-
10 wirken. Ich habe mir viele Experimente angeschaut und wirklich versucht, etwas Positives zu finden. Aber es war nur wenig dabei. Mentoring erscheint mir vielversprechender. Es
15 geht darum, die Bedingungen zu verändern, nicht die Personen. Ein Sponsor öffnet Türen, vermittelt Kontakte, ermöglicht Chancen.

**Der ganze Gender-Zirkus ist Mum-**
20 **pitz? Hinausgeworfenes Geld?**

Wir messen den Erfolg zu selten. In Amerika werden acht Milliarden Dollar im Jahr für Diversität ausgegeben. Die wenigen Programme, die evaluiert wurden, zeigen keine positi-25 ven Effekte. Das ist übrigens auch auf anderen Gebieten so. Wissenschaftler haben sich die Versöhnungsprogramme zwischen verfeindeten Volksstämmen angesehen, zwischen Hutu und 30 Tutsi zum Beispiel. Sie zeigen kaum Wirkung. Ich wünschte, es wäre anders. Da Vorurteile hartnäckig sind, können wir nur die Spielregeln so gestalten, dass sie nicht zum Zug kom-35 men. Dabei helfen anonymisierte Lebensläufe und standardisierte Computer-Tests enorm.

*Interview mit Iris Bohnet durch Bettina Weiguny, Frankfurter Allgemeine Sonntagszeitung, „Unser Gehirn ist ein störrisches Biest", 05.02.2017, S. 33*

### AUFGABE

**M18** macht ein großes Fragezeichen hinter den Nutzen von Diversity Management. Du bist ein Gegner von Diversity Management. Schreibe eine Eingabe an die Unternehmensleitung, in der du diese in ihrer negativen Haltung zu Diversity Management bestärkst.

## 5.2.6 Staatliche Regelungen – ein Problem für Unternehmen?

### M19 Protest an der Hamburger Vattenfall-Zentrale

**EINSTIEGSAUFGABE**
Analysiere das Foto.

**Vattenfall**
Die Vattenfall GmbH ist eine einhundertprozentige Tochtergesellschaft des staatlichen schwedischen Energiekonzerns Vattenfall AB. In Deutschland ist Vattenfall das viertgrößte Energieversorgungsunternehmen. Es betreibt derzeit (Stand: März 2018) zwei Kernkraftwerke.

### M20 Unternehmen und Staat

Nicht nur Individuen reagieren in ihrem ökonomischen Verhalten auf Anreize wie zum Beispiel den Preis, sondern auch Unternehmen reagieren
5 auf Anreize. Solche Anreize kann der Markt setzen, z. B. durch die Preisgestaltung der Konkurrenten oder durch das Nachfrageverhalten der Konsumenten. In gleicher Weise wirken je-
10 doch auch staatliche Regelungen. Sie beeinflussen ebenfalls das Verhalten der Unternehmen. Dazu gehören natürlich im weitesten Sinne alle staatlichen Gesetze, zum Beispiel die
15 Steuern, die ein Unternehmen am jeweiligen Standort abführen muss oder die Umweltschutzauflagen, die ein Unternehmen am jeweiligen Standort erfüllen muss oder eben auch nicht. Es ist deshalb kein Wunder, dass sich 20 wichtige Interessen, wie Arbeitgeber und Arbeitnehmer, zu Interessengruppen organisieren, um auf die wirtschaftspolitischen Entscheidungen der Legislative Einfluss auszuüben, sei es 25 auf nationaler Ebene oder auf der Ebene der Europäischen Union. Trotzdem kann es zu heftigen Konflikten kommen. Ein solcher Konflikt hat sich in Folge der Energiewende der Regierung 30 Merkel aus dem Jahr 2011 ergeben.

*Bearbeiter*

### M21 Spektakuläre Schiedsverfahren

**a) Vattenfall gegen Bundesrepublik Deutschland 1**

Vattenfall AB ist ein im Jahr 1909 gegründeter schwedischer Energiekonzern mit Sitz in Stockholm, der sich vollständig im Besitz des schwedischen Staates befindet. Bei dem Unternehmen handelt es sich nach 5 eigenen Angaben um den fünftgrößten Stromerzeuger Europas. In

## 5 Die Rolle des Unternehmers

**Fair and Equitable Treatment Grundsatz**
gerechte Behandlung innerhalb von Investitionsschutzabkommen

**Habitatsrichtlinie**
EU-Richtlinie zur Erhaltung der natürlichen Lebensräume sowie der wildlebenden Tiere und Pflanzen

**Bürgerschaftswahl**
In der Freien und Hansestadt Hamburg stellt die Bürgerschaft das Landesparlament, vergleichbar mit den Landtagen in anderen Bundesländern, dar.

Deutschland gehört die Tochtergesellschaft Vattenfall GmbH gemeinsam mit E.ON, RWE und EnBW zu den vier großen Energieversorgungsunternehmen.

Im Zusammenhang mit der Schiedsgerichtsbarkeit stehen vor allem zwei Vattenfall-Verfahren aus der jüngeren Zeit im öffentlichen Fokus. Der erste Fall bezieht sich dabei auf einen Rechtsstreit bezüglich wasserrechtlicher Auflagen beim Bau eines Kohlekraftwerkes in Hamburg. In dem anderen Fall geht es um das Atomausstiegsgesetz als Konsequenz aus der Nuklearkatastrophe von Fukushima und dessen Folgen für den Energiekonzern und seine Geschäftsmodelle.

Im Jahr 2007 erhielt der Vattenfall Konzern eine vorläufige Genehmigung für den Betrieb eines Kohlekraftwerks in Hamburg-Moorburg. Zusammen mit der vorläufigen Genehmigung nach dem Bundesimmissionsschutzgesetz und dem Wasserhaushaltsgesetz wurde angekündigt, dass auch die endgültige Genehmigung kurzfristig erteilt würde. Nachdem die Umweltbehörde nach der Bürgerschaftswahl im Jahre 2008 in den Zuständigkeitsbereich der Grünen fiel, wurde die endgültige Genehmigung an wasserrechtliche Auflagen gebunden. Hierauf suchte Vattenfall einerseits Rechtsschutz beim Verwaltungsgericht und strengte andererseits ein Investitionsschiedsverfahren an.

Das Investitionsschiedsverfahren basiert auf dem Energiecharta-Vertrag. Die Begründung des Konzerns hatte zum Inhalt, dass die zusätzlichen Auflagen eine Verletzung des Fair and Equitable Treatment Grundsatzes darstellten und somit indirekt einer Enteignung gleichkommen würden. Im Jahr 2011 wurde das Investitionsschiedsverfahren durch einen Schiedsspruch mit vereinbartem Wortlaut beendet. Der Vergleich hob einige der wasserrechtlichen Auflagen auf und stellte Vattenfall damit besser, als es im Rahmen der ursprünglichen Genehmigung der Fall war. Es wurde kein Schadenersatz gewährt und beide Parteien, also Vattenfall und die Bundesrepublik Deutschland, mussten ihre jeweiligen Kosten selbst tragen. Die Kosten für das Schiedsgericht wurden zwischen den Parteien geteilt. Vor dem Hintergrund des Verfahrens hat sich die EU-Kommission entschieden, ein Vertragsverletzungsverfahren gegen Deutschland einzuleiten. Die wasserrechtliche Genehmigung des Kraftwerks verstößt gegen die Habitatsrichtlinie. Das Projekt könnte sich schädigend auf geschützte Arten auswirken und Deutschland hat es in diesem Zusammenhang versäumt, eine entsprechende Prüfung vorzunehmen.

*Jan Dwornig, https://schiedsgericht.expert, Spektakuläre Schiedsverfahren: Vattenfall gegen BRD, 25.10.2016*

### b) Vattenfall gegen Bundesrepublik Deutschland 2
**Worum geht es bei der Klage?**

Der schwedische Staatskonzern Vattenfall fordert 4,7 Milliarden Euro Schadenersatz von der Bundesregierung. Hintergrund ist der Atomausstieg, den Deutschland im Zuge der Reaktor-Katastrophe im japanischen Fukushima beschlossen hatte. Am 11. März 2011 war es im dortigen Atomkraftwerk zu verheerenden Kernschmelzen gekommen. Bei einem Erdbeben und Tsunami waren 18.500 Menschen ums Leben gekommen. Vattenfall sieht sich faktisch enteignet durch die Kehrtwende der Regierung, die unter dem Eindruck des Unglücks eine erst im Vorjahr beschlossene Laufzeitverlängerung für deutsche Atommeiler rückgängig gemacht hatte. Die Schweden hatten zuvor in der Annahme, dass die Anlagen noch Jahre am Netz bleiben würden, viel Geld für Anteile an den deutschen AKW in Brunsbüttel und Krümmel ausgegeben.

**Warum wird der Fall in den USA verhandelt?**
Wie die großen deutschen Energiekonzerne Eon und RWE hat Vattenfall auch vor dem Bundesverfassungsgericht in Karlsruhe Klage auf Schadenersatz wegen des beschleunigten Atomausstiegs eingereicht. Allerdings ist äußerst ungewiss, ob die Schweden als Staatsunternehmen überhaupt auf Grundrechtsschutz in Deutschland pochen können. Deshalb setzt der Konzern auf das internationale Schiedsgericht. RWE und Eon wiederum können als deutsche Unternehmen nur vor dem Verfassungsgericht klagen.

Vattenfall macht sich große Hoffnungen beim Showdown in Washington. „Wir sind überzeugt, dass Transparenz für das Verständnis dieses Falls hilfreich ist", verkündete Anne Gynnerstedt, die Leiterin der Rechtsabteilung. Es gehe Vattenfall nicht darum, den politischen und gesellschaftlichen Beschluss zum Ausstieg aus der Kernenergie in Frage zu stellen. „Wir haben aber immer betont, dass wir eine faire Kompensation für den entstandenen finanziellen Schaden erwarten."

**Wie stehen die Chancen?**
Die Bundesregierung hält ihr Vorgehen für völkerrechtlich legitim und die Klage für unbegründet. Doch laut Fachleuten sieht es für Vattenfall gar nicht so schlecht aus. Die Schweden könnten geltend machen, dass die nachträgliche Begrenzung der Laufzeiten ihr berechtigtes Vertrauen in die Verlässlichkeit des deutschen Rechtsrahmens enttäuscht habe und deshalb „ungerecht und unbillig" sei, schrieb etwa Experte Hans-Georg Dederer von der Universität Passau, nachdem Vattenfall die Schiedsklage 2012 einreichte.

Aber Sorgen bereitet nicht nur der mögliche enorme finanzielle Schaden. Schon jetzt kostet das Verfahren den Steuerzahler Geld. Die Klage habe der Bundesregierung bereits mehr als acht Millionen Euro an Verfahrenskosten verursacht, hieß es im Sommer in einer Antwort auf eine Anfrage der Grünen-Bundestagsfraktion.

*maxw./dpa, www.faz.net, Warum Vattenfall Deutschland auf 5 Milliarden Euro verklagt, 10.10.2016*

**Tipp:**
Zur Videoübertragung des ersten und des letzten Verhandlungstags gelangst du hier:
- https://icsid.worldbank.org/en/Pages/cases/casedetail.aspx?CaseNo=ARB/12/12
- https://livestream.com/ICSID/events/6515750

*Hauptgebäude der Weltbank in Washington D.C., Schauplatz des Schiedsverfahrens Vattenfall gegen die Bundesrepublik Deutschland*

## AUFGABEN

1. Erläutere Möglichkeiten der Unternehmen, auf politische Entscheidungen Einfluss zu nehmen (**M20**).
2. Arbeite aus **M21a** und **M21b** die Interessenkonflikte zwischen Vattenfall und der Bundesrepublik Deutschland heraus.
3. Zum Fall des Atomausstiegs **M21b**: Wie würdest du persönlich entscheiden? Begründe deine Entscheidung.

# WAS WIR WISSEN

**Unternehmensziele**
→ M4, M5

Unternehmensziele dienen als Orientierungsgrundlage für alle unternehmerischen Entscheidungen. Unterschiedliche Gruppen (**Stakeholder**) wie z. B. Arbeitnehmer, Eigentümer, Kunden, Lieferanten und der Staat tragen ihre Erwartungen an ein Unternehmen heran. Die Unternehmensleitung hat die schwierige Aufgabe, zu entscheiden, welche dieser unterschiedlichen Interessen sie wie berücksichtigen möchte. Insbesondere bei Massenentlassungen entbrennt immer wieder eine öffentliche Debatte darüber, welche Ziele Unternehmen in erster Linie verfolgen sollten.

**Betriebswirtschaftliche Voraussetzungen für unternehmerischen Erfolg**
→ M2

Die Kernaufgabe eines Unternehmens muss sein, durch effiziente Produktion von Gütern und Dienstleistungen einen **Gewinn** zu erwirtschaften. Der Gewinn gibt an, was von den Unternehmenseinnahmen nach Abzug aller Kosten (z. B. an Material-, Personal- und Kapitalkosten) übrig bleibt. Kann ein Unternehmen seine Zahlungsverpflichtungen nicht mehr erfüllen, ist es **insolvent** oder **zahlungsunfähig**.

**Soziale Ziele**
→ M9, M10

Unter sozialen Zielen lassen sich alle Ziele eines Unternehmens verstehen, die soziale Verbesserungen innerhalb oder außerhalb des Betriebs erreichen sollen. Einerseits kann die Umsetzung dieser Ziele durch das Unternehmen Kosten verteuern oder die unternehmerische Handlungsfähigkeit einschränken, andererseits aber auch eine betriebswirtschaftlich positive Wirkung entfalten. Soziale Ziele können ökonomische Ziele, die jedes Unternehmen verfolgt, ergänzen. Idealerweise gilt dieser Anspruch auch für die Zulieferbetriebe. Die Fachbezeichnung für diesen Ansatz lautet **Corporate Social Responsibility (CSR)**.

**Ökologische Ziele**
→ M11, M12

Ökologische Ziele in der Betriebswirtschaft bedeuten, dass Unternehmen bei ihrem Wirtschaften neben ökonomischen Zielen Umweltaspekte berücksichtigen. Dadurch profitieren die Unternehmen von einem verbesserten Image. Gleichzeitig ist zu berücksichtigen, dass Unternehmen, die mit ihren Produkten auf dem Weltmarkt konkurrieren, mit Sorge auf besonders strenge nationale oder europäische Umweltauflagen schauen.

**Diversity Management**
→ M16

Besondere Aufmerksamkeit genießt in jüngster Zeit die **Vielfalt (Diversity) der Belegschaft** als Bestandteil der Unternehmenskultur. Diese Vielfalt definiert sich u. a. über Geschlecht und Alter. Maßnahmen zur Förderung dieses Konzepts fallen unter den Begriff des Diversity Managements. Ein Beispiel dafür ist die Frauenförderung.

**Staatliche Regelungen**
→ M20

Wie Individuen reagieren Unternehmen in ihrem Verhalten auf Anreize. Hierzu zählen auch die Anreize, die der Staat mit seinen Regelungen trifft, z. B. in der Steuergesetzgebung, aber auch beim Kündigungsschutz oder beim Umweltschutz. Im Extremfall kommt es zwischen Unternehmen und Staat zum Konflikt, der dann gerichtlich ausgetragen werden muss.

# WAS WIR KÖNNEN

**Unternehmensverantwortung?**

*Financial Times Deutschland, Beilage enable 9/2011*

**Aufgabe**
Analysiere die Zeichnung und erläutere daran den Unterschied zwischen echter und nur scheinbarer Unternehmensverantwortung.

*Chemielaborant*

*Ärztin*

*Bauingenieurin*

*Börsenmakler*

# Schule und was dann? – der Weg ins Berufsleben

Die Berufswahl gehört zu den wichtigsten und schwierigsten Entscheidungen im Leben. Das folgende Kapitel soll daher aufzeigen, dass die Berufswahl als eine auf die Zukunft gerichtete Entscheidung erleichtert wird, wenn man etwas über die zukünftigen Veränderungen der Arbeitswelt weiß. Es soll helfen, die Anforderungen der modernen Arbeitswelt mit den eigenen Vorstellungen, Neigungen und Interessen abzugleichen. Es zeigt darüber hinaus die notwendige Vorgehensweise für ein erfolgreiches Bewerbungsverfahren.

## KOMPETENZEN

**Am Ende des Kapitels solltet ihr Folgendes können:**
- eigene Wünsche, Interessen, Fähigkeiten und weitere Einflussfaktoren im Hinblick auf euren Berufswahlprozess analysieren
- Anforderungen der Berufs- und Arbeitswelt in unterschiedlichen Berufsfeldern an Erwerbstätige erläutern und mit ihren Wünschen, Interessen und Fähigkeiten vergleichen
- mithilfe von Medien und Institutionen entscheidungsrelevante Informationen für die Studien- und Berufswahl analysieren und eigene Zukunftsentwürfe gestalten
- unterschiedliche Bewerbungsverfahren vergleichen und eigene Bewerbungsdokumente erstellen
- unterschiedliche Erwerbsbiografien miteinander vergleichen
- Erfahrungen im Rahmen des Berufserkundungsprozesses darstellen und beurteilen
- Folgen des Wandels der Arbeit beurteilen

## WAS WISST UND KÖNNT IHR SCHON?

1. Wähle unter den dargestellten Berufen einen aus, für den du dich entscheiden könntest. Begründe deine Festlegung.
2. Erkläre, warum du dich gegen die anderen Berufe entschieden hast.

## 6.1 Der Berufswahlprozess – welcher Beruf passt zu mir?

### 6.1.1 Wie wird mein Traum zum Beruf?

**M1** Fallbeispiel: Bastian, 19 Jahre – vom Traum zum Beruf

*Bastian, 19 Jahre*

Als ich noch ganz klein war, wollte ich unbedingt Detektiv werden, weil ich das vom Fernsehen kannte. Erst als ich älter wurde, wurden meine Berufswünsche etwas realistischer. Mit ungefähr 14 wollte ich Journalist werden. Mein Onkel arbeitet nämlich bei der lokalen Tageszeitung und ich fand spannend, was ich von seinem Beruf mitbekommen habe. In dieser Zeit habe ich auch bei der Schülerzeitung unserer Schule mitgemacht. Ich habe aber wenig geschrieben, das konnten die anderen irgendwie besser. Das Layout der Zeitung habe ich dafür fast ganz allein entworfen. Als wir in der 9. Klasse unser Betriebspraktikum gemacht haben, wäre ich auch gerne zur Zeitung gegangen, aber die haben mich leider nicht genommen. Stattdessen bin ich in einer Offset-Druckerei gewesen. Das war eigentlich viel interessanter, denn dort habe ich gesehen, wie aus Ideen und Vorlagen Plakate, Anzeigen usw. wurden. Danach sollte mein neuer Traumberuf unbedingt etwas mit Gestalten und Design zu tun haben. Beim Arbeitsamt habe ich dann erfahren, dass es in diesem Bereich viele unterschiedliche Berufe gibt, dass man gar nicht für alle das Abitur braucht. In der Schule lief es leider nicht ganz so gut.

Mit den Fremdsprachen tu' ich mich heute immer noch schwer. Ich habe dann das Gymnasium nach der 10. Klasse verlassen und bin auf das Berufskolleg für Gestaltung gegangen. Zum Glück wurde ich da aufgenommen, weil ich aus meiner Zeit bei der Schülerzeitung einige Arbeiten vorzeigen konnte. Das Berufskolleg habe ich nach zwei Jahren mit dem Fachabitur verlassen. Jetzt mache ich eine Ausbildung zum Mediengestalter/Digital und Print in der Fachrichtung Gestaltung und Technik. Nach der Ausbildung könnte ich an einer Hochschule für Gestaltung studieren. Ich glaube aber nicht, dass ich das sofort mache. Erst einmal möchte ich arbeiten.
*Bearbeiter*

**EINSTIEGSAUFGABE**
Arbeite am Beispiel von Bastian heraus, welche Faktoren seine Berufswahl beeinflusst haben.

## M2 Berufswünsche und -erwartungen von Kindern und Jugendlichen

### a) Berufswünsche von Kindern

Eine Umfrage des Jugendforscher-Teams iconKIDS&Youth im Auftrag von LEGO City hat die Berufswünsche von rund 500 Kindern im Alter von fünf bis neun Jahren sowie deren Eltern untersucht. [...]

Tierarzt ist die unangefochtene Nummer eins unter den Berufswünschen. Auch das Steuern von Flugzeugen und das Bereisen ferner Länder scheint eine große Faszination auszuüben. Für 4,6 Prozent (Platz drei) ist Pilot der Traumberuf schlechthin. Auch **Vorbilder** aus den Medien **spielen eine Rolle**. Berufe reizen Kinder zusehends, mit denen **Prestige** und **gesellschaftlicher Einfluss** einhergeht. Die Fußball-Karrieren eines Schweinsteigers oder Götzes sind insbesondere für Jungen immer erstrebenswerter. So landet der Fußballspieler, ganz neu auf der Hitliste der beliebtesten Berufe, neben dem Polizisten auf Rang zwei. [...] Mit zunehmendem Alter, bereits ab der 7. Klasse, sinkt laut LBS Kinderbarometer die Zuversicht, einmal im Wunschberuf zu arbeiten.

*Miriam Bax, www.wiwo.de, Berufswünsche – die Traumberufe unserer Kinder, 24.03.2014*

### b) Erwartungen von Jugendlichen an die Berufstätigkeit

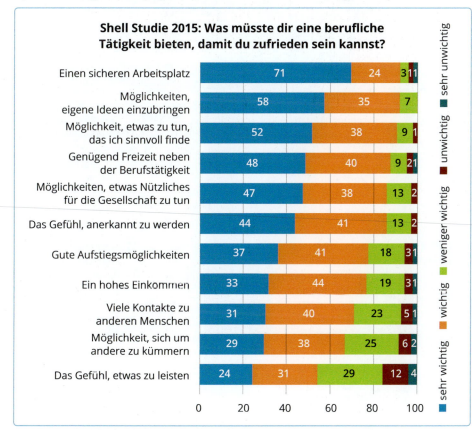

*Quelle: © 17. Shell Jugendstudie, Sicherheit steht an erster Stelle der Erwartungen, Fischer, Frankfurt am Main, 2015, S. 81*

## M3 Was will ich? – Was kann ich?

### a) Interessen herausfinden

| Welche Tätigkeiten interessieren mich? | 1. anbauen/hegen/ernten/züchten<br>2. bauen<br>3. herstellen/zubereiten/Material bearbeiten | 4. kaufen/verkaufen/bedienen/beraten<br>5. behandeln/pflegen/erziehen/unterrichten<br>6. gestalten/malen/entwerfen/zeichnen | 7. montieren/installieren/reparieren<br>8. prüfen/untersuchen<br>9. schreiben/verwalten/berichten<br>10. Maschinen steuern und bedienen |
|---|---|---|---|
| Wo möchte ich arbeiten? | 1. Werkstatt/Halle<br>2. Verkaufsraum<br>3. im Freien/Natur | 4. soziale/medizinische Bildungseinrichtung<br>5. Labor/Prüfstation<br>6. Hotel/Gaststätte | 7. Fahrzeug/Transportmittel<br>8. beim Kunden<br>9. Büro<br>10. Ausland/ferne Länder |
| Womit möchte ich arbeiten? | 1. Baustoffe<br>2. chemische Stoffe<br>3. Elektronik<br>4. Fahrzeuge/Transportmittel<br>5. Glas/Keramik/Edelstein<br>6. Holz/Papier | 7. Lebensmittel<br>8. Mess- und Prüfgeräte<br>9. Menschen<br>10. Metalle<br>11. Pläne/Entwürfe<br>12. Regelungen/Gesetze/Vorschriften<br>13. technische Anlagen | 14. Textilien/Leder<br>15. Tiere/Pflanzen<br>16. Zeichen-/Schreibgeräte<br>17. Büromaschinen/Büromaterial<br>18. Maschinen/Werkzeuge<br>19. Informationen/Medien/Fremdsprachen |

### b) Über welche Fähigkeiten verfüge ich?

| Geistige Fähigkeiten? | 1. Sprachbeherrschung/sprachliche Gewandtheit<br>2. logisches Denken<br>3. räumliches Vorstellungsvermögen | 4. Beobachtungsvermögen<br>5. rechnerisches Denken<br>6. Rechtschreibsicherheit<br>7. guter schriftsprachlicher Ausdruck | 8. Konzentrationsfähigkeit<br>9. Merkfähigkeit<br>10. Kreativität<br>11. Sinn für Formen und Farben<br>12. Lern- und Leistungsbereitschaft |
|---|---|---|---|
| Soziale Fähigkeiten? | 1. Kontaktfreudigkeit<br>2. sicheres Auftreten<br>3. Rücksichtnahme<br>4. Selbstständigkeit<br>5. Belastbarkeit<br>6. gute Umgangsformen | 7. Teamfähigkeit<br>8. zuhören können<br>9. andere überzeugen können<br>10. Verantwortungsbereitschaft | 11. Interesse für andere Menschen<br>12. Hilfsbereitschaft<br>13. Zuverlässigkeit<br>14. Höflichkeit<br>15. Toleranz |
| Körperliche Fähigkeiten? | 1. körperliche Belastbarkeit (Stehen, Bücken, Sitzen) | 2. gutes Hören<br>3. Farbsehen | 4. robuste Gesundheit (Widerstandsfähigkeit)<br>5. handwerkliches Geschick |

*Bearbeiter*

## M4 Vom Traum zum Beruf – Stationen zur Berufswahl

### Station 1: Was will ich – was kann ich? – Das sind meine Interessen und Fähigkeiten
Das sind die wichtigsten Fragen, die du dir stellen solltest: Was kann ich am besten? – Was mache ich am liebsten? Hilfreich dabei sind Hobbys – Lieblingsfächer in der Schule – Gespräche mit anderen – Praxiserfahrungen (Praktikum, Ferienjob). Die Beraterinnen und Berater der Bundesagentur für Arbeit geben wertvolle Tipps für Tests und bieten individuelle Beratungsgespräche an.

### Station 2: Recherchieren und Orientieren
Hast du schon ein paar Ideen, was dich beruflich interessieren könnte? Jetzt solltest du deine Wünsche mit der Berufspraxis abgleichen. Informiere dich über die Tätigkeiten in deinem Wunschberuf: Gezielte Recherche im Internet (z. B. *http://www.planet-beruf.de/Tagesablaeufe.163.0.html*) sowie im Berufsinformationszentrum (BiZ) der Agentur für Arbeit (*https://www.arbeitsagentur.de/bildung/berufsinformationszentrum-biz*).

### Station 3: Ausbildung oder Studium?
Möchtest du lieber gleich praktisch arbeiten oder doch eher an der Hochschule studieren? Ob eine Ausbildung oder ein Studium das Richtige ist, hat damit zu tun, welcher Lern- und Arbeitstyp du bist. Das solltest du herausfinden und die Gründe, die für bzw. gegen eine Ausbildung oder ein Studium sprechen, gut abwägen.

### Station 4: Einen Blick in die Zukunft werfen – Prognosen und Arbeitsmarktchancen
Ingenieurmangel, Lehrerschwemme – häufig liest man von Berufen mit hohem oder sehr niedrigem Arbeitskräftebedarf. Experten sind sich einig: Arbeitsmarktprognosen sind ein möglicher Baustein bei der Entscheidungsfindung, viel wichtiger sind die eigenen Fähigkeiten und Interessen. Nur wer Freude im Beruf hat, ist langfristig motiviert, kann schwierige Zeiten durchstehen und sich gegen Mitbewerber durchsetzen.

### Station 5: Einen Plan B haben – Alternativen für alle Fälle
Nicht immer klappt es mit dem Einstieg in den gewünschten Studiengang oder Ausbildungsberuf. Alternativen sind dann besonders sinnvoll, wenn du dir nicht ganz sicher bist. Idealerweise erstellst du eine Rangfolge deiner persönlichen Favoriten, denn dann kannst du schnell reagieren, wenn du nach dem Studien- oder Ausbildungsstart merkst, dass du auf dem falschen Weg bist. Hilfe im Beratungsdschungel bietet z. B. *http://www.abi.de/index.htm?zg=schueler*.

*Bearbeiter*

## AUFGABEN

1. Ermittle mithilfe von **M2a** gängige Berufswünsche von Kindern. Füge deine eigenen hinzu und vergleiche deine Ergebnisse in der Klasse.

2. Werte die Statistik in **M2b** aus und vergleiche die Antworten mit deinen eigenen Antworten auf die in der Studie gestellten Fragen.

3. Arbeitet aus **M2a** und **M2b** heraus, was Kinderberufswünsche von Berufserwartungen heutiger Jugendlicher unterscheidet.

4. Erstelle mithilfe von **M3** ein Profil deiner persönlichen Interessen und Stärken. Notiere die jeweiligen Ergebnisse.

5. Erkläre, wie der ideale Weg zum Beruf aussehen kann (**M4**).

**F ZU AUFGABE 4**
Gestalte einen individuellen Zukunftsentwurf hinsichtlich deines geplanten Schulabschlusses, deiner möglichen Ausbildung/ deines möglichen Studiums, deines von dir angestrebten Berufes etc.

# METHODE

## Portfolio – die Dokumentation des Berufswahlprozesses

### I. Worum geht es?

Deine Berufs- und Studienwahl vollzieht sich über einen längeren Zeitraum, in dem du viele neue Impulse erhältst, die dir bei deinen Entscheidungen helfen können. Ein Portfolio hilft dir bei der Dokumentation des gesamten Berufswahlprozesses und den damit erworbenen Lernergebnissen (Kompetenzen). Der Begriff „Portfolio" leitet sich aus den lateinischen Wörtern „portare" (tragen) und „folium" (Blatt) ab. Gemeint ist also eine Sammlung von Blättern, die man mit sich tragen kann – und zwar, um sie vorzuzeigen. Im Studium und in der Schule wird immer mehr mit Portfolios gearbeitet. Allgemein dient das Portfolio dazu, den gesamten individuellen Arbeitsprozess und seine Zwischenergebnisse zu dokumentieren. Man könnte das Portfolio auch als **Lerntagebuch** bezeichnen. Außerdem dient es z. B. im Studium als Sammlung von Leistungsnachweisen.

Im Fach **Wirtschaft / Berufs- und Studienorientierung (WBS)** wird das Portfolio zur Dokumentation des Berufswahlprozesses und zum Nachweis der erworbenen Berufswahlkompetenzen geführt. In diesem Portfolio sammelst du daher alles, was du im Unterricht zu deiner Berufs- und Studienwahl bearbeitet hast. Es unterstützt dich also dabei, eine möglichst tragfähige Berufswahl zu treffen. So kannst du bspw. das Profil deiner persönlichen Interessen und Stärken in deinem Portfolio ebenso wie z. B. deine Bewerbungsunterlagen für das Betriebspraktikum festhalten.

### II. Geht dabei so vor:

---

**1. Schritt: Auswahl des Formats**

Portfolios können in verschiedenen Formaten erstellt werden. Häufig werden Ordner benutzt. Möglich sind auch elektronische Portfolios, die z. B. im Rahmen einer Internetplattform, die speziell für das Projekt eingerichtet wird, entstehen. Das Portfolio sollte sauber und ordentlich angelegt und geführt werden. Sprachlich kann man sich am Berichtsstil orientieren und knapp, aber vollständig, klar und sachlich dokumentieren. Wichtig ist, alle Informationen, Arbeitsschritte und Reflexionsergebnisse zeitnah zu dokumentieren.

---

**2. Schritt: Dokumentation, Erstellung und Inhalt deines Portfolios**

Erstelle dein Portfolio parallel zum Unterricht von *Kapitel 6 Schule und was dann? – der Weg ins Berufsleben*. Sammle darin alle wichtigen Informationen und dokumentiere so deine erworbenen Berufswahlkompetenzen. Dein so erstelltes Portfolio ist dann die Grundlage für eine Fortführung in den nächsten Schuljahren. Das Portfolio für deine Berufs- und Studienorientierung kann Folgendes beinhalten:

- Ergebnisse der Selbsterkundung
- Bewerbungsunterlagen
- Recherchen zur Berufswelt im Allgemeinen und zu speziellen Studiengängen, Ausbildungen und Berufen
- Praktikumsberichte
- Protokolle von Betriebserkundungen, Expertenvorträgen, Besuchen bei der Berufsberatung
- Testergebnisse
- Deine persönlichen Reflexionen zur Berufswahl

*Bearbeiter*

## 6.1.2 Informationsbeschaffung und Beratungsmöglichkeiten – wo finde ich den vom Unternehmen angebotenen Job?

**M5** Fragezeichen …

**EINSTIEGSAUFGABE**
Stell dir vor, du müsstest dir schnell darüber klar werden, welchen beruflichen Weg du nach der Schule einschlagen möchtest. Wo würdest du nach entscheidungsrelevanten Informationen für deine Studien- und Berufswahl suchen?

**relevant**
wichtig, aufschlussreich

**M6** Wo lassen sich Stellenangebote finden?

*Der Job würde wie maßgeschneidert passen, doch das hilft wenig, wenn der potenzielle neue Mitarbeiter die Stellenanzeige gar nicht liest. Wie stellen Arbeitssuchende sicher, dass sie die relevanten Angebote nicht verpassen? […] Karriereberater erzählen, wie Bewerber sicherstellen, dass sie die für sie relevanten Angebote finden:*

**Zeitungen:** Mancher Bewerber ist so auf das Netz fokussiert, dass er den Blick in die Print-Stellenmärkte vergisst. Dabei gibt es viele Firmen, die ausschließlich in Zeitungen inserieren, sagt Dietmar Leuninger, Karriereberater aus Harsum in Niedersachsen. Bei vielen Stellen führe kein Weg an der Lokalzeitung vorbei. Andere überregionale Zeitungen sind zum Beispiel für Stellen im Wissenschaftsbereich wichtig.

**Meta-Jobbörsen:** Wer im Netz nach Stellenanzeigen sucht, probiert es am besten zunächst mit Meta-Suchmaschinen. Dort lassen sich mit wenigen Klicks gleich mehrere Jobbörsen auf einmal absuchen, sagt Leuninger. Dazu gehören Seiten wie *indeed.de*, *kimeta.de* oder *opportuno.de*. Manche von ihnen durchsuchen nicht nur Jobbörsen, sondern auch Firmenseiten nach Jobangeboten. […]

**Branchenspezifische Jobbörsen:** Die passendsten Jobangebote finden Bewerber häufig bei Jobbörsen, die sich auf einzelne Branchen spezialisiert haben. So gibt es zum Beispiel mit *hotelcareer.de* ein Jobportal, das sich auf Stellenangebote im Hotelbereich konzentriert. Nur an Naturwissenschaftler richtet sich *jobvector.de*. Medienleute und Kreative sehen sich beispielsweise bei *dasauge.de* um. [...]

**Jobbörse der Arbeitsagentur:** Inzwischen gibt es im Netz so viele Jobbörsen von kommerziellen Anbietern, dass das Angebot der Bundesarbeitsagentur häufig übersehen wird. „Gerade für Jugendliche, die auf der Suche nach einem Ausbildungsplatz sind, sollte das aber die Anlaufstelle Nummer eins sein", erklärt Jürgen Zech, Bewerbungsberater aus Köln. Hinzu kommt, dass diese Jobbörse eine lange Tradition hat und es nicht wenige Firmen gibt, die schon immer ausschließlich dort inseriert haben und das auch weiterhin so halten.

**Firmen-Homepages durchsuchen:** Manche Firmen stellen ihre Gesuche ganz bewusst nicht in Jobbörsen ein, weil sie befürchten, anschließend Hunderte von Bewerbungen sichten zu müssen. Bewerber sollten sich deshalb eine Liste mit Firmen machen, bei denen sie gerne arbeiten würden und deren Seiten sie regelmäßig nach Jobangeboten absurfen. Meta-Suchmaschinen, die darauf spezialisiert sind, Firmen-Homepages zu durchsuchen, sind *jobscanner.de*, *yovadis.de* oder *jobsuma.de*.

**Berufliche soziale Netzwerke:** Eine andere Möglichkeit, passende Stellenangebote zu finden, bieten die Jobbörsen von beruflichen sozialen Netzwerken wie Xing oder LinkedIn. Wer auf Jobsuche ist, hat hier am besten ein aktuelles Profil. Hilfreich ist es, sich an fachlichen Diskussionen zu beteiligen, um sich so sichtbar zu machen, rät Karriereberater Dietmar Leuninger. Es gibt durchaus Personaler, die sich dort auf die Suche nach Bewerbern machen, bevor Stellen überhaupt ausgeschrieben werden. Sie werden eher auf Jobsuchende aufmerksam, wenn sie in diesen beruflichen sozialen Netzwerken aktiv sind.

**Headhunter:** Wer schon über ein paar Jahre Berufserfahrung verfügt, kann die Karriere womöglich über Kontakt zum Headhunter pushen. Viele Firmen lagern die Mitarbeitersuche an Personalberater mit speziellen Branchenkenntnissen aus. Oft werden diese Stellen gar nicht erst offiziell ausgeschrieben. Üblicherweise finden Headhunter die Kandidaten, es spricht aber auch nichts dagegen, selbst bei den Vermittlern vorstellig zu werden. Das komme aber erst ab circa dem sechsten Berufsjahr infrage, sagt Leuninger. [...]

**Bekanntenkreis:** Dieser Punkt versteht sich fast von selbst, aber das eigene Netzwerk wird viel zu wenig genutzt. Wichtig ist, dass Jobsuchende im Bekanntenkreis publik machen, dass sie eine neue Stelle suchen. Viele Stellen gehen unter der Hand weg, bevor sie überhaupt ausgeschrieben werden. [...]

*n-tv.de/ino/dpa, www.n-tv.de, Hier sollten Kandidaten suchen, 14.06.2015*

## M7 Wie Unternehmen in Deutschland neue Mitarbeiter finden

| Von je 100 Unternehmen suchten im Jahr 2015 über... | Stellenangebot auf eigener Homepage 52 | eigene Mitarbeiter, persönliche Kontakte 50 | Arbeitsagentur (einschl. Internet-Angebot) 49 | Stellenangebote in Internet-Stellenbörsen 41 | eigene Inserate in Zeitungen/Zeitschriften 35 | Bewerberliste, Initiativbewerbungen 30 | interne Stellenausschreibung 23 | soziale Medien 15 | private Arbeitsvermittlung 10 | Auswahl aus Azubis, Leiharbeitern, Praktikanten 6 |
|---|---|---|---|---|---|---|---|---|---|---|
| Erfolgsquote in % | 22 | 58 | 28 | 30 | 39 | 32 | 9 | 8 | 33 | k. A. |

*Zahlen aus: Globus-Grafik 10865; Quelle: IAB (2016)*

## M8 Wird Recruiting in Zukunft kreativ?

Klassische Methoden der Stellensuche und der Stellenangebote – ob Zeitung, Internetbörse, Headhunter oder Messe – greifen oft nicht mehr, weil
5 in zu engen, eben standardisierten, Mustern gedacht, gesucht, gefiltert wird. Statt nach Zeugnissen und Abschlüssen zu fragen, müssen Recruiter Bewerbern die Chance geben, ihre
10 Fähigkeiten beim Lösen eines konkreten Problems unter Beweis zu stellen. Qualifikation wird in Zukunft von der spezifischen Situation her gedacht. [...] Die McDonald's-[...]-Kampagne „Mein
15 Burger" hat nicht nur Fleischklops-Designer auf den Plan gerufen, sondern auch Hacker, die versuchten, den Burger-Konfigurator zu manipulieren. Die dahinterstehende Agentur Razorfish
20 hatte für die Buletten-Hacker ein Osterei versteckt: Im Quellcode platzierte die Agentur die Nachricht „Glückwunsch, so weit kommen nicht viele. Zeit für den nächsten Schritt: talents@ razorfish.de." Recruiting muss jedoch 25 nicht unbedingt digital stattfinden, um kreativ zu werden. Ikea Australien beispielsweise versteckte Job-Beschreibungen in Möbelpackungen und erreichte so tausende Menschen. Volks- 30 wagen ließ Mitarbeiter „undercover" kaputte Fahrzeuge zu verschiedenen Mechanikern bringen: Unter dem Auto waren Schilder mit Job-Angeboten angebracht – nur für die Person sichtbar, 35 die den Wagen reparierte. So konnten die VW-Mitarbeiter potenzielle Kandidaten im Alltagskontext erleben und ihre Leistung unverfälscht aus Kundenperspektive beobachten. 40

*Lena Papasabbas, © 2016 Zukunftsinstitut GmbH, www.zukunftsinstitut.de, Recruiting wird kreativ, Abruf am: 16.05.2017*

## AUFGABEN

1. Vergleiche **M6** und **M7** dahingehend, ob sich die jeweiligen Wege der Stellen- bzw. Mitarbeitersuche von Bewerbern und Unternehmen eher ähneln oder grundlegend voneinander unterscheiden.

2. Erläutere, welche Form der Stellensuche aus **M6** nach den Angaben in **M7** am erfolgsversprechenden wäre.

3. Diskutiert, ob solch kreative Recruitingansätze wie in **M8** künftig immer gefragter sein oder doch eher die Ausnahme bleiben werden. Begründet eure Meinung.

## 6.1.3 Bewerbungsverfahren – beeinflusst die Art der Bewerbung, eingestellt zu werden?

**M9**  Fallbeispiel: Ismails ungewöhnliche Bewerbung ...

Es sind große Hoffnungen und zerplatzte Träume, die Ismail Zengin auf der Suche nach seinem Traumjob zu einem sehr ungewöhnlichen Schritt bewegt haben. Nichts wünscht sich der ehrgeizige 29-jährige Berufsanfänger aus Tuttlingen mehr, als in Stuttgart bei einem großen Autobauer wie Daimler oder Porsche Karriere zu machen. Egal ob im Marketing oder der Kommunikationsabteilung, irgendwas mit Medien muss es sein. „Doch nach meinem 80. Bewerbungsschreiben und den dazugehörigen 80 Absagen habe ich festgestellt, dass der klassische Bewerbungsweg mich nicht zu meinem Ziel führen wird", sagt er.

„Also habe ich nach kreativeren Möglichkeiten gesucht, um Top-Manager sowie Entscheider dieser Unternehmen persönlich anzusprechen", erzählt Zengin, der an der Hochschule in Offenburg ein Bachelorstudium in der Fachrichtung Medien und Informationswesen absolvierte. Dann hatte der in der Türkei geborene Deutsche die zündende Idee: Google-AdWords. Das sind Werbeanzeigen bei Google, die bei bestimmten Suchbegriffen neben oder über den Suchergebnissen angezeigt werden.

Der ehrgeizige Zengin – gestutzter Bart, das schwarze Haar nach hinten gegelt und ein verschmitztes Lächeln – dachte quer: Wenn ich meinen Namen selbst google, machen das sicher auch Vorstände und Top-Manager aus der Stuttgarter Autobranche. Also jene Leute, für die er gerne arbeiten würde. Daraufhin nahm er seine Wunschfirmen – Porsche, Daimler und AMG – genau unter die Lupe. Er pickte sich Schlüsselfiguren raus, darunter Entscheider mit der Befugnis, Personal einzustellen.

Als nächstes buchte der 29-Jährige 43 Anzeigen bei Google. Wenn nun die von ihm ausgewählten Entscheider nach ihrem Namen googeln, erscheint ganz oben in der Ergebnisliste eine von dem forschen Bewerber verfasste persönliche Botschaft an den Adressaten. „Hallo Wilfried Porth – geben Sie mir eine Chance", steht da zum Beispiel in einer auf den Personalchef von Daimler gemünzten Anzeige. „Sich googlen ist gut. Einen Bachelor und Daimler-Fan einstellen ist besser", heißt es im Text der Annonce.

Nach Zengins Angaben wurden seine Anzeigen seit Juli insgesamt von 3.000 Menschen im Netz gesehen und bislang etwa 130 mal angeklickt. Die Kosten berechnen sich nach den Klickzahlen, 130 Euro hat Zengin bis heute insgesamt dafür bezahlt.

*Jonas Schöll, Stuttgarter Nachrichten, Jobsuche bei Porsche und Daimler – Das ist Stuttgarts ungewöhnlichste Bewerbung, 29.09.2016*

**EINSTIEGSAUFGABE**

Arbeite aus dem Fallbeispiel heraus, was an der Bewerbungsart von Ismail Zengin so „ungewöhnlich" ist.

**M10** Unterschiedliche Bewerbungsarten – vielfältige Möglichkeiten

Die **Online-Bewerbung**: Heutzutage läuft fast alles über das Internet. Nicht nur bei Teenagern, auch im Berufsleben. Daten, Informationen und Nachrichten müssen schnellstmöglich übermittelt werden. Die Zeit für Entscheidungen ist knapp bemessen, insbesondere in global agierenden Unternehmen. Dort befindet sich der nächste Ansprechpartner schon mal am anderen Ende der Welt. [...] Diesen Wandel bekommen [...] auch Jobsuchende zu spüren. Wer sich bei einem führenden Unternehmen bewerben will, endet in den meisten Fällen auf einem Kontaktformular im Internet. Die Bewerbung wird direkt versendet, ohne im persönlichen Kontakt zum Arbeitgeber gestanden zu haben. Ordnungsgemäß in das gewünschte Dateiformat umgewandelt, auf der Datenautobahn verschickt und schnell für jeden Personaler einzusehen.

Die **schriftliche Bewerbung** (Papierform): Schriftliche Bewerbungen in Papierform geraten immer mehr aus der Mode. [Wann] ist eine schriftliche Bewerbung überhaupt noch angebracht bzw. notwendig? Eins ist klar, ausgestorben und einfach wegzudenken ist diese Bewerbungsart, selbst im Zeitalter des Internets, noch nicht. Vor allem kleine Unternehmen und Familienbetriebe legen oft größeren Wert auf die persönliche Note und nehmen sich daher häufig die Zeit, Bewerbungen genau zu prüfen. Das Interesse am Charakter des Bewerbers ist groß, da er hundertprozentig in den Betrieb, sowie zum ausgeschriebenen Job passen soll.

Die **telefonische Bewerbung**: Die Bewerbung per Telefon ist größtenteils Studenten und Schülern vorbehalten. Manche Arbeitgeber überspringen die Einsicht in die Bewerbungsschreiben und stellen dem Bewerber ihre Fragen über seine bisherige Karriere und die Pläne zur angestrebten beruflichen Laufbahn direkt am Telefon. Der Bewerber erfährt somit ohne Umwege, ob er für die Stelle geeignet ist und zu einem Bewerbungsgespräch gebeten wird oder nicht in das Bild des Arbeitgebers passt. Diese Methode wird jedoch eher selten genutzt und meistens von jungen Unternehmen, bei Teilzeitjobs oder Anbietern von Nebentätigkeiten angeboten.

Die **Initiativbewerbung**: Bei einer Initiativbewerbung handelt es sich mehr um eine andere Form der Ausführung als um eine eigene Art und Weise der Bewerbung. Sie wird erstellt, falls der Traumjob eines Bewerbers nicht in Form einer Stellenausschreibung vorliegt, aber der Aspirant die Gelegenheit ergreifen will, um sich initiativ für eine Anstellung zu bewerben. Die Bewerbung wird dabei zwar ohne Orientierung auf eine genaue Position angepasst, aber trotzdem auf einen Tätigkeitsbereich zugeschnitten.

**Gängige Auswahlverfahren**

**Einstellungstest**: Viele Unternehmen lassen die Bewerber Tests schreiben, in denen Allgemeinwissen oder grundlegende Fähigkeiten in bestimmten Bereichen abgefragt werden, die für den jeweiligen Beruf wichtig sind. Neben fachlichen Inhalten gibt es auch psychologische Eignungstests, um geistige Fähigkeiten zu prüfen.

**Vorstellungsgespräch**: Zu einem Vorstellungsgespräch werden diejenigen Bewerber eingeladen, deren Bewerbungsunterlagen überzeugt haben. Hier geht es darum, dass der Betrieb den Bewerber persönlich kennen lernen möchte. Zum einen wird geschaut, ob der Bewerber von der Persönlichkeit her ins Team und zum Arbeitsplatz passt, zum anderen wird überprüft, ob der Eindruck, den der Bewerber in der schriftlichen Bewerbung vermittelt hat, auch in der Realität zutreffend ist.

**Assessment Center:** Betriebe können in einem Vorstellungsgespräch immer nur einen flüchtigen ersten Eindruck vom Bewerber erhalten. Außerdem besteht immer die Gefahr, dass ein Bewerber sich in einem solchen Gespräch auch ein Stück weit verstellt, z. B. behauptet, ein großer Teamplayer zu sein, weil er weiß, dass die Gesprächspartner dies hören wollen, in der Realität aber eher ein Einzelgänger ist. In einem Assessment Center (Assessment (engl.) = Beurteilung/Bewertung) werden praktische Übungen oder Rollenspiele (häufig mit mehreren Bewerbern gleichzeitig) durchgeführt, bei denen die Fähigkeiten der Bewerber beobachtet werden.

Die **Kreativbewerbung**: Eine Kreativbewerbung zeichnet sich besonders durch den Einfallsreichtum des Bewerbers aus. Die Grundlagen für eine Kreativbewerbung können dabei sowohl eine schriftliche Bewerbung als auch eine Online-Bewerbung sein. Die Effektivität hängt vom Überraschungseffekt und vom ersten Eindruck ab, den sie vermittelt. Die Pizzaschachtel-Bewerbung ist ein besonderes Beispiel für die kreative Präsentation einer schriftlichen Bewerbung. Die gesamte Bewerbung wurde dabei in eine Pizzaschachtel gelegt und dem Personaler quasi per Lieferdienst zugesandt. Die Amazon-Bewerbung ist hingegen ein gutes Exemplar einer ausgefallenen Darstellung einer Online-Bewerbung. Ein Bewerber überraschte die Personalabteilung, indem er seine Online-Bewerbung wie eine Produktseite des amerikanischen E-Commerce Versandhauses Amazon gestaltete.

Die **Kurzbewerbung**: Kurzbewerbungen sind die Visitenkarten unter den Bewerbungsarten. Sie bestehen lediglich aus einem knapp gehaltenen Anschreiben und einem tabellarischen Lebenslauf inklusive Bewerbungsfoto. Man könnte sagen, dass sie nahe mit einer Initiativbewerbung verwandt sind und darüber hinaus oft als solche benutzt werden. Sie gelten gewissermaßen als Teaser [tease (engl.) = reizen] für die eigentliche Bewerbung und werden an Personalleiter versendet, um erstes Interesse zu wecken. Als Zusatz wird oft hinzugefügt, dass die weiteren Unterlagen auf Nachfrage eingereicht werden. Kurzbewerbungen werden häufig per E-Mail verschickt und haben sich als anerkannte Bewerbungsart etabliert. Viele Firmen binden sie bereits mit in ihre Internetpräsenz ein und richten Kontaktformulare darauf aus, den nächsten Schritt in Richtung Zukunft der Bewerbungen zu wagen.

*Die Bewerbungsschreiber webschmiede GmbH, www.die-bewerbungsschreiber.de, Bewerbungsarten – Vielfältige Möglichkeiten, Abruf am: 05.05.2017*

  **Kontrovers diskutiert: Pro und Kontra anonyme Bewerbungen**

Vorurteile gibt es leider überall – auch im Bewerbungsverfahren. Diskriminierung aufgrund des Alters, des Bewerbungsfotos oder auch des Namens ist bei Bewerbungen keine Ausnahme und trifft vor allem Migranten und Frauen. Die anonymisierte Bewerbung nach Vorbild der USA verzichtet deshalb auf gewisse persönliche Angaben und wirbt so für mehr Chancengleichheit. [...]

Studien haben gezeigt, dass Menschen ab 50, Frauen mit Kindern und Personen mit Migrationshintergrund schlechtere Chancen haben, zu einem Vorstellungsgespräch eingeladen zu werden – obwohl sie dieselben Qualifikationen für den Beruf haben wie ihre Mitbewerber.
Eine Studie des Institutes zur Zukunft der Arbeit (IZA) zeigt, dass die Chance auf eine Einladung zum Vor-

stellungsgespräch bei Bewerbern mit einem türkischen Namen um 14 Prozent geringer ist.

Durch eine anonyme Bewerbung sollen alle Bewerber mit den gleichen Qualifikationen dieselben Chancen erhalten. Der Fokus liegt allein auf der Berufserfahrung. Nur anhand dieser Informationen – ohne Kenntnis der persönlichen Angaben – entscheiden Personaler dann, wen sie zu einem Vorstellungsgespräch einladen wollen.

Diese Angaben fehlen im Lebenslauf:
- Name,
- Adresse,
- Alter,
- Geschlecht,
- Familienstand,
- Herkunft/Nationalität,
- Foto des Bewerbers.

Natürlich werden auch sonst keine Jahreszahlen im Lebenslauf aufgeführt, um keine Rückschlüsse auf das Alter zuzulassen. Stattdessen geben die Bewerber nur die Gesamtdauer eines Lebensabschnitts an. [...]

### Pro anonyme Bewerbung

Die Vorteile bei einem anonymisierten Verfahren liegen klar auf der Hand: Kandidaten werden wirklich nur anhand ihrer Qualifikationen beurteilt, da Arbeitgeber nicht mehr – bewusst oder unbewusst – von den persönlichen Angaben beeinflusst werden können. Somit erhalten auch andere Bewerbergruppen die Chance zum Vorstellungsgespräch eingeladen zu werden und es entsteht mehr Vielfalt im Unternehmen. Außerdem können Arbeitgeber durch einheitliche Bewerbungsunterlagen die Bewerber besser vergleichen.

### Kontra anonyme Bewerbung

Vereinheitlichte Bewerbungsunterlagen sind aber auch ein großer Nachteil. Vor allem Berufsanfänger können so nicht mehr ihre persönlichen Stärken am Anfang hervorheben und auf eine individuelle Gestaltung setzen, sondern fallen durch ihren Mangel an Qualifikationen sofort negativ auf. Als Einstiegsbewerbung in den Beruf, eignet sich die anonymisierte Bewerbung also nicht. Außerdem schützt ein anonymes Verfahren nicht vor Diskriminierung im Vorstellungsgespräch!

*© 2017 webschmiede GmbH, Ein Beitrag von Bernadette, http://bewerbung.net, Anonyme Bewerbung – Vorbild USA, Abruf am: 05.05.2017*

## AUFGABEN

1. a) Ordne das Fallbeispiel **M9** einem oder mehreren Bewerbungsarten aus **M10** zu.
   b) Begründe deine Zuordnung.

2. Vergleiche die unterschiedlichen Bewerbungsarten aus **M10**.

3. Diskutiert in der Klasse sowohl aus Sicht eines Unternehmers als auch aus Sicht eines Bewerbers die Vor- und Nachteile von anonymen Bewerbungen (**M11**). Begründet anschließend, ob ihr euch lieber „anonym" oder „nicht anonym" bewerben wollen würdet.

## 6.1.4 Eigene Bewerbungsdokumente erstellen – wovon hängt eine erfolgreiche Bewerbung ab?

**M12** Fallbeispiel: Ich bin die beste Azubine ...

Hallo Herr Schulz,

hiermit möchte ich auf mich aufmerksam machen. Ich bin die beste Azubine, die Sie sich vorstellen können, denn ich bin teamorientiert, ehrgeizig, klug, aufgeschlossen, dynamisch, flexibel, mobil, kommunikativ und ab 01.08.2018 zu haben.

Zurzeit bin ich noch in der Schule, will aber im Juli meinen Abschluss machen und dann eine Ausbildung bei Ihnen zur Köchin machen.

Ich würde gern 26.000 Euro im Jahr verdienen, bin aber auch mit weniger einverstanden, wenn Sie mir stattdessen einen Firmenwagen oder Ähnliches anbieten.

Alle weiteren Informationen über mich und meinen schulischen Werdegang, sowie alle Bescheinigungen, können Sie in den Anlagen finden.

Ich würde mich sehr freuen, wenn wir miteinander kommunizieren könnten.

Herzlichste Grüße <3

*Magdalena K.*
Magdalena Klein

*Bearbeiter*

**EINSTIEGSAUFGABE**
Nenne alle Formulierungen im Bewerbungsanschreiben, die dir negativ auffallen.

**M13** Checkliste für die schriftliche Bewerbung

- Für Anschreiben und Lebenslauf sollte man weißes, unliniertes Papier in DIN A4-Format verwenden.
- Das Bewerbungsfoto (kein Automatenfoto) kann schwarzweiß oder farbig sein und z. B. mit Doppelklebeband – nie mit Fotoecken oder Büroklammern! – oben rechts auf dem Lebenslauf befestigt oder auch digital eingefügt werden.
- Nur Kopien der Zeugnisse verschicken! Lebenslauf und Bewerbungsschreiben sollte man dagegen für jede Bewerbung neu schreiben.
- Pluspunkte gibt es, wenn man im Anschreiben auf Besonderheiten des Unternehmens eingeht.

- Datum und persönliche Angaben in Anschreiben und Lebenslauf müssen übereinstimmen.
- Die kompletten Bewerbungsunterlagen werden am besten in eine spezielle DIN A4-Bewerbungsmappe geheftet.
- Wichtig: Am besten macht man von jeder schriftlichen Bewerbung eine Kopie, damit man noch weiß, was man geschrieben hat, wenn man zu einem Vorstellungsgespräch eingeladen wird.

*Bearbeiter*

### Die Bestandteile einer Bewerbungsmappe

Die Bewerbungsmappe (oder auch eine Online-Bewerbung) besteht aus:
1. Anschreiben
2. Lebenslauf mit Foto
3. Kopie des letzten Schulzeugnisses
4. Evtl. Bescheinigungen von Praktika oder AGs.

In dieser Reihenfolge werden die Unterlagen auch in der Mappe geordnet.

## M14  Auf das Bewerbungsschreiben kommt es an

In Bewerbungs-Ratgebern finden sich häufig die immer gleichen Redewendungen wie *„... hiermit bewerbe ich mich um ...“, „finde ich reizvoll ...“.* Wenn möglich, sollte man sich von solchen Standardformulierungen lösen und eigene Worte finden. Sich etwas anders auszudrücken ist allerdings immer Chance und Risiko zugleich; flapsige Worte können missverstanden werden. Ein Anschreiben ist folgendermaßen aufgebaut:

- Absender
- Datum
- Anschrift des Unternehmens
- Betreffzeile: Hier nennt man die Berufs- oder Ausbildungsbezeichnung, auch die Quelle einer Stellenanzeige. „Betreff“ schreibt man aber nicht mehr davor.
- Anrede des Ansprechpartners, am besten persönlich; ansonsten gilt „Sehr geehrte Damen und Herren“.
- Begründung für den Einstellungswunsch: Was motiviert einen für diese Stelle, warum ist man dafür geeignet?
- Das Anschreiben sollte nicht länger als eine Seite sein.
- Für die Gestaltung gilt: Keine Krakel, keine Verzierungen oder Unterstreichungen!

Miriam Weber
Meerstr. 71
76543 Unterstadt

Tel. 0760/1239876
E-Mail: weber.miriam@mail.de

Kommunikation GmbH
Kupfergasse 23
76542 Mittelstadt

14.10.2017

**Bewerbung für eine Ausbildung als Kauffrau für Marketingkommunikation/ Ihre Anzeige im Mittelstädter Tagblatt vom 11.10.2017**

Sehr geehrte Frau Maier,

mit großem Interesse habe ich Ihre Anzeige im Mittelstädter Tagblatt gelesen. Sie bieten darin einen Ausbildungsplatz zur Kauffrau für Marketingkommunikation an. Für diese Stelle bewerbe ich mich hiermit.

Zurzeit besuche ich die 10. Klasse des Gymnasiums Mittelstadt, die ich im Sommer 2018 mit dem mittleren Schulabschluss erfolgreich beenden werde. Meine Lieblingsfächer sind Mathematik, Kunst sowie Informatik. Im Umgang mit dem PC bin ich versiert, mit den einschlägigen Office-Programmen habe ich mich zudem in der Computer-AG vertraut gemacht. Für die Schülerzeitung war ich für das Layout verantwortlich.

Im Rahmen eines Praktikums in der Marketingabteilung eines Lebensmittelgroß-handels war ich in der Werbe- und Vertriebsabteilung eingesetzt. Dort konnte ich erste Einblicke in betriebliche Abläufe gewinnen. Besonders hat mir in diesem Zusammenhang der Kontakt zu Kunden und Lieferanten gefallen.

Über Ihren Internetauftritt konnte ich mich bereits intensiv über Ihr Unternehmen informieren. Insbesondere die internationale Ausrichtung Ihres Unternehmens entspricht meinen beruflichen Vorstellungen. Mithilfe der Schriften des Berufs-informationszentrums der Bundesagentur für Arbeit habe ich mich zusätzlich über das Berufsfeld der Kauffrau für Marketingkommunikation kundig gemacht.

Wenn ich Ihr Interesse geweckt haben sollte, freue ich mich sehr auf das persönliche Gespräch mit Ihnen in Mittelstadt.


Mit freundlichen Grüßen

*Miriam Weber*

Miriam Weber

*Bearbeiter*


## M15 Der Lebenslauf – die Visitenkarte des Bewerbers

Der Lebenslauf sollte tabellarische Form haben und am PC verfasst werden. Er kann sowohl herkömmlich (chronologisch aufsteigend von der frühesten Station aus) als auch in der „amerikanischen Form" (absteigend chronologisch vom aktuellsten Stand ausgehend) aufgebaut werden. So sollte ein tabellarischer Lebenslauf aufgebaut sein:

1. Überschrift „Lebenslauf"
2. Bewerbungsfoto (meist oben rechts)
3. Vor- und Zuname
4. Anschrift, Telefon, E-Mail-Adresse
5. Geburtsdatum und Geburtsort
6. Besuchte Schulen
7. Angestrebter Schulabschluss
8. Evtl. Lieblingsfächer in der Schule (vor allem mit Bezug zur Ausbildung)
9. Besondere Kenntnisse, z. B. Sprachen, Computer
10. Evtl. Ferienjob, Praktikum (Bescheinigungen über Praktika beilegen)
11. Evtl. Hobbys
12. Ort und Datum
13. Unterschrift

Wichtig ist ein gutes Bewerbungsfoto. Eine gepflegte Erscheinung und ein freundlicher Gesichtsausdruck erwecken auch beim Betrachter einen positiven Eindruck. Man sollte auf keinen Fall Automatenfotos verwenden und beim Fotografen nicht nur eines, sondern gleich mehrere Bilder machen lassen – das Beste für die Bewerbung auswählen!

## Lebenslauf

### Persönliche Daten

| | | |
|---|---|---|
| Name: | Miriam Weber | |
| Anschrift: | Meerstr. 71 | FOTO |
| | 76543 Unterstadt | |
| | Tel. 0760/1239876 | |
| | E-Mail: weber.miriam@mail.de | |

| | |
|---|---|
| Geburtsdatum: | 30.10.2000 |
| Geburtsort: | Heilbronn |

### Schulbildung

| | |
|---|---|
| Schulbildung: | 2007 – 2011 Grundschule Lerchenbach, Mittelstadt |
| | 2011 – heute Gymnasium Mittelstadt |
| | Mittlerer Schulabschluss (voraussichtlich 2018) |
| Lieblingsfächer: | Mathematik, Kunst, Informatik |

### Interessen, Kenntnisse

| | |
|---|---|
| Sprachkenntnisse: | Englisch (Niveau B1+), Französisch (Niveau B1+) |
| Hobbys: | Fotografieren, Lesen, Skifahren |

### Praktische Erfahrungen

| | |
|---|---|
| Praktikum: | Marketingabteilung Lebensmittelgroßhandel (Sommer 2017) |
| | Erstellen von Kundenstatistiken, Mitarbeit bei der Gestaltung von Werbeanzeigen |

*Miriam Weber*

Unterstadt, 14.10.2017

*Bearbeiter*

## AUFGABEN

1. Gliedere das Musteranschreiben in **M14** in Einleitung, Hauptteil und Schluss. Benenne und erläutere anschließend den jeweiligen Inhalt.

2. Erläutere die Bedeutung von Angaben zu Lieblingsfächern und Hobbys im Lebenslauf.

3. Begründe, warum ein Lebenslauf mit Lücken von Nachteil sein kann.

4. Verfasse mithilfe von **M14** ein neues, korrektes Bewerbungsanschreiben für Magdalena Klein (**M12**).

# WAS WIR WISSEN

**Wege zum Beruf**
→ M3, M4

Im Laufe unserer persönlichen Entwicklung ändern sich unsere Vorstellungen vom Wunsch- oder Traumberuf. Mit dem Prozess des Älterwerdens gehen wir immer realistischer mit dem Traumberuf um. Wir fangen an, unsere **Fähigkeiten**, **Fertigkeiten** und **Interessen** mit den Anforderungen, die ein ganz bestimmter Beruf an die Persönlichkeit des Menschen stellt, abzugleichen. Dabei kommt es immer wieder vor, dass wir Berufswünsche verwerfen, da sich uns andere Möglichkeiten aufzeigen. Die Berater der Bundesagentur für Arbeit raten Jugendlichen, die vor der Berufsentscheidung stehen, sich auf die **persönlichen Stärken** und **Neigungen** zu verlassen, denn es nützt oft wenig, wenn man einen Beruf wählt, nur weil er vermeintlich zu einem sicheren Arbeitsplatz führt. Dann fehlt häufig die für die Ausübung des Berufs notwendige **Motivation**.

**Informationsbeschaffung und Beratungsmöglichkeiten zur Berufs- und Studienwahl**
→ M6

Auf der Suche nach weiterführenden Informationsquellen für die eigene Berufs- und Studienwahl bietet das **Internet** eine schier unendliche Informationsfülle. Dazu kommen Stellenanzeigen in **Print-Medien**, Erfahrungen aus dem **Bekannten**- sowie **Verwandtenkreis** oder die Expertise von professionellen **Personalberatern** (Headhuntern). Weil es eine nahezu unüberschaubare Anzahl an Berufsbilder und Studienmöglichkeiten gibt, kann es zudem ratsam sein, Rat von Experten der **Berufsberatung der Bundesagentur für Arbeit** einzuholen.

**Unterschiedliche Bewerbungsverfahren**
→ M10

Bewerbungen unterliegen stets bestimmten Richtlinien. So gibt es u. a. klare Vorgaben wie die Einhaltung einer Struktur im Lebenslauf oder die Vollständigkeit der eigenen Zeugnisse. Dennoch gibt es unterschiedliche Bewerbungsverfahren, welche vom jeweiligen Unternehmen oder auch von den Vorlieben des Bewerbers abhängen können. Gängige Bewerbungsverfahren sind die **schriftliche Bewerbung** in Papierform, die **Online-Bewerbung** in elektronischer Form, die **Bewerbung auf eine ausgeschriebene Stelle** oder die **Initiativbewerbung**.

**Die Bewerbung**
→ M13 – M15

Bei einer Bewerbung gilt der Grundsatz: Bewerbung ist Eigenwerbung. In die **Bewerbungsmappe** gehören das **Bewerbungsschreiben**, der **Lebenslauf**, **Zeugniskopien**, **Praktikumsnachweise**, ggf. **Bestätigungen der Schule** über besondere Aktivitäten, etwa bei der Schülerzeitung, dem Sanitätsdienst oder der Schülermitverantwortung. Die Bewerbungsmappe muss vollständig sein, formalen Kriterien entsprechen, d. h. etwa ein hinsichtlich Rechtschreibung und Interpunktion fehlerfreies Anschreiben, das mit klarer Sprache formuliert ist. Der Bewerber muss dem Unternehmen mit seiner Bewerbungsmappe zudem überzeugend vermitteln, dass er sich ernsthaft und hochmotiviert um den Arbeitsplatz bemüht.

## 6.2 Das Berufsleben – was kommt auf mich zu?

### 6.2.1 Die moderne Berufs- und Arbeitswelt – was wird erwartet?

**M1** Was Betriebe sich wünschen …

Globus-Grafik 11388, Quelle: Bundesinstitut für Berufsbildung

**EINSTIEGSAUFGABEN**
- Erläutere, welche Erwartungen Betriebe an Auszubildende haben.
- Werte die einzelnen Erwartungen der betrieblichen Arbeitswelt aus und überlege, inwiefern du den einzelnen Erwartungen mit deinen individuellen Wünschen, Interessen und Fähigkeiten entsprechen kannst.

**M2** Lernen – ein Leben lang

Der Wandel zur Wissensgesellschaft und die zunehmende Internationalisierung von Wirtschaft und Gesellschaft beeinflussen die Anforderungen an die Erwerbstätigen. Sprach- oder Computerkenntnisse, personale Kompetenzen (z. B. persönliche Arbeitstechniken oder Einstellungen) oder kulturelle Kompetenzen gewinnen immer mehr an Bedeutung. Um die Chancen auf dem Arbeitsmarkt sicherzustellen, müssen die **fachlichen** und **personalen Kompetenzen** der Erwerbstätigen laufend erweitert werden. Man spricht auch vom „**Lebenslangen Lernen**".

*Bearbeiter*

## Hard Skills

Bezeichnung für die eigentliche Fachkompetenz. Sie ist die Grundlage jeglicher beruflichen Betätigung. Dieses Wissen wird durch einen Schulabschluss, eine Ausbildung, ein Studium oder später durch die Berufserfahrung erworben.

## Soft Skills

Neben den fachlichen Qualifikationen oder [...] dem Schulwissen mit entsprechenden Noten sind für Betriebe noch viele andere Fähigkeiten des künftigen Auszubildenden wichtig. [...] Das große Stichwort lautet Soft Skills oder auch soziale Kompetenz. Mit Soft Skills ist das gesamte Verhalten gemeint, das ein Mitarbeiter zeigt, von der Teamfähigkeit über Verlässlichkeit, Organisationstalent, Kommunikationsstärke, Einfühlungsvermögen bis zur Selbstdisziplin. [...] Es kommt Betrieben aber nicht nur auf Soft Skills an, die in Bezug zu anderen Menschen stehen. Auch die Eigenschaften, die den einzelnen Menschen betreffen, können für Betriebe wichtige Soft Skills sein. Dazu gehören Belastbarkeit, Disziplin, Verantwortungsbewusstsein, Motivation oder Selbstständigkeit.

*© 2017 – Bildungsweb Media GmbH, www.ausbildung.net, Mit Soft Skills punkten, Abruf am: 08.05.2017*

## M3 Was erwarten Schüler vom Ausbildungsbetrieb?

Sechs Industrie- und Handelskammern [...] wollten es genauer wissen [und] interviewten 3.700 Schüler. Die sollten erläutern, was sie vom zukünf-
5 tigen Ausbildungsbetrieb erwarten.

Die Jugendlichen favorisieren demnach Ausbildungsbetriebe, die für gute Praktika und ein angenehmes Betriebsklima bekannt sind –
10 und für eine gute Qualität der Ausbildung. Auch ist den Jugendlichen ein respektvoller und fairer Umgang wichtig. Die Vergütung hingegen spielt für den Nachwuchs kei-
15 ne besonders große Rolle. Gräbener fasst zusammen: „Der Ruf des Unternehmens ist wesentlicher als das Produkt, das Klima ist relevanter als die Vergütung und die Unternehmens-
20 größe spielt keine entscheidende Rolle." [...] Bei den Schülern formt sich das Bild vom Wunsch-Ausbildungsbetrieb sehr oft im Praktikum.

Früher ging es bei Jugendlichen eher
25 um hohes Einkommen und Karriere.

Heute scheint ihnen Spaß, Selbstverwirklichung, Wertschätzung und Abwechslung wichtiger. [...]

Die zukünftigen Azubis betrachten ihre Ausbildungszeit als Investition in 30 die Zukunft, für die sie gut und umfassend qualifiziert sein wollen. Eine vollständige und systematische Ausbildung ist ihnen deshalb wichtig.

Für Volker Linde, Bildungschef der 35 niedersächsischen Kammern, belegen die Befragungen seine Vermutungen. Wichtig ist ein gutes Betriebsklima, ein familiärer Umgang und in der Ausbildungszeit wollen sie als Person 40 ernst genommen werden. [...]

Für Hotelier Kristian Kamp [...] liegen die Schlussfolgerungen auf der Hand: „Für mich als Unternehmer bedeutet das: Will ich gute Nachwuchskräf-45 te haben, muss ich einen Weg finden, unsere Unternehmenskultur für die Jugendlichen erfahrbar zu machen."

*Klaus Heimann, www.zeit.de, Auszubildende wollen ernst genommen werden, 06.06.2013*

### AUFGABEN

1. Analysiere, welche der Erwartungen in **M1** „Soft Skills" und welche „Hard Skills" darstellen (**Randspalte S. 180**).

2. Diskutiert in Kleingruppen: Welchen Stellenwert haben jeweils „Soft Skills" und „Hard Skills" für Arbeitgeber (**M1**, **Randspalte S. 180**)?

3. Bewerte die heutigen betrieblichen Anforderungen an einen Arbeitnehmer aus der Perspektive eines Beschäftigten im mittleren Alter, eines Beschäftigten, der wenige Jahre vor dem Renteneintritt steht, sowie im Anschluss daran aus deiner persönlichen Perspektive (**M2**).

4. Vergleiche, ob sich die Wünsche der Betriebe mit den Erwartungen der Schüler decken (**M1**, **M3**).

5. „Früher ging es bei Jugendlichen eher um hohes Einkommen und Karriere. Heute scheint ihnen Spaß, Selbstverwirklichung, Wertschätzung und Abwechslung wichtiger." Prüfe kritisch, ob dir in deinem späteren Beruf „Selbstverwirklichung, Wertschätzung und Abwechslung" ebenfalls wichtiger als „hohes Einkommen und Karriere" wären (**M3**).

# METHODE

## Das Betriebspraktikum

### I. Worum geht es?

In diesem oder im kommenden Schuljahr werdet ihr ein Betriebspraktikum absolvieren. Ein Betriebspraktikum ist kein Betriebsausflug. Es ist vielmehr der gezielte Versuch, Betriebs- und Arbeitswelt in Handwerks-, Industrie- oder Wirtschaftsunternehmen kennen zu lernen. Betriebspraktika sollten vorwiegend durchgeführt werden, um Einblicke in bestimmte Arbeitsbereiche und soziale Aspekte des Betriebs zu ermöglichen. Wenn das Betriebspraktikum gut vorbereitet wird, kann es besonders gewinnbringend sein. Besonders wichtig ist, dass vor dem Praktikum Interessenschwerpunkte und Erwartungen zu bestimmten Berufsfeldern bereits geklärt sind.

### II. Geht dabei so vor:

#### 1. Schritt: Auswahl eines geeigneten Betriebs

Zuerst solltet ihr z. B. mithilfe des Selbsteinschätzungsbogens **M3** von **S. 164** klären, welche Interessen ihr habt, was ihr besonders gerne macht und gut könnt. Klären solltet ihr aber auch, was ihr überhaupt nicht mögt. Eltern, Freunde und Bekannte und eure Lehrer können euch bestimmt wertvolle Hinweise geben. Erstellt dann euer Persönlichkeitsprofil und überlegt, welcher Beruf bzw. welcher Betrieb für ein Praktikum infrage kommen kann. Hilfreich dabei sind ein Besuch im Berufsinformationszentrum der örtlichen Arbeitsagentur oder einer Ausbildungsmesse, die „Gelben Seiten", Werbeanzeigen in der Tagespresse, Berichte von Freunden und Bekannten sowie ehemaligen Praktikanten. Allgemein über Berufe informiert man sich am besten auf der Homepage der Agentur für Arbeit unter: *http://www.berufenet.arbeitsagentur.de.* Daneben gibt es auch Online-Praktikumsbörsen: z. B. *www.meinpraktikum.de* und *www.praktikant24.de.* Für die Auswahl des Betriebs sollten einige Verhaltensregeln beachtet werden:

a) Die erste Kontaktaufnahme – ob schriftlich, mündlich oder telefonisch – ist besonders wichtig. Denn der erste Eindruck bleibt haften.

b) Die schriftliche Anfrage oder Bewerbung um eine Praktikumsstelle enthält:
   - ein Anschreiben
   - einen tabellarischen Lebenslauf
   - das Begleitschreiben der Schule

c) Habt ihr euch gleichzeitig bei mehreren Stellen beworben, teilt ihr nach Zusage einer Stelle den anderen Stellen mit, dass ihr eure Bewerbung zurückzieht.

d) Achtet auf ein entsprechendes äußeres Erscheinungsbild, vor allem dann, wenn die Berufserkundung mit Kundenkontakten verbunden ist.

e) Korrektes Verhalten im Betrieb wird von euch erwartet. Dazu gehören: Höflichkeit, Pünktlichkeit, Zuverlässigkeit, Rücksichtnahme, vertrauliche Behandlung von Interna, rechtzeitige Information der Berufserkundungsstelle bei Erkrankung, ein Dankeschön am Ende des Praktikums.

#### 2. Schritt: Vorgehen während eines Praktikums

Während des Praktikums informiert ihr euch möglichst umfassend über euer Arbeitsumfeld. Dazu solltet ihr allerdings Schwerpunkte setzen. Seid euch auch darüber im Klaren, dass ihr Praktikanten und keine richtigen Arbeitnehmer seid, weshalb euch wahrscheinlich bestimmte Bereiche des Tätigkeitsfeldes verschlossen bleiben. Umso wichtiger ist es deshalb, möglichst viele Einblicke zu gewinnen. Die Mitarbeiter (Auszubildende, Ausbilder, Facharbeiter, Meister, Angestellte) sind sicher bereit, eure Fragen zu beantworten. Dazu müsst ihr aber selbst aktiv werden. Dokumentiert eure Eindrücke und Erfahrungen durch stichwortartige Notizen oder das Führen eines Tagebuchs. Vielleicht könnt ihr auch Video- oder Fotodokumente anfertigen. Befragt dazu vorher euren Vorgesetzten.
Zur Analyse des Arbeitsplatzes während des Praktikums kann der folgende Fragebogen hilfreich sein:

# METHODE

| Was wird gearbeitet? (Arbeitsaufgabe) | Mit wem wird gearbeitet? (Qualifikation/Status) |
|---|---|

| Wo wird gearbeitet? (Arbeitsort, Arbeitsumgebung, Funktionsbereiche) | Wann wird gearbeitet? (Arbeitszeit/Arbeitsform) |
|---|---|

**Womit wird gearbeitet?**
(Objekte und Arbeitsmittel)

## 3. Schritt: Auswertung des Praktikums (Praktikumsbericht)

Mit der Durchführung des Betriebspraktikums ist die Arbeit noch nicht abgeschlossen. Es schließen sich noch einige wichtige Schritte an:

- Dem Betrieb danken und evtl. Kopien der Praktikumsergebnisse beifügen bzw. zur Ergebnispräsentation einladen
- Systematische Auswertung der Praktikumsunterlagen und Anfertigen eines Praktikumsberichts und ggf. einer Dokumentation des Praktikums. Der Bericht sollte ca. 6-8 Seiten umfassen und Folgendes beinhalten:
  - Erwartungen an mein Praktikum
  - Allgemeines zum Betrieb
    - Name, Anschrift, Größe (Mitarbeiter etc.)
    - Arbeitsbereich (Produktionsbereich, Dienstleistung, Versorgung etc.)
    - Zusammenarbeit mit anderen Betrieben
  - Organisation und Weisungsordnung im Betrieb
    - Zusammensetzung der Mitarbeiter (männlich, weiblich, Arbeiter, Angestellte …)
    - Auflistung sämtlicher im Betrieb vertretenen Berufe
    - Abteilungen des Betriebes
    - Weisungsordnung (evtl. nur Bereich, in dem mein Praktikum stattfindet: Bsp. Direktor – Betriebsleiter – Abteilungsleiter – Meister – Facharbeiter – angelernte Kräfte)
    - Möglichkeiten der Fort- und Weiterbildung
  - Allgemeines zur Arbeit im Betrieb, soziale Leistungen, Mitbestimmung
    - Arbeitszeiten
    - Unfallschutzmaßnahmen
    - Betriebsrat
    - Besondere soziale Leistungen
  - Mein Arbeitsplatz
    - Art des Arbeitsplatzes
    - Ausgeführte Tätigkeiten (selbstständig ausgeführt; unter Anleitung ausgeführt)
    - Verlangter Bildungsabschluss; Dauer und Art der Ausbildung
    - Arbeitsplatzsituation
    - Möglichkeiten der weiteren Qualifizierung
  - Tagesbericht
  - Kritische Zusammenfassung der Erfahrungen
    - Erfüllung bzw. Nichterfüllung der Erwartungen
    - Beurteilung der Erfahrungen (sinnvoll oder nicht) mit Begründung

*Bearbeiter*

## 6.2.2 Welche Entwicklungen kann der Verlauf eines Berufslebens nehmen?

### M4 Erwerbsbiografien früher und heute

*Karikatur: Burkhard Mohr*

**EINSTIEGSAUFGABE**
Versuche aus der Karikatur herauszuarbeiten, wie sich die Erwerbsbiografien von „Früher" und „Heute" voneinander unterscheiden.

### M5 Fallbeispiele: unterschiedliche Erwerbsbiografien

**a) Linda Döring, 23 – Ziele setzen und sich dafür engagieren**

„Nach reiflichen Überlegungen habe ich eine Ausbildung zur Friseurin bei einer Friseur-Kette angefangen. Leider beendete ich meine Ausbildung mit ei-
5 nem Aufhebungsvertrag vorzeitig (3 Monate vor der geplanten Gesellenprüfung). Grund dafür: Der Chef wechselte sehr oft das Personal und es gab keinen Meister bzw. Ausbilder. Da-
10 her wurden mir gewisse Fertigkeiten, die für die Prüfung wichtig sind, nicht beigebracht. Im direkten Anschluss nahm ich meine Ausbildung wohnortnah, in einem Friseursalon in meinem
15 Dorf, auf. Dort habe ich meine Gesellenprüfung erfolgreich bestanden. Meine Chefin bot mir die Möglichkeit an, bei ihr als Vollzeitkraft (allerdings nur auf Minijob-Basis) zu arbeiten. Ich
20 habe dieses Beschäftigungsangebot an-

**Kurzfassung Werdegang Linda Döring**
- 4 Jahre Grundschule
- 6 Jahre Gesamtschule
- Fachoberschulreife
- Friseur-Ausbildung angefangen
- 3 Monate vor Prüfung abgebrochen
- ca. ½ Jahr später Ausbildung wieder angefangen und mit Prüfung abgeschlossen
- 3 Monate nach Abschluss 1 Jahr Meisterschule
- im Anschluss Geschäftsübernahme

*Nach: Renate Weuthen, www. perspektive-berufsabschluss. de, Der Weg ist das Ziel, Abruf am: 12.02.2018*

**Bafög**
finanzielle Leistungen
nach dem Bundesausbildungsförderungsgesetz
(Bafög)

**Kurzfassung Werdegang
Patrick Jaksic**
• Realschulabschluss
• Berufskolleg: Berufsfindendes Jahr
• Ausbildung Einzelhandelskaufmann nach 3
  Jahren abgeschlossen
• arbeitsuchend
• Abitur: Abiturabschluss
  nach 3 Jahren
• Studium: Anglistik und
  Kunst auf Lehramt

*Nach: Irmtraud Hagemann,
www.perspektive-
berufsabschluss.de,
Der Weg ist das Ziel,
Abruf am: 12.02.2018*

genommen, um Erfahrung in meinem Beruf zu sammeln und um nicht arbeitslos zu sein. Ich hatte ein festes Ziel vor Augen, die Meisterschule. Der
25 Entschluss zur Meisterschule zu gehen wuchs, weil ich als einfache Friseurin keine Chancen auf ein ausreichendes Einkommen hatte. Mit 21 Jahren habe ich dann die Meisterschule der Hand
30 werkskammer in Düsseldorf für 1 Jahr im Rahmen einer Vollzeitschule (von montags bis freitags) besucht. Da ich ja außer Bafög keine Einnahmen hatte, arbeitete ich samstags und in den
35 Ferien bei meiner alten Chefin, wieder nur auf Minijob-Basis. Im Februar

2011 habe ich dann meine Meisterprüfung mit sehr gut bestanden. Ich hatte mein Ziel erreicht.

Dann hat meine Chefin mir ihren 40 Friseursalon samt einer Angestellten im April 2011 übergeben. Seither bin ich mein eigener Chef und das schon in so jungen Jahren!!! Ich kann nur jedem Schulabgänger empfehlen, sich 45 feste Ziele zu setzen und sich dafür zu engagieren, auch wenn man nicht immer viel Geld dabei verdient. Am Ende lohnt sich meistens der Einsatz, um im Leben etwas zu erreichen." 50

*Renate Weuthen, www.perspektive-berufsabschluss.de,
Der Weg ist das Ziel, Abruf am: 12.02.2018*

### b) Patrick Jaksic, 26 – „Die Vergangenheit lässt sich nicht ändern, aber die Zukunft!"

„In der Phase der Arbeitslosigkeit kam mir die Idee – ich gehe zur Bundeswehr und leiste meinen Dienst ab. Bei der Arztuntersuchung wurde ich
5 jedoch ausgemustert. Meine Planung scheiterte. Was nun? Ich stellte mir die Frage, warum strebe ich nicht nach etwas Höherem und hole das Abitur nach? Ich recherchierte und
10 wurde fündig. Abitur: 2. Bildungsweg für Erwachsene in Vollzeitform, im Speekolleg Neuss, möglich ab 19./20. Lebensjahr, man muss jedoch, nach der Schulausbildung min
15 destens 1 Jahr gearbeitet oder eine Ausbildung absolviert haben, man erhält Bafög (ohne Rückzahlung), der Direktor führt vorab mit jedem ein Einzelgespräch. Ich bin diesen
20 Weg gegangen und hatte nach 3 Jahren mein Abitur. Nach dem Abiturabschluss war ich wieder arbeitsuchend: Bewerbungen im Einzelhandel waren ergebnislos. In mehreren Firmen zur
25 Probe gearbeitet, keiner will dich wirklich einstellen, sie suchen nur bil

lige Arbeitskräfte. Aus diesem Grund mein Rat: nur einen Probearbeitstag ableisten, das genügt, um sich Einblick 30 in das Berufsfeld zu verschaffen.

Jetzt reifte immer mehr die Erkenntnis in mir – Abitur, die Grundlage für ein Studium. Warum studiere ich nicht? Was kann und will ich 35 studieren? Die Antwort war: KUNST. Jetzt wollte ich mich in diese Richtung orientieren und ein Kunststudium anfangen. Es erwies sich jedoch als sehr schwierig. Dann kam 40 der Alternativplan: Studium Anglistik und Geographie – ich habe Bewerbungen an viele Universitäten versandt. Leider ohne Erfolg. Ich orientierte mich wieder um: Studium: 45 Anglistik und Kunst auf Lehramt an der Uni Wuppertal. [...] Endlich habe ich mein Kunstinteresse in mein Studium integrieren können. Ich habe mein Berufsziel erreicht, wenn auch 50 über viele Umwege."

*Irmtraud Hagemann, www.perspektive-berufsabschluss.de, Der Weg ist das Ziel, Abruf am:
12.02.2018*

**M6** Beschäftigungsdauer im gleichen Betrieb und Anzahl der Arbeitsplatzwechsel im Laufe des Arbeitslebens

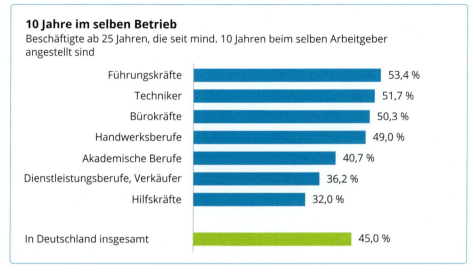

*Quelle: Statistisches Bundesamt*

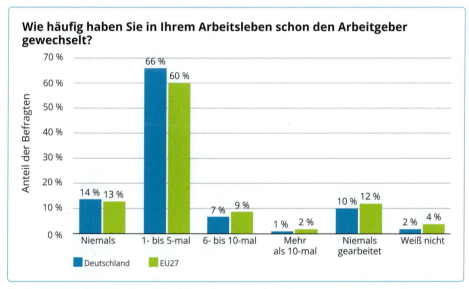

*Quelle: © Statista 2017 / European Commision*

## AUFGABEN

1. Vergleiche die beiden unterschiedlichen Erwerbsbiografien in **M5**. Erläutere anschließend, worin sich beide ähneln und worin sie sich voneinander unterscheiden.

2. Analysiere (→ **Methode S. 227**) die beiden Diagramme in **M6** dahingehend, wie deine persönliche Erwerbsbiografie wohl einmal aussehen wird.

3. Diskutiert, welche Vor- und Nachteile ein ganzes Arbeitsleben im gleichen Unternehmen bzw. mehrere Arbeitsplatzwechsel mit sich bringen könnten.

## 6.2.3 Folgen des Wandels der Arbeit – gibt es bald keine herkömmlichen Berufe mehr?

**M7** Fallbeispiele: Alte und verschwundene Berufe

**Alte und verschwundene Berufe im Überblick**

Mediencode: 82031-10

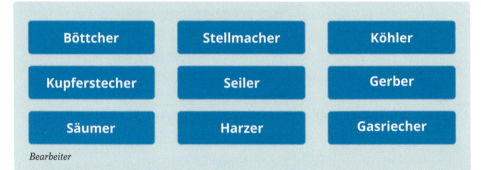

| Böttcher | Stellmacher | Köhler |
| Kupferstecher | Seiler | Gerber |
| Säumer | Harzer | Gasriecher |

*Bearbeiter*

**EINSTIEGSAUFGABEN**
- Recherchiert (mit eurem Smartphone), was die einzelnen Tätigkeiten dieser Berufe waren.
- Entwickelt Ideen, warum es diese Berufe nicht mehr gibt.

**M8** Wie sich Berufe verändern…

### a) Vom Beruf des Schriftsetzers zum Mediengestalter

*Ein Schriftsetzer bei der Arbeit – diesen Beruf gibt es heute nicht mehr.*

**Schriftsetzer**

Oskar Bernhard ist einer der letzten Schriftsetzer in Deutschland. Noch heute hat er Aufträge, die von der Geburtsanzeige über die Speisekarte bis zum kleinen Buch reichen. Im Gegensatz zum normierten Großbetrieb macht er seinen Kunden Vorschläge, welche Schriftart, welche Größe oder Farbe die Schrift haben könnte. Aus in Blei gegossenen Buchstaben, die der Schriftgießer herstellt, setzt der Schriftsetzer einen Text zusammen, den ihm ein Autor vorgelegt hat. Die Buchstaben, die er verwendet, haben eine genau genormte Höhe. Das ist später wichtig für einen gleichmäßigen Druck in der Druckmaschine.

*Wolfgang Zehentmeier, www.br-online.de, Der letzte seines Standes, Abruf am: 07.12.2011*

**Mediengestalter**

Dieser Ausbildungsberuf hat die „alten" Berufe Schriftsetzer, Reprohersteller, Medien- und Werbevorlagenhersteller und den Fotogravurzeichner abgelöst. Mediengestalter Digital und Print arbeiten bei Unternehmen der Druck- und Medienwirtschaft, Mediendienstleistern, Verlagen sowie in öffentlichen Institutionen. Ihre Arbeitsaufgaben sind so unterschiedlich wie die Medien, die sie herstellen und bearbeiten. Ausgebildet wird dieser Beruf in den drei Fachrichtungen Gestaltung und Technik, Beratung und Planung, Konzeption und Visualisierung.

*Bearbeiter*

### b) Roboter ersetzen Rezeptionisten

Am Hotelempfang [...] klimpert ein weiblicher Humanoide mit den Wimpern. Er ist für die Japanisch sprechenden Gäste zuständig. In seiner Herberge in einem Vergnügungspark im Südwesten Japans setzt Betreiber Hideo Sawada zur Kostensenkung fast vollständig auf Roboter – von der Rezeptionistin bis zum Kofferträger. Die Geräte sind für ihn keine Spielerei, sondern ein ernstes Bemühen um mehr Effizienz. Das Hotel nutzt Gesichtserkennungs-Technologie statt normaler elektronischer Schlüssel. Dazu wird das digitale Bild des Gastes beim Einchecken registriert. Der Grund? Roboter sind nicht gut darin, Schlüssel wiederzufinden, sollte ein Gast seinen verlieren.

*Johanna Bruckner/chwa/Irene Helmes, Süddeutsche Zeitung, Check-in beim Roboter, 17.07.2015*

*Diese Rezeptionistin ist ein Roboter mit menschlichem Antlitz (Humanoide) und bedient an der Rezeption des Hotels „Henn na Hotel" in Sasebo/Japan seit Juli 2015 die Gäste.*

## M9 Berufe im Wandel der Zeit

### a) Nehmen uns die Maschinen bald die Berufe weg?

Die von der Digitalisierung befeuerte Automatisierung könnte schneller Arbeitsplätze zerstören, als neue entstehen, warnen Forscher aus Oxford und von der amerikanischen Eliteuniversität Massachusetts Institute of Technology (MIT). Fast die Hälfte der amerikanischen Arbeitsplätze sei potentiell gefährdet, in Deutschland sogar noch mehr. Es drohten schwerwiegende soziale [Konflikte]. Neu ist diese Sorge nicht: Sie begleitet die Menschen seit den Tagen der industriellen Revolution. [...] Bewahrheitet hat sich bisher keine dieser Befürchtungen. [...] Jedes Mal, wenn eine Industrie unterging, wurden an anderer Stelle neue Arbeitsplätze geschaffen. Waren Anfang des 20. Jahrhunderts noch 80 Prozent der deutschen Bevölkerung in der Landwirtschaft beschäftigt, sind es heute weniger als 5 Prozent – zu Massenarbeitslosigkeit kam es trotzdem nicht. [...] Der amerikanische [Wirtschaftswissenschaftler] David H. Autor [...] hat [...] eine neue Studie vorgestellt, die zumindest teilweise Entwarnung gibt. Auf der einen Seite, schreibt der Autor, würden zwar viele Berufe durch den technischen Fortschritt [weniger gefragt], da Maschinen die erforderlichen Aufgaben schneller und billiger ausführen könnten. Besonders gefährdet seien Berufe, in denen Routineaufgaben ausgeführt werden müssen, zum Beispiel [wiederholende] Arbeiten am Fließband oder Verwaltungsaufgaben. [...] Auf der anderen Seite wachse aber die Nachfrage nach Arbeitskräften, die keine Routineaufgaben ausführen. [...] Trotz aller Veränderungen senke das aber nicht die Gesamtzahl der Arbeitsplätze: Die Automatisierung verändere vielmehr die Art der Arbeit, die Menschen leisten. Maschinen könnten menschliche Arbeit nicht dauerhaft vollständig ersetzen. [...] Sie haben nämlich ein entscheidendes Manko: Maschinen können immer nur das tun, was ihnen der Programmierer vorgegeben hat. [...] Viele Tätigkeiten können wir nicht einmal selbst klar erklären, geschweige denn einen Computer darauf programmieren, sie auszuführen.

*Johannes Fischer, Frankfurter Allgemeine Zeitung, Keine Angst vor Robotern, 24.08.2015*

## b) Welche Berufe sind besonders bedroht?

**Computer machen die Arbeit**
Wahrscheinlichkeit des (teilweisen) Ersatzes des Menschen durch den Computer (innerhalb von 20 Jahren)

| Beruf | in % |
|---|---|
| Telefonverkäufer | 99,0 |
| Packer | 98,0 |
| Koch | 96,0 |
| Busfahrer | 67,0 |
| Piloten | 55,0 |
| Radio-/TV-Sprecher | 10,0 |
| Floristen | 4,7 |
| Mathematiker | 4,7 |
| Schriftsteller/Autoren | 3,8 |
| Vorstandsmitglieder | 1,5 |
| Zahnarzt | 0,4 |
| Gesundheitsberater | 0,02 |

Quelle: University of Oxford F.A.Z.-Grafik: Niebel; Aus: Johannes Pennekamp, www.faz.net, Angriff der Roboter, 01.04.2014

## c) Veränderungen in der Arbeitswelt

| | |
|---|---|
| **Arbeitswelt 1.0** | Beginnende Industriegesellschaft am Ende des 18. Jahrhunderts |
| **Arbeitswelt 2.0** | Industrielle Revolution und Beginn der Massenproduktion am Ende des 19. Jahrhunderts, Entstehung der sozialen Frage und Anfänge des Sozialstaates |
| **Arbeitswelt 3.0** | Ausbildung des Sozialstaats und der Arbeitnehmerrechte auf Grundlage der Sozialen Marktwirtschaft. Seit den 80er-Jahren des 20. Jahrhunderts wird die Produktion durch den Einsatz von Informationstechnologie und Elektronik weiter automatisiert. |
| **Arbeitswelt 4.0** | Arbeitswelt der Zukunft, sie wird vernetzter, digitaler und flexibler sein, allerdings ist noch nicht klar, wie die zukünftige Arbeitswelt im Einzelnen aussehen wird. |

Bearbeiter

 **Wie können wir uns auf den Berufswandel vorbereiten? Bundesagentur-Chef Weise: „Spielt nicht, lernt!"**

*Die Menschen sollten in ihrer Freizeit lieber einen IT-Kurs machen, als Computerspiele zu spielen: Der Bundesagentur-Chef mahnt Beschäftigte, die Digitalisierung ernst zu nehmen. Die Folgen für die eigene Stelle könnten gravierend sein.*

Beschäftigte sollten sich nach Ansicht des Chefs der Bundesagentur für Arbeit, Frank-Jürgen Weise, frühzeitig auf den bevorstehenden digitalen Wandel der deutschen Wirtschaft vorbereiten. Die Entwicklung sei nicht mehr aufzuhalten und erfordere von jedem einzelnen die Bereitschaft, sich frühzeitig darüber zu informieren, wie sich die Anforderungen im eigenen Beruf verändern werden, sagte Weise der Nachrichtenagentur dpa. Jeder müsse auch bereit sein, sich in Eigeninitiative fortzubilden.

Nach Weises Einschätzung werden von der sogenannten Industrie 4.0 – der Vernetzung ganzer Fabrikhallen mit dem Internet – sehr viele Beschäftigte betroffen sein. „Diese Veränderungen durch die Digitalisierung werden in der Wirtschaft, am konkreten Arbeitsplatz kommen. Und die hält auch niemand in dieser Weltwirtschaft auf." [...]

„Und da kann ich jedem einzelnen nur die gute Empfehlung geben, sich darauf einstellen. Da müssen die Menschen entscheiden, ob sie Computerspiele machen oder einen IT-Kurs belegen und ob sie in der Freizeit auch mal Englisch lernen", sagte Weise. Aber auch Firmen seien gefordert. Sie müssten ihre Beschäftigten frühzeitig für die neuen Aufgaben in der digitalen Welt qualifizieren. [...] Nach der Definition des Bundeswirtschaftsministeriums zeichnet sich die Wirtschaft 4.0 durch eine enge Verzahnung der Produktion mit modernster Informations- und Kommunikationstechnik aus. Dabei koordinieren intelligente Maschinen selbstständig Fertigungsprozesse, Service-Roboter kooperieren in der Montage mit Menschen. Roboter sollen auch eigenständig Abläufe organisieren, Mängel melden und Nachschub organisieren – und das alles vernetzt mit den Kunden.

*dpa, Bundesagentur-Chef Weise: Spielt nicht, lernt, www.faz.net, 29.12.2016*

## AUFGABEN

1. a) Berufe lösen sich manchmal in andere Berufe auf. Vergleicht, über welche Fähigkeiten ein Schriftsetzer bzw. ein Mediengestalter verfügen muss (**M8a**).

   b) Berufe werden zum Teil komplett von Computern ersetzt. Urteilt spontan: Würdet ihr gerne im Hotel „Henn na" einchecken? Begründet eure Entscheidung (**M8b**).

2. Nehmen uns die Maschinen zukünftig die Berufe weg?

   a) Wertet in Gruppenarbeit den Text in **M9a**, die Grafik in **M9b** und die Tabelle in **M9c** aus und erklärt, warum manche Berufe stärker von dem digitalen Wandel betroffen sind als andere.

   b) Erweitert die Tabelle in **M9b** um jene Berufe, die eurer Meinung nach zukünftig durch Roboter/Computer ersetzt werden könnten. Begründet eure Entscheidungen.

   c) Vergleicht abschließend eure Ergebnisse in der Klasse.

3. Erstellt in Gruppenarbeit mithilfe von **M10** ein Wandplakat (→ Methodenglossar) über den „Berufswandel im digitalen Zeitalter" und die daraus entstehenden Konsequenzen für jeden Einzelnen.

# WAS WIR WISSEN

**Die Anforderungen der modernen Berufs- und Arbeitswelt**
→ M1, M2

Die Anforderungen, die heutzutage und verstärkt in Zukunft an die Arbeitnehmerinnen und Arbeitnehmer gestellt werden, sind sehr vielfältig und anspruchsvoll. Zentrale Bedeutung haben dabei sowohl „**Hard Skills**" wie Qualifikation und Fachkenntnisse als auch „**Soft Skills**" wie die Bereitschaft und die Fähigkeit zum **lebenslangen Lernen** sowie sogenannte Sekundärtugenden wie Fleiß, Pünktlichkeit oder Höflichkeit.

**Der Verlauf eines Berufslebens**
→ M5, M6

Da sich die Berufsbilder ständig ändern, gibt es heute schon kaum jemanden mehr, der seinen Beruf ein ganzes Berufsleben lang ausübt. War es früher noch normal, dass man seinen Beruf ein ganzes Leben lang im gleichen Unternehmen ausgeübt hat, sieht das heutige Berufsleben größtenteils ganz anders aus. Praktika, Weiterbildungen, Umschulungen, Fernstudium oder auch Sabbaticals etc. verändern die **Erwerbsbiografien** im Vergleich zu früher erheblich. Zweifellos bleibt der erlernte Beruf aber nach wie vor die Eintrittskarte in das Arbeitsleben.

**Folgen des Wandels der Arbeit**
→ M8 – M10

Die Veränderungen in der Arbeits- und Berufswelt werden heute maßgeblich durch die **Digitalisierung** bestimmt, die den Wandel beschleunigt, der sich so schnell vollzieht, dass verlässliche Prognosen darüber, wie die zukünftige Arbeitswelt für den Einzelnen aussehen wird, unmöglich sind. Sicher ist aber, dass wir uns immer mehr auf dem Weg in eine vernetzte, digitale und flexibler werdende **Informations**- und **Wissensgesellschaft** befinden, in der auch in Zukunft noch vermehrt **sehr gut ausgebildete Fachkräfte** benötigt werden.

# WAS WIR KÖNNEN

**Berufsberatung simulieren**

1. **Berufsporträts erstellen:**
   Vielleicht habt ihr euren Traumberuf schon gefunden? Erstellt zu den in eurer Klasse genannten Berufswünschen jeweils Kurzporträts.

   Formuliert zunächst Leitfragen. Berücksichtigt z. B. folgende Aspekte:
   – Über welche Fähigkeiten sollte derjenige, der den Beruf ausüben möchte, verfügen?
   – Welche schulischen Voraussetzungen werden verlangt?
   – Wie lange dauert die Ausbildung?
   – Welche Tätigkeiten werden ausgeübt?
   – Wie sind die Verdienstmöglichkeiten?
   – Welche Aufstiegschancen hat man?
   – Hat man die Möglichkeit, diesen Beruf auch im Ausland auszuüben?
   – Wie ist die aktuelle Lage auf dem Arbeitsmarkt?
   – Ist der Beruf ein krisensicherer Beruf? Wie sind die Zukunftschancen?
   – Wird dieser Beruf in gleicher Weise von Männern und Frauen ausgeübt?
   
   Analysiert in einem zweiten Schritt, z. B. durch die Auswertung entsprechender Stellenanzeigen, welche spezifischen Anforderungen an diesen Beruf gestellt werden.

   Informationen findet ihr z. B. hier:
   Seite der Bundesagentur für Arbeit für Jugendliche und Auszubildende:
   www.planet-beruf.de

   Erstellt mit diesen Informationen eine kleine Sammlung von Berufsbeschreibungen (Wandposter, Karteikarten, Dateien …).

2. **Beratung simulieren**
   Jeweils zwei Schüler spielen nun Berufsberater. Legt diesen Schülern euer Interessen-/Fähigkeitenprofil aus **M3** von **S. 164** vor. Die Berater prüfen nun, ob das Profil zum genannten Wunschberuf passt, und machen gegebenenfalls alternative Vorschläge.

**Aufgabe**
Simuliert in der Klasse eine Berufsberatung, so wie sie oben beschrieben ist.

1. Der Staat muss für Bildung sorgen (Bildungspolitik).
2. Der Staat muss für Wettbewerb sorgen und Marktkonzentrationen verhindern (Wettbewerbspolitik).
3. Der Staat muss soziale Sicherung garantieren (Sozialpolitik).
4. Der Staat muss für Verkehrswege sorgen (Verkehrspolitik).
5. Der Staat muss dafür sorgen, dass die Umwelt geschützt wird (Umweltpolitik).
6. Der Staat muss dafür sorgen, dass es keine Wirtschaftskrisen gibt (Wirtschaftspolitik).
7. Der Staat muss für eine gerechte Einkommens- und Vermögensverteilung sorgen (Einkommens- und Vermögenspolitik).
8. Der Staat muss für eine funktionierende Rechtsordnung sorgen (Rechtspolitik).
9. Der Staat muss notleidenden Unternehmen helfen (Strukturpolitik).

Stellt euch vor, ihr schwebt in einem Ballon „Staat". (Gebt eurem Ballon einen Namen!)
An Bord sind schwere Lastenpakete mit Aufgaben des Staates, die den Ballon immer wieder an Höhe verlieren lassen. Er droht abzustürzen. Um den Abstieg aufzuhalten, müsst ihr ein Lastenpaket über Bord werfen. Ihr müsst euch dabei überlegen, welche Staatsaufgaben ihr leicht aufgeben könnt und welche ihr so lange wie möglich an Bord behalten wollt. Der Ballon fängt sich wieder, verliert aber nach einer Weile wieder an Höhe. Ein weiteres Paket (2. Spielrunde) muss also abgeworfen werden. Dies geht so weiter, bis der Ballon sich endlich stabilisiert hat. Dokumentiert jeden Abwurf: In welcher Reihenfolge wurden die Lasten abgeworfen? Begründet jeden einzelnen Abwurf (Argumente, Kontroversen).

**Anmerkung für den Spielleiter:**
Alle Mitspieler erhalten die Liste mit den Lasten. Außerdem wird eine große Tabelle mit den Namen der Ballone und der mitfahrenden Spielerinnen und Spieler benötigt, um am Schluss die Ergebnisse vergleichen zu können.

# Bürger in einer Wirtschaftsordnung

Jede Gesellschaft muss für sich die Fragen beantworten, wie die Produktion der notwendigen Güter vorgenommen werden soll: Was soll produziert werden? Wer soll es produzieren? Wie soll produziert werden? Wie soll das Produzierte verteilt werden? Die Regeln, die sich eine Gesellschaft gibt, um diese Fragen zu beantworten, machen die Wirtschaftsordnung dieser Gesellschaft aus. Die Wirtschaftsordnung der Bundesrepublik Deutschland ist die Soziale Marktwirtschaft.

## KOMPETENZEN

**Am Ende des Kapitels solltet ihr Folgendes können:**
- Unterschiede möglicher Wirtschaftsordnungen erklären und die Rolle der Akteure darin vergleichen
- grundlegende Prinzipien der Sozialen Marktwirtschaft darstellen
- die Bedeutung von Wettbewerbspolitik als ein grundlegendes Merkmal der Sozialen Marktwirtschaft beschreiben

## WAS WISST UND KÖNNT IHR SCHON?

Spielt das Ballonspiel wie in der Spielanleitung beschrieben.

# 7.1 Wie steuern Regeln das wirtschaftliche Verhalten?

## 7.1.1 Wie reagieren Menschen auf Anreize?

### M1 Wie halten wir es mit der Rechnung – allein oder gemeinsam?

*Restaurantrechnung*

> Eine Gruppe von zehn Freunden und Bekannten geht in ein Restaurant. Alina hat sich eigentlich vorgenommen, nicht so viel Geld auszugeben. Bald hat sie auf der Speisekarte „Currywurst mit Pommes frites für 6,50 €" entdeckt. Da kommt die Gruppe ganz spontan überein, dass die gemeinsame Rechnung durch die Zahl der Köpfe geteilt werden soll. Das bringt Alina ins Grübeln: Es wird auch ein „Rindersteak mit Kartoffel-Kroketten und Pfifferlingen für 26,50 €" angeboten. Wie wird Alina sich entscheiden?
> *Nach einer Idee von: Andreas Diekmann, Empirische Sozialforschung, 2014, S. 203 f.*
>
> **EINSTIEGSAUFGABEN**
> - Berechne, wie viel der Mehrpreis für Alina bei gemeinsamer Abrechnung beträgt, wenn sie sich für das Rindersteak entscheidet.
> - Erläutere, wie du dich an Stelle von Alina entscheiden würdest.
> - Erkläre die finanziellen Folgen, die es für die gemeinsame Abrechnung im Vergleich zur individuellen Bezahlung haben wird, wenn auch die anderen Gruppenmitglieder vor einer vergleichbaren Entscheidungssituation wie Alina stehen.

### M2 Wirtschaftliches Handeln – gesteuert durch Anreize

Ökonomen trennen bei der Betrachtung des Verhaltens der Menschen zwischen deren Bedürfnissen, Interessen, Wünschen und Zielen einerseits,
5 den sogenannten **Präferenzen**, und den Einschränkungen für die Realisierung dieser Präferenzen andererseits, den sogenannten **Restriktionen**. Solche Einschränkungen bestehen zum
10 Beispiel im verfügbaren Einkommen.
Wenn Ökonomen menschliches Verhalten untersuchen, interessieren sie sich weniger für die Präferenzen, sondern gehen in erster Linie der Frage nach: Wie wirken Veränderungen der 15 Restriktionen auf das Verhalten? Aus ökonomischer Perspektive sind Restriktionen **Anreize**, auf die Menschen systematisch reagieren, je nachdem, ob ihnen die Handlungsmöglichkeiten po- 20 sitiv oder negativ erscheinen. Um es an einem Beispiel zu verdeutlichen: Wenn ein Einzelhändler eine Rabattaktion durchführt, d. h. seine Preise für eine bestimmte Produktpalette senkt, dann 25 ist das für die Kunden in der Regel ein Anreiz zu kaufen. Wie dieses Beispiel zeigt, bestehen die Handlungsmöglich-

7.1 Wie steuern Regeln das wirtschaftliche Verhalten?

195

keiten – und Handlungseinschränkun-
gen – vor allem in den **Kosten und
Nutzen** dieser Handlungen. Indem die
Handelnden bei ihren Entscheidungen
Kosten und Nutzen vergleichen, wird
sich ihr Verhalten in dem Maße verändern, wie sich die Kosten oder die Nutzen verändern. Das ist typischerweise
bei einer Preissenkung der Fall. Ein anderes Beispiel beschreibt **M1**: Durch
den Abrechnungsmodus ergeben sich
bestimmte Anreize, die dann das Verhalten steuern.

Sind diese Anreize in einer Volkswirtschaft in charakteristischer Weise aus-
gestaltet, liegt eine Art Regelwerk
vor. Man spricht dann von der **Wirtschaftsordnung dieser Volkswirtschaft**.

*Bearbeiter*

## M3   Auf die richtigen Anreize kommt es an

Stellen Sie sich für einen Augenblick
vor, Sie seien der Leiter einer Kindertagesstätte. Die Regeln besagen eindeutig, dass die Kinder um vier Uhr
nachmittags abgeholt werden müssen.
Aber die Eltern kommen oft zu spät.
Die Folge: Am Ende des Tages bleiben
ein paar ängstliche Kinder und zumindest ein Betreuer zurück, die gemeinsam darauf warten, dass die säumigen
Eltern erscheinen. Was kann man dagegen tun?

Zwei Wirtschaftswissenschaftler, die
von diesem Dilemma gehört hatten –
wie sich zeigte, kam es recht häufig
vor –, boten eine Lösung an: Die säumigen Eltern sollten eine Strafe zahlen. Es gab schließlich keinen Grund
für die Tagesstätte, diese Kinder kostenlos zu betreuen.

Die Ökonomen beschlossen, ihren Vorschlag in der Praxis zu testen, indem
sie eine entsprechende Untersuchung
bei zehn Tagesstätten in Haifa, Israel,
durchführten. Der Test lief über zwanzig Wochen, und die Strafe wurde nicht
sofort eingeführt. Während der ersten
vier Wochen notierten die Ökonomen
lediglich, wie viele Eltern zu spät kamen; im Durchschnitt gab es acht Fälle
pro Woche. In der fünften Woche wurde den Eltern dann erklärt, wer sein
Kind mehr als zehn Minuten zu spät
abhole, müsse pro Kind und Fall umge-
rechnet drei Dollar Strafe zahlen. Die
Strafe wurde auf die monatliche Rechnung der Eltern aufgeschlagen, die ungefähr 380 Dollar betrug.

Nachdem diese Regelung eingeführt
worden war, ging die Zahl der Verspätungen prompt [...] nach oben. Bald
darauf gab es zwanzig Verspätungen
pro Woche; der ursprüngliche Durchschnitt hatte sich also mehr als verdoppelt. Der Schuss war schlicht nach hinten losgegangen.

*Steven D. Levitt/Stephen J. Dubner, übersetzt von
Gisela Kretzschmar, Freakonomics, 2006, S. 38 f.,
42 f.*

**H** ZU AUFGABE 2
→ S. 270

**F**
Es gibt zahlreiche The-
menfelder, die die Politik,
besonders die Wirtschaftspolitik, vor Herausforde-
rungen stellen. Ein solches
Themenfeld ist zum
Beispiel die Steuerung des
Individualverkehrs. Das
gilt sowohl für die
Feinstaubproblematik
in den Großstädten als
auch für die Belastung der
Fernstraßen. Erläutere,
warum es in dieser Situation für Wirtschaftspolitiker
hilfreich ist, über Anreize
nachzudenken.

## AUFGABEN

1. Charakterisiere aus deinem Alltag Beispiele für Anreize, die dein Verhalten
und das deiner Umgebung steuern (**M2**).

2. Manchmal bewirken Anreize gar nicht das erwünschte Verhalten. Erläutere,
was deiner Ansicht nach beim Anreiz falsch war, den man in den israelischen
Tagesstätten gesetzt hatte (**M3**).

## 7.1.2 Zwei grundlegende Entscheidungssysteme für Wirtschaftsordnungen

**M4** Ein Gedankenexperiment: Bau dir deine Wirtschaftsordnung!

| | |
|---|---|
| Die staatliche Planungsbehörde legt fest, wie viel die Unternehmen produzieren sollen. | Der Staat greift möglichst wenig in das Wirtschaftsgeschehen ein. |
| Unternehmen und Haushalte handeln nach ihrem eigenen Interesse. | Es gibt Pläne für alle Bereiche der Wirtschaft eines Landes. |
| Unternehmen können pleitegehen. | Preise bilden sich durch das Zusammenspiel von Angebot und Nachfrage. |
| Preise werden zentral festgelegt. | Unternehmen und Fabriken gehören dem Staat. |
| Wie viele Güter jeder Verbraucher bekommt, legt der Staat fest. | Konsumenten haben durch ihre Kaufentscheidung Einfluss auf Art und Menge der angebotenen Waren. |

*Bearbeiter*

### EINSTIEGSAUFGABEN

Das Institutionen- und Regelsystem, welches ein Staat für seine Wirtschaft festlegt, nennt man Wirtschaftsordnung. Unterschieden werden kann dabei zwischen den beiden Wirtschaftsordnungen freie Marktwirtschaft, innerhalb derer alle Entscheidungen dezentral über Angebot und Nachfrage auf dem Markt getroffen werden, und Planwirtschaft, in der der Staat bestimmt, wie viel von was produziert wird.

- Wenn du Regierungschef wärst, welche Bausteine würdest du für eine neue Wirtschaftsordnung deines Landes nehmen? Wähle drei aus und erkläre deine Entscheidung.
- Vergleicht die unterschiedlichen Bestandteile der Wirtschaftsordnungen. Welche schließen einander aus? Welche passen gut zusammen?

## M5 Zwei unterschiedliche Verfahren, wie in der Wirtschaft Entscheidungen getroffen werden können

*Adam Smith (1723 – 1790), schottischer Philosoph und Ökonom*

### a) Wie funktioniert die „unsichtbare Hand"?

In seinem wichtigsten Werk, das 1776 veröffentlicht wurde, „Der Wohlstand der Nationen" (auch unter „Der Reichtum der Nationen" bekannt), erklärte der berühmte Schotte Adam Smith so präzise und allgemeingültig wie kein anderer vor allem eins: Er zeigte, inwiefern Individuen im Marktgeschehen letztlich das Interesse der Allgemeinheit voranbringen, obwohl sie nur auf ihren **eigenen Vorteil** bedacht sind. Es ist jene berühmte „**unsichtbare Hand**", die den Einzelnen dazu bringt, einen Zweck zu erfüllen, der keineswegs in seiner Absicht liegt. Obwohl er nur seine persönlichen Interessen verfolgt, arbeitet er damit oft auf wirkungsvollere Weise für das **Interesse der Gesellschaft**, als wenn er sich dies zum Ziel gesetzt hätte. [...]
„Hör mal, was unser Schotte schreibt: ‚Nicht vom Wohlwollen des Metzgers, Brauers, und Bäckers erwarten wir das, was wir zum Essen brauchen, sondern davon, dass sie ihre **eigenen Interessen** wahrnehmen. Wir wenden uns nicht an ihre Menschen-, sondern an ihre Eigenliebe, und wir erwähnen nicht die eigenen Bedürfnisse, sondern sprechen von ihrem Vorteil.'"

*André Fourçans, Die Welt der Wirtschaft, Frankfurt/New York 1998, S. 26 f., übersetzt von Sabine Schwenk*

### b) Wie funktioniert die Planwirtschaft?

In der **Planwirtschaft** (auch **Zentralverwaltungswirtschaft** genannt) wird versucht, die wirtschaftliche Tätigkeit der Millionen Betriebe und Haushalte (Produktions- und Konsumeinheiten) in einem **zentralen Plan** im Voraus festzulegen und aufeinander abzustimmen. Eine aus Experten bestehende **zentrale Plankommission** muss den Bedarf an Wirtschaftsgütern für einen bestimmten Zeitraum schätzen. Z. B. muss überlegt werden, wie viele Autos im festgelegten Zeitraum benötigt werden. Anschließend müssen die Produktionsmöglichkeiten der einzelnen Betriebe ermittelt werden. Aufgrund der Meldungen wird ein Gesamtplan erarbeitet, der jedoch wieder in konkrete Produktionsziele für die einzelnen Unternehmen aufgeteilt werden muss. So muss die Planbehörde zum Beispiel wissen, wie viele Arbeitskräfte, Maschinen und Rohstoffe für die Planungsperiode zur Verfügung stehen bzw. beschafft werden können. Die Umsetzung der Pläne muss außerdem überwacht werden.

*Bearbeiter*

### Vergleich der Wirtschaftsordnungen

| Marktwirtschaft | |
|---|---|
| Lenkung | Freier Wettbewerb auf Märkten (dezentral): Angebot und Nachfrage |
| Wirtschaftliche Initiative | Unternehmen/Konsumenten |
| Preisbildung | Angebot und Nachfrage regeln den Preis |
| Eigentumsverfassung | Privateigentum an Produktionsmitteln (Kapitalismus) |
| Verteilung (Distribution) | Nach Leistungsprinzip |
| Lohnbildung | Lohnfestsetzung durch die Tarifpartner |

| Planwirtschaft | |
|---|---|
| Lenkung | Zentral durch staatliche Planung |
| Wirtschaftliche Initiative | Staatliche Planungszentrale |
| Preisbildung | Preisfestsetzung und -kontrolle |
| Eigentumsverfassung | Staatseigentum an Produktionsmitteln (Kommunismus) |
| Verteilung (Distribution) | Nach Gleichheits- und Bedarfsprinzip |
| Lohnbildung | Lohnfestsetzung durch den Staat |

## M6 Wirtschaftliche Freiheit und Wohlstand – 1990/2015

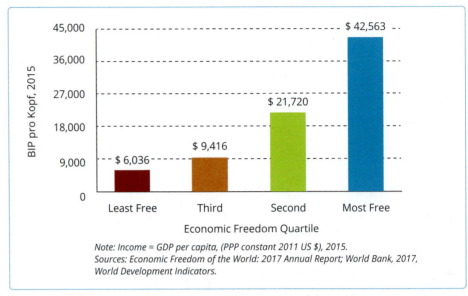

*Fraser Institute, Economic Freedom of the World: 2017 Annual Report, S. 22*

**Menschenbild**
Vorstellungen über grundlegende Wesensmerkmale des Menschen
*Hans-Dieter Haas, http://wirtschaftslexikon.gabler.de, Menschenbilder, Abruf am: 24.05.2017*

Auf der x-Achse sind die Länder der Welt entsprechend ihrem Grad an wirtschaftlicher Freiheit in den Jahren zwischen 1990 und 2015 (z. B. sichere Eigentums- und Verfügungsrechte, offene Wettbewerbsmärkte, Vertragsfreiheit und Rechtsstaatlichkeit) in Viertel geteilt, links das unfreieste, rechts das freieste Viertel. Zu den unfreiesten Ländern gehören u. a. die afrikanischen Staaten Republik und Demokratische Republik Kongo, die Zentralafrikanische Republik, Simbabwe und das lateinamerikanische Venezuela, zu den freiesten u. a. Neuseeland, die Schweiz, Großbritannien, Australien, Kanada und die Bundesrepublik Deutschland. Auf der y-Achse ist das Bruttoinlandsprodukt pro Kopf in Dollar abgetragen.

*Bearbeiter*

### F ZU AUFGABE 2
Vergleiche das Menschenbild der freien Marktwirtschaft mit anderen dir bekannten Menschenbildern, z. B. aus Religion/Ethik oder Biologie.

### F
Auch Unternehmen folgen planwirtschaftlichen Prinzipien, indem bspw. Manager durch Anweisungen vorgeben, welcher Mitarbeiter welches Produkt mit welcher Produktionstechnik zu erstellen hat (→ **Kapitel 5**). Erläutere mögliche ökonomische Gründe dafür.

## AUFGABEN

1. Erläutere die Funktionsweise der sog. unsichtbaren Hand (**M5a**), indem du die Anreize des Bäckers und seines Kunden charakterisierst (Z. 24 ff.).
2. Arbeite die wesentlichen Merkmale des Menschenbildes der freien Marktwirtschaft heraus (**M5a**).
3. Vergleiche die Marktwirtschaft mit der Planwirtschaft hinsichtlich der Kriterien „Menschenbild" und „Schwächen" und ergänze die Tabelle entsprechend (**M5a**, **M5b**, **Randspalte S. 197 f.**).
4. Gib die zentrale Aussage der Grafik **M6** als „Je…, desto…"-Satz wieder.
5. Die in der ehemaligen DDR praktizierte Planwirtschaft wird bekanntlich als gescheitert betrachtet. Stelle Vermutungen darüber an, worin die Schwächen der Planwirtschaft bestehen (**M5b**, **Randspalte S. 197, M6**).

# WAS WIR WISSEN

Wirtschaftliches Handeln hängt entscheidend von Regeln ab, die als Anreize das Handeln der Wirtschaftsakteure in eine bestimmte Richtung lenken.

**Regeln als Anreize**
→ M2, M3

---

Die existierenden Wirtschaftsordnungen lassen sich danach unterscheiden, welches charakteristische **Institutionen- und Regelsystem** in der jeweiligen Ordnung gegeben ist. Man unterscheidet dabei im Einzelnen vorrangig die **Planungs- und Lenkungsform** (dezentral, durch Selbstkoordination; zentral, durch Herrschaft), die **Eigentumsform** (Privateigentum; Staatseigentum), die **Markt- und Preisbildungsform** (auf Märkten; durch staatliche Preisfestsetzung) und die **Unternehmensform** (Gewinnprinzip; Planerfüllungsprinzip). In der Geschichte haben sich bislang vor allem zwei Wirtschaftsordnungen herausgebildet, die auf ganz unterschiedlichen Institutionen- und Regelsystemen basieren. **Marktwirtschaften** in allen Variationen – zu diesen sagt man auch kapitalistische Wirtschaftsordnungen – und **Planwirtschaften**, die heute allerdings in ihrer reinen Form nur noch in wenigen Staaten existieren (z. B. in Nordkorea).

**Wirtschaftsordnungen**
→ M5a, M5b, Randspalten S. 197 f.

---

Man kann die beiden Wirtschaftsordnungen vor allem daran unterscheiden, wie frei die Menschen in ihren wirtschaftlichen Handlungen sind und wie die Verteilung der Güter organisiert wird.

**Merkmale und Menschenbild der Wirtschaftsordnungen**
→ M5a, M5b, Randspalten S. 197 f.

---

Haben die Menschen eine große wirtschaftliche Handlungsfreiheit und ist die Verteilung der Güter dezentral durch Märkte mit freier Preisbildung organisiert, handelt es sich um das Modell der Marktwirtschaft. Die Marktwirtschaft nutzt den **Egoismus des Einzelnen**, um über die Koordination auf Märkten die **Wohlfahrt aller** zu mehren.

**Marktwirtschaft**
→ M5a, Randspalte S. 197

---

Sind die Menschen in ihrer wirtschaftlichen Handlungsfreiheit stark eingeschränkt und ist die Verteilung der Güter durch einen **zentralen Plan** mit **festen Preisen** für die Güter organisiert, handelt es sich um das Modell der Planwirtschaft oder auch **Zentralverwaltungswirtschaft**. In einer Planwirtschaft bestehen nur in sehr eingeschränktem Maße Anreize für die Menschen, Eigeninitiative und Eigenverantwortung zu übernehmen und den eigenen Gewinn zu mehren.

**Planwirtschaft**
→ M5b, Randspalte S. 197

---

Der Zusammenbruch der kommunistischen Staaten Ende der 1980er-Jahre hat gezeigt, dass die Marktwirtschaft der Planwirtschaft überlegen ist: Sie vermag mehr Wohlstand zu erzeugen und vor allem sind die Anbieter der Waren und Dienstleistungen gezwungen, sich an den Bedürfnissen der Kunden zu orientieren. Wirtschaftliche Handlungsfreiheit oder allgemein die **Freiheit des Einzelnen** ist somit offensichtlich eine wichtige **Voraussetzung für Wohlstand und Demokratie**.

**Wirtschaftliche Freiheit und Wohlstand in der Welt**
→ M6

## 7.2 Marktwirtschaft – aber bitte sozial!
### 7.2.1 Die Soziale Marktwirtschaft – was sagt das Grundgesetz?

**Otto von Bismarck (1815 – 1898)**
Von 1871 bis 1890 erster Reichskanzler des Deutschen Reiches und während dieser Zeit „Erfinder" des weltweit ersten Sozialversicherungssystems.

**Gründerzeit**
Bezeichnung für die Zeit der florierenden Wirtschaft im Deutschen Reich nach dessen Gründung im Jahr 1871.

**Proletarier**
hier: Arbeiter

### M1 Ohne Sozialversicherung keine Marktwirtschaft

„Mein Gedanke war, die arbeitenden Klassen zu gewinnen, oder soll ich sagen zu bestechen, den Staat als soziale Einrichtung anzusehen, die ihretwegen besteht und für ihr Wohl sorgen möchte." So begründete Otto von Bismarck die Einführung der ersten umfassenden Sozialversicherung der Welt im Nachhinein. Es war weder heuchlerisch noch zynisch; es war ehrlich. Denn spätestens seit der Gründerzeit, also dem großen Aufschwung der Industrie in Deutschland, war ein Millionenheer von Proletariern entstanden, das sich von seiner Arbeit bestenfalls so eben ernähren konnte. Krankheit, Unfall, Arbeitslosigkeit und Tod bedrohten die Arbeitsfähigkeit jederzeit. Ohne Erwerbsarbeit aber war an eine menschenwürdige Existenz nicht zu denken – und ein Gesellschaftssystem, das sich um die Menschen nicht kümmerte, konnte kaum Legitimität beanspruchen.

*Werner Plumpe, www.faz.net, Ohne Sozialversicherung kein Kapitalismus, 17.09.2011*

**EINSTIEGSAUFGABE**
Arbeite heraus, wie es zur ersten umfassenden Sozialversicherung der Welt gekommen ist.

**Erklärfilm „gesetzliche Sozialversicherung"**

Mediencode: 82031-11

### M2 Die Soziale Marktwirtschaft im Grundgesetz

**Mindestanforderungen des Grundgesetzes (GG) an ein Wirtschaftssystem**
Im Grundgesetz findet sich keine Entscheidung für eine bestimmte Wirtschaftsordnung. Seine **„wirtschaftspolitische Neutralität"** ermöglicht es dem Gesetzgeber, die ihm jeweils sachgemäß erscheinende Wirtschaftspolitik zu verfolgen. Die gegenwärtige Wirtschafts- und Sozialordnung ist keinesfalls die verfassungsrechtlich einzig mögliche (BVerfGE 4, 8/18). Der Gesetzgeber ist nur verpflichtet, die von der Verfassung an jede Wirtschaftspolitik gestellten Mindestanforderungen zu beachten: Die Wirtschaftspolitik muss dem **Grundrecht der freien Entfaltung der Persönlichkeit** einerseits und der in Art. 20 Abs. 1 getroffenen Entscheidung für den **Sozialstaat** (vgl. dazu Art. 20) andererseits gerecht werden. [...]
Diese [...] Freiheiten verlangen aber keineswegs eine einseitig kapitalistisch oder ausschließlich marktwirtschaftlich ausgerichtete Wirtschaftsordnung.

*Dieter Hesselberger, Das Grundgesetz, Kommentar für die politische Bildung, 13., aktualisierte Auflage, Bonn 2003, S. 73 f.*

## Verfassungsrechtliche Grundlagen der Sozialen Marktwirtschaft

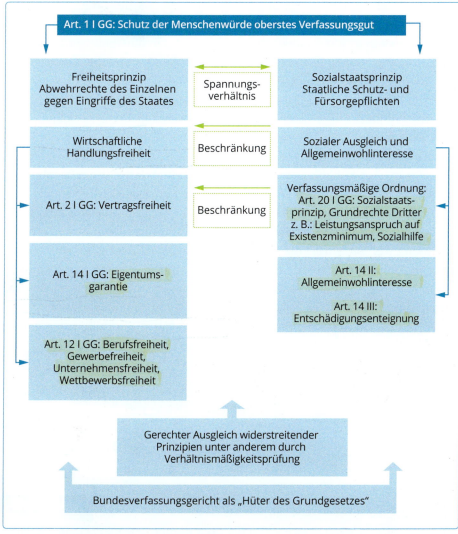

Nach: Unterricht Wirtschaftspolitik, 2/2011, S. 10

**Art. 2 GG**
(1) Jeder hat das Recht auf die freie Entfaltung seiner Persönlichkeit, soweit er nicht die Rechte anderer verletzt und nicht gegen die verfassungsmäßige Ordnung oder das Sittengesetz verstößt.
(2) Jeder hat das Recht auf Leben und körperliche Unversehrtheit. Die Freiheit der Person ist unverletzlich. In diese Rechte darf nur auf Grund eines Gesetzes eingegriffen werden.

**Art. 14 GG**
(1) Das Eigentum und das Erbrecht werden gewährleistet. Inhalt und Schranken werden durch die Gesetze bestimmt.
(2) Eigentum verpflichtet. Sein Gebrauch soll zugleich dem Wohle der Allgemeinheit dienen.
(3) Eine Enteignung ist nur zum Wohle der Allgemeinheit zulässig. Sie darf nur durch Gesetz oder auf Grund eines Gesetzes erfolgen, das Art und Ausmaß der Entschädigung regelt. Die Entschädigung ist unter gerechter Abwägung der Interessen der Allgemeinheit und der Beteiligten zu bestimmen. Wegen der Höhe der Entschädigung steht im Streitfalle der Rechtsweg vor den ordentlichen Gerichten offen.

## M3 Wirtschaftliche Freiheit und Sozialstaat – wie passt beides zusammen?

„Sozial" steht für soziale Gerechtigkeit und Sicherheit, „Marktwirtschaft" für wirtschaftliche Freiheit. Die Soziale Marktwirtschaft hält grundsätzlich an der Souveränität des Individuums fest. Diese sollte allerdings dort ihre Grenze finden, wo fundamentale Rechte und Interessen anderer beeinträchtigt werden. Das Grundziel der Sozialen Marktwirtschaft heißt entsprechend: „So viel Freiheit wie möglich, so viel staatlicher Zwang wie nötig." Ihre Aufgabe ist es, auf der Grundlage von Markt und Wettbewerb das Prinzip der Freiheit mit dem des sozialen Ausgleichs und der sozialen Gerechtigkeit zu verknüpfen. [...] Wirtschaftliche Freiheit bedeutet, dass die Verbraucher frei entscheiden können, wie sie ihr Einkommen

## Prinzipien der Sozialen Marktwirtschaft

Die Konzeption der Sozialen Marktwirtschaft basiert auf drei zentralen Prinzipien:

(1) Nach dem **Wettbewerbsprinzip** muss der Staat dafür Sorge tragen, dass in allen Branchen und Sektoren möglichst (große) Konkurrenz herrscht.

(2) Das **Prinzip der Marktkonformität** besagt, dass kein (wirtschafts-)politischer Eingriff des Staates die Preisbildung aus Angebot und Nachfrage stören darf.

(3) Allerdings bleibt es nach dem **Sozialstaatsprinzip** möglich, aus sozialen Gründen Mitglieder der Gesellschaft zu unterstützen, sodass sie (durch Konsum) am Markt teilnehmen können.

*Nach: Kersten Ringe, Politischer Entscheidungsprozess und Soziale Marktwirtschaft, Bamberg 2010, S. 167*

verwenden. Die Eigentümer der Produktionsmittel können frei wählen, ob sie ihre Arbeitskraft, Sachgüter oder unternehmerischen Fähigkeiten
25 zur Verfügung stellen (Gewerbefreiheit, Berufsfreiheit, Freiheit der Eigentumsnutzung). Unternehmer haben die Freiheit, Güter nach ihrer Wahl herzustellen und abzusetzen.
30 Käufern und Verkäufern von Gütern steht es frei, sich neben anderen um das gleiche Ziel zu bemühen (Wettbewerbsfreiheit). [...] Die wirtschaftliche Freiheit soll durch den Staat dort
35 beschränkt werden, wo sie die soziale Gerechtigkeit und die soziale Sicherheit gefährdet. [...] Sozial Schwächere werden durch ein soziales Netz (z. B. durch Arbeitslosenversicherung, Kin-
40 der- und Erziehungsgeld, Wohngeld, Sozialhilfe) abgesichert. Der Staat übernimmt Aufgaben, die der Markt nicht oder nur sehr eingeschränkt er-

füllen kann, wie etwa struktur- und bildungspolitische Aufgaben. Die 45 Pferdekutsche bietet ein treffendes Sinnbild der Wirtschaftsordnung, die in der Bundesrepublik Deutschland [...] politisch durchgesetzt wurde. Der Weg wird durch die Bedürfnisse 50 der Verbraucher vorgezeichnet. Der Wettbewerb hält die Pferde in Trab. Falls diese Gefahr laufen, sich zu verirren, bringt der wirtschaftspolitische Lenker auf dem Kutschbock sie mit- 55 hilfe der Zügel wieder auf den richtigen Weg zurück. Drohen sie durchzugehen oder stehen zu bleiben, werden sie gebremst oder angetrieben. Für alle Bürger, die zeitweise oder auf 60 Dauer nicht mithalten können, werden Sitzplätze in der Kutsche bereitgehalten.

*Herbert Buscher u. a., Wirtschaft heute, Bundeszentrale für politische Bildung, Bonn 2009, S. 30*

## AUFGABEN

1. „In der freien Marktwirtschaft hat der Staat die Aufgabe, für die innere und äußere Sicherheit zu sorgen. Er greift darüber hinaus so wenig wie möglich in das Marktgeschehen und dessen Ergebnisse ein." So könnte ein Kurztext zur freien Marktwirtschaft lauten. Entwirf einen vergleichbaren Kurztext für die Soziale Marktwirtschaft (**M2**, **M3**, **Randspalte S. 202**).

2. Es gibt die These, das Grundgesetz der Bundesrepublik Deutschland sei gegenüber der Wirtschaftsordnung neutral. Nimm zu dieser These begründet Stellung (**M2**, **M3**).

3. Entwirf drei Fragen zur Sozialen Marktwirtschaft und gib sie deinem Nachbarn mit der Bitte, Antworten zu finden (**M1 – M3**).

4. In Deutschland besteht eine weitgehende Sozialversicherungspflicht. Das ist nicht selbstverständlich. In den USA ist erst in jüngster Zeit der Gesetzentwurf für eine Krankenversicherungspflicht debattiert worden. Erörtere Vor- und Nachteile einer verpflichtenden Sozialversicherung.

## 7.2.2 Was gefährdet den Wettbewerb?

### M4  Aktueller Kartellfall: Bundeskartellamt überprüft Lieferbedingungen der Molkereien

Das Bundeskartellamt hat ein Verwaltungsverfahren eingeleitet, um die von Molkereien gegenüber den Landwirten aufgestellten Lieferbedingungen von Rohmilch zu überprüfen. In einem Pilotverfahren werden zunächst die Lieferbedingungen der norddeutschen Großmolkerei DMK Deutsches Milchkontor GmbH sowie ihrer Muttergesellschaft Deutsches Milchkontor eG untersucht. [...] Im Fokus der Untersuchung des Bundeskartellamtes stehen v. a. lange Vertragslaufzeiten sowie Klauseln, die die Erzeuger verpflichten, ihre gesamte Produktionsmenge vollständig an „ihre" Molkerei zu liefern (sog. Andienungspflicht). Untersucht werden auch sog. Referenzpreissysteme, die dazu führen, dass die Preisänderung einer Molkerei umgehend entsprechende Preisänderungen bei anderen Molkereien nach sich zieht. [...]

© 2017 Bundeskartellamt, www.bundeskartellamt.de, Bundeskartellamt überprüft Lieferbedingungen der Molkereien, 21.04.2016

**EINSTIEGSAUFGABE**
Arbeite heraus, inwiefern die Meldung des Bundeskartellamts auf Einschränkungen des Wettbewerbs hinweist.

### M5  Warum ist Wettbewerb so unbeliebt?

Nehmen wir mal einen Wettbewerb im Sport, sagen wir: einen 100-Meter-Lauf. Acht Läufer rennen, kämpfen sich ab – und am Schluss ist zumindest einer glücklich über das Ergebnis, nämlich der Sieger.
Stellen wir uns aber vor, an den 100-Meter-Lauf schlösse sich sofort ein zweiter an. Und noch einer, und noch einer. [...] Wer unaufhörlich um seinen Platz kämpfen muss, wird das schnell ziemlich anstrengend finden. Selbst die besten Läufer hätten von ständigen Wettrennen wohl bald die Nase voll.
Im Prinzip geht es Managern in der Wirtschaft genauso: Sie haben keine Lust, ständig mit anderen zu konkurrieren. Weltweit sehen 70 Prozent der Manager Wettbewerb sogar als größte Bedrohung für ihr Geschäft, hat der Personaldienstleister Accenture erfragt.
Das Schreckgespenst Wettbewerb ist einfach erklärt: Wenn möglichst viele verschiedene Anbieter um die billigsten Preise konkurrieren, um den besten Service und um die neuesten Erfindungen, so ist das schlicht unbequem. Um dem lästigen Wettbewerb zu entgehen, lassen sich die Unternehmen daher einiges einfallen.
Sie kaufen Konkurrenten auf. Sie verschenken ihre Produkte, um die Kon-

## Kartell

Vereinbarungen zwischen Unternehmen zur Beschränkung des Wettbewerbs (bspw. Preisabsprachen)

## Monopol

Marktform, in der es nur einen Anbieter für ein bestimmtes Produkt gibt.

## Gesetz gegen Wettbewerbsbeschränkungen

Zweck des Gesetzes ist die Erhaltung eines funktionierenden und ungehinderten Wettbewerbs

## Bundeskartellamt

Wettbewerbs- und oberste Bundesbehörde, deren Hauptaufgabe es ist, das Kartellverbot durchzusetzen.

## Europäische Wettbewerbsbehörde

Gremium auf europäischer Ebene zur Verbesserung der Zusammenarbeit zwischen den europäischen Kartellbehörden und Durchsetzung des europäischen und nationalen Kartellrechts

---

kurrenz in die Pleite zu treiben. Und wenn das nichts hilft, sprechen sie die Preise mit anderen Anbietern ab (siehe [**M6**]).

Solche Aktionen zu verhindern, ist Aufgabe des Staates. Er ist damit gut beschäftigt. In Deutschland gibt es gleich drei Einrichtungen, die den Wettbewerb schützen sollen: das Kartellamt, die Monopolkommission und die Bundesnetzagentur.

Ihre Aufgabe ist wichtig. Keinesfalls dürfte der Staat den Wettbewerb von den Unternehmen aushebeln lassen. Denn Konkurrenz bringt Fortschritt und Wohlstand in die Wirtschaft.

Wenn der Wettbewerb gut funktioniert, bewirkt dies, dass Autos, Ananas und anderes so billig angeboten werden, wie es nur geht – das hat der österreichische Ökonom Friedrich August von Hayek betont. Er sagt: Wie billig ein Gut sein kann, das lässt sich überhaupt erst durch Wettbewerb ermitteln. Für Hayek ist Wettbewerb deshalb „ein Verfahren zur Entdeckung von Tatsachen, die ohne sein Bestehen entweder unbekannt bleiben oder doch zumindest nicht genutzt werden würden". [...]

Ganz deutlich wird das beim Telefonieren: Seit es dafür auch andere Unternehmen als die Telekom gibt, sind die Preise tief gefallen – für ein Ferngespräch zum Beispiel von 37 Cent pro Minute auf ein bis zwei Cent. Das hat der Staat nicht geschafft, als er sich noch um die Telefonleitungen kümmerte. Das hat die Telekom nicht hingekriegt, als sie noch ein Monopol hatte. Und die Planwirtschaft hat das erst recht nicht erreicht: In der DDR hatte nur etwa jeder siebte Haushalt überhaupt ein Telefon.

Mithilfe des Wettbewerbs lässt sich aber nicht nur der billigste Preis entdecken. Der Wettbewerb kann auch allerhand andere nützliche Erkenntnisse hervorbringen. Zum Beispiel, was Mobiltelefone so alles nebenbei haben können: Kamera und Stereoanlage etwa. Wer etwas Neues erfindet, hat im Wettbewerb einen Vorteil und wird belohnt. Deshalb strengen sich die Unternehmen beim Entwickeln und beim Bauen an.

Sind in diesem Jahr Klapphandys beliebt, im nächsten aber solche zum Auf- und Zuschieben? Im Wettbewerb merken das die Anbieter am schnellsten. Wer das neue Trendprodukt als erster anbietet, verdient am meisten. Und andere kopieren ihn bald. So ist dafür gesorgt, dass von begehrten Dingen auch genug produziert wird.

Wer jedoch das Falsche erfindet, wer zu teuer produziert oder technisch zurückbleibt, der wird hart bestraft: Seine Ware bleibt im Laden liegen. Das merkten zum Beispiel die Leute in der Handysparte von Siemens und BenQ, als sie im Wettbewerb herausfinden mussten, dass ihre Handys beim Kunden nicht mehr ankommen. Jetzt ist das Unternehmen insolvent. Der Wettbewerb ist gnadenlos, gerade das macht ihn so erfolgreich.

Wie unbarmherzig der Wettbewerb ist, das stellen Ökonomen inzwischen auch in neuen Experimenten fest. Dabei finden die Wissenschaftler zwar oft heraus, dass sich die Menschen in Wahrheit gar nicht so egoistisch benehmen, wie die Ökonomik immer angenommen hat; Fairness spielt eine wichtige Rolle. Diese

Ergebnisse ändern sich aber, sobald in den Experimenten Wettbewerb vorkommt, wie zum Beispiel der Züricher Ökonom Ernst Fehr herausgefunden hat. Wenn viele Anbieter um einen Nachfrager konkurrieren, setzt sich Fairness nicht mehr durch.

*Patrick Bernau, Frankfurter Allgemeine Sonntagszeitung, Warum ist Wettbewerb so unbeliebt?, 19.11.2006*

  „Feinde" des Wettbewerbs – Fallbeispiele

> **John Davison Rockefeller:** Der amerikanische Ölunternehmer hatte einen ausgeprägten Sinn dafür, wie man sich die Konkurrenz vom Leib hält. Er kaufte Ende des 19. Jahrhunderts heimlich die amerikanischen Raffinerien auf und kontrollierte so 95 Prozent des Marktes. Das flog bald auf, und die amerikanischen Politiker erließen die ersten Kartellgesetze – aber erst 20 Jahre später zerschlugen die Gerichte das Unternehmen endgültig. Mit den angehäuften Gewinnen war Rockefeller trotzdem der reichste Mensch der Welt.

> **Microsoft:** Es läuft immer wieder so: Ein neuer Software-Anbieter bringt ein frisches Programm auf den Markt. Microsoft baut die neuen Funktionen daraufhin in das eigene Betriebssystem Windows ein – so wird die Software der anderen unnötig. Das funktioniert so gut, weil Microsoft mit Windows fast ein Monopol hat. Ob das Unternehmen mit seinen Praktiken gegen die Wettbewerbsgesetze verstößt, darüber müssen immer wieder die Gerichte entscheiden – mit wechselndem Ausgang.

> **Opec:** Dieses Kartell kann keiner verbieten. Schließlich sind die Staaten direkt Mitglied – sie werden wohl kaum ihre Kartellämter auf die Opec hetzen. Mit dabei sind vor allem arabische Erdölländer. Sie stimmen ihre Fördermengen ab, um den Preis hoch zu halten. In den 1970er-Jahren haben sie es aber übertrieben: Sie fuhren die Förderung aus politischen Gründen zurück, und der Westen stürzte in zwei Ölkrisen. Doch nach dieser Erfahrung gingen Europäer und Amerikaner selbst auf Ölsuche – mit Erfolg. Heute kontrolliert die Opec rund 40 Prozent der weltweiten Ölförderung. Und wenn sie mit Preiserhöhungen droht, ist das dem Markt egal.

*Patrick Bernau, Frankfurter Allgemeine Sonntagszeitung, Warum ist Wettbewerb so unbeliebt?, 19.11.2006*

### AUFGABEN

1. Fasse zusammen, welche negativen Auswirkungen die Einschränkung des Wettbewerbs durch Monopole für die Wirtschaft hat (**M5**).
2. Sammelt Beispiele für Monopole aus eurem Alltag (Kino, Hallenbad, Eisdiele, ...).
3. Das Patentrecht gewährt zeitlich befristete Monopole, indem es den Erfinder eines neuen Produkts oder Verfahrens für einen festgelegten Zeitraum vor Nachahmern schützt, z. B. in der Arzneimittelindustrie. Erläutere, wie solche Monopole auch eine wichtige Funktion für die Wirtschaft erfüllen.

## 7.2.3 Bilanz: Die Soziale Marktwirtschaft – was zeichnet sie aus?

### M7 Soziale Marktwirtschaft und Gerechtigkeit

| Die Soziale Marktwirtschaft führt automatisch zu sozialer Ungerechtigkeit. Die Reichen werden immer reicher und die Armen immer ärmer. | | Die Soziale Marktwirtschaft macht soziale Gerechtigkeit erst möglich. Nur eine gut funktionierende Marktwirtschaft schafft genug Wohlstand, um Arme und sozial Schwache zu versorgen. |
|---|---|---|
| 39 | Bevölkerung insgesamt | 43 % |
| 37 | West | 45 |
| 47 | Ost | 35 |
| | *„Gesellschaftlich-wirtschaftlicher Status"* | |
| 24 | Hoch | 56 |
| 41 | Mittel | 43 |
| 52 | Niedrig | 29 |

Basis: Bundesrepublik Deutschland, Bevölkerung ab 16 Jahre

Quelle: Allensbacher Archiv Februar 2013, IfD-Umfrage 11001 Dezember 2012/Januar 2013; © IfD-Allensbach

**EINSTIEGSAUFGABE**
Führt die Umfrage (→ Methodenglossar) bei euch in der Klasse durch, vergleicht euer Ergebnis mit den Ergebnissen der Allensbach-Umfrage und diskutiert den Befund.

### M8 Zwischenfazit: Bausteine der Sozialen Marktwirtschaft

Die Soziale Marktwirtschaft fördert den **freien Wettbewerb der Anbieter**. Dort, wo Unternehmen ihre Freiheit missbrauchen, um z. B. Kartelle und Monopole zu bilden, greift der Staat regulierend ein (z. B. durch die **Kartellbehörden**).

Die Soziale Marktwirtschaft garantiert die **Vertragsfreiheit**, d. h. dass jeder mit jedem die Verträge abschließen kann, die für ihn vorteilhaft sind. Doch werden der Vertragsfreiheit **Grenzen** gesetzt. So werden die schwächeren Vertragspartner auf vielfältige Weise geschützt (z. B. durch **Kündigungsfristen** im Mietrecht und Arbeitsrecht oder durch das **Gewährleistungsrecht**).

Das **Privateigentum** ist in der Sozialen Marktwirtschaft garantiert. Jeder kann mit seinem Eigentum im Prinzip tun, was er möchte. Doch gibt es eine **Verpflichtung**: Das Eigentum soll auch dem Wohle der Allgemeinheit dienen. So muss man sich als Hauseigentümer z. B. an Vorschriften des Denkmalschutzes halten. Was auf dem Markt gewonnen wird, gilt als Eigentum; was verloren wird auf dem Markt, gilt als Verlust und davon gewährt der Staat keine Entlastung.

In der Sozialen Marktwirtschaft werden die Einkommen nicht nur nach der individuellen Leistungsfähigkeit verteilt. Der Staat sorgt für einen **sozialen Ausgleich**, indem er z. B. hohe Einkommen höher besteuert oder soziale Leistungen wie Kindergeld, Mietbeihilfen oder die Grundsicherung Hartz IV bezahlt.

Die Soziale Marktwirtschaft versucht mit unterschiedlichen Mitteln, **negative Auswirkungen des Marktprozesses** auf die Umwelt zu verhindern. So gibt es Gesetze gegen Luftverschmutzung, Pfand auf Einwegverpackungen usw.

Die Soziale Marktwirtschaft ist schon deshalb sozial, weil sie durch ihre **wirtschaftliche Leistungsfähigkeit** dazu beiträgt, dass alle Menschen vom technischen Fortschritt, von steigenden Einkommen und der Schaffung neuer Arbeitsplätze profitieren. Darüber hinaus betreibt der Staat in der Sozialen Marktwirtschaft **Gesellschaftspolitik**, er investiert in die Infrastruktur, in Bildung und Forschung, in Kultur und Städtebau.

*Bearbeiter*

## M9 „Wohlstand für alle" (Ludwig Erhard) – was sagen die Daten?

### a) Löhne, Beschäftigung und Vermögen

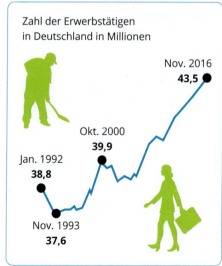

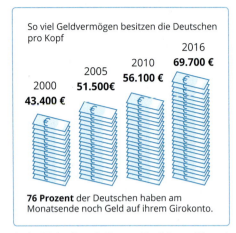

*Stefan Walter/Dennis Kremer, Frankfurter Allgemeine Sonntagszeitung, Deutschland geht's so gut wie nie, 29.01.2017*

**b) Einkommen und Arbeitszeit seit 1950**

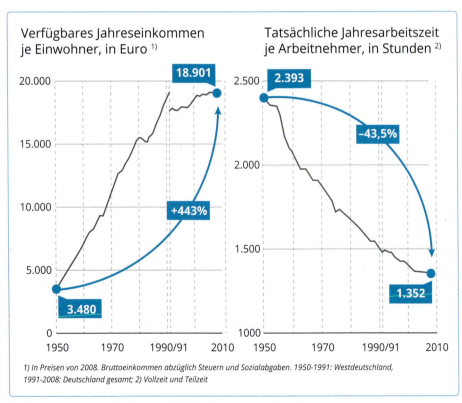

1) In Preisen von 2008. Bruttoeinkommen abzüglich Steuern und Sozialabgaben. 1950-1991: Westdeutschland, 1991-2008: Deutschland gesamt; 2) Vollzeit und Teilzeit

*Quelle: www.faz.net, IW, Statista/F.A.Z.-Grafik Andre Piron, 4.3.2015*

## AUFGABEN

**ZU AUFGABE 1**
Erörtere, in welchen Bereichen die Soziale Marktwirtschaft deiner Meinung nach als Erfolgsmodell gelten kann.

1. Analysiere **M8** sowie **M9a** und **M9b**. Erörtere anschließend die Ergebnisse.
2. **M9** bildet einige Indikatoren ab, die sich für eine Bilanzierung eignen: Erläutere weitere Indikatoren, die dir Aufschluss über die Leistungsbilanz der Sozialen Marktwirtschaft geben könnten.

# WAS WIR WISSEN

Der Kern der Sozialen Marktwirtschaft liegt nach Ludwig Erhard (1897 – 1977, erster deutscher Wirtschaftsminister nach dem Zweiten Weltkrieg und Bundeskanzler von 1963 – 1966) darin, die **Freiheit auf dem Markt** mit dem **Prinzip des sozialen Ausgleichs** zu verbinden. Die Wirtschaftsordnung erfordert deshalb einen starken demokratischen **Staat in der Rolle des Schiedsrichters**: Er überwacht „das Spiel", garantiert die Wirtschaftsordnung, mischt sich selbst aber möglichst wenig in das Wirtschaftsgeschehen ein. Daneben gilt als weitere Staatsaufgabe eine **umfassende Gesellschaftspolitik** überall dort, wo der Markt nicht automatisch zu guten Ergebnissen führt, also zum Beispiel im Bereich des Umweltschutzes.

**Soziale Marktwirtschaft**
→ M8

Die Soziale Marktwirtschaft ist verfassungsrechtlich zwar nicht vorgeschrieben, aber der Gesetzgeber ist an die **Grundrechte** (Art. 1 – 19 GG), das **Sozial- und das Rechtsstaatsgebot** (Art. 20 Abs. 3 GG und Art. 28 Abs. 1 GG) gebunden, d. h. die Soziale Marktwirtschaft entspricht am ehesten freiheitlichen und demokratischen Grundsätzen.

**Grundgesetz**
→ M2, M3

Zu den konstituierenden Prinzipien, die die Wirtschaftsordnung der Sozialen Marktwirtschaft ausmachen, zählt das Wettbewerbsprinzip. Die Bildung dauerhafter Machtpositionen ist immer kritisch zu sehen, ganz gleich, ob es sich um private oder staatliche Macht handelt. **Überragende Marktmacht ist stets ein Problem.** Deshalb sind **wettbewerbliche Märkte** so wichtig: Der Wettbewerb funktioniert als ein Entmachtungsinstrument. Nur der Wettbewerb bringt die Unternehmen dazu, ihr Angebot an Gütern und Dienstleistungen nach den **Bedürfnissen der Verbraucher** auszurichten und eröffnet so die Chance, dass der Kunde tatsächlich „König" sein kann. Allerdings erhält sich der Wettbewerb nicht von selbst. Jedes Unternehmen hätte tendenziell am liebsten eine exklusive Alleinstellung auf dem Markt. Deshalb soll der Staat dafür Sorge tragen, dass in allen Branchen und Sektoren möglichst große Konkurrenz herrscht. **So sichert der Staat** zum Beispiel **den Wettbewerb**, indem er Kartelle verbietet. Nur dann kann die Wirtschaftsordnung zu sozialem Fortschritt führen, u. a. in Form von **Wirtschaftswachstum** und **steigender Massenkaufkraft** der Verbraucher.

**Wettbewerbsprinzip**
→ M2, M3, M5, Randspalten S. 202, 204

Daneben gilt als weiteres Prinzip das Sozialstaatsprinzip. Im Grundgesetz ist die **soziale Selbstverpflichtung des Staates** in den Artikeln 20 Abs. 1 GG und 28 Abs. 1 GG des Grundgesetzes verankert, den sogenannten Sozialstaatsklauseln. Aus dem „Sozialstaatsgebot" leitet sich die Pflicht des Staates ab, seine Bürgerinnen und Bürger nicht im Stich zu lassen, wenn sie in soziale Not geraten. So muss der Staat allen Bürgern das **Existenzminimum** sichern. Darüber hinaus muss sich der Staat bei der Gestaltung politischer Maßnahmen am **Ziel des sozialen Ausgleichs und der Gerechtigkeit** orientieren. Die konkrete Ausgestaltung des Sozialstaatsprinzips ist

**Sozialstaatsprinzip**
→ M2, M3, Randspalte S. 202

# WAS WIR WISSEN

weitgehend dem Gesetzgeber überlassen. Kern dieser Ausgestaltung sind **die klassischen Systeme der sozialen Sicherung** gegen die großen Lebensrisiken: Alter, Krankheit, Unfall, Pflegebedürftigkeit und Arbeitslosigkeit.

Die Verbindung von Rechtsstaatlichkeit, Demokratie und Sozialstaatlichkeit prägt das **politische Selbstverständnis der Bundesrepublik Deutschland**:

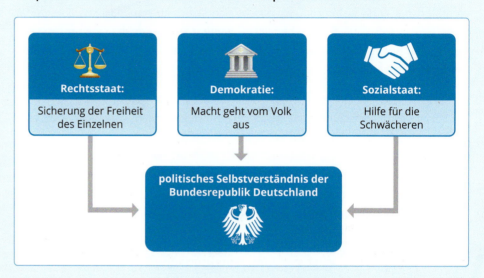

**Erfolgsgeschichte**
→ M9a, M9b

Die Soziale Marktwirtschaft tritt, was das Soziale betrifft, mit einem bestimmten Anspruch auf: Sie sieht bereits in ihrer ökonomischen Leistungsfähigkeit einen Beitrag zur Lösung sozialer Probleme. Programmatisch findet diese Sichtweise Ausdruck im Slogan „**Wohlstand für alle**", den Ludwig Erhard 1957 geprägt hat.

Allerdings findet diese Sichtweise in der Bevölkerung keine überschwängliche Zustimmung: Nur 43 Prozent der Bürger schließen sich diesem Argument an, 39 Prozent haben dagegen die Überzeugung, dass die Soziale Marktwirtschaft zu sozialer Ungerechtigkeit und zu wachsenden sozialen Unterschieden führt.

Gegenüber dieser gefühlten Lage sprechen die harten Daten eine andere Sprache: Gemessen am Wirtschaftswachstum (BIP) ist die Geschichte der Sozialen Marktwirtschaft seit der Gründung der Bundesrepublik Deutschland eine einzige **Erfolgsgeschichte**. Die Wirtschaftsleistung pro Kopf hat sich in der BRD nach Abzug der Preissteigerungen seit 1950 bis heute um den Faktor 5 vervielfacht, verbunden mit drastisch steigenden Einkommen und sinkender Arbeitszeit bei einer Arbeitslosenquote von 5,5 % (Juni 2017).

Daneben erkennt die Soziale Marktwirtschaft aber auch an, dass die Wirtschaft nicht geeignet ist, alleine die sozialen Probleme zu lösen. Deshalb ist zusätzlich die staatliche Politik gefordert, **soziale Sicherung** und **sozialen Ausgleich** zu gewährleisten. Neben der Sicherung des Existenzminimums bedeutet das, mit Mitteln der Steuer- und Sozialpolitik für ein deutliches Maß an Umverteilung der Einkommen zu sorgen. Dabei gilt der Grundsatz: Wer viel hat, der muss auch viel zahlen.

## WAS WIR KÖNNEN

### Ein Werbeplakat zur Sozialen Marktwirtschaft gestalten

Bildet Gruppen. Ihr arbeitet in einer bekannten Werbeagentur und bekommt den Auftrag, im Rahmen einer Kampagne für die Soziale Marktwirtschaft ein Werbeplakat zu gestalten. Alternativ kann auch ein „Warnplakat" zu den negativen Seiten der Sozialen Marktwirtschaft gestaltet werden. Überlegt euch zunächst, welche Art von Plakat ihr gestalten wollt.

Beachtet bei der Umsetzung folgende Punkte:
- Welche Grundbotschaft wollt ihr übermitteln (Textaussage)?
- Wie soll das Plakat aufgebaut werden (Anteil Text/Bild, Farben, Schriften, Gestaltung)?
- Wie sollen Text und Bild miteinander interagieren?
- Welche Stimmungen oder Gefühle sollen provoziert werden?

Diese Hinweise solltet ihr berücksichtigen:
- einfacher Text, klare Sprache, gut lesbare Schrift
- auf komplexe Grafiken oder Bilder verzichten
- wichtige Dinge auf einer Diagonalen platzieren, die von oben links nach unten rechts verläuft
- farblich sollte ein Plakat nicht zu bunt und nicht zu voll gestaltet werden

### Ballonspiel – zweite Runde

Nimm dir noch einmal das Ballonspiel der Auftaktseite dieses Kapitels vor und spiele es erneut. Welche Veränderungen beobachtest du gegenüber den Ergebnissen deines ersten Spiels? Begründe gegebenenfalls.

Die aufgeführten Begriffe entstammen alle dem folgenden Kapitel – je größer der Begriff, desto häufiger kommt er im Kapitel vor.

# Die Rolle des Wirtschaftsbürgers

Wirtschaftspolitische Entscheidungen haben Auswirkungen auf das Wachstum unserer Volkswirtschaft. Doch wieviel und welches Wachstum benötigen wir überhaupt? Blickt man über den nationalen Horizont hinaus, stellt man zudem fest, dass Deutschland in den EU-Binnenmarkt und den Euro eingebunden ist. Entscheidungen der EU bestimmen somit unser Leben als Wirtschaftsbürger mit.

## KOMPETENZEN

**Am Ende des Kapitels solltet ihr Folgendes können:**
- das BIP als Wachstumsmaß erläutern und mit einem alternativen Maß vergleichen
- konjunkturelle Phasen im Konjunkturzyklus vergleichen und mögliche Folgen für Verbraucher, Arbeitnehmer und Unternehmer sowie den Staat beurteilen
- angebots- und nachfragepolitische Instrumente vergleichen und ein Instrument einem der beiden wirtschaftspolitischen Konzeptionen begründet zuordnen
- Kosten und Nutzen staatlicher Maßnahmen für die betroffenen Akteure erläutern
- Partizipationsmöglichkeiten im wirtschaftspolitischen Entscheidungsprozess beurteilen
- die ökonomische Integration der EU erläutern und ihre Auswirkungen auf mich und das eigene Handeln darstellen
- Möglichkeiten und Grenzen nationaler Steuerung im EU-Wirtschaftsraum analysieren
- protektionistische Maßnahmen und deren Auswirkungen auf die internationale Arbeitsteilung beurteilen

## WAS WISST UND KÖNNT IHR SCHON?

Erstelle aus der Wortwolke eine Mindmap (→ Methodenglossar) und bewahre diese bis zum Ende des Kapitels auf.

## 8.1 Wachstum – aber wie?
### 8.1.1 Brauchen wir Wachstum?

**M1** „Was sollte deiner Meinung nach wachsen?"

| „Der Arbeitsmarkt" *Textilkauffrau, 27* | „Ich denke, man müsste nicht mehr Umsatz als Ziel haben, sondern dass die Produkte länger halten, qualitativ hochwertiger sind." *Inhaber eines Fotogeschäftes, 64* | |
|---|---|---|
| „Mein Einkommen" *Mediaplaner, 29* | „Das Wachstum darf nicht an den Ärmeren vorbeigehen." *Fotograf, 48* | „Die deutsche Bevölkerung, es soll mehr Kinder geben." *Jurastudentin, 25* |

*Zitate aus: agora42, 01/2010, S. 78 f.*

**EINSTIEGSAUFGABE**
Beantwortet an eurem Tisch die Eingangsfrage aus der Materialüberschrift mithilfe eines Placemat (→ Methodenglossar) und besprecht die Ergebnisse in der Klasse.

**M2** Warum Wachstum wichtig ist

**Erklärfilm „Wirtschaftswachstum"**

Mediencode: 82031-12

**Wachstum erleichtert den Abbau der Arbeitslosigkeit:** Wirtschaftswachstum bedeutet, dass die Unternehmer wieder eine positive Zukunft für ihr Unternehmen erwarten. D. h., sie haben die Hoffnung, in Zukunft wieder mehr Produkte oder Dienstleistungen absetzen zu können. Das führt über kurz oder lang dazu, dass sie dann auch wieder Arbeitsplätze anbieten, denn diese Güter und Dienstleistungen müssen ja erst einmal hergestellt werden.
**Umweltschutz erfordert Wachstum:** Konsumenten und Produzenten haben die Umwelt lange Zeit scheinbar umsonst in Anspruch genommen, z. B. indem Abgase aus Industrieanlagen ungefiltert in die Luft geblasen wurden. Unter solchen Bedingungen musste eine wachsende Wirtschaft zur Gefahr für die natürliche Umwelt werden. Heute gibt es für Unternehmen viele Auflagen, z. B. für die Abwasserreinigung, Luftfilterung usw. Dies ist für die Unternehmen teuer. Sie können diese Auflagen gut erfüllen, wenn es genügend Wachstum gibt.
**Wachstum bedeutet steigende Einkommen:** Ein entscheidendes Argument für eine wachstumsorientierte Wirtschaftspolitik ist darin zu sehen, dass die Menschen steigende Einkommen wollen. Nur bei Wirtschaftswachstum geht es den Unternehmen so gut, dass sie bereit sind, für ihre Mitarbeiter höhere Löhne zu bezahlen.
**Wachstum ist Grundlage der sozialen Sicherung:** Wenn die Erwerbsbevölkerung zurückgeht und die Ausgaben für Gesundheit und Rente ständig steigen, muss die Wirtschaft (und damit die Einkommen) wachsen, wenn keine Leistungskürzungen erfolgen sollen. Nur bei wachsendem Kuchen lässt sich auch mehr verteilen bzw. die Kuchenstücke können größer werden.

*Statistisches Bundesamt, Wiesbaden, Sachverständigenrat zur Begutachtung der gesamtwirtschaftlichen Entwicklung: Jahresgutachten 1987/88, Ziffern 246 f., 255, 257*

## M3 Da geht nichts voran

Achtung, dieser Text kann Ihnen die Laune verderben! Dabei hat Deutschland gerade beste Laune, wirtschaftlich gesehen zumindest. Es gibt so wenig Arbeitslose wie seit Jahren nicht mehr, die Steuereinnahmen sind hoch, die Firmen haben zu tun, die Leute kaufen ordentlich ein, nehmen Kredite auf, bauen Häuser. Deutschlands Wirtschaft – so könnte man es sagen – schmeißt eine Party mit Erdbeerbowle. Doch auf jeder allzu wilden Party gibt es immer einen, der am Ende das Licht anschaltet und „Die Party ist vorbei" ruft. In diesem Artikel spielt diese Rolle Clemens Fuest, der neue Chef des Wirtschaftsforschungsinstituts Ifo in München. Er sagt: „Meines Erachtens ist das größte wirtschaftliche Problem, das wir derzeit haben, der Rückgang des Wachstums. Auch in Deutschland." [...]

Um Fuest zu verstehen, muss man einen Schritt zurücktreten und nicht nur auf die Arbeitslosenzahlen blicken, sondern auf das Wachstum. Die deutsche Wirtschaft ist im vergangenen Jahr um 1,7 Prozent gewachsen, für dieses Jahr rechnen die Prognostiker mit 1,6 Prozent. Das ist für unsere Verhältnisse nicht schlecht, aber auch nicht berauschend. Und es ist ziemlich wenig, wenn man überlegt, mit welchen Anstrengungen dieses Wachstum erkauft wurde. [...]

Viele Menschen mögen das jetzt gar nicht schlimm finden. „Wir haben doch alles, was wir brauchen", sagen sie. „Was soll das Immer-mehr?" Doch eine Wirtschaft ganz ohne Wachstum hat ein Problem. Es geht um Verteilung. Wo mehr entsteht, ist es leichter, diesen Zuwachs neu zu verteilen. Wachstum entschärft Verteilungskonflikte. Außerdem ist es keinesfalls so, dass wir schon alles haben.

„Wer sagt, dass wir kein Wachstum mehr brauchen, der denkt oft, er brauche doch kein zweites oder drittes Auto", sagt Fuest. In Wirklichkeit geht es aber um etwas anderes: Haben wir teil am medizinischen Fortschritt? Haben wir teil an neuen Formen der Kommunikation? Und nicht zuletzt hilft Wachstum, Beschäftigung zu schaffen. Viele Länder Europas leiden noch immer unter hoher Arbeitslosigkeit, insbesondere Jugendarbeitslosigkeit. „Es ist inhuman zu fordern, dass das Wachstum aufhören muss", findet Fuest.

*Lisa Nienhaus, www.faz.net, Da geht nichts voran, 15.06.2016*

**Wenig Wachstum in den Industrieländern**

| Zeitraum | Veränderung des Bruttoinlandsprodukts in % |
|---|---|
| 1980 – 1989 | 3,1 |
| 1990 – 1999 | 2,8 |
| 2000 – 2009 | 1,8 |
| 2010 – 2014 | 1,8 |
| 2015 – 2016 | 1,9 |

*Recherchen der Redaktion*

**inhuman**
unmenschlich

## AUFGABEN

1. Nenne die Gründe, warum Wirtschaftswachstum sinnvoll sein kann, und prüfe, welche der Wünsche in **M1** mit Wirtschaftswachstum leichter erfüllt werden können (**M2**).

2. **M3** konstatiert ein (zu) geringes Wirtschaftswachstum in Deutschland und Europa:
   a) Beschreibe die Probleme, mit denen Clemens Fuest deshalb rechnet.
   b) Erläutere mögliche wirtschaftspolitische Maßnahmen, um das Wirtschaftswachstum anzukurbeln.

## 8.1.2 Das BIP – ein geeignetes Wachstums- und Wohlstandsmaß?

### M4 Bruttoinlandsprodukt

**Bruttoinlandsprodukt (BIP)**
Gesamtwert aller Güter, die innerhalb eines Jahres in einer Volkswirtschaft hergestellt werden und dem Endverbrauch dienen.

*Karikatur: Karsten Schley*

**EINSTIEGSAUFGABE**
Analysiere die Karikatur.

### M5 Wie wird das Wirtschaftswachstum gemessen?

Lange bevor es [...] zu Lohnerhöhungen und zu neuen Arbeitsplätzen kommt, muss die Wirtschaft wachsen. Die Wirtschaft an sich ist
5 jedoch eine abstrakte Bezeichnung, die nicht wachsen kann, und so haben sich die Ökonomen stellvertretend für die Wirtschaftsleistung auf eine Größe geeinigt, die sie messen können. Da diese eine Zahl im
10 allgemeinen Verständnis für Lohnerhöhungen, neue Arbeitsplätze und letztlich den gesamten Wohlstand der Nationen steht, wird die Publikation der jeweils aktuellen und vor allem
15 der prognostizierten Zahl jedes Mal mit Spannung erwartet. An der Börse geht die Veröffentlichung mit großen Gewinnen oder Verlusten einher und für Politiker bietet sie Argumente für 20 den eigenen Standpunkt oder gegen den Standpunkt des Konkurrenten. Diese Zahl, die wichtigste der **volkswirtschaftlichen Gesamtrechnung**, wie das Statistische Bundesamt selbst 25 betont, ist das Bruttoinlandsprodukt. Das **Bruttoinlandsprodukt (BIP)** gibt den Gesamtwert aller Güter (Waren und Dienstleistungen) an, die innerhalb eines Jahres innerhalb der 30 Landesgrenzen einer Volkswirtschaft hergestellt wurden und dem Endver-

**Erklärfilm „Bruttoinlandsprodukt"**

Mediencode: 82031-13

brauch dienen. Wachstum ist gleichbedeutend mit einer Steigerung des BIP. Würde ein Land nur Karotten herstellen und die Menge der produzierten Karotten würde im ersten Jahr zehn Stück betragen, und würde im zweiten Jahr dieses Land elf Karotten herstellen, dann hätte dieses Land ein Wachstum des BIP von zehn Prozent. [...]

Nun ist das BIP keine Größe, die in Karotten gemessen wird, sondern für Deutschland selbstverständlich in Euro. Konsequenterweise muss bei der Messung des BIP die Teuerungsrate der jeweiligen Währung berücksichtigt werden. Das heißt, die Inflation beziehungsweise Deflation eines Landes muss bei der Ermittlung des BIP berücksichtigt werden. Denn würde in Deutschland eine Karotte einen Euro kosten, würde bei obigem Beispiel das BIP von Deutschland zehn Euro betragen. Würde im nächsten Jahr nicht die Anzahl der geernteten Karotten steigen, sondern der Preis pro Karotte um zehn Prozent, hätte Deutschland bei konstanter Produktion eine Steigerung des BIP von zehn Prozent auf elf Euro, ohne dass mehr produziert worden wäre. Um diesen Umstand zu berücksichtigen, wird beim sogenannten **realen BIP** die Teuerungsrate (= Inflation) herausgerechnet.

*Nach: Wolfram Bernhardt, Agora42, 01/2010, S. 33 ff.*

**Nominales BIP**
Wert der in einem Jahr produzierten Güter, gemessen in den Preisen, die tatsächlich dafür gezahlt wurden.

**Reales BIP**
Um das BIP unabhängig von einer Veränderung der Preise zu betrachten, wird das reale BIP berechnet. Dabei wird das Wachstum des nominalen BIP mit der Inflationsrate verrechnet.

 **Ein zweiter Blick auf die Messung des Wirtschaftswachstums**

Nahe liegt die Vorstellung, das Wachstum, das wir messen würden, sei rein quantitativ, also in Mengen gerechnet: Ein Land, das wächst, produziert und konsumiert deshalb mehr Menge. Ein permanentes Wachstum hat insofern den Charakter von „immer mehr", mit dem Beigeschmack von Gier und Gefräßigkeit [...].

Diese Vorstellung ist grob irreführend. Tatsächlich verbindet sich mit dem Wachstum eine stete Veränderung der Produktpalette und der Qualität der Erzeugnisse. In der Regel entstehen dabei mehr und bessere Produkte. Dass es immer mehr vom wirklich unverändert gleichen Produkt gibt, ist die Ausnahme und nicht die Regel. [...]

Es ist nun die schwierige Aufgabe der amtlichen Statistiker, jenen Teil der Preis- und Wertsteigerung eines Gutes zu ermitteln, der auf einer wirklichen Zunahme des Gebrauchswertes beruht. Dies geschieht mithilfe komplexer Methoden und kenntnisreicher Ingenieure, die aus technischer Sicht Bewertungen von Produktanpassungen und -neuerungen vornehmen. Im Ergebnis wird die Qualitätsverbesserung quantifiziert und in der Volkswirtschaftlichen Gesamtrechnung der Veränderung der Gütermenge (und nicht des Preises!) zugerechnet. Soweit qualitativ bedingt, hat also das Wachstum des realen Produktionswertes gar nichts mit einer größeren Menge zu tun. [...] [D]er beschriebene Weg führt allerdings dazu, dass ein **qualitatives Wachstum** im Gewande des quantitativen daherkommt und zu Fehlinterpretationen einlädt.

*Karl-Heinz Paqué, Wachstum! Die Zukunft des globalen Kapitalismus, München 2010, S. 24 f.*

**BIP pro Kopf**
Um den (durchschnittlichen) Wohlstand der Bürger zu berechnen, verwendet man das BIP pro Kopf. Damit lässt sich auch der Wohlstand einzelner Nationen besser vergleichen. Das BIP pro Kopf ist das BIP einer Nation geteilt durch die Zahl der Einwohner der jeweiligen Nation.

## M7 Der Nationale Wohlfahrtsindex (NWI) – weg vom BIP-Wachstum?

**Was heißt eigentlich „Wohlstand"? – die Komponenten des NWI**

In der aktuellen Grundform umfasst der NWI 2.0 insgesamt 20 Komponenten, die zu einem Gesamtindex aggregiert werden […]:

- Basisgröße der Berechnung ist der private Konsum, der mit […] der Einkommensverteilung gewichtet wird.
- Darüber hinaus geht die nicht über den Markt bezahlte Wertschöpfung durch Hausarbeit und ehrenamtliche Tätigkeiten ein. […]
- Komponenten, die wohlfahrtsmindernde soziale und ökologische Aspekte erfassen, werden zum Abzug gebracht. Darunter fallen […] [u. a.] Kosten von Kriminalität und Verkehrsunfällen, […] Schadenskosten für Umweltbelastungen wie Luftverschmutzung und Treibhausgasemissionen. Darüber hinaus werden Ersatzkosten für den Verbrauch nicht erneuerbarer Ressourcen und Kosten der Atomenergienutzung berücksichtigt.

*Hans Diefenbacher u. a., Aktualisierung und methodische Überarbeitung des Nationalen Wohlfahrtsindex 2.0 für Deutschland 1991 – 2012, Umweltbundesamt: Dessau 2016, S. 68*

**Der Freitag: Herr Diefenbacher, das Bruttoinlandsprodukt ist das Maß aller Dinge, wenn es um das Niveau unseres Wohlstands geht.**
5 **Sie haben den Nationalen Wohlfahrtsindex mitentwickelt. Kann der die Macht des BIPs brechen?**

Hans Diefenbacher: Darum geht es nicht. Der Wohlfahrtsindex soll das BIP
10 nicht ablösen, sondern ergänzen. Beim Vergleich der beiden Werte wird eine Diskrepanz sichtbar. Das führt zur Frage, wie man diese Unterschiede erklären kann. So entsteht eine andere Sicht-
15 weise auf Wachstum und Wohlfahrt.

**Welche Unterschiede sind das?**

Der Nationale Wohlfahrtsindex beruht zunächst auf den Konsumausgaben, die mit der Einkommensverteilung ge-
20 wichtet werden. Je ungleicher die Einkommen, desto geringer ist der Beitrag des Konsums zur gesamtgesellschaftlichen Wohlfahrt. Anschließend werden eine Reihe von Dingen hinzugerechnet,
25 die wohlfahrtsstiftend, aber nicht im BIP enthalten sind, vor allem Hausarbeit und ehrenamtliche Tätigkeit. Und dann gibt es eine lange Liste an Positionen, die wir abziehen, weil sie so-
30 zial-ökologischen Kosten entsprechen, die im BIP nicht oder mit falschem Vorzeichen enthalten sind: Kosten für den Verbrauch nicht erneuerbarer Ressourcen, Luftverunreinigungen durch
35 Schadstoffe, Unfälle und Kriminalität etwa.

**Geht es uns in Deutschland also gar nicht so gut, wie es die hohen BIP-Ergebnisse nahelegen?**

40 Na ja, es gibt auf jeden Fall etwas, das man Leerlauf-Wachstum oder illusionären Wohlstand nennt: wenn bei Wirtschaftswachstum negative Folgen auftreten, die dazu führen, dass ein Teil des Wachstums wieder aufgebraucht 45 werden muss, um diese Effekte zu beseitigen. Man baut eine Umgehungsstraße, aber dann wird es so laut, dass ein Lärmschutzwall nötig wird. Mit dem Nationalen Wohlfahrtsindex kön- 50 nen wir das anders darstellen als bislang üblich.

**Das BIP steigt fast jedes Jahr. Und der Wohlfahrtsindex?**

Zwischen dem Beginn unserer Berech- 55 nungen 1991 und dem Jahr 2000 gibt es eine mehr oder minder parallele Entwicklung. Danach gehen die Werte auseinander. Das BIP steigt weiter, während der Wohlfahrtsindex zurück- 60 geht. Das hängt zum großen Teil damit zusammen, dass damals die Einkommen immer ungleicher verteilt wurden. Später, in der Krise, gab es eine andere Situation: Das BIP ging um un- 65 gefähr fünf Prozent zurück, der Wohlfahrtsindex veränderte sich kaum. Daran kann man sehen, dass die Krise durch eine gute Arbeitsmarktpolitik bei den Menschen nicht angekommen ist. 70 Die Konsumausgaben haben sich kaum verändert, die Einkommen wurden etwas gleicher verteilt.

**Wie sehen die neuesten Entwicklungen aus?** 75

Nach der Krise 2009 ist das BIP wieder deutlich gestiegen. Bis 2012 hat sich der Wohlfahrtsindex hingegen kaum verändert. Damit ist der Unterschied zwischen beiden Indizes wieder größer 80 geworden.

**Warum haben Sie keine Zahlen, die aktueller sind?**

Einige Daten sind noch nicht verfügbar. Wir erheben keine eigenen Daten, sondern nutzen öffentliche Statistiken oder Zahlen aus anderen Quellen. Insgesamt fließen 20 Komponenten ein und die sind teilweise noch zusammengesetzt aus vielen Einzelkomponenten. [...]

**Ist Ihr Index ein besseres BIP?**
Ich würde sagen: ein anderes BIP.

**Machen Sie nicht den gleichen Fehler wie die Architekten des BIPs? Sie pressen eine komplexe Welt in eine einzige Zahl.**
Für die Politik ist die eine Zahl eine erste Orientierung. Dann kann die Auseinandersetzung mit den 20 Komponenten folgen, aus denen der Wohlfahrtsindex zusammengesetzt ist. In jeder Publikation stellen wir diese einzeln dar und diskutieren sie. Sie haben also zum einen den Gesamtblick und zum anderen die Möglichkeit, sich differenziert mit einzelnen Punkten auseinanderzusetzen. Allerdings ist das beim BIP nicht anders.

**Warum ist das BIP so beliebt?**
Es ist eine einzelne Zahl und damit scheinbar leicht zu kommunizieren und zu beeinflussen. Diese Zahl wird inzwischen für alle Länder der Welt berechnet. Mit welcher Verlässlichkeit – nun, darüber kann man diskutieren. Aber das BIP ist etabliert und international standardisiert. So wird das Gefühl vermittelt, einen wichtigen Indikator zu haben.

*Interview: Felix Werdermann, Der Freitag, Ausgabe 48/15, 01.12.2015*

*Der Ökonom Hans Diefenbacher hat den Nationalen Wohlfahrtsindex mitentwickelt, eine ergänzende Alternative zum BIP. Dessen Ergebnisse lassen sich online unter fest-nwi.de abrufen.*

## AUFGABEN

1. Beim qualitativen Wachstum ist zu berücksichtigen, dass i. d. R. jede nächste Generation von Haushaltsgeräten, Fahrzeugen, Kommunikationsgeräten usw. ästhetischer, sicherer, bedienungs- und umweltfreundlicher wird. Beschreibe drei solcher Beispiele und ein Beispiel, bei dem das nicht der Fall ist (**M6**).

2. Vergleiche das BIP mit dem NWI, indem du die Auswirkungen folgender Fälle auf die beiden Indizes erklärst (**M5**, **M7**):
   a) Auf der Autobahn A81 in Richtung Heilbronn kommt es zu einem schweren Verkehrsunfall. Drei Menschen werden so schwer verletzt, dass sie mit dem Hubschrauber abgeholt und operiert werden müssen; sie liegen vier Wochen im Krankenhaus. Es kommt an den Autos und LKWs zu Schäden von über 700.000 Euro. Die Autobahn ist bereits nach zwei Stunden wieder voll befahrbar.
   b) Zwei 15-jährigen Jugendlichen gelingt es, an einem Kiosk Whiskey im Wert von 48 Euro zu kaufen. Volltrunken werfen sie in der Karlsruher Innenstadt Schaufensterscheiben ein.
   c) Ein verwitweter Freiburger Geschäftsmann und seine Haushälterin verlieben sich ineinander und heiraten. Nach traditionellen Geschlechterrollen übernimmt die Frau alle Hausarbeit, während der Mann weiter seiner Erwerbstätigkeit nachgeht. Zweimal in der Woche hilft die Frau unentgeltlich bei der Betreuung älterer Menschen in der Kirchengemeinde.

3. Nimm Stellung zu der Forderung, den NWI als offizielles Instrument der Wohlfahrtsmessung einzusetzen (**M5**, **M7**).

**F** Der NWI ist nicht frei von politischen, wertenden Setzungen. So wird zum Beispiel die Einkommensverteilung eingerechnet (**Randspalte S. 218**). Setze dich damit kritisch auseinander.

## 8.1.3 Wachstum und Nachhaltigkeit – ein Widerspruch?

### M8 Über unsere Verhältnisse

**Obergrenze**
Um unter der kritischen Grenze von **2 Grad Erwärmung** zu bleiben, dürfte die Menschheit jährlich höchstens etwa **14,5 Milliarden Tonnen (Gt) CO$_2$** ausstoßen.

**Globaler Durchschnitt**
Für ihren globalen Ausstoß von derzeit etwa 30 Gt pro Jahr bräuchten die knapp 6,9 Milliarden Menschen also eigentlich schon **zwei Erden**.

**Deutschland**
Würden alle Menschen weltweit so viel CO$_2$ freisetzen wie der durchschnittliche Deutsche, wären **vier Planeten** nötig …

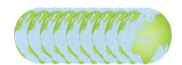
**USA**
… oder gar **neun Erden**, wenn sich weltweit jeder an das Emissionsniveau eines typischen US-Amerikaners angleichen würde.

*Martin Burgdorff/Stefan Schmitt-Regelmann/Ulrich Schnabel, Die Zeit, 03.12.2009, S. 50*

**EINSTIEGSAUFGABE**
Laut Lexikon der Biologie ist in der Ökologie die Tragfähigkeit die maximale Zahl von Organismen einer Art (Populationsgröße), die in einem Lebensraum für unbegrenzte Zeit existieren können, ohne diesen nachhaltig zu schädigen. Erläutere diesen Grundgedanken anhand des Einstiegsmaterials.

### M9 Nachhaltigkeit

**Kapitalstock**
Bestand an Sachkapital in einer Volkswirtschaft wie Fabrikgebäude, Maschinen oder technische Anlagen, die zu Produktionszwecken eingesetzt werden. Veränderungen des Kapitalstocks werden als Investitionen bezeichnet.
*Duden Wirtschaft von A bis Z: Grundlagenwissen für Schule und Studium, Beruf und Alltag. 6. Aufl. Mannheim: Bibliographisches Institut 2016. Lizenzausgabe Bonn: Bundeszentrale für politische Bildung 2016*

*Sylvicultura Oeconomica*, oder *haußwirthliche Nachricht und Naturmäßige Anweisung zur wilden Baum-Zucht*. So der Titel eines forstwirtschaftlichen Werkes aus der Feder von Hans Carl von Carlowitz, sächsischer Kameralist und Oberberghauptmann. Das Buch erschien 1713. Der Autor hätte sich bestimmt nicht träumen lassen, dass ein Konzept aus seinem Werk fast drei Jahrhunderte später wieder in aller Munde sein würde: das **Prinzip der Nachhaltigkeit**. Forstwirtschaftlich hat die Nachhaltigkeit eine klare, plausible Bedeutung: Wer einen Wald auf Dauer erfolgreich bewirtschaften will, der muss langfristig denken und handeln. [...] Er muss dafür sorgen, dass die Substanz erhalten bleibt – für die **künftigen Generationen**, denn auch die wollen aus dem Wald als Kapitalstock einen Ertrag erwirtschaften. Und sie wollen vielleicht auch, so mögen wir heute hinzufügen, den Wald weiterhin als Stück Natur erleben und genießen. Was für die Forstwirtschaft gilt, wurde spätestens 1987 mit dem sogenannten **Brundtland-Bericht** der Weltkommission für Umwelt und Entwicklung auf die Weltwirtschaft übertragen. Auch dort ging es um vernünftiges, langfristig orientiertes Verhalten: kein Raubbau, sondern Substanzpflege in einem umfassenden Sinn.

*Karl-Heinz Paqué, Wachstum! Die Zukunft des globalen Kapitalismus, München 2010, S. 106*

## M10 Neue Fragen zu einem alten Konzept

Allerdings: Die wachsende Weltwirtschaft ist doch etwas komplexer als die Reproduktion eines Waldes. Vor allem: In der Weltwirtschaft wächst ein Kapitalbestand, der vom Menschen geschaffen wird. Auch mit ihm darf kein Raubbau betrieben werden. Auch dort – und nicht nur in der Natur – geht es darum, die Substanz zu erhalten. Damit ist zwangsläufig ein Zielkonflikt vorprogrammiert. Spätestens seit Beginn der Industrialisierung im 19. Jahrhundert ist er virulent. Lange Zeit gab es dabei eine klare Priorität, und die hieß Auf- und Ausbau des Kapitalstocks, und zwar selbst dann, wenn die Natur darunter leidet. Im Nachhinein sind wir Spätgeborenen geneigt, über dieses Vorgehen früherer Generationen den Kopf zu schütteln. War das nicht Raubbau? Es fällt uns schwer, von Nachhaltigkeit zu reden, wenn wir an die Ausbeutung der Kohlereserven, die rauchenden Schlote der Eisen- und Stahlindustrie oder Massenmotorisierung und den Autobahnbau denken. Aber vielleicht fehlt uns da doch ein wenig die Fantasie. Denn wäre die Entwicklung wirklich „nachhaltiger" verlaufen, hätten die Menschen auf die Förderung der Kohle oder den Bau von Autobahnen verzichtet?

Immerhin könnten frühere Generationen zu ihrer Verteidigung darauf verweisen, dass sie doch für ihre Nachfahren einen beeindruckenden Kapitalstock und ein großes technisches Wissen hinterlassen haben. Können wir ihnen wirklich vorwerfen, dass irgendwann nach ihnen eine Generation folgt, die viel wohlhabender ist, als sie selbst es je waren, und die weit weniger Verständnis hat für die Verbrennung von Kohle in Kraftwerken und Benzin in Kraftfahrzeugen? Vielleicht hätte diese spätere Generation diese Vorlieben nie entwickelt, wäre ihr nicht ein so großzügiger Kapitalstock hinterlassen worden. Ist es nicht gerade ein Beweis für die Nachhaltigkeit des Wirtschaftens der früheren Generationen, dass es irgendwann eine spätere Generation gibt, die wegen ihres Wohlstands eine Chance hat, die Dinge ganz anders zu sehen und andere Prioritäten zu setzen? Ist nicht die Ökologie – historisch betrachtet – ein Kind der Ökonomie?

*Karl-Heinz Paqué, Wachstum! Die Zukunft des globalen Kapitalismus, München 2010, S. 106 f.*

**virulent**
ansteckend

**F** ZU AUFGABE 2
Diskutiert in der Klasse ausgehend von **M10**, was „Nachhaltigkeit" für aufstrebende Schwellenländer wie China oder Indien bedeuten würde.

**F**
Auf der kommunalen Ebene gibt es inzwischen viele Initiativen, die sich im Sinne der Nachhaltigkeit das Motto „Global denken – lokal handeln" gegeben haben. Recherchiere in deiner Heimatgemeinde nach solchen Initiativen. Berichte deiner Klasse über deine Ergebnisse (**M9**). Einen guten Ausgangspunkt für deine Recherche zum Thema Nachhaltigkeit findest du auf den Seiten der Landesanstalt für Umwelt, Messungen und Naturschutz Baden-Württemberg: z. B. https://www.lubw.baden-wuerttemberg.de/nachhaltigkeit.

## AUFGABEN

1. Stellt euch vor, die Bundesregierung würde durch die Anhebung der Ökosteuer Benzin um drei Euro pro Liter verteuern, um die Ölvorräte zu schonen. Diskutiert, ob eine solche Maßnahme im Sinne der Nachhaltigkeit wäre, und zeigt an diesem Beispiel die Schwierigkeiten einer ökologischen Politik auf (**M9**).

2. Paqué stellt am Ende von **M10** die provokante Frage: „Ist nicht die Ökologie ein Kind der Ökonomie?". Nimm Stellung dazu.

# WAS WIR WISSEN

**Gründe für Wachstum**
→ M2

**Wachstum** bedeutet Sicherung und Zunahme von Arbeitsplätzen durch steigende Güterproduktion, höheres Einkommen und damit steigenden Lebensstandard, leichtere Finanzierung von Infrastrukturmaßnahmen und der sozialen Sicherung durch größeres staatliches Steueraufkommen und konfliktfreiere Umverteilung von Einkommenszuwächsen.

**Das BIP als Wachstumsmaß**
→ M5, M6

Traditionell gilt das **Bruttoinlandsprodukt (BIP)** als wichtigste **Maßzahl** für Volkswirtschaften und den Erfolg oder Misserfolg der jeweiligen Wirtschaftspolitik. Wenn von Wachstum die Rede ist, dann ist in aller Regel das Wachstum des preisbereinigten Bruttoinlandsprodukts eines Landes gemeint, d. h. der Wert aller für den Endverbrauch hergestellten Waren und Dienstleistungen in einem Jahr innerhalb der Landesgrenzen. Auch der qualitative Anteil des Wachstums ist z. T. im BIP berücksichtigt.

**Kritik am BIP als Wohlstandsmaß**
→ M7

Die starke Fixierung auf das Bruttoinlandsprodukt und auf entsprechende Wachstumsraten stößt seit geraumer Zeit auf **Kritik**:

- Erstens ist das **BIP unvollständig**. Es berücksichtigt die zu Marktpreisen bewertete Produktion und Konsumtion; der Wert von nicht am Markt bewerteten Aktivitäten, die aber positiv zur gesellschaftlichen Wohlfahrt beitragen, wie zum Beispiel Hausarbeit und ehrenamtliche Tätigkeiten, bleibt außen vor.
- Zweitens **misst das BIP nicht die Nebenwirkungen** von Produktion und Konsum auf die Umwelt. Diese Umweltschädigungen tragen eben allesamt nicht zu einer Erhöhung der gesellschaftlichen Wohlfahrt bei. Das BIP ist also „ökologisch blind".
- Und drittens **lässt das BIP offen**, wem die Wertschöpfung zugutekommt. Einkommensverteilung, Lebensqualität und subjektives Glücksempfinden werden nicht quantifiziert.

Das BIP ist damit **kein Wohlfahrtsmaß**, sondern ein Maß für den Output der Wirtschaft.

**Der NWI als ergänzender Indikator**
→ M7

Der sogenannte **Nationale Wohlfahrtsindex (NWI)** möchte in **Ergänzung zum BIP** ein differenziertes Verständnis wirtschaftlichen Wachstums abbilden. Bei seinen Variablen führen z. B. Kosten für Umweltschäden zu Abzügen.
Heutzutage ist man dabei, sich von der Idee eines einzigen Maßes für die Wohlfahrt eines Landes zu verabschieden. Man zieht stattdessen mehrere Indikatoren parallel in Betracht.

**Nachhaltigkeit**
→ M9, M10

Das **Leitbild der Nachhaltigkeit** steht in Beziehung zur qualitativen Komponente des Wachstums und folgt einem einfachen Grundsatz: Lebe von den Zinsen und nicht vom Kapital. Dies ermöglicht einen Umgang mit der Natur, der es der heutigen Generation erlaubt, ihre Bedürfnisse zu befriedigen, ohne die Möglichkeiten künftiger Generationen zu gefährden, ihre eigenen Bedürfnisse zu erfüllen und ihren Lebensstil zu wählen.

## 8.2 Das Auf und Ab der wirtschaftlichen Entwicklung

### 8.2.1 Konjunkturschwankungen – ein Problem für Verbraucher und Erwerbstätige?

**M1** Spaniens Süden in Not

**Maria [aus Jerez]** ist 27 Jahre alt, selbstbewusst. [...] Unterhalb der Kathedrale setzt sich Maria in einen kleinen Park. Um vier Uhr hat sie ein Bewerbungsgespräch [...]. Es ist das erste seit sechs Monaten. [...] Ihre roten Fingernägel klackern auf einer Mappe auf ihrem Schoß. Darin liegt Marias Lebenslauf: Studium der Ingenieurswissenschaften, Schwerpunkt Mechanik, Abschlussnote: Gut. Englisch: verhandlungssicher. Französisch: Grundkenntnisse. Neun Monate Praktikum hier, elf Monate da. Und so weiter. Eine feste Anstellung hatte sie noch nie. [...] Jeden Morgen nach dem Frühstück setzt sie sich an den Computer in der Wohnung ihrer Eltern, wo sie und ihr älterer Bruder noch immer leben. Allein an diesem Dienstagmorgen hat sie 14 Bewerbungen abgeschickt, an Unternehmen in ganz Spanien. Neben ihrem ausführlichen Lebenslauf hat Maria noch eine Kurzversion: „Wenn ich mich bei einem Supermarkt als Kassiererin bewerbe, lasse ich mein Studium natürlich weg." Auch bei dem Bewerbungsgespräch an diesem Nachmittag geht es nicht um eine Stelle als Ingenieurin. Die Sparkasse sucht eine Hostess für eine temporäre Ausstellung.
*David Klaubert, www.faz.net, Kinder der Krise, 26.11.2015*

Wirklich zum Leben reicht das Gehalt der Sozialarbeiterin **[Cristina Bertolet aus Jerez]** nicht. Fünf Stunden am Tag arbeitet Bertolet, 364 Euro bekommt sie am Monatsende. An den Wochenenden kellnert die 28-Jährige deshalb für einen Catering-Service. Und abends besucht sie einen Vorbereitungskurs für die Aufnahmeprüfung zur Polizei. Ein Staatsjob als Ausweg – das versuchen viele in Spanien. Für die 1.299 neuen Stellen in der Polizei gab es in diesem Jahr 58.000 Bewerber. [...] Den Test der andalusischen Verwaltung haben in diesem Sommer 23.015 geschrieben – für 69 Stellen.
*David Klaubert, www.faz.net, Kinder der Krise, 26.11.2015*

#### EINSTIEGSAUFGABE
Stelle dir vor, Maria und Cristina seien befreundet, wären zusammen auf der Schule gewesen und hätten im Alter von 15 Jahren an einem Austausch mit deiner Schule teilgenommen. Gestalte einen Brief von Maria oder Cristina an die ehemalige Austauschpartnerin aus deiner Schule, in der sie über ihre Lage und den Alltag sowie über ihre Freundin berichten. Lest euch in Gruppen gegenseitig eure Briefe vor.

**Arbeitslosigkeit in der EU**
Nirgendwo in der Europäischen Union ist die Arbeitslosigkeit höher als in Andalusien. Jeder Dritte ist betroffen. Und in Jerez de la Frontera, der fünftgrößten Stadt der Region, sind es sogar fast 40 Prozent. 32.992 Menschen suchen Arbeit. Viele von ihnen sind Jugendliche und junge Erwachsene.
*David Klaubert, www.faz.net, Kinder der Krise, 26.11.2015*

### M2 Wie hängen Wachstum und Arbeitslosigkeit zusammen?

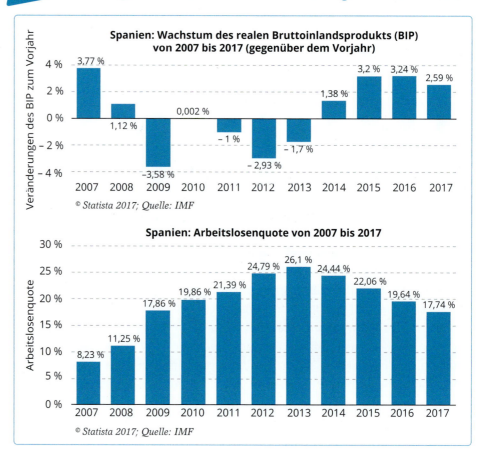

**Arbeit und Lebenszufriedenheit**

Sinkt die Arbeitslosenquote, erhöht das die Lebenszufriedenheit [...]: Zum einen steigert ein neuer Job die Lebensqualität des erfolgreichen Bewerbers – und damit indirekt auch die seiner Angehörigen. Zum anderen führt ein Aufschwung auf dem Arbeitsmarkt dazu, dass viele Stellen sicherer werden und der Einstieg in Beschäftigung leichter fällt. [...] Kann ein Beschäftigter mit einer Arbeit Ziele verfolgen, die zu seiner Persönlichkeit passen, fördert dies dauerhaft seine Lebenszufriedenheit.

*Christoph Schröder, © 2015, IW Medien, iw-Pressemitteilung 27, Lebenszufriedenheit – Das Glück hängt an der Arbeit, 18.06.2015, S. 1*

### M3 Zusammenhang zwischen Arbeitslosigkeit und Lebenszufriedenheit in Deutschland

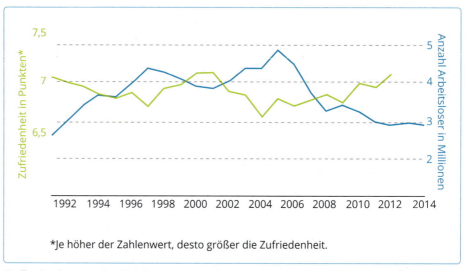

*Je höher der Zahlenwert, desto größer die Zufriedenheit.

Quellen: Bundesagentur für Arbeit/Institut der deutschen Wirtschaft Köln/Sozio-oekonomisches Panel, www.iwkoeln.de, Abruf am: 16.06.2017

## M4 Entwicklung des Bruttoinlandsprodukts in Deutschland 1992 – 2017

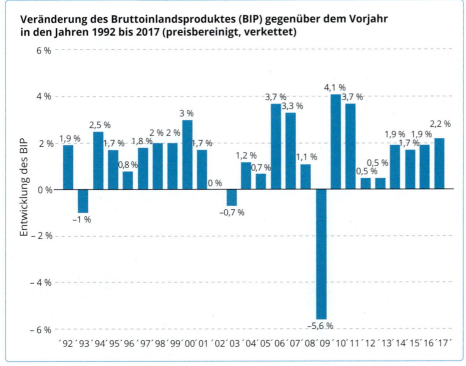

© Statista 2018; Quelle: Statistisches Bundesamt

## M5 Woran kann man Schwankungen der Konjunktur erkennen?

*Konjunkturschwankungen sind Schwankungen gesamtwirtschaftlicher Größen (z. B. des Wachstums), die sich zyklisch wiederholen. Die Dauer der Zyklen ist unterschiedlich und bewegt sich für die Bundesrepublik Deutschland zwischen 4 und 8 Jahren.*

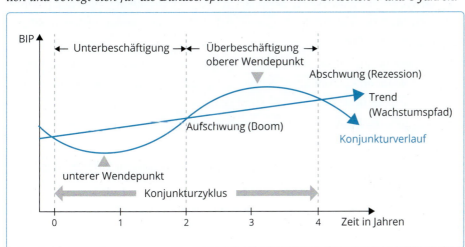

*Darstellung eines Konjunkturzyklus von vierjähriger Dauer*

**Erklärfilm „Konjunkturzyklen"**

Mediencode: 82031-14

## Verbraucher in Deutschland im Aufschwung optimistisch

„Vor dem Hintergrund der nach wie vor sehr guten Rahmenbedingungen für die Verbraucher, das heißt, stabiler Arbeitsmarkt, steigende Beschäftigung, sehr gute Einkommensentwicklung, und […] einer im Moment nicht vorhandenen Inflation, sind die Chancen durchaus gegeben, dass der private Verbrauch […] eine ganz wichtige Stütze der deutschen Konjunkturentwicklung bleiben wird."

*Brigitte Scholtes, www.deutschlandfunk.de, Wirtschaft und Verbraucher bleiben optimistisch, 25.05.2016*

Ein **Aufschwung** ist gekennzeichnet durch die **Zunahme der Wachstumsraten des BIP**, die Arbeitslosigkeit nimmt im Verlauf eines Aufschwungs
5 meist ab, die Kaufkraft der Haushalte steigt, Löhne und Preise steigen, Unternehmen tätigen vermehrt Investitionen, das Vertrauen in die wirtschaftliche Entwicklung wächst. Im
10 **Abschwung** geht die **Produktionstätigkeit** der Unternehmen **zurück**. Sie investieren nicht mehr aufgrund sinkender Gewinnerwartungen. Um Überkapazitäten abzubauen und Kos-
15 ten zu senken, werden Arbeitskräfte entlassen. Löhne und Preise reagieren mit deutlicher Verzögerung, sie bleiben vorerst hoch. Die Grundhaltung der Verbraucher und Unterneh-
20 mer wird pessimistischer. Die nun zu beobachtende allgemeine Kaufzurückhaltung verstärkt diese negativen Effekte. Dies zeigt, dass sich **Konjunkturschwankungen** stark auf die
25 Situation von Verbrauchern und Er-

werbstätigen auswirken können. Auch für den Staat sind Konjunkturschwankungen von Bedeutung, da sie Höhe und Struktur der Einnahmen (z. B.
30 Steuern) und Ausgaben (z. B. Sozialausgaben) maßgeblich beeinflussen. Konjunkturschwankungen lassen sich an sogenannten **Konjunkturindikatoren** ablesen: Zu den **Frühindika-**
35 **toren** gehören der Auftragseingang der Unternehmen und der Geschäftsklimaindex, das Wachstum des BIP und der Konsumklimaindex sind **Präsenzindikatoren**, zu den **Spätindi-**
40 **katoren** zählen z. B. die Arbeitslosenrate und das Preisniveau. Für alle Konjunkturindikatoren gilt, dass ihre Aussagekraft begrenzt ist, da wirtschaftliche Entwicklungen nicht ge-
45 setzmäßig verlaufen.
Für Verbraucher, Unternehmen und den Staat sind die Analyse der aktuellen und die Vorhersage der zukünftigen wirtschaftlichen Situation wichtig.

*Bearbeiter*

## AUFGABEN

1. Beschreibe den Zusammenhang zwischen Wachstum und Arbeitslosigkeit in Spanien in der Zeit von 2007 bis 2017 (**M2**).

2. Analysiere die Entwicklung der Wachstumsraten des BIP in Deutschland von 1992 bis 2017 mithilfe der Methode (→ **S. 227**) „Diagramme und Schaubilder analysieren" (**M4**, **M5**).

3. Vergleiche eine Phase des Aufschwungs mit der eines Abschwungs anhand der folgenden Konjunkturindikatoren: Wachstum des BIP, Arbeitslosenrate, Konsum der privaten Haushalte und Preisniveau (**M2 – M5**).

4. Erläutere die Auswirkungen eines Aufschwungs auf Verbraucher und Erwerbstätige (**M3**, **M5**).

5. Beurteile die Bedeutung von Konjunkturschwankungen für Verbraucher und Erwerbstätige.

6. **WebQuest** (→ Methodenglossar): Recherchiere wie Geschäftsklimaindex und Konsumklimaindex erstellt werden und beschreibe welche Aussagekraft beide Indikatoren haben.

# METHODE

## Diagramme und Schaubilder analysieren

### I. Worum geht es?

Statistiken helfen uns in vielen Alltagssituationen. Es gibt kaum einen Lebensbereich, der nicht statistisch erfasst wird. Eine Statistik ist die systematische Sammlung und Ordnung von Informationen in Form von Zahlen. Diese Zahlen werden entweder in Tabellen oder optisch aufbereitet als Diagramme und Schaubilder ausgewertet und dargestellt. Diese gilt es, zu analysieren.

### II. Geht dabei so vor:

**1. Schritt: Fragestellung/Thema bestimmen**

Was ist das Thema des Diagramms/Schaubilds?

▼

**2. Schritt: Darstellungsform bestimmen**

Es gibt verschiedene Arten von Diagrammen:
a) in Balken- und Säulendiagramm lassen sich verschiedene Zahlenwerte gut miteinander vergleichen,
b) durch Linien- und Kurvendiagramm können zeitliche Entwicklungen gut dargestellt werden,
c) Kreis-/Kuchen-/Tortendiagramme lassen die jeweiligen Anteile an der Gesamtmenge gut erkennen.

▼

**3. Schritt: Diagramme und Schaubilder beschreiben**

- In welcher Maßeinheit sind die Zahlenwerte angegeben? Handelt es sich um absolute Zahlen? Dann steht dort z. B. „in Tausend" oder „in Millionen". Oder sind relative Zahlen dargestellt? Diese Angaben erfolgen in Prozent (%).
- Welcher Zeitpunkt oder Zeitraum ist dargestellt?
- Woher kommen die Zahlen, was ist als Quelle der Darstellung angegeben?

▼

**4. Schritt: Diagramme und Schaubilder analysieren**

Was zeigen die Zahlen und Daten? Gibt es Besonderheiten oder Auffälligkeiten?

▼

**5. Schritt: Diagramme und Schaubilder kritisch beleuchten und erklären**

Ist die Form der Darstellung korrekt? Passen die Abstände im Koordinatensystem? Wie ist die Aussage des Schaubilds/Diagramms in das Thema einzuordnen?

*Bearbeiter*

ⓐ
Balkendiagramm

Säulendiagramm

ⓑ
Liniendiagramm

Kurvendiagramm

ⓒ
Kreis-/Kuchen-/
Tortendiagramm

## 8.2.2 Konjunkturschwankungen – ein Problem für Unternehmen und den Staat?

**M6** Die Konjunktur in Deutschland im Jahr 2015 lässt die Zahl der Insolvenzen deutlich sinken

Erklärfilm „Insolvenz"

Mediencode: 82031-15

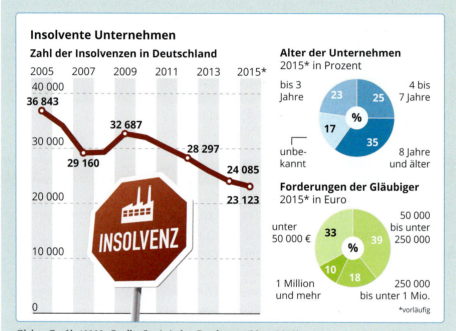

*Globus-Grafik 10903, Quelle: Statistisches Bundesamt (März 2016)*

Bei den **im Jahr 2015** zahlungsunfähig gewordenen Unternehmen arbeiteten zum Zeitpunkt der Insolvenz über 118.000 Beschäftigte. Die Ansprüche der Gläubiger summierten sich auf rund 17,5 Milliarden Euro.

**Zum Vergleich die Situation des Jahres 2009:** Die Zusammenbrüche großer Unternehmen wie Quelle, Schiesser, Woolworth oder Qimonda haben das Insolvenzgeschehen vor allem im ersten Halbjahr 2009 maßgeblich bestimmt. [...] Die Wirtschaftskrise forderte auch im Mittelstand immer mehr ihren Tribut. [...] Vielen insolventen Unternehmen wurden neben dem plötzlichen und starken Nachfrageeinbruch auch die restriktiven Finanzierungsbedingungen zum Verhängnis.

*Z. 1 – 3: Bearbeiter; Z. 4 – 10: Micaela Kiener-Stuck/Hardy Gude/Michael Bretz, © 2009, Verband der Vereine Creditreform e.V., Insolvenzen, Neugründungen, Löschungen – Eine Untersuchung der Creditreform Wirtschaftsforschung, Neuss, 02.12.2009, S. 1*

### EINSTIEGSAUFGABEN

- Charakterisiere unter Einbeziehung von **M4** auf **S. 225** den Zusammenhang zwischen der wirtschaftlichen Entwicklung in Deutschland und der Zahl der Unternehmensinsolvenzen.
- Beschreibe anschließend die Folgen einer Zunahme von Unternehmensinsolvenzen.

## M7 Warum schwankt die Konjunktur?

In der Regel haben **Konjunktur-schwankungen** viele **verschiedene Ursachen**. Sie können dann entstehen, wenn Angebot und Nach-
5 frage nicht übereinstimmen. Das ist z. B. der Fall, wenn Unternehmen zu viel in ihre Produktion investieren. Wächst die Produktion schneller als das Einkommen der Bürger, können
10 die Unternehmen das grössere Angebot an Gütern nicht mehr absetzen. Daher müssen die Unternehmen Kapazitäten abbauen, und als Folge sinkt die Beschäftigung. Auch **psychologische Faktoren** können bei 15 der Entstehung von konjunkturellen Schwankungen einen Einfluss haben. So können beispielsweise die Erwartungen bezüglich der zukünftigen Preis- und Umsatzentwick- 20 lung irrtümlich optimistisch oder pessimistisch sein.

*Nach: Delia Bachmann, www.vimentis.ch,*
*Wie entstehen Konjunkturzyklen?, 19.05.2014*

## M8 Lässt sich die Konjunktur vorhersagen und welche Bedeutung haben Vorhersagen?

*So einig sich die Wirtschaftsforschungs-institute häufig sind – allzu oft stellen sich ihre Vorhersagen als ungenau heraus. Trotzdem will in Politik und*
5 *Wirtschaft keiner auf sie verzichten. Eine falsche Prognose ist vielen lieber als gar keine.*

Grundsätzlich sind Konjunkturpro-gnosen vergleichbar mit Wettervor-
10 hersagen, mit einem Unterschied: Während das Wetter unabhängig von seiner Vorhersage eintritt, können Konjunkturbarometer sich auf die Wirtschaft auswirken. Je häufiger
15 etwa der Bevölkerung gesagt wird, wie schlecht die wirtschaftliche Entwicklung der nächsten Monate sein wird, desto weniger Geld geben sie aus. Die Prophezeiung erfüllt sich also selbst. 20

**Bedeutung von Konjunkturpro-gnosen**

Wie sich die Wirtschaft in naher Zukunft entwickelt, lässt sich nur schätzen. Regierungen, internationale Or- 25 ganisationen und Wirtschaftsforscher versuchen regelmäßig, die konjunkturelle Entwicklung anhand verschiedener Annahmen möglichst genau vorherzusagen. Prognosen bilden dabei 30 unter anderem die Grundlage für die Steuerschätzung und die Haushaltsplanung des Staates.

*Z. 1 – 20: Danyal Bayaz, www.tagesschau.de,*
*Wettbewerb der Minusprognosen, 24.02.2009; Z. 21 –*
*33: www.tagesschau.de, Die Vorhersagen der Wirt-*
*schaftsschätzer, 13.02.2017*

## M9 Die Wirtschaft kämpft mit dem Achterbahn-Zyklus

Vorhersagen über die Wirtschaftsentwicklung zu treffen, gehört zum Geschäft der Manager. Sie müssen über Rohstoffeinkäufe entscheiden
5 und darüber, ob sie neues Personal einstellen. Wer zu wenig investiert, droht Aufschwungphasen zu verpassen. Wer zu viel Geld in die Hand nimmt, dem verhagelt es die Bilanz in der Krise. [...] 10

**Auf- oder Abschwung? – „new normal"**

Die Ungewissheit, ob man sich nun in einer Phase des Auf- oder Abschwungs befindet wird zum „new normal", also zur neuen Normalität für Manager in Unternehmen. Entscheidend ist die Frage, wie sicher Unternehmen überhaupt noch planen können.

Gleich eine ganze Reihe von Unternehmen war in den vergangenen Monaten [im Jahr 2012] zu optimistisch. [...] Siemens, MAN, Puma u. a. [mussten] ihre Gewinnziele revidieren. Viele von ihnen legen nun Sparprogramme auf, um sich krisenfest zu machen. [...]

Gleichwohl gibt es durchaus Profiteure der neuen Unsicherheit. SAP gehört dazu. Der Softwarekonzern ist derzeit so erfolgreich wie nie zuvor in der Firmengeschichte, auch weil Kunden enorme Summen in Softwarelösungen [zur Datenanalyse] investieren. [...]

Kunden erhoffen sich davon, dass sie früher als bisher Warnsignale erkennen und ihre Produktion ideal steuern können. [...]

Diese Datenanalyse hat letztlich Einfluss auf jeden Schritt – vom Einkauf von Rohstoffen über das Marketing bis zur Produktion.

*cadi/as/JH/tau, www.welt.de, Die Wirtschaft kämpft mit dem Achterbahn-Zyklus, 20.08.2012*

**M10** Einnahmen und Ausgaben des Staates hängen auch von der Konjunktur ab

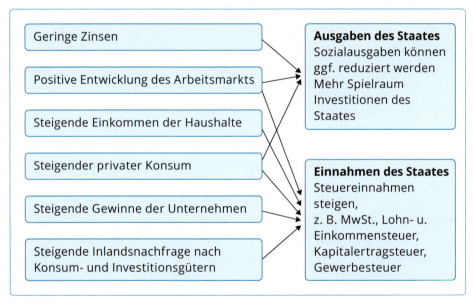

*Bearbeiter*

### AUFGABEN

**H** ZU AUFGABE 1
→ S. 270

1. Erläutere mögliche Ursachen für Konjunkturschwankungen (**M7**, **M8**).
2. Stelle mögliche Auswirkungen einer positiven Konjunkturprognose auf Verbraucher, Erwerbstätige, Unternehmen und den Staat dar (**M7**, **M8**).
3. Erläutere, warum Unternehmen Investitionen in Software zur Datenanalyse tätigen (**M9**).
4. Beurteile die Folgen von Konjunkturschwankungen für Unternehmen und den Staat (**M6**, **M9**, **M10**).

# WAS WIR WISSEN

Die wirtschaftliche Entwicklung – die **Konjunktur** – einer Volkswirtschaft vollzieht sich in der Regel nicht stetig, sondern ist Schwankungen unterlegen. Diese Schwankungen sind häufig zyklisch, allerdings ist die Dauer der **Konjunkturzyklen** stark unterschiedlich. Bei den Indikatoren, mit deren Hilfe die konjunkturelle Entwicklung beschrieben wird, handelt es sich zum einen um vorauslaufende Indikatoren (z. B. Geschäftsklimaindex, Auftragseingänge, Baugenehmigungen), zum anderen um Präsenzindikatoren (z. B. BIP, Konsumklimaindex) und Spätindikatoren (z. B. Arbeitslosigkeit, Preisniveau).

**Konjunktur, Konjunkturzyklus und Konjunkturindikatoren**
→ M2 – M5

Das Schwanken der Konjunktur hat starke **Auswirkungen auf die ökonomischen Akteure**. Für Verbraucher und Erwerbstätige sind Phasen des Abschwungs mit dem Risiko verbunden, Einbußen beim Lebensstandard hinnehmen zu müssen, z. B. durch Einschränkung des Konsums, Senkung der Einkommen oder durch drohende Arbeitslosigkeit. Verbraucher fällen ihre **Investitions- und Konsumentscheidungen** auf der Basis von Zukunftserwartungen. Sollten sich positive Erwartungen nicht erfüllen, kann z. B. Überschuldung eine Folge sein. In Unternehmen erschweren Konjunkturschwankungen die **Planung von Produktion und Investitionen**. Fehlplanungen können maßgeblich zum Misserfolg eines Unternehmens beitragen. Tendenziell sind die Einnahmen des Staates in einer Aufschwungsphase höher, Ausgaben geringer, als in einer Phase des Abschwungs. Staatliche Regelungen bezüglich Einnahmen und Ausgaben sind meist langfristig und benötigen einen langen Vorlauf – geplante Maßnahmen wirken manchmal erst in einer anderen Phase der Konjunktur, gewünschte Effekte treten dann zum falschen Zeitpunkt ein bzw. es treten unerwünschte Effekte auf.

**Folgen von Konjunkturschwankungen für Verbraucher, Erwerbstätige, Unternehmen und Staat**
→ M6, M7, M9, M10

**Konjunkturprognosen** bestimmen das Verhalten der handelnden Akteure. Eine negative Konjunkturprognose führt bei Verbrauchern tendenziell zu einem geringeren Konsum und einem erhöhten Sparen. Investitionen werden eher aufgeschoben. Abhängig Beschäftigte müssen mit stagnierenden Löhnen oder sogar mit dem Verlust des Arbeitsplatzes rechnen. Dies trägt wiederum zu einem geringeren Konsum und stärkerem Sparen bei. Unternehmer und Entscheidungsträger in Unternehmen werden mit geringerem Konsum rechnen und deshalb tendenziell eine geringere Produktionsmenge planen. Dies bedeutet, dass nicht nur die Nachfrage der Haushalte sondern auch die Nachfrage der Unternehmen zurückgeht. Unternehmen werden Erweiterungsinvestitionen eher in die Zukunft verschieben. Für den Staat bedeuten negative Konjunkturprognosen, dass er mit geringeren Steuereinnahmen und höheren Sozialausgaben rechnen muss. Als Reaktion darauf kann der Staat z. B. die Ausgaben für Investitionen senken, Sozialleistungen kürzen oder mehr Kredite aufnehmen. Sollte die Konjunkturprognose falsch sein, d. h. das BIP eigentlich wachsen, könnten die beschriebenen Reaktionen der Akteure zumindest zu einer Abschwächung des Wachstums führen.

**Bedeutung von Konjunkturprognosen**
→ M8

## 8.3 Kann der Staat die Wirtschaft steuern?
### 8.3.1 Welche Ziele verfolgt der Staat?

**M1** Bayerns Bauern kämpfen ums Überleben

Die Lage der Milchbauern ist dramatisch: Der Preis pro Liter ist teilweise unter 20 Cent gefallen, die Produktionskosten liegen aber bei rund 45 Cent. In einem Chat im Bayerischen Rundfunk ist folgender Beitrag zu finden:

> Wie bei allen wirtschaftlichen Gütern entscheidet letztendlich Angebot und Nachfrage über den Preis. Das Angebot ist zu hoch. Die Nachfrage zu niedrig. Punkt. Der Markt muss und wird sich daher selber regulieren, auch wenn es als Konsequenz hat, dass 30 % aller Bauernbetriebe dicht machen müssen. [...] Ich finde, der Staat sollte sich aus der Wirtschaft raushalten. [...] Egal ob Banken, Autohersteller oder Bauern gerettet werden sollen, das sind jedes Mal Steuergelder vom Volk, die fließen müssen, um die Marktgesetze auszutricksen. Der Preis wird anziehen, sobald weniger Milch produziert wird. Punkt.

*Nach einem Chat im BR, 25.05.2016*

**EINSTIEGSAUFGABE**
Gestalte einen Chat-Beitrag in dem du begründest, warum der Staat sich nicht aus der „Wirtschaft raushalten" sollte und was er dazu tun sollte.

**M2** Vertrauen auf die Marktprozesse – oder besser nicht?

Wirtschaftswissenschaftliche Auseinandersetzung mit der Weltwirtschaftskrise der 1920er-Jahre im Comic:

**John Maynard Keynes** (1883 – 1946), britischer Ökonom und Regierungsberater, gilt als Begründer der nachfrageorientierten Wirtschaftspolitik.

*Michael Goodwin/Dan E. Burr, Economix: Wie unsere Wirtschaft funktioniert (oder auch nicht), Berlin 2013, S. 121*

Diese Auseinandersetzung ist auch heute noch aktuell:

> In den kommenden Jahren sollte sich die Wirtschaftspolitik stärker dem Ausbau der Wettbewerbs- und Zukunftsfähigkeit der deutschen Volkswirtschaft widmen. Dabei wäre ein größeres Vertrauen in Marktprozesse anzuraten, um soziale Teilhabe nicht erst durch Umverteilung, sondern bereits durch eigenen wirtschaftlichen Erfolg zu ermöglichen.
>
> Sachverständigenrat zur Begutachtung der gesamtwirtschaftlichen Entwicklung, Zeit für Reformen, Jahresgutachten 16/17, Statistisches Bundesamt Wiesbaden, November 2016, S. 25

> **Die von der Mehrheit des Sachverständigenrats abweichende Meinung des Sachverständigen Peter Bofinger:** Die „breite Teilhabe am Wirtschaftserfolg" ist [...] alles andere als selbstverständlich [...]. Wenn [...] das untere Drittel der Einkommensverteilung über eine ganze Generation hinweg nicht mehr am [...] Anstieg des Wohlstands partizipieren kann und sich dabei zugleich einer größeren Unsicherheit in Bezug auf den Arbeitsplatz und die soziale Absicherung gegenübersieht, ist es nicht überraschend, dass der Konsens für offene Märkte [...] im Schwinden begriffen ist.
>
> Sachverständigenrat zur Begutachtung der gesamtwirtschaftlichen Entwicklung, Zeit für Reformen, Jahresgutachten 16/17, Statistisches Bundesamt Wiesbaden, November 2016, S. 44

## M3  Das StabG – das „Magische Viereck"

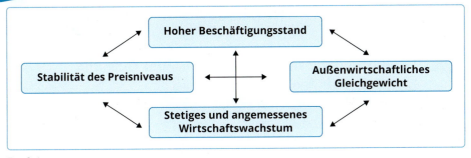

*Bearbeiter*

**Das Stabilitäts- und Wachstumsgesetz (StabG)**
In der Bundesrepublik kam es 1966/67 zum ersten Mal nach 1949 zu einer Rezession mit steigender Arbeitslosigkeit. Der Bundestag hat daraufhin das StabG (→ S. 246) verabschiedet: Verpflichtung der Politik auf die Umsetzung der in M3 gezeigten Ziele. Der Staat sollte schnell und effektiv auf konjunkturelle Schockwirkungen reagieren können.

**Inflation**
allgemeine und anhaltende Erhöhung des Preisniveaus von Waren und Dienstleistungen (Minderung der Kaufkraft des Geldes)

**Deflation**
allgemeiner und anhaltender Rückgang des Preisniveaus (Steigerung der Kaufkraft des Geldes)

## M4  Warum sind die vier Ziele des Stabilitätsgesetzes erstrebenswert?

| Stetiges, angemessenes Wachstum | Hoher Beschäftigungsstand |
|---|---|
| Starke konjunkturelle Schwankungen haben negative Auswirkungen auf Unternehmen, Haushalte und Staat. Sie erschweren die Planung der Wirtschaftssubjekte und schaffen Unsicherheit (→ Kapitel 8.1 und 8.2). | Das gesamtwirtschaftliche Produktionspotenzial wird ausgeschöpft, die Güterversorgung verbessert. Soziale Härten werden verhindert, die Einkommen der Haushalte steigen (→ Kapitel 8.1 und 8.2). |
| **Stabiles Preisniveau** | **Außenwirtschaftliches Gleichgewicht** |
| Inflation ist schlecht für Sparer, ihr Gespartes verliert real an Wert. Inflation zehrt aber auch Schulden auf und führt zu einer Umverteilung. Deflation führt dazu, dass Konsum und Investitionen in der Hoffnung auf sinkende Preise aufgeschoben werden. Die Konjunktur wird abgewürgt. | Wird viel mehr exportiert als importiert, so provoziert das Gegenmaßnahmen der Länder, die die Waren importieren. Wenn ein Land dauerhaft viel mehr importiert als exportiert, kann es seine Rechnungen irgendwann nicht mehr bezahlen: Problem für Exportländer. |

*Bearbeiter*

## Vom „Magischen Viereck" zum „Magischen Sechseck"

[Das Stabilitäts- und Wachstumsgesetz] bildet [...] immer noch einen wirksamen Rahmen für kurzfristiges stabilitätsorientiertes Handeln [...]. Die aktuellen Herausforderungen zeigen aber auch, dass insbesondere die ökologische und soziale Nachhaltigkeit weiter an Bedeutung gewinnen wird und dass die Wirtschaftspolitik über das „Magische Viereck" des StabG hinausgehende Zielgrößen verstärkt berücksichtigt.

*Bundesministerium für Wirtschaft und Energie, Schlaglichter der Wirtschaftspolitik (Monatsbericht 12/2015): Das Stabilitäts- und Wachstumsgesetz, S. 24*

### Zielkonflikt
Die Verwirklichung des einen Ziels behindert die Verwirklichung des anderen Ziels.

### Zielkomplementarität
Die Verfolgung des einen Ziels fördert die Erreichung des anderen Ziels.

### Zielneutralität
Die Verfolgung des einen Ziels hat auf die Erreichung des anderen Ziels keinen Einfluss.

Erläutere zwei Zielkonflikte innerhalb des „Magischen Sechsecks" ausführlich. Stellt euch diese in Gruppen gegenseitig vor (**M5**).

### M5 Das „Magische Sechseck"

**Ziele der Wirtschafts- und Finanzpolitik**
- Angemessenes Wirtschaftswachstum
- Vollbeschäftigung
- Stabiles Preisniveau
- Außenwirtschaftliches Gleichgewicht
- Schutz der natürlichen Umwelt
- Gerechte Einkommens- und Vermögensverteilung

*Bergmoser + Höller Verlag AG, Zahlenbilder 200 515*

### M6 Lassen sich die wirtschaftspolitischen Ziele alle gleichermaßen verfolgen?

Sind Wachstum und Umweltschutz vereinbar?
*Peter Carstens, www.geo.de, 20.06.2012*

Mehr Beschäftigung durch Wachstum oder mehr Wachstum durch Beschäftigung?
*Heiner Flassbeck/Ullrich Heilemann/ Rudolf Hickel/Klaus F. Zimmermann, WSI Mitteilungen 5/2003, S. 1*

„Ungerechtigkeit behindert Wachstum" oder „Gerechtigkeit durch Wachstum"
*Nach: www.mitmischen.de, 05.02.2016*

Nicht immer lassen sich die Ziele im „Magischen Vier- oder Sechseck" gleichermaßen verfolgen, da die Verwirklichung des einen Ziels die des anderen behindern kann (Zielkonflikt). Im Gegensatz dazu hängen manche Ziele eher komplementär zusammen, d. h. die Verfolgung des einen Ziels befördert das Erreichen des anderen Ziels.

*Bearbeiter*

### AUFGABEN

1. Erörtere die Notwendigkeit staatlicher Stabilisierungspolitik (**M1 – M4**), und vergleiche ggf. deine Erörterung mit deinem Chat-Beitrag (**M1**).
2. Beschreibe mögliche Folgen einer Deflation für Haushalte, Unternehmen und den Staat (**M4**).
3. Stellt in Gruppen verschiedene Zielkonflikte, Zielkomplementaritäten und Zielneutralitäten des „Magischen Sechsecks" dar und begründet diese (**M5, M6**).

## 8.3.2 Wie kann der Staat steuernd eingreifen?

### M7   600 Dollar zur freien Verfügung vom Staat geschenkt!

Am 21. Juni 2008 – damals noch als Korrespondent in New York – ging ich zum Briefkasten und entdeckte Post vom amerikanischen Finanzamt. Hatte ich etwas falsch gemacht mit der Steuererklärung? Mein erster Gedanke sollte sich als falsch erweisen. […] Denn in dem Umschlag steckte die Ankündigung eines weiteren Briefes, der in den kommenden Tagen eintreffen solle. Im zweiten Schreiben werde ein Scheck über 600 Dollar stecken. Zur freien Verfügung und zum sofortigen Einsatz. So funktionierte vor acht Jahren in den USA ein Konjunkturprogramm: 130 Millionen Briefe mit Barschecks werden im ganzen Land verteilt. Die Finanzkrise rüttelte 2008 heftig an der Stabilität des Wirtschaftssystems, eine Rezession hatte begonnen. Das Parlament beschloss daher den Geldsegen, um die Konjunktur in Fahrt zu bringen.

Martin Dowideit, Handelsblatt, So gut fühlt sich „Helikoptergeld" an, 29.03.2016

**EINSTIEGSAUFGABE**
Wahrheit oder Lüge? Diskutiere mit deinem Nachbarn, ob der Bericht stimmen könnte. Bewahre die Notizen über deine Argumente auf.

### M8   Keynes: Der Staat soll die Nachfrage beeinflussen!

*In der Rezession wird weniger konsumiert. Es wird tendenziell mehr gespart. Damit haben die Banken mehr Geld zum Verleihen und die Zinsen sinken. Wegen der niedrigen Zinsen wird mehr investiert und die Wirtschaft wächst […] so die klassische Argumentation. Aber: Wer investiert, wenn niemand Geld ausgibt?*

**Die von der Mehrheit des Sachverständigenrats abweichende Meinung des Sachverständigen Peter Bofinger**

Förderlich für die deutsche Wirtschaft war [in den letzten zwei Jahren] zudem die wieder einsetzende Wachstumsdynamik im Euro-Raum, die nicht zuletzt auf die Abkehr vom [Spar- und] Konsolidierungskurs der Jahre 2011 bis 2013 zurückzuführen ist. [...] In Deutschland [hat sich] die Beschäftigung um mehr als eine Million Arbeitsplätze [erhöht] und im Euro-Raum [reduzierte sich] die Zahl der Arbeitslosen immerhin um drei Millionen Personen [...]. Diese Entwicklung steht in einem auffälligen Kontrast zur Rezession des Euro-Raums in den Jahren 2012 und 2013, die u. a. von einer straffen [Spar- und] Konsolidierungspolitik [...] ausgelöst wurde. Der von der Mehrheit [des Sachverständigenrats] geforderte Verzicht auf kreditfinanzierte öffentliche Investitionen nimmt dem deutschen Staat die Möglichkeit, das dafür besonders günstige Nullzinsumfeld für zukunftsorientierte Investitionen in Infrastruktur, Bildung sowie Forschung und Entwicklung zu nutzen.

*Sachverständigenrat zur Begutachtung der gesamtwirtschaftlichen Entwicklung, Zeit für Reformen, Jahresgutachten 16/17, Statistisches Bundesamt Wiesbaden, November 2016, S. 42 f.*

[S]ogar unsinnige Ausgaben seien besser als nichts, weil Arbeiter und Lieferanten das Geld, das sie dabei verdienten für sinnvolle Dinge ausgeben würden.

* deficit spending: Staatliche Kreditaufnahme, um z. B. die staatlichen Ausgaben zu erhöhen oder Steuersenkungen umzusetzen.

Michael Goodwin/Dan E. Burr, Economix: Wie unsere Wirtschaft funktioniert (oder auch nicht), Berlin 2013, S. 122 ff.

## M9 Können Ausgaben für Flüchtlinge die Wirtschaft stärken?

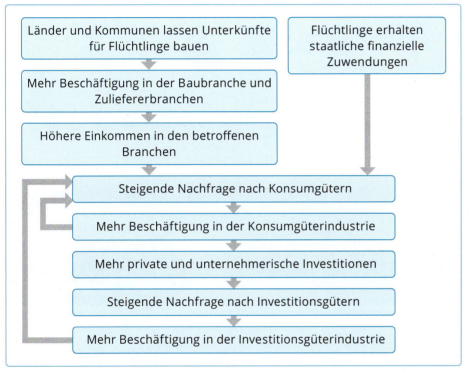

Bearbeiter

**Wirkungskette**
Grafische Darstellung einer Abfolge von Ereignissen, wobei ein Ereignis jeweils eine Ursache für das folgende Ereignis ist. Die Ursache-Wirkung-Beziehung wird durch einen Pfeil dargestellt:

Ursache
↓
Wirkung

Im Beispiel für eine Wirkungskette **M9** bedeutet dies z. B.: Wenn Länder und Kommunen Unterkünfte für Flüchtlinge bauen lassen, so ist dies eine Ursache für mehr Beschäftigung in der Baubranche und Zuliefererbranchen. Oder anders gesagt: Ein Mehr an Beschäftigung in Bau- und Zuliefererbranchen ist eine Wirkung/Folge davon, wenn Länder und Kommunen Unterkünfte für Flüchtlinge bauen lassen.

„Die staatlichen Ausgaben für Geflüchtete haben im Jahr 2016 das Wirtschaftswachstum um etwa 0,3 Prozentpunkte erhöht", sagte Marcel
5 Fratzscher, Präsident des Deutschen Instituts für Wirtschaftsforschung (DIW) [...] „Die staatlichen Leistungen für Geflüchtete wirken wie ein kleines Konjunkturprogramm, denn
10 [sie] [...] kommen vor allem deutschen Unternehmen und Arbeitnehmern durch eine höhere Nachfrage zugute", sagte Fratzscher. [...] Der Staat gebe infolge der hohen Flücht-
15 lingszahl von 2015 deutlich mehr aus als bisher, sagte auch Clemens Fuest [vom Ifo Institut München]. Der private Konsum steige auch deshalb, „weil durch die stärkere Zuwanderung einfach mehr Menschen bei 20 uns sind, die in Deutschland Geld ausgeben". „Beides stimuliert die Binnenkonjunktur", sagte Fuest. Die staatlichen Mehrausgaben im Zusammenhang mit der hohen Flüchtlings- 25 migration lagen 2016 deutlich über 20 Milliarden Euro.

spo./Reuters, www.faz.net, Ökonomen sehen Ausgaben für Flüchtlinge als Konjunkturprogramm, 30.12.2016

**Auszug aus dem Jahresgutachten 16/17 des Sachverständigenrats zur Begutachtung der gesamtwirtschaftlichen Entwicklung**

Angesichts der günstigen konjunkturellen Lage sind zusätzliche stimulierende Mehrausgaben des Staates nicht angebracht. Um private Investitionen und Wertschöpfung in Deutschland attraktiver zu machen, sind die steuerlichen Anreize zu stärken. […] Die stetige Ausweitung der Arbeitsmarktregulierung ist ein Schritt in die falsche Richtung. […] In den kommenden Jahren sollte sich die Wirtschaftspolitik stärker dem Ausbau der **Wettbewerbs- und Zukunftsfähigkeit** der deutschen Volkswirtschaft widmen. Dabei wäre ein größeres Vertrauen in Marktprozesse anzuraten, um soziale Teilhabe nicht erst durch Umverteilung, sondern bereits durch eigenen wirtschaftlichen Erfolg zu ermöglichen

*Sachverständigenrat zur Begutachtung der gesamtwirtschaftlichen Entwicklung, Zeit für Reformen, Jahresgutachten 16/17, Statistisches Bundesamt Wiesbaden, November 2016, S. 9, 25*

**Milton Friedman**
(1912 – 2006), US-amerikanische Wirtschaftsnobelpreisträger, gilt als einer der einflussreichsten Ökonomen des 20. Jahrhunderts.

## M10 Von Mises, Hayek und Friedman – dem Markt vertrauen!

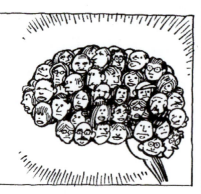

*Michael Goodwin/Dan E. Burr, Economix: Wie unsere Wirtschaft funktioniert (oder auch nicht), Berlin 2013, S. 183 f.*

## M11　Die Angebotsseite unterstützen!

Wirtschaftliches Wachstum und die Schaffung von Arbeitsplätzen sollen über die Verbesserung der Bedingungen auf der **Angebotsseite**
5 erreicht werden. [...] Höhere Gewinne sollen dabei die finanziellen Voraussetzungen für Investitionen der Unternehmen verbessern. **Höhere Investitionen** verbessern die Pro-
10 duktionsbedingungen sowie die internationale Wettbewerbsfähigkeit und bewirken eine Steigerung der Beschäftigung, was zu mehr Einkommen bei den privaten Haushalten führt. [...]
15 Mittel der Angebotspolitik sind z. B.

- die Senkung von Unternehmenssteuern sowie Lohnnebenkosten,
- die Förderung von Forschung und Entwicklung und die Förderung von Existenzgründungen. 20
- [die] [...] Steigerung der Flexibilität von Löhnen, Arbeitszeit und Beschäftigungsbedingungen und
- die Senkung des Staatsanteils am BIP. 25

Inflation soll vermieden werden.

*Nach: Duden Wirtschaft von A bis Z: Grundlagenwissen für Schule und Studium, Beruf und Alltag. 6. Aufl. Mannheim: Bibliographisches Institut 2016. Lizenzausgabe Bonn: Bundeszentrale für politische Bildung 2016*

## M12　Nachfrage- und angebotsorientierte Politik in der Kritik

Nach ersten Erfolgen bei der Bekämpfung der Rezession 1967 mit zwei Konjunkturpaketen machte sich schnell Enttäuschung breit. Aufgrund von
5 Zeitverzögerungen bei der Konzeption und Implementierung der Konjunkturprogramme wirkten diese zunehmend prozyklisch. Dazu kam, dass die Regierungen die im Abschwung
10 entstandenen Schulden nicht durch Überschüsse im Boom tilgten. Die Staatsausgaben nahmen zu, die öffentlichen Schulden schossen in die Höhe.

Zweifelhaft ist die Annahme des Monetarismus, dass ein großer Teil 15 aller Arbeitslosen freiwillig keiner Arbeit nachkommt, falsche Lohnvorstellungen hat oder, dass staatliche Maßnahmen wie Arbeitslosenversicherung und Sozialhilfe die Gründe 20 für die wachsende Zahl der Arbeitslosen sind. Die Angebotspolitik kann zu einem Wettlauf um die niedrigsten Standards führen.

*Bearbeiter*

**Zitat zur Konjunktur**
„Konjunktur ist nicht unser Schicksal, sondern unser Wille."
*Karl Schiller (SPD), Bundeswirtschaftsminister von 1966 bis 1972*

**F**
Gestalte einen Kurzvortrag (→ Methodenglossar), in dem du gegen die Empfehlungen der Mehrheit des Sachverständigenrats oder gegen die Aussagen Peter Bofingers argumentierst (**Randspalten S. 236, 238**). Tragt euch in Gruppen eure Kurzvorträge gegenseitig vor.

**H** ZU AUFGABE 3
→ S. 270

### AUFGABEN

1. Ordne deine Beiträge zur Diskussion über die 600 geschenkten Dollar (**M7**) den wirtschaftspolitischen Grundkonzeptionen (**M8**, **M10**, **M11**) zu.

2. Stelle mögliche Wirkungen einer Senkung der Steuern für Unternehmen, die Investitionen tätigen, auf Unternehmen, Haushalte und den Staat in Form einer Wirkungskette dar (**M9**).

3. Vergleiche den nachfrageorientierten Ansatz mit dem angebotsorientierten Ansatz der Wirtschaftspolitik hinsichtlich Ursachen einer Krise und Maßnahmen zu deren Lösung. Erstelle hierzu jeweils eine Wirkungskette bzw. ein Flussdiagramm (→ Methodenglossar) (**M8 – M12**).

### 8.3.3 Über den Staatshaushalt wird verteilt – wer profitiert, wer nicht?

**M13** Mütterrente und Rente mit 63

**Mütterrente**
Bessere Anerkennung von Erziehungszeiten für Kinder, die vor 1992 geboren wurden. Seit dem 1. Juli 2014 kann für alle Mütter oder Väter, deren Kinder vor 1992 geboren wurden, ein zusätzliches Jahr mit Kindererziehungszeiten angerechnet werden. Dadurch erhöht sich die (Brutto-)Rente pro Kind, das vor 1992 geboren ist, um ca. 29 Euro im Westen und 27 Euro im Osten (Stand: Januar 2017).

Befindet sich Deutschland auf dem Weg zu einer Herrschaft der Alten, der Greise? Nach den Rentenbeschlüssen der Großen Koalition [im April 2014] stellen sich Ökonomen diese Frage. Von den neuen Rentenregelungen profitieren die heutigen Rentner, vor allem Frauen, und die rentennahen Jahrgänge. Die Zeche für die Ausweitung der Leistungen werden die Jungen und künftige Generationen zahlen müssen. Bis zu 230 Milliarden Euro werden die erhöhte Mütterrente, die Rente mit 63 und andere Mehrleistungen bis zum Jahr 2030 nach Schätzungen kosten. [Ein Teil davon wird aus Steuern finanziert.]

*Philip Plickert, Frankfurter Allgemeine Zeitung, Große Koalition der Alten, 29.03.2014*

#### EINSTIEGSAUFGABE

„Befindet sich Deutschland auf dem Weg zu einer Herrschaft der Alten, der Greise?" Gestaltet in Gruppen jeweils einen kurzen Radiobeitrag, in dem kritische und zustimmende Stimmen zu dieser Frage deutlich werden. Alternativ könnt ihr auch einen entsprechenden Chat gestalten.

**M14** Steuern ein Beitrag für die Gemeinschaft

**Steuern, Gebühren und Beiträge**
Als Steuer wird eine Geldleistung ohne Anspruch auf individuelle Gegenleistung bezeichnet, die ein öffentlich-rechtliches Gemeinwesen zur Erzielung von Einnahmen allen steuerpflichtigen Personen auferlegt. Gebühren und Beiträge werden hingegen aufgabenbezogen und zweckgebunden verwendet (z. B. Müllgebühren).

Ob beim Einkaufen, an der Zapfsäule, beim Biertrinken oder Heizen – jeder zahlt **Steuern**. Sie sind die **wichtigste Einnahmequelle des Staates**. Jeder eingenommene Steuer-Euro fließt in die Gesamtmasse des Staatshaushalts, aus dem die Ausgaben für das Gemeinwohl finanziert werden. Ohne Steuergelder wäre es dem Staat nicht möglich, elementare Aufgaben für das Gemeinwesen zu erfüllen. Dazu zählen die soziale Sicherung, die innere und die äußere Sicherheit sowie die Finanzierung von Bildung, Gesundheit und Verkehrsinfrastruktur. Die Bürger leisten viele der Steuern indirekt, beispielsweise die Umsatzsteuer, die Energiesteuer und die Tabaksteuer, die im Preis für eine Ware oder Dienstleistung enthalten sind. Andere werden direkt bei den Steuerzahlern erhoben, wie die Lohn- und Einkommensteuer. Steuern sichern jedoch nicht nur die Staatseinnahmen, sondern dienen auch anderen Zwecken, beispielsweise lenken sie Verhaltensweisen. Eine solche **Lenkungsteuer** ist beispielsweise die Tabaksteuer: Sie soll das Rauchen weniger attraktiv machen. Die **Steuergerechtigkeit** wird über das sogenannte **Leistungsfähigkeitsprinzip** hergestellt: Wer mehr verdient, soll über die Progression bei der Einkommensteuer relativ stärker zum Gemeinwesen beitragen.

*Nach: Bundesministerium der Finanzen, www.bundesfinanzministerium.de, Steuern, Abruf am: 16.06.2017*

## M15 Die Rente frisst den Bundeshaushalt auf

Den größten Anteil am Zuwachs [der Ausgaben des Bundes zur gesetzlichen Rentenversicherung] hatte der Rentenzuschuss, mit dem der Bund die
5 Lücke zwischen den Einnahmen der Rentenkassen und den tatsächlich ausgezahlten Renten schließt: Mehr als 80 Milliarden Euro kostete das im Jahr 2012, 50 Milliarden mehr als noch
10 vor 20 Jahren. [...] Der Rentenkasse wurde sozialpolitisch viel zugemutet: Etwa die nicht gezahlten Beiträge aus Erziehungszeiten zu kompensieren oder Vertriebene im Alter ange-
15 messen zu versorgen. Diese zusätzlichen Aufgaben kompensierte der Staat aber weder durch Kürzungen in anderen Bereichen noch durch zusätzliche Einnahmen, etwa höhere Renten-
20 beiträge. Wenn aber weder die Renten gekürzt noch die Beiträge erhöht werden sollen, bleibt eigentlich nur noch der Rückgriff auf Steuermittel, um die Finanzierungslücken zu schließen. [...]
25 Neben dem allgemeinen Bundeszuschuss, der etwa 40 Milliarden Euro im Jahr beträgt, zahlt die Bundesregierung seit dem Jahr 1998 einen zusätzlichen Bundeszuschuss, aus dem etwa
30 Vertriebene und Spätaussiedler für im Ausland geleistete Arbeit eine Rente erhalten.

Mit dem Erhöhungs-Betrag aus den Erträgen der sogenannten „Ökosteuer" liegt dieser zusätzliche Zuschuss bei
35 etwa 20 Milliarden Euro im Jahr. Seit dem Jahr 1999 kommt der Bund darüber hinaus für die Rentenbeiträge auf, die in der Kindererziehungszeit anfallen. Etwa 12 Milliarden im Jahr lässt
40 es sich der Staat kosten, dass vor allem Mütter, die in dieser Zeit ihren Beruf nicht ausüben können, im Alter keine Einbußen bei der Rente haben.

*Lena Schipper, Frankfurter Allgemeine Zeitung, Wie die Rente den Bundeshaushalt eroberte, 04.09.2013*

**Steuereinnahmen des Bundes ...**

| ... im Jahr 2016 in Mio. € | |
|---|---|
| Umsatzsteuer (Mehrwertsteuer) | 85.651 |
| Lohnsteuer | 78.476 |
| Energiesteuer | 36.239 |
| Einfuhrumsatzsteuer | 27.038 |
| Einkommensteuer | 21.144 |
| Tabaksteuer | 14.360 |
| andere Bundessteuern | 76.933 |

*Nach: Bundesministerium der Finanzen, www.bundeshaushalt-info.de, Bundeshaushalt, Abruf am: 16.06.2017*

**Bundeshaushalt 2017 – ausgewählte Einzelpläne**

| Ausgabevolumen insgesamt: 328,7 Mrd. € | |
|---|---|
| Arbeit und Soziales | 138,6 Mrd. € (davon ca. 70 % der Ausgaben für Zuschüsse zur Rentenversicherung) |
| Verteidigung | 36,6 Mrd. € |
| Verkehr und digitale Infrastruktur | 26,8 Mrd. € |
| Bundesschuld | 20,1 Mrd. € |
| Bildung und Forschung | 17,6 Mrd. € |
| Gesundheit | 15,1 Mrd. € |
| Familie | 9,2 Mrd. € |
| Inneres | 8,3 Mrd. € |

*© Bundesministerium der Finanzen; Stand: 6. Juli 2016*

## M16 Bundeskabinett beschließt Eckwerte für Haushalt 2017 und Finanzplan bis 2020

Darüber hinaus spiegeln die Eckwerte eine Reihe von sozialpolitischen Maßnahmen wider, die die Bundesregierung in dieser Legislaturperiode be-
5 schlossen hat, wie z. B. die Erhöhung des Wohngeldes, das Elterngeld-Plus mit Partnerschaftsbonus, die abschlagsfreie Altersrente ab 63, die „Mütterrente", die Lebensleistungsrente und eine verbesserte Erwerbsminderungsren-
10 te. Zudem wird der Bundeszuschuss an den Gesundheitsfonds ab 2017 auf 14,5 Mrd. Euro erhöht. Trotz der unvermindert sinkenden Zahl an Arbeitslosen wurden die arbeitsmarktpoliti-
15 schen Maßnahmen weiter aufgestockt.

*Bundesministerium der Finanzen, www.bundesfinanzministerium.de, Pressemitteilungen Finanzpolitik, 23.03.2016*

## M17 Ökosteuer – Rasen für die Rente

Seit dem 1. April 1999 gibt es die Rasen-für-die-Rente-Steuer. [...] Ausgetüftelt wurde die Ökosteuer noch unter [...] Bundesfinanzminister Oskar Lafontaine. [...] Damals startete
5 die ökologische Steuerreform mit dem

**EEG**
Erneuerbare-Energien-Gesetz

**Petitionsausschuss des Deutschen Bundestages**
Wie sich Gesetze auf die Bürger auswirken, erfährt der Petitionsausschuss des Deutschen Bundestages aus erster Hand, da Schreiben mit Bitten oder Beschwerden der Bürger an den Deutschen Bundestag direkt beim Petitionsausschuss landen. Er prüft und berät über die Petitionen. Pro Tag werden durchschnittlich mehr als 30 Petitionen beim Bundestag eingereicht.

**Nicht-offizielle Online-Petitionen**
Eine nicht-offizielle Online-Petition ist nicht an einen Petitionsausschuss gerichtet. Wie der offene Brief oder der Aufruf auch ist sie ein Instrument der Öffentlichkeitsarbeit. Die Petition richtet sich an Unternehmen, Parteien, Parlamente oder andere Institutionen und fordert sie auf, etwas zu tun bzw. zu unterlassen. Petitions-Plattformen sind z. B. *www.change.org* oder *www.openpetition.de.*

🌐 **WebQuest:**
(→ Methodenglossar): Recherchiere die aktuellen Themen der rentenpolitischen Diskussion. Recherchiert (arbeitsteilig in Gruppen) Argumente der Parteien, der Gewerkschaften, der Arbeitgeberverbände und stellt exemplarisch einige von diesen dar.

Ziel, Energie zu verteuern und die Einnahmen der Rentenversicherung zuzuführen. Mit „Rasen für die Rente", wie es Wortkreative nannten, wollte die rot-grüne Bundesregierung zwei Fliegen mit einer Klappe schlagen. Zum einen sollten die Bürger zu mehr Sparsamkeit im Umgang mit vor allem fossiler Energie erzogen werden, zum anderen ging es um eine Senkung der Lohnnebenkosten, also eine Begünstigung von Arbeitsplätzen.
In mehreren Schritten stieg die Mineralölsteuer um 15,35 Cent je Liter Benzin, auch Strom, Gas oder Heizöl wurden teurer. Entsprechend groß war die Empörung vieler Bürger. Damals. Seit einigen Jahren haben sich die Bürger offenkundig mit der Ökosteuer arrangiert. Das liegt vielleicht auch nur daran, dass ein anderer Aufreger an deren Stelle getreten ist, nämlich die EEG-Umlage, die (fast) alle Stromverbraucher für die Erneuerbaren Energien berappen müssen. [...] „Wenn Bürger und Politiker gleichermaßen über die hohe EEG-Umlage stöhnen", so Kambeck, „dann ist die Stromsteuer als zusätzliche Belastung definitiv zu viel." Auch bei der Rentenversicherung seien die Probleme nicht gelöst worden. An den aktuellen Rentenbeschlüssen könne man erkennen, so Kambeck, dass gefüllte Kassen vor allem zu zusätzlichen Ausgaben verleiten würden. Der DIHK-Experte fordert deshalb, die Stromsteuer kräftig zu senken.

*Christian Ramthun, WirtschaftsWoche, 15 Jahre Ökosteuer: Das Phantom aus Berlin, 01.04.2014*

## M18  Wie kann der einzelne Bürger Einfluss nehmen?

Eine Möglichkeit sich einzubringen ist, eine Petition zu verfassen oder sich einer anzuschließen:
**Online-Petitionen beim Deutschen Bundestag**
Bei öffentlichen Petitionen wird das Anliegen und die Begründung im Internet unter Bekanntgabe des Namens des Einreichenden eingestellt. Andere Personen, können diese Petitionen durch eine „Mitzeichnung" unterstützen. Außerdem können die Nutzer über die Petitionen in einem Forum diskutieren. Ab 50.000 Unterstützern wird der Initiator in öffentlicher Petitionsausschusssitzung angehört.

*Bearbeiter*

## AUFGABEN

1. Erkläre den Unterschied zwischen Steuern und Gebühren bzw. Beiträgen (**M13**).

2. Erstelle ein Mindmap (→ Methodenglossar) zu der Frage, warum der Staat Steuern erhebt (**M13**).

3. Stelle dar, wie sich Kosten und Nutzen der Zuschüsse aus dem Bundeshaushalt an die gesetzliche Rentenversicherung und andere Sozialversicherungen auf unterschiedliche Bevölkerungsgruppen verteilen (**M14 – M17**).

4. Formuliere eine nicht-offizielle Online-Petition (→ Methodenglossar) gegen die „Rente mit 63" (**M18**).

## 8.3.4 Die Energiewende – wie kann der Bürger Einfluss nehmen?

### M19 Das Vorzeigeprojekt Energiewende ist bedroht

Karikatur: Gerhard Mester

Die ökologische Aufbruchsstimmung schwindet. Die Bundesregierung muss die Kosten begrenzen – ohne die grüne Revolution abzuwürgen. Die Energiewende ist das größte wirtschaftspolitische Projekt seit der Wiedervereinigung, so Spiegel Online.
*Spiegel Online, Thema Energiewende, Abruf am: 16.06.2017*

**EINSTIEGSAUFGABE**
Schreibe einen Brief an deine/n Lehrer/in (oder deine Eltern) aus der Sicht des Kindes in der Karikatur.

### M20 Die Energiewende in Deutschland

Nach der Reaktorkatastrophe in Fukushima im März 2011 beschließt die Bundesregierung den Atomausstieg: Im Jahr 2022 soll das letzte deutsche Atomkraftwerk vom Netz gehen. Strom aus fossilen Energieträgern (Kohle, Gas, Öl) soll durch Ökostrom ersetzt werden. Der Ökostromanteil soll im Jahr 2035 bei 55 bis 60 Prozent liegen, 2013 stammen knapp 25 Prozent des verbrauchten Stroms in Deutschland aus erneuerbaren Quellen. Die Energiewende umfasst aber nicht nur die Versorgung mit elektrischer Energie, auch Verkehr und Wärme sind eingeschlossen. Für Verbraucher und

Erklärfilm „Energiewende"

Mediencode: 82031-16

Unternehmen bedeutet die Förderung der regenerativen Energien erhebliche Mehrkosten: im Jahr 2013 rund 16,5 Milliarden Euro für die Förderung der erneuerbaren Energien über die sogenannte EEG-Umlage. Stromintensive Unternehmen können sich von der Umlage für die erneuerbaren Energien befreien lassen, damit sie im internationalen Wettbewerb keine Nachteile haben. Der Strompreis wird in Deutschland nur zu einem geringen Teil durch Angebot und Nachfrage bestimmt. Der Energiemarkt in Europa ist zwar liberalisiert, Umlagen, Steuern und Abgaben verdoppeln den Preis aber für den Verbraucher in Deutschland.

Probleme bei der Umstellung der Stromerzeugung auf regenerative Quellen sind u. a. der Transport des Stroms (aus Windkraft) vom Norden in den Süden der Bundesrepublik, die Speicherung von Strom und damit die Sicherstellung der Stromversorgung.

*Nach: Wolfgang Bernert, © 2017 Deutsche Welle, www.dw.com, Meilensteine der Energiewende in Deutschland, 09.04.2014*

## M21  Wie kann der (Wirtschafts-)Bürger Einfluss nehmen?

### a) Online-Petition

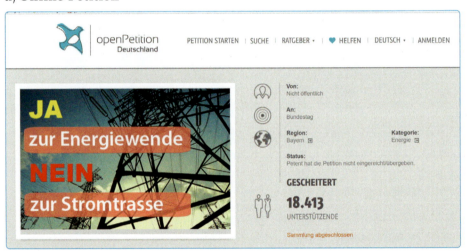

openPetition Deutschland, www.openpetition.de, Stoppt die Stromtrasse – JA zur Energiewende – NEIN zur Stromtrasse, Abruf am: 17.08.2917

### b) Bundesverband Energiewende Deutschland

Der Bundesverband Energiewende Deutschland vertritt die politischen, fachlichen und wirtschaftlichen Interessen der Energiewende Initiativen und Bürgerbewegungen auf Bundesebene. Dabei bündelt der Verband die Erfahrungen der Arbeit vor Ort und stützt sich auf ein breites Netzwerk von Experten. In Abstimmung mit den einzelnen Initiativen und Bürgern äußert sich der Bundesverband zu allen wesentlichen Entwicklungen der Energiepolitik. [...] Dem Bundesverband Energiewende liegt vor allem der Dialog mit der Politik und den Spitzenorganisationen der Energieindustrie, die Presse- und Öffentlichkeitsarbeit und die reale Umsetzung der Energiewende am Herzen. Verbraucher und Bürger sowie alternative Energieproduzenten profitieren gleichermaßen von der en-

8.3 Kann der Staat die Wirtschaft steuern?

gen Zusammenarbeit aller Initiativen und Unterstützer, die gebündelt den stärksten politischen und vor allem wirtschaftlichen Motor Deutschlands hinsichtlich einer tatsächlichen Energiewende repräsentieren."

© Bundesverband Energiewende Deutschland, www.bundesverband-energiewende.de, Abruf am: 16.06.2017

**c) Nur eine Gewerkschaft will Kohle**

Gewerkschaften übergeben 125.000 Unterschriften für „bezahlbaren Strom" an [Wirtschaftsminister] Gabriel. [...] Die Unterzeichner fordern „bezahlbaren Strom und gute Arbeitsplätze". Was damit gemeint ist [so der Chef der Energiegewerkschaft IG BCE Michael Vassiliadis]: Unterstützung für die „fossilen Energien", also Kohle und Gas, „denn sie bringen Preisstabilität und Versorgungssicherheit in die Energiewende ein." Diese klare Verteidigung von klimaschädlichen Kohlekraftwerken kam allerdings nur in seiner eigenen Gewerkschaft gut an. 105.000 der 125.000 Unterschriften wurden von IG-BCE-Mitgliedern gesammelt.

Nach: Wolfgang Bernert, © 2017 Deutsche Welle, www.dw.com, Meilensteine der Energiewende in Deutschland, 09.04.2014

### M22 (Energie-)Genossenschaften – Verantwortung, Partizipation und wirtschaftliches Handeln

„Energiegenossenschaften geben Bürgerinnen und Bürgern die Möglichkeit, vor Ort in Energieprojekte zu investieren und so ihren Beitrag zu der Energiewende, dem Ausbau der erneuerbaren Energien in der Region und zum Klimaschutz zu leisten. Die Energie in Bürgerhand hat viele Vorteile: Bürgerinnen und Bürger werden Mitbesitzer der Energieanlagen und beteiligen sich an einer verantwortungsvollen Geldanlage mit attraktiver Rendite. Ein weiterer wichtiger Aspekt dabei: Die Wertschöpfung bleibt vor Ort."

© 2014 Netzwerk Energiewende jetzt, Eveline Lemke; von 2011 bis 2016 Ministerin für Wirtschaft, Klimaschutz, Energie und Landesplanung Rheinland-Pfalz, www.energiegenossenschaften-gruenden.de, Gemeinsam. Nachhaltig. Regional, Abruf am: 16.06.2017

**Erklärfilm „Genossenschaften"**

Mediencode: 82031-17

**Energiegenossenschaften** sind demokratisch (jedes Mitglied hat eine Stimme), flexibel (Mitglieder können unkompliziert ein- und austreten), sicher (die Haftung ist auf die Anteile begrenzt), verantwortungsvoll (als ethische Geldanlage), ausbaufähig (auf viele unterschiedliche Energieprojekte), wirtschaftlich (durch Ausschüttungen auf den Gewinn) und zukunftsweisend für eine nachhaltige Energiewirtschaft in Bürgerhand.

## AUFGABEN

1. Stelle in einer Mindmap (→ Methodenglossar) mögliche (auch zukünftige) Auswirkungen der Energiewende auf dich als Verbraucher, als Berufswähler, als Arbeitnehmer, als Unternehmer und als (Wirtschafts-)Bürger dar (**M20 – M22**).
2. Beschreibe Partizipationsmöglichkeiten im Bereich Wirtschaftspolitik (**M21, M22**).
3. Beurteile die Unterschriftenaktion für „bezahlbaren Strom" der IG BCE (**M21c**).
4. Beurteile am Beispiel des Themenfelds „Energiewende Deutschland" die Möglichkeiten, über nicht-offizielle Online-Petitionen Einfluss auf (wirtschafts-)politische Entscheidungen zu nehmen (**M18, M21a**).

**F** Erläutere einer Freundin/einem Freund, warum du dich finanziell an einer Energiegenossenschaft, die Solarenergieanlagen betreibt, beteiligen willst (**M22**).

**H** ZU AUFGABE 4
→ S. 270

# WAS WIR WISSEN

**Gesetz zur Förderung der Stabilität und des Wachstums (StabG)**

→ M3

Um negative Effekte zu vermeiden, ist eine stabile Wirtschaftsentwicklung wünschenswert. **Das Gesetz zur Förderung der Stabilität und des Wachstums (StabG)** verpflichtet den Staat auf die Ziele: **hoher Beschäftigungsstand, angemessenes und stetiges Wirtschaftswachstum, stabiles Preisniveau** und ein **außenwirtschaftliches Gleichgewicht.** Die Ziele stehen zum Teil in Konflikt zueinander. Daneben sind der Schutz der natürlichen Lebensgrundlagen (Art. 23a GG) und eine gerechte Einkommens- und Vermögensverteilung (Art. 20 GG) Ziele staatlicher Politik.

---

**Begründung der Ziele des StabG**

→ M4

**Arbeitslosigkeit** stellt für die Betroffenen und gesamtwirtschaftlich eine große Belastung dar. **Wachstum soll Beschäftigung sichern** und Wohlstand erzeugen. **Inflation** benachteiligt Sparer. Sie führt zu einer Umverteilung und zu fehlender Planungssicherheit für Verbraucher und Unternehmen. **Deflation** führt zu einer geringeren Nachfrage, da sich Sparen und das Aufschieben von Investitionsentscheidungen lohnt. Ein **außenwirtschaftliches Ungleichgewicht,** wie z. B. die hohen Exportüberschüsse Deutschlands, birgt die Gefahr von Gegenreaktionen im Ausland und Zahlungsausfällen.

---

**Wirtschaftspolitische Grundkonzeptionen und die Kritik an ihnen**

→ M8 – M12

Grundsätzlich kann zwischen einem **nachfrage-** und einem **angebotsorientierten Ansatz** in der **Wirtschaftspolitik** unterschieden werden. Keynes sah die Ursache von Arbeitslosigkeit in einer zu geringen Nachfrage. Der Staat müsse demnach in einer Depression die Nachfrage stärken, indem er selbst als Nachfrager auftritt oder die Verbraucher zu Konsum animiert. Hayek und Friedman sahen Arbeitslosigkeit als Folge falscher staatlicher Eingriffe. Sie empfahlen, dass sich der Staat möglichst aus der Wirtschaft heraushalten und nur die Bedingungen für Unternehmen verbessern sollte. Ein Hauptpunkt der **Kritik an der Nachfragesteuerung** ist die Zeitverzögerung, mit der staatliche Maßnahmen greifen, und dass es dem Staat nicht gelingt, in Boomphasen die Staatsverschuldung zu senken. Ein Hauptpunkt der **Kritik am angebotsorientieren Ansatz** ist, dass Arbeitnehmerrechte eingeschränkt, die Einkommen der Arbeitnehmer gesenkt und soziale Ungleichheit verstärkt werden.

---

**Umverteilung über den Bundeshaushalt**

→ M14 – M17

Staatliche Ausgaben werden zum größten Teil durch Steuereinnahmen ermöglicht. Etwa 50 % der staatlichen Ausgaben werden für sozialpolitische Maßnahmen (u. a. Rente) ausgegeben. Da alle Bürger Steuern zahlen, findet über den **Bundeshaushalt** eine **Umverteilung** statt. Außerdem fördert der Staat mit Investitionen z. B. den Ausbau der Infrastruktur, Bildung und Forschung.

---

**Partizipationsmöglichkeiten der (Wirtschafts-)Bürger**

→ M18, M21, M22

Für den einzelnen Bürger gibt es viele Möglichkeiten seine **Interessen zu vertreten** und sich **(wirtschafts-)politisch zu beteiligen**: Engagement in Parteien, Verbänden, Gewerkschaften oder Nichtregierungsorganisationen, Petitionen an den Bundestag, Online-Petitionen, Teilnahme an Demonstrationen etc. Auch über ökonomisches Handeln kann Partizipation erfolgen, z. B. in (Energie-)Genossenschaften.

# 8.4 Ist die europäische Wirtschafts- und Währungsunion ein Garant für Wohlstand?

## 8.4.1 Was leistet der europäische Binnenmarkt, was nicht?

**M1** Brexit – warum aus der EU austreten, wenn die EU doch den Wohlstand mehrt?

> Die EU verfolgt das Ziel, einen europäischen Raum ohne Binnengrenzen zu schaffen, in dem Waren, Personen, Dienstleistungen und Kapital frei zirkulieren können. Diese Liberalisierung des Binnenmarktes soll zu einer Mehrung des Wohlstands und zu einer nachhaltigen Entwicklung der Wirtschaft beitragen.
>
> © *Europäische Union, 1995 – 2017, Europäisches Parlament, Informationsbüro in Deutschland, www.europarl.europa.eu, Ziele, Abruf am: 16.06.2017*

> Das Votum der Briten zum Austritt aus der EU war eine Abrechnung mit dem jetzigen Europa. Die Briten hatten soziale Ängste: Sorge um niedrige Löhne, den Mangel an bezahlbarem Wohnraum und den Verfall der Krankenhäuser. Dabei spielte natürlich auch die Angst vor verschärfter Konkurrenz um Löhne und Jobs infolge von Zuwanderung eine Rolle.
>
> *Nach: Fabio De Masi/Sahra Wagenknecht, Die Zeit, Die EU zerstört die europäische Idee, 02.07.2016*

**EINSTIEGSAUFGABE**
Erstelle eine Liste mit Assoziationen zu den beiden Texten.

**M2** Der europäische Binnenmarkt

Ein grenzenloser Raum für 503 Millionen Europäer – der Binnenmarkt ist Europas ehrgeizigstes Projekt und gleichzeitig das Kernstück der wirtschaftlichen Integration der 28 Mitgliedstaaten. [...] **Der freie Verkehr von Waren, Personen, Dienstleistungen und Kapital zwischen den Mitgliedstaaten bildet die Basis des Binnenmarktes.** Neben der **Abschaffung der Zölle** innerhalb der Union setzt die EU zwei Instrumente ein, um die materiellen, technischen und steuerlichen Schranken innerhalb der EU abzubauen. Harmonisierung der nationalen Vorschriften ist der eine Weg. Hierbei geht es darum, die **Rechtsvorschriften in den Mitgliedstaaten**, etwa im Verbraucher- und Umweltschutz, durch EU-Richtlinien einander **anzugleichen**. Die **gegenseitige Anerkennung von nationalen Standards** ist der andere Weg: Waren, die in einem EU-Land nach dort gültigem Recht hergestellt

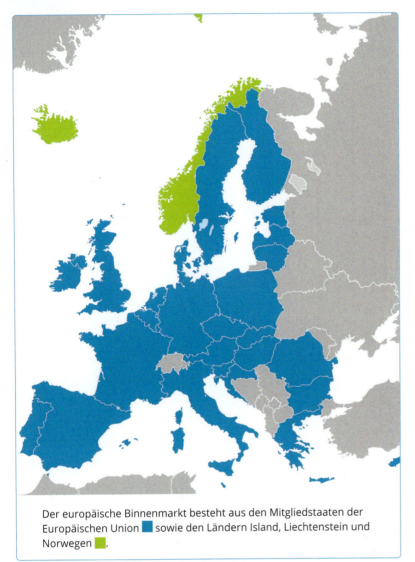

Der europäische Binnenmarkt besteht aus den Mitgliedstaaten der Europäischen Union ■ sowie den Ländern Island, Liechtenstein und Norwegen ■.

und verkauft werden dürfen, können überall im Binnenmarkt angeboten werden. Berufliche Befähigungsnachweise werden heute überall im Binnenmarkt anerkannt [...]. Der europäische Binnenmarkt ist 1993 in Kraft getreten. Das Warenangebot ist seitdem bunter und vielfältiger geworden, Wettbewerb und das Ende nationaler Monopole haben die Preise vieler Güter und Dienstleistungen gesenkt, beispielsweise bei Telekommunikation, Energie oder Flugreisen. Auch die Möglichkeit für Studierende, innerhalb der EU ohne aufenthaltsrechtliche Probleme den Studienort wechseln zu können, ist dem Binnenmarkt zu verdanken.

Ein wesentliches Prinzip des Binnenmarktes ist, dass **alle EU-Bürger** innerhalb der gesamten EU wie **Inländer** behandelt werden müssen; jede Diskriminierung aus Gründen der Staatsangehörigkeit ist also EU-weit verboten. Diskriminierung wird dabei als eine unterschiedliche Behandlung in vergleichbarer Situation verstanden. [...] Jeder Unionsbürger muss als Arbeitssuchender, Hauskäufer oder Unternehmer in jedem Staat des Binnenmarktes behandelt werden, als sei er ein Einheimischer. Dass der europäische Binnenmarkt kein Markt „um jeden Preis" ist, beweist das hohe Niveau im Verbraucher- und Umweltschutz in der EU, denn grenzenlos bedeutet keineswegs, den Raum dem freien Markt zu überlassen: Vielmehr sind die europäischen Institutionen bei der Gesetzgebung vertraglich dazu verpflichtet, ein hohes Schutzniveau in den Bereichen Gesundheit, Sicherheit, Umweltschutz und Verbraucherschutz zu gewährleisten. [...] Gleichzeitig dient die Rechtsangleichung dazu, europaweit die Rechte und Interessen der Verbraucherinnen und Verbraucher zu schützen. Gesundheit, Sicherheit und Umweltschutz sind wesentliche Ziele, die bei der Liberalisierung berücksichtigt werden müssen.

© *Europäische Union, 1995 – 2017, Europäisches Parlament, Informationsbüro in Deutschland, www.europarl.europa.eu, Politische Umsetzung, Abruf am: 16.06.2017*

8.4 Ist die europäische Wirtschafts- und Währungsunion ein Garant für Wohlstand?

249

**M3** Vorteile des Binnenmarkts für Unternehmen und Verbraucher

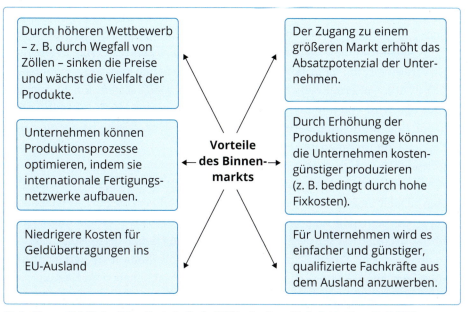

- Durch höheren Wettbewerb – z. B. durch Wegfall von Zöllen – sinken die Preise und wächst die Vielfalt der Produkte.
- Unternehmen können Produktionsprozesse optimieren, indem sie internationale Fertigungsnetzwerke aufbauen.
- Niedrigere Kosten für Geldübertragungen ins EU-Ausland
- Der Zugang zu einem größeren Markt erhöht das Absatzpotenzial der Unternehmen.
- Durch Erhöhung der Produktionsmenge können die Unternehmen kostengünstiger produzieren (z. B. bedingt durch hohe Fixkosten).
- Für Unternehmen wird es einfacher und günstiger, qualifizierte Fachkräfte aus dem Ausland anzuwerben.

*Nach: Theresa Eich/Stefan Vetter, Deutsche Bank, EU-Monitor Europäische Integration, 19.11.2013*

**M4** Welche Bedeutung hat die EU für die Wirtschaft der Mitgliedstaaten?

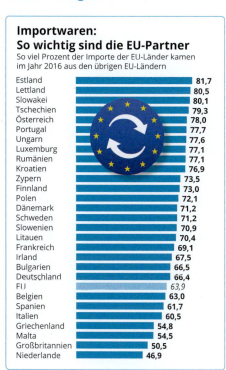

**Importwaren: So wichtig sind die EU-Partner**
So viel Prozent der Importe der EU-Länder kamen im Jahr 2016 aus den übrigen EU-Ländern

| Land | % |
|---|---|
| Estland | 81,7 |
| Lettland | 80,5 |
| Slowakei | 80,1 |
| Tschechien | 79,3 |
| Österreich | 78,0 |
| Portugal | 77,7 |
| Ungarn | 77,6 |
| Luxemburg | 77,1 |
| Rumänien | 77,1 |
| Kroatien | 76,9 |
| Zypern | 73,5 |
| Finnland | 73,0 |
| Polen | 72,1 |
| Dänemark | 71,2 |
| Schweden | 71,2 |
| Slowenien | 70,9 |
| Litauen | 70,4 |
| Frankreich | 69,1 |
| Irland | 67,5 |
| Bulgarien | 66,5 |
| Deutschland | 66,4 |
| EU | 63,9 |
| Belgien | 63,0 |
| Spanien | 61,7 |
| Italien | 60,5 |
| Griechenland | 54,8 |
| Malta | 54,5 |
| Großbritannien | 50,5 |
| Niederlande | 46,9 |

© Globus-Grafik 11843, Eurostat 2016

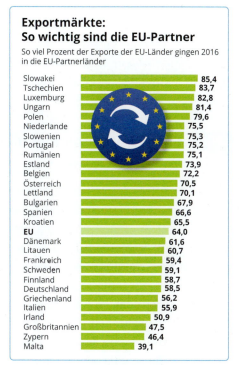

**Exportmärkte: So wichtig sind die EU-Partner**
So viel Prozent der Exporte der EU-Länder gingen 2016 in die EU-Partnerländer

| Land | % |
|---|---|
| Slowakei | 85,4 |
| Tschechien | 83,7 |
| Luxemburg | 82,8 |
| Ungarn | 81,4 |
| Polen | 79,6 |
| Niederlande | 75,5 |
| Slowenien | 75,3 |
| Portugal | 75,2 |
| Rumänien | 75,1 |
| Estland | 73,9 |
| Belgien | 72,2 |
| Österreich | 70,5 |
| Lettland | 70,1 |
| Bulgarien | 67,9 |
| Spanien | 66,6 |
| Kroatien | 65,5 |
| EU | 64,0 |
| Dänemark | 61,6 |
| Litauen | 60,7 |
| Frankreich | 59,4 |
| Schweden | 59,1 |
| Finnland | 58,7 |
| Deutschland | 58,5 |
| Griechenland | 56,2 |
| Italien | 55,9 |
| Irland | 50,9 |
| Großbritannien | 47,5 |
| Zypern | 46,4 |
| Malta | 39,1 |

© Globus-Grafik 11851, Eurostat 2016

**Auftrieb durch EU-Beitritt**

| Wirtschaftswachstum 2004 – 2013 | |
|---|---|
| Polen | + 49 % |
| Slowakei | + 49 % |
| Litauen | + 39 % |
| Tschechien | + 28 % |

*Quelle: Eurostat 2015*

**Zum Vergleich**

| Wirtschaftswachstum 2004 – 2013 | |
|---|---|
| Deutschland | + 14 % |

*Quelle: Eurostat 2015*

**Zur Wirtschaftskraft in der EU**
→ S. 251, M7

## M5 Europa ist keine Shopping-Mall

Meine Kollegen aus dem Sachverständigenrat für Wirtschaft [...] haben [...] dafür plädiert, dass die Mitgliedstaaten nun wieder mehr Eigenverantwortung in der Wirtschaftspolitik übernehmen sollten. [...] Europa wird von [ihnen] [...] letztlich auf den Binnenmarkt reduziert, der es den Unternehmen und Haushalten ermögliche, „sich an die Herausforderungen der Globalisierung anzupassen". Doch wozu braucht man ein Europa, das lediglich eine Shopping-Mall des Weltmarkts sein will? Wozu braucht man ein Europa, das nicht schützt vor der Globalisierung, sondern die Menschen auffordert, sich der Globalisierung anzupassen? Solch ein Europa hat keine Zukunft [...].

Bei einem Europa des Binnenmarktes stellte sich außerdem die Frage, ob es wirklich in der Lage wäre, „Europa durch seinen wirtschaftlichen Erfolge so attraktiv zu machen, dass die Bürger seine Vorteile besser verstehen". Das Grundproblem liegt darin, dass die zunehmende globale Arbeitsteilung und der wachsende Welthandel zwar den Wohlstand der Nationen erhöhen, dass die Vorteile jedoch sehr ungleich verteilt werden. Globalisierung darf man nicht mit „Wohlstand für alle" gleichsetzen. Ein Europa des Binnenmarktes läuft Gefahr, dass sich die Unzufriedenheit vieler Bürger über ihre wirtschaftliche Situation zunehmend gegen Europa richtet. Das heißt nicht, dass Europa nun zu einem Bollwerk gegen die Globalisierung ausgebaut werden muss. Aber wenn die Globalisierung eine Zukunft haben soll, kommt es darauf an, ihr ein menschlicheres Antlitz zu verleihen. Genau darin könnte Europa seine Zukunft sehen.

Ein Europa für eine saubere Umwelt, für eine gute soziale Absicherung und zudem für einen wirksamen Kampf gegen Terrorismus und die Sicherung der Privatsphäre im Netz hätte die Chance, die Identifikation mit dem europäischen Projekt zu stärken.

*Peter Bofinger, Die Zeit, Europa ist keine Shopping-Mall, 04.08.2016*

## M6 Bei den Steuereinnahmen hört die europäische Solidarität auf…

Apple-Chef Tim Cook hat sich stets deutlich geäußert. Der Konzern trickse nicht bei seinen Steuerzahlungen, beteuerte Cook immer wieder. [...] Die Europäische Kommission sieht das anders. Sie hat nun entschieden: Apple muss in Europa bis zu 13 Milliarden Euro Steuern nachzahlen. Zinsen kommen noch dazu. [...] Die Kommission hat sich die Jahre 2003 bis 2014 angesehen und entschieden, dass die Steuerdeals zwischen Irland und Apple in dieser Zeit illegal waren. Dublin habe Apple einen unfairen Vorteil gewährt. Das verstößt gegen EU-Recht. 2003 habe der Konzern nur einen effektiven Steuersatz von einem Prozent gezahlt. „Bis 2014 ging dieser Steuersatz weiter auf 0,005 Prozent zurück", sagte die zuständige EU-Kommissarin Margrethe Vestager. „Wenn mein Steuersatz bei 0,005 Prozent läge, würde ich mich fragen, ob meine Steuererklärung korrekt ist", sagte sie. [...] Der iPhone-Konzern reagiert harsch auf die Brüsseler Entscheidung. [...] „Die Entscheidung wird Investitionen und die Schaffung von Arbeitsplätzen in Europa spürbar und schädlich beeinflussen", teilt die Firma mit.

*Bastian Brinkmann, Süddeutsche Zeitung, Apple muss bis zu 13 Milliarden Euro Steuern nachzahlen – Konzern droht Europa, 30.08.2016*

  **Ungleiche Wirtschaftskraft in Europa**

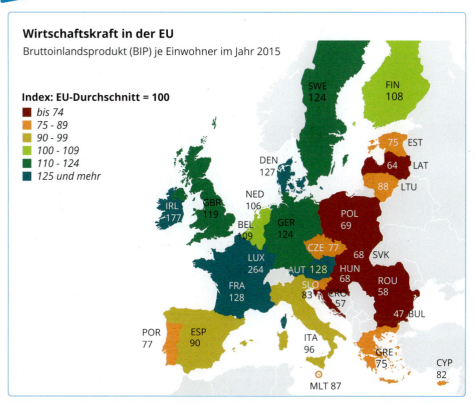

© Globus-Grafik 11486, Quelle: Eurostat, Dezember 2016

### „Einheitlichkeit der Lebensverhältnisse"

Der Philosoph Jürgen Habermas fordert, eine wohlfahrtsstaatliche „Einheitlichkeit der Lebensverhältnisse" in der Euro-Zone herzustellen. Dies sei die Basis für die Bildung eines europäischen Bürgerbewusstseins und staatsbürgerlicher Solidarität.

*Nach: Jürgen Kaube, www.faz.net, Hinter verschlossenen Türen, 18.06.2011*

### AUFGABEN

1. Stelle grafisch (z. B. in einer Mindmap) dar, welche Auswirkungen der europäische Binnenmarkt auf dich als Verbraucher, Berufswähler und Arbeitnehmer oder Unternehmer hat (**M2**, **M3**, **M5**).

2. Erläutere die Bedeutung des europäischen Binnenmarkts für die europäischen Volkswirtschaften (**M2** – **M4**).

3. Der Binnenmarkt soll zu einer Mehrung des Wohlstands, einer nachhaltigen Entwicklung der Wirtschaft und einer Angleichung der Lebensverhältnisse in Europa beitragen. Erörtere inwiefern das gelingt (**M7**).

4. „Irland sollte für Apple kämpfen und gegen die Entscheidung der EU-Kommission klagen". Gestalte ausgehend von **M6** einen Blogbeitrag, indem du diese Meinung begründest.

## 8.4.2 Was leistet die europäische Währungsunion (bislang nicht)?

### M8 Stimmen Jugendlicher zum Euro

Der Euro …

… ist eine gute Sache für Verbraucher und den Handel und erleichtert das Leben auf Reisen.

… ist schwach gegenüber anderen Währungen.

… ist ein Symbol für Europa und eine Verbindung zwischen den Mitgliedsländern.

… hat momentan Probleme.

… ist stark, weil viele Länder dahinter stehen.

… ist schlecht, weil er faire Lösungen für einzelne Länder verhindert.

… interessiert mich nur wenig.

… puh – meine Eltern rechnen immer noch in D-Mark um.

*Bearbeiter*

**EINSTIEGSAUFGABE**

Erkläre einem Freund, warum er sich für den Euro interessieren sollte.

### M9 Die europäische Währungsunion – der Euro und die EZB

**EU-Mitgliedstaaten, die den Euro bereits eingeführt haben (Stand: 2018)**
- Belgien
- Deutschland
- Estland
- Finnland
- Frankreich
- Griechenland
- Irland
- Italien
- Lettland
- Litauen
- Luxemburg
- Malta
- Niederlande
- Österreich
- Portugal
- Slowakei
- Slowenien
- Spanien
- Zypern

Die europäische Währungsunion stellt den Zusammenschluss von EU-Mitgliedstaaten auf dem Gebiet der Geld- und Währungspolitik dar. [...]
5 Die EU-Staaten, die den Euro noch nicht eingeführt haben, sind grundsätzlich verpflichtet, der Währungsunion beizutreten, sobald sie die im EG-Vertrag festgelegten **Konvergenzkriterien** erfüllen. Eine Aus
10 nahme bilden Dänemark und Großbritannien, die eine Sonderstellung ausgehandelt haben („Opting-out-Klausel"). Sie können selbst ent
15 scheiden, ob sie der Währungsunion beitreten, sofern sie die Konvergenzkriterien erfüllen:
- stabiles Preisniveau,
- geringe Wechselkursschwankun
20 gen zum Euro,

- ähnliches Zinsniveau wie im Euroraum und
- begrenzte Staatsverschuldung (Neuverschuldung max. 3 % des nationalen BIP und Gesamtverschul 25
dung max. 60 % des BIP).

Die Staaten geben mit Einführung der Gemeinschaftswährung ihre geldpolitische Souveränität an die **Europäische Zentralbank (EZB)** ab. Sie ist 30 für den Euro und für die Gestaltung und Durchführung der **Wirtschafts- und Währungspolitik** zuständig. Ihr wichtigstes Ziel ist die Preisstabilität, mit der das Wirtschaftswachs 35 tum und die Schaffung von Arbeitsplätzen unterstützt werden sollen.

*Nach: © Deutsche Bundesbank, www.bundesbank.de, Die Europäische Währungsunion, Abruf am: 16.06.2017*

## M10 Vorteile einer gemeinsamen Währung für Verbraucher und Unternehmen

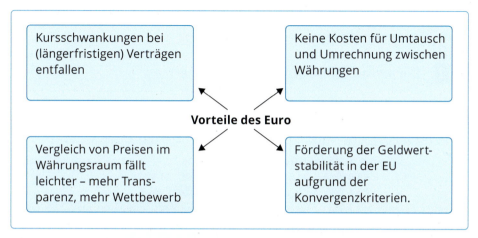

Außerdem hatte die Einführung des Euro zum Ziel, dass die gemeinsame Währung ein starkes Symbol europäischer Identität sein sollte.

*Bearbeiter*

## M11 Ein Austritt aus dem Euro wäre teuer!

Angesichts der keineswegs zu leugnenden ökonomischen und sozialen Misere in den Krisenländern, den milliardenschweren Rettungspaketen [...] ist die Sehnsucht nach der D-Mark auf den ersten Blick verständlich. Auf den zweiten entpuppt sie sich aber als ein irreführender, ja sogar brandgefährlicher Mythos. Die Wiedereinführung nationaler Währungen würde keines der beklagten Probleme lösen und wäre für Deutschland und die jetzigen Krisenländer aller Wahrscheinlichkeit nach mit sehr hohen Kosten verbunden. Deutschland steht derzeit recht gut da: Die Arbeitslosigkeit ist niedrig, die Löhne steigen und der Staatshaushalt ist ausgeglichen. Nur liegt ein Grund für diese wirtschaftliche Stärke in der Gemeinschaftswährung. Denn gerade die in Deutschland oft beklagten hohen Ausgaben des privaten wie öffentlichen Sektors in den Krisenländern waren es, die Deutschland einen Exportboom beschert haben. Gleichzeitig sind die Reallöhne in Deutschland über Jahre gesunken. Dieser Wettbewerbsvorteil wurde dank des Euro nicht von Aufwertungen wieder zunichte gemacht, wie es früher bei flexiblen Wechselkursen der Fall gewesen wäre.

Die Rückentwicklung des Euroraums ist rein juristisch auch nicht vorgesehen und wäre historisch ohne Präzedenzfall. Es scheint schwer vorstellbar, dass dies kurzfristig ohne erhebliche Turbulenzen, wenn nicht sogar einer erneuten tiefen Krise vonstattengehen sollte. Wie könnte beispielsweise ein einzelnes Land oder eine kleine Gruppe die Währungsunion verlassen ohne einen

**Aufwertung**
Bei einer Aufwertung der eigenen Währung werden Exporte erschwert, da Exportwaren im Ausland aufgrund des Wechselkurses dann teurer werden.

**bank run** (→ S. 254)
Bei einem *bank run* versuchen viele Anleger einer Bank möglichst zeitnah ihre Einlagen abzuheben.

panischen bank run [...] auszulösen? Und zwar nicht nur im Land beziehungsweise in den betroffenen Ländern selbst, sondern in allen anderen Ländern, die ebenfalls als Austrittskandidaten gehandelt werden?

*Andrew Watt, www.zeit.de, Stünde Europa ohne Euro besser da?, 26.09.2014*

### M12 Eurozone: Blick auf die Staatsfinanzen

**Zustimmung zum Euro in Deutschland auf Talfahrt**

Im Jahr 2012 sah noch jeder Zweite eher Vorteile im Euro. 2015 will hingegen gut jeder Dritte in Deutschland laut einer Umfrage einen Austritt aus dem Euro. Nur 13 Prozent waren der Meinung, dass der Euro nur Vorteile gebracht hat.

© Statista 2015, ARD-Deutschlandtrend/dpa, Handelsblatt, Über ein Drittel der Deutschen will Euro-Austritt, 25.02.2015

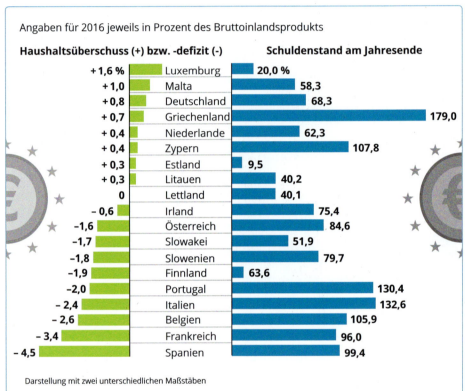

Angaben für 2016 jeweils in Prozent des Bruttoinlandsprodukts

| Haushaltsüberschuss (+) bzw. -defizit (-) | Land | Schuldenstand am Jahresende |
|---|---|---|
| +1,6 % | Luxemburg | 20,0 % |
| +1,0 | Malta | 58,3 |
| +0,8 | Deutschland | 68,3 |
| +0,7 | Griechenland | 179,0 |
| +0,4 | Niederlande | 62,3 |
| +0,4 | Zypern | 107,8 |
| +0,3 | Estland | 9,5 |
| +0,3 | Litauen | 40,2 |
| 0 | Lettland | 40,1 |
| -0,6 | Irland | 75,4 |
| -1,6 | Österreich | 84,6 |
| -1,7 | Slowakei | 51,9 |
| -1,8 | Slowenien | 79,7 |
| -1,9 | Finnland | 63,6 |
| -2,0 | Portugal | 130,4 |
| -2,4 | Italien | 132,6 |
| -2,6 | Belgien | 105,9 |
| -3,4 | Frankreich | 96,0 |
| -4,5 | Spanien | 99,4 |

Darstellung mit zwei unterschiedlichen Maßstäben

*Globus-Grafik 11718, Quelle: Eurostat, April 2017*

### M13 Hat der Euro eine Zukunft?

Wirtschaftsnobelpreisträger Joseph Stiglitz rechnet mit einem Ausscheiden Italiens aus der Eurozone. [...] „Wenn ich mich mit Italienern unterhalte, spüre ich, dass die Menschen dort zunehmend enttäuscht sind vom Euro", sagte er. „Den Italienern wird gerade klar, dass Italien im Euro nicht funktioniert."
Ohne weitere tiefgreifende Reformen werde die Währungsunion nicht weiter funktionieren, sagt Stiglitz [...]. Den Mitgliedsländern mangele es an Entschiedenheit, die notwendigen tiefgreifenden Reformen wie etwa die Schaffung einer Bankenunion oder einer gemeinsamen Einlagensicherung anzugehen. „Mir macht die Geschwindigkeit Sorgen, mit der die Entscheidungen in Europa ablaufen", sagte der Ökonom. „Die Politik einigt sich darauf, was getan werden muss, aber dann wird blockiert, getrödelt und sich Zeit gelassen."

**Bankenunion in Europa**
- einheitliche Aufsicht über alle Banken in der EU
- einheitlicher Abwicklungsmechanismus für Banken in Schwierigkeiten in der EU
- europäisches System zur Sicherung von Einlagen bei Banken

In Europa fehle es an der nötigen Solidarität über Grenzen hinweg. Deshalb werde der gemeinsame Währungsraum vermutlich in den kommenden Jahren zerbrechen [...]. So habe Deutschland schon akzeptiert, dass Griechenland die Eurozone verlassen werde. „Es wird in zehn Jahren noch eine Eurozone geben, aber die Frage ist, wie sie aussehen wird. Es ist sehr unwahrscheinlich, dass sie immer noch 19 Mitglieder haben wird", sagte der frühere Chefökonom der Weltbank. „Es ist schwer zu sagen, wer dann noch dazugehören wird."

peer./Reuters/dpa, Frankfurter Allgemeine Zeitung, Nobelpreisträger Stiglitz erwartet Zerfall der Eurozone, 06.10.2016

## M14 Banken-, Wirtschafts- und Staatsschuldenkrise in Europa

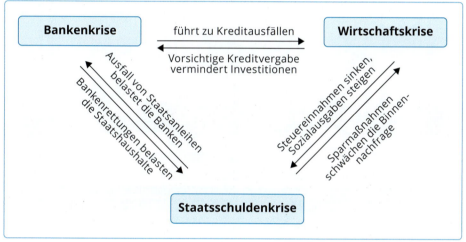

Bearbeiter

### AUFGABEN

1. Erläutere die Vorteile der Gemeinschaftswährung Euro für Verbraucher, Unternehmen und den Staat in Deutschland (**M10**, **M11**).
2. Stelle Probleme der europäischen Währungsunion dar (**M12 – M14**).
3. Stelle mögliche Gründe dar, warum der Euro nicht abgeschafft werden sollte (**M10**, **M11**).
4. Gestaltet in Gruppen Fragen für ein Interview (→ Methodenglossar) mit Menschen älterer Generationen zu der Frage, was sich für diese durch den europäischen Binnenmarkt und die Einführung des Euro im Vergleich zu vor 30 Jahren verändert hat. Führe ein solches Interview z. B. mit deinen Eltern und/oder Großeltern. Präsentiere in deiner Gruppe die Aspekte, die den Interviewten besonders wichtig waren. Tragt diese Aspekte zusammen, um sie in der Klasse vorzustellen.

## 8.4.3 Mehr freier Handel oder mehr Abschottung – wer profitiert?

### M15 Freihandel oder Protektionismus?

**Erklärfilm „Globalisierung"**

Mediencode: 82031-18

**Erklärfilm „Protektionismus"**

Mediencode: 82031-19

Quelle: London School of Economics and Political Science 2007 Coll Miisc 0519-32

**EINSTIEGSAUFGABE**
Beschreibe die zwei dargestellten Situationen und erläutere die Aussage des Verfassers.

### M16 Internationale Arbeitsteilung und Handel in der globalisierten Welt

**Handel in der globalisierten Welt**
Seit 1950 sind die weltweiten Exporte um das 39-fache gestiegen, die Weltwirtschaftsleitung nur um das 11-fache.

Wenn man in Schweden Orangen aus Marokko kaufen kann, in den USA Autos aus Deutschland, in Deutschland Smartphones aus China, dann zeigt dies: Die Volkswirtschaften der Welt werden immer mehr zu einer einzigen globalen Wirtschaft. Arbeitsteilung heißt die Devise. [...] Der **Welthandel** ist es, der ein **Wachstum der Weltproduktion** in diesem Ausmaß ermöglicht hat. Er erlaubt es den beteiligten Volkswirtschaften, sich auf jene Leistungen zu konzentrieren, die sie beherrschen und die den größten Ertrag für sie bringen. Die anderen Güter, die benötigt werden, können besser von den Ländern zugekauft werden, die darauf spezialisiert sind, oder bei denen, die sie preiswerter herstellen können.

*Ruben Mühlenbruch/Wolfgang Fink/WTO, Globus-Grafik 11324, 21.10.2016*

## M17 Internationale Arbeitsteilung und Freihandel – wer profitiert, wer nicht?

Weltweit wuchsen [...] immer mehr **Freihandelszonen**, **Zollunionen**, ja sogar **Wirtschafts- und Währungsunionen**. Insbesondere nach dem Ende des Zweiten Weltkriegs und ab 1990 mit dem Zusammenbruch des Kommunismus in der damaligen Sowjetunion sowie der Öffnung der Volksrepublik China für die Weltmärkte schien der **Freihandel** seinen Siegeszug angetreten zu haben. In der dafür gegründeten **Welthandelsorganisation („WTO")**, der inzwischen 161 Staaten angehören, konnten Zölle, insbesondere für Industriegüter, drastisch gesenkt werden. Zu diesem Zweck bauten die beteiligten Länder Handelsbarrieren [...] ab. Sie öffneten ihre Märkte. [...] Es gibt mehr und bessere Produkte, Produktionskosten und Preise für die Konsumenten sinken, ein freier Wettbewerb garantiert Innovationen. Wachstum, Wohlfahrt und Wohlstand sind das Ziel. Die fortschreitende Freihandelspolitik geht einher mit der **Globalisierung**, d. h. der weltweiten Produktion und [dem weltweiten Konsum]. Stets geht es darum, mitzuhalten, mitzuspielen, sich im internationalen Wettbewerb kostengünstig zu bewähren.

Allerdings stocken seit einigen Jahren immer wieder in den weltweiten WTO-Runden, den sog. Doha-Runden, die Gespräche und Verhandlungserfolge. Insbesondere die sog. Entwicklungsländer beklagen sich, dass sowohl die USA als auch die EU ihre Agrarmärkte durch **tarifäre** und **nicht-tarifäre Handelshemmnisse** abschotteten. Und vielleicht noch schwerwiegender sind die Vorwürfe, die heimischen Agrarmärkte in den USA und der EU würden massiv durch **Subventionen** verzerrt. Diese können sich die Entwicklungsländer aber ihrerseits nicht leisten.

Die EU-Regierungen drängen bis heute afrikanische Staaten in sogenannte „**Partnerschaftsabkommen**", die Zollschranken verbieten. So exportiert Europas Agrarindustrie seit Jahren Massen von billigem Geflügelfleisch und Milchprodukte nach Afrika und verdrängt die einheimischen Produzenten. Als Kenia sich weigerte, einen entsprechenden Vertrag zu unterschreiben, drohte die EU-Kommission im vergangenen Jahr mit der Verhängung von **Strafzöllen** auf Schnittblumen, Kenias wichtigstem Exportprodukt. Die Regierung in Nairobi gab nach. Nun müssen auch Kenias Kleinbauern die europäische Dumping-Konkurrenz fürchten. Das Gleiche geschah Millionen mexikanischen Maisfarmern, nachdem ihr Land ab 1994 mit den USA und Kanada die **nordamerikanische Freihandelszone (NAFTA)** bildete und die US-Agrarindustrie ihre [stark subventionierten] Maisprodukte auf dem mexikanischen Markt verkaufte. Gleichzeitig verlagerten die US-Auto- und Konsumgüterkonzerne im großen Stil die Fertigung nach Nordmexiko, wo sie zu Dumpinglöhnen produzieren können. Dabei schreitet die internationale Arbeitsteilung in raschen Schritten voran. Die Konsumenten in den entwickelten Industrienationen profitieren enorm davon. Noch nie waren Konsumgüter so preisgünstig wie heute.

*Jürgen Kalb, Landeszentrale für politische Bildung Baden-Württemberg (Hrsg.), Deutschland & Europa, Heft 70 – 2015, S. 3 f.*

---

**Freihandelszone und Binnenmarkt**
Staaten gewähren sich wechselseitig freien Handel und schaffen Zölle und Handelshemmnisse ab. Die Schaffung einer Freihandelszone oder gar eines Binnenmarkts führt automatisch dazu, dass Handelsströme umgelenkt werden: Der Handel zwischen den beteiligten Staaten wird gestärkt zu Lasten des Handels mit den Staaten außerhalb. Andererseits gilt auch: Wer von außen Zutritt zur Freihandelszone bzw. zum Binnenmarkt hat, kann von dem größeren Markt profitieren. Ein Binnenmarkt wirkt nach außen meist abschottend.

**Zollunion**
Staaten haben freien Handel und einen gemeinsamen Außenzoll.

**Protektionismus**
Das Gegenteil des freien Austauschs von Waren und Dienstleistungen ist der Protektionismus. Hier wird der freie Handel durch staatliche Regeln behindert.

**Tarifäre Handelshemmnisse**
z. B. Zölle

**Nicht-tarifäre Handelshemmnisse**
- mengenmäßige Einfuhrbeschränkungen (Quoten, Kontingente)
- spezielle Sicherheits- oder Umweltstandards
- aufwändige Genehmigungsverfahren
- Subventionen

## M18 Wie wirken Handelshemmnisse und ihr Abbau auf den Handel?

Wirtschaftsverbände erwarten [...] [im Fall des Freihandelsabkommens zwischen den USA und der EU, TTIP] auch weniger Bürokratie und mehr Spielraum für Investitionen. Hinzu kommt der Abbau weiterer Handelshemmnisse. Dazu zählen etwa technische Standards. Wenn etwa die Sicherheitsstandards für Autos auf beiden Seiten des Atlantiks angeglichen würden, könnten die Hersteller viel Geld sparen. Experten erwarten, dass die Wirtschaftsleistung durch die Vorteile einer solchen Freihandelszone in der EU um 0,5 Prozent und in den USA um 0,4 Prozent stiege. [...] Wirtschaftsverbände versprechen den Kunden günstigere Preise durch sinkende Kosten. [...] Theoretisch könnten die Kunden Produkte auch schneller bekommen, wenn es einheitliche Standards gäbe. Es wäre dann beispielsweise möglich, dass ein Medikament in den USA zugelassen wird und diese Zulassung automatisch auch für die EU gilt.

*www.tagesschau.de, Wer profitiert vom Freihandel?, 13.02.2013*

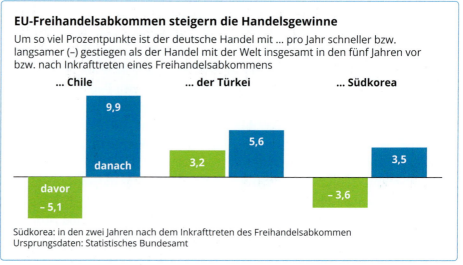

© 2014 IW Medien / iwd 24

## M19 Das TTIP-Freihandelsabkommen schadet Verbrauchern, Arbeitnehmern und der Umwelt

TTIP – Transatlantic Trade and Investmentpartnership: Worum geht es? Innerhalb der transatlantischen Megazone sollen die Regelungen von ausländischen Investoren in deren Heimatland im Gastland gelten. Fallen die Standards im Heimatland niedriger aus, dann müssen diese im Partnerland anerkannt werden. [...] Im Zentrum der Grenzöffnung stehen die sogenannten nicht tariflichen Handelshemmnisse. Dazu zählen politisch gewollte Regulierungen zur Produktqualität und den Produktionsbedingungen. [...] Nach der gewollten gegenseitigen Anerkennung bieten künftig die US-Unternehmen zu ihren niedrigen Standards in Europa an. Wegen der nicht geltenden EU-Qualitätsstandards ist bei dem US-Produkt mit niedrigen Preisen zu rechnen. Zu erwarten ist ein Wettbewerb, innerhalb dessen die geschützten teuren Produkte in der EU verdrängt werden. Der Preis für die billigeren Produkte sind die gesundheitlichen Risiken. Dieses Herunterkonkurrieren von Produktstandards wird auch vor arbeitsrechtlichen, sozialen und ökologischen Mindestregulierungen der Produktion nicht Halt machen. Ein Beispiel: Produkte mit niedrigen Preisen infolge tariflich nicht geschützter Beschäftigter aus den USA drohen deutsche Güter und Dienstleistungen auf der Basis von höheren Tarifabschlüssen zu verdrängen. [...] Durchgesetzt werden soll eine Globalisierung, bei der die Großinvestoren die Produkt- und Produktionsbedingungen dominieren. Arbeitsbezogene, soziale und ökologische Standards werden als Kostenfaktoren zu dezimieren versucht.

Was für US-Konzerne auf dem EU-Markt gilt, gilt spiegelbildlich auch für EU-Konzerne auf dem US-Markt. Nehmen wir da nur die Arzneimittelzulassung, die in den USA wesentlich schärfer und somit verbraucherfreundlicher reguliert ist als in der EU. [...] Ein besonderes Geschenk für die deutschen Exporteure wäre auch eine Harmonisierung der Produkthaftungsgesetze. Unternehmen wie der Maschinenbauer Stihl kalkulieren hier eine Rücklage in Höhe von 15 % vom US-Umsatz für Produkthaftungsklagen ein – sollte ein Freihandelsabkommen die US-Produkthaftung auf das EU-Niveau absenken, wäre dies ein Milliardengeschenk an EU-Unternehmen.

*Rudolf Hickel/Jens Berger, www.nachdenkseiten.de, TTIP: Internationale Megakonzerne verhindern die soziale und ökologische Gestaltung der Globalisierung, 13.02.2014*

In einem Binnenmarkt gibt es keine tarifären oder nicht-tarifären Handelshemmnisse: Erläutere, warum der Verbraucherschutz eine wichtige Aufgabe der Europäischen Kommission im europäischen Binnenmarkt ist.

**H** ZU AUFGABE 3
→ S. 270

## AUFGABEN

1. Erläutere, inwiefern internationale Arbeitsteilung und freier Handel (in der Theorie) allen Beteiligten nützt (**M16, M17**).

2. Beurteile die Auswirkungen protektionistischer Maßnahmen auf dich als Verbraucher und zukünftiger Arbeitnehmer oder Unternehmer (**M15, M17, M19**).

3. Stelle dar, wer (bzw. welche Bevölkerungsgruppen) durch internationale Arbeitsteilung und freien Handel eher Nachteile haben können – international bzw. national (**M17, M19**).

4. **WebQuest** (→ Methodenglossar): Recherchiert in Gruppen die Haltung der großen Parteien in Deutschland bezüglich Freihandelsabkommen und stellt diese übersichtlich dar. Gestalte danach einen Beitrag zu einer Podiumsdiskussion (→ Methodenglossar), in dem du gegen eine der Haltungen argumentierst.

## 8.4.4 Bekämpfung der Jugendarbeitslosigkeit in Spanien – was kann der Staat bewirken?

### M20 Nach der Wahl im Dezember 2015 in Spanien

Die Volkspartei von Regierungschef Mariano Rajoy hat zwar die meisten Stimmen bekommen, aber 29 Prozent sind kläglich weit entfernt von der absoluten Mehrheit, die die PP das letzte Mal einfuhr. Dass unter Rajoys hartem Spar- und Reformkurs Spaniens Wirtschaft wieder in Schwung gekommen ist, haben die Wähler ihm nicht gedankt. Was damit zusammenhängt, dass viele in ihrem Alltag keinen Aufschwung erleben, wohl aber die Folgen der Kürzungen im Gesundheits- und Bildungssystem.

*Annette Prosinger, www.welt.de, Spanien wird nach dieser Wahl unbequemer für Europa, 21.12.2015*

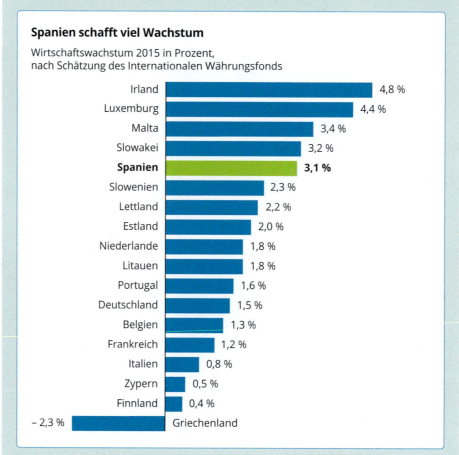

*Patrick Bernau, Frankfurter Allgemeine Zeitung, So hat Spaniens Regierung ihr Land gedreht, 20.12.2015*

**EINSTIEGSAUFGABE**
Beschreibe die zwei dargestellten Situationen und erläutere die jeweilige Aussage des Verfassers.

## M21 Umsetzung des Programms „Jugendgarantie" gegen die Jugendarbeitslosigkeit in Spanien

Es tut einem Politiker immer gut, Erfolgsmeldungen zu verkünden. Einem spanischen Minister muss es ein Fest sein. Nach Jahren der
5 Wirtschaftskrise, der täglichen, deprimierenden Nachrichten, der schmerzhaften Reformen. Arbeitsministerin Fatima Bañez García im April [2013]:
10 *„Wir haben weniger Arbeitslose und mehr stabile Beschäftigung. Das sind klare Anzeichen des Aufschwunges, der Erholung und des Vertrauens [...]."*
Tatsächlich: Die Wirtschaft wächst,
15 die Exporte wachsen auch – und die Arbeitslosigkeit sinkt – auch die Arbeitslosigkeit der unter 25-Jährigen: Es seien 48.000 Jugendliche weniger ohne Arbeit als im vergangenen Jahr,
20 so die Ministerin – auch ein Erfolg der Arbeitsmarktreformen der letzten Jahre [...].
Unternehmen haben es heute leichter, Mitarbeiter zu entlassen, Verträ-
25 ge zu befristen, Gehalts- und Arbeitsbedingungen festzulegen – auch: Dumpinglöhne festzulegen. Damit will Spanien international wettbewerbsfähiger werden und seine Ex-
30 porte steigern.
Das ist umso wichtiger in einem Land, in dem die Binnennachfrage nach wie vor schwach ist. Alles also wieder im Lot im Süden? Von wegen,
35 sagt der Ökonom José Carlos Diez:
*„Ja, es entstehen Arbeitsplätze – aber Arbeitsplätze von sehr schlechter Qualität. Viele arbeiten selbständig ohne Sozialleistung und Absicherung. Andere*
40 *arbeiten in Teilzeit – und die sagen zu 85 Prozent: ,Ich würde lieber Vollzeit arbeiten'. Die Zahl der Menschen*

*in Arbeit geht zwar hoch, aber gleichzeitig geht die Zahl der Lohnempfänger runter."*
45
Tatsächlich waren mehr als 90 Prozent der Arbeitsverträge, die im März unterschrieben wurden, befristet. Und ein Drittel davon wiederum nur Teilzeit-Verträge.
50
Dabei war es noch vor einigen Jahren so einfach, einen gut bezahlten Job in Spanien zu finden – im Bausektor. Während des spanischen Baubooms konnten sogar Ungelernte schon mal
55 5.000 Euro und mehr im Monat verdienen. Kein Wunder, dass damals viele ihre Ausbildung vorzeitig abgebrochen haben. Als die Baufirmen reihenweise Pleite gingen, standen
60 viele junge Menschen plötzlich auf der Straße.
Neben den gut Ausgebildeten sind es besonders diese gering qualifizierten Spanier, die auf dem Arbeitsmarkt
65 schlechte Perspektiven haben. [...] Junge Spanier sollen besser ausgebildet werden und die Jobs hochwertiger und stabiler werden. Außerdem sollen sie die gleichen Chancen haben, Arbeit zu finden. Und: Hilfen
70 bekommen, um sich selbständig machen zu können. Um das möglich zu machen, sieht der Plan 100 Maßnahmen vor. 15 davon haben Priorität. Der Rest ist mittel- und langfris-
75 tig angelegt.
Für die kommenden vier Jahre hat Spanien dafür dreieinhalb Milliarden Euro veranschlagt. Ein Drittel der Gelder kommt aus dem Europä-
80 ischen Sozialfonds.

*Marc Dugge, Deutschlandfunk Kultur, EU hilf uns! Spaniens Kampf gegen Jugendarbeitslosigkeit, 08.05.2014*

**Programm „Jugendgarantie"**

Ende Dezember [2013] wurde der Plan vom spanischen Parlament verabschiedet. Er ist das Ergebnis einer größeren, europäischen Initiative. Die EU-Kommission hatte vergangenes Jahr an die Mitgliedstaaten appelliert, nationale Strategien zu entwickeln, um die sogenannte „Jugendgarantie" zu verwirklichen. Das Ziel: Alle jungen Menschen unter 25 innerhalb von vier Monaten in Lohn und Brot zu bringen – zumindest mit einem Praktikum. Und das innerhalb von vier Monaten, nachdem sie ihre Ausbildung abgeschlossen oder nachdem sie sich arbeitslos gemeldet haben. [...]

Julio Camacho, Leiter des regierungsnahen „Instituts der Jugend" in Madrid: „Die Immigranten, die Spanien in der Krise nicht verlassen haben, besetzen die gering qualifizierten Posten. So haben also auch die besser Qualifizierten noch nicht einmal die Möglichkeit, einen weniger anspruchsvollen Job zu finden. Deswegen gehen sie nach Großbritannien oder nach Deutschland."

*Marc Dugge, Deutschlandfunk Kultur, EU hilf uns! Spaniens Kampf gegen Jugendarbeitslosigkeit, 08.05.2014*

## 8 Die Rolle des Wirtschaftsbürgers

### Welche Pläne gibt es noch, die Krisenländer zu unterstützen?

Am Sonntagabend lud [Finanzminister Schäuble] junge Menschen aus den südlichen EU-Ländern ein, nach Deutschland zu kommen, wenn sie zu Hause keine Ausbildung bekämen. „Wir machen in Europa große Ankündigungen. Aber wir schaffen es nicht, ein paar Zehntausend aus Ländern mit hoher Jugendarbeitslosigkeit auszubilden", sagte Schäuble.

*Ulrike Scheffer, Der Tagesspiegel, Nach dem Brexit – Europa neu beleben, 05.07.2016*

### One-Stop-Shop

Als One-Stop-Shop wird in der Wirtschaft wie in der öffentlichen Verwaltung die Möglichkeit bezeichnet, alle notwendigen bürokratischen Schritte, die zur Erreichung eines Zieles führen, an einer einzigen Stelle durchzuführen. Hierzu zählen Unternehmensgründungen [und] bürokratische Alltagsaufgaben [...]. Das Prinzip des One-Stop-Shops führt zu einer Verkürzung der Kommunikationsabläufe und zu einer rascheren Erledigung der einzelnen Ablaufschritte.

*http://creativecommons.org/ licenses/by-sa/3.0/deed.de, Abruf am: 17.08.2017*

---

### M22 Zähe Fortschritte bei der Bekämpfung der Jugendarbeitslosigkeit

Die Daten haben sich tatsächlich verbessert, wenn auch nur zäh. Die Jugendarbeitslosenquote (unter 25-Jährige) ist EU-weit von 24,4 % im ersten
5 Quartal 2013 auf 18,9 % im zweiten Quartal 2016 zurückgegangen. Der Anteil der Jugendlichen an der gesamten Altersklasse, die weder einen Job haben noch eine Ausbildung absolvie-
10 ren, sank von 13,2 % im Jahr 2012 auf 12 % im letzten Jahr. Beide Werte liegen aber noch immer klar über dem kurz vor der Finanzkrise erreichten Niveau. Die Jugendarbeitslosenquote ist
15 selbst in Spanien und Griechenland stark gesunken, doch weist sie dort mit 47,7 % (Griechenland, Juni) und 43,2 % (Spanien, August) noch immer das EU-weit höchste Niveau aus. Am tiefsten
20 ist sie derzeit in Deutschland mit 6,9 %. Sind die Verbesserungen auf die beiden EU-Maßnahmen zurückzuführen, oder wären sie ohnehin erfolgt? [...] Der Kommissionsbericht macht gel-
25 tend, dass von der Jugendgarantie unterstützte strukturelle Verbesserungen zur Aufhellung der Lage beigetragen haben. Dies zeige sich etwa darin, dass die Arbeitslosigkeit der Jugendlichen
30 EU-weit und in vielen Mitgliedstaaten stärker gesunken sei als jene der Erwachsenen.
[...] 2014 und 2015 haben sich rund 14 Mio. Jugendliche bei einem natio-
nalen Jugendgarantie-Programm ge-35 meldet. Davon haben etwa 9 Mio. dann auch ein Job- oder (Aus-)Bildungsangebot angenommen. 35,5 % der jungen Menschen, die 2015 das Programm verließen (ob mit oder ohne 40 Angebot), hatten zudem sechs Monate danach eine Stelle angetreten oder die Ausbildung wiederaufgenommen. [...] Zu den Stärken der Vorhaben scheint zu gehören, dass es Abschottungen 45 zwischen den beteiligten Ministerien und Politikbereichen aufgebrochen und Partnerschaften gefördert hat. Auch wurden die Jugendlichen zum Beispiel durch die Errichtung von 50 „One-Stop-Shops" besser erreicht. Zudem betont die Kommission, die beiden EU-Vorstöße hätten nicht nur Zuschüsse für Arbeitsplätze oder Startups junger Selbstständiger mit-55 finanziert, sondern auch zu nationalen Strukturreformen beigetragen, darunter der „Jobs Act" in Italien und Reformen der Berufsausbildung in Spanien. Die Zahl der spanischen Lehrlinge 60 sei zwischen 2013 und 2016 von 4.000 auf 15.000 gestiegen. Die vor allem im deutschsprachigen Raum verbreitete Berufslehre wecke angesichts der geringen Jugendarbeitslosigkeit dieser 65 Staaten viel Interesse.

*René Höltschi, Neue Zürcher Zeitung, Zwischenbilanz der EU-Jugendgarantie – Wie bringt man Junge in Lohn und Brot?, 04.10.2016*

---

### M23 Spanien im Februar 2017: Jubel wäre verfrüht

Spaniens größter Krisenherd lag zuletzt in der Politik: Fast ein Jahr lang war das Land ohne Regierungschef, zwei Mal musste gewählt werden,
bis am Ende doch wieder der Kon-5 servative Mariano Rajoy die Führung übernahm.
Dass die Spanier diese Hängepartie

vergleichsweise gelassen verfolgen konnten, lag auch an der Wirtschaft, die nach dem Platzen einer gewaltigen Immobilienblase inzwischen wieder deutlich wächst. Ein wichtiger Faktor ist dabei, dass sich viele Touristen nach Anschlägen in Nordafrika und der Türkei für Spanien entscheiden.

Auch die Arbeitslosigkeit sinkt, bleibt aber ein großes Problem. Noch immer ist fast jeder Fünfte auf Jobsuche. Rajoy hat mit Arbeitsmarktreformen zwar Neueinstellungen, aber auch Kündigungen erleichtert. Die Mehrzahl der neu geschaffenen Stellen ist befristet. Spaniens ohnehin schwieriger Arbeitsmarkt ist noch unsicherer geworden.

Gegen verfrühten Jubel spricht auch der Blick auf die Staatsverschuldung: Sie beträgt seit Jahren rund hundert Prozent und damit deutlich mehr als eigentlich von der EU erlaubt. Auch die Drei-Prozent-Hürde für die Neuverschuldung wird Rajoy 2017 voraussichtlich wie in den Vorjahren reißen. Einer Geldstrafe für die Verstöße entging seine Regierung nur, weil die EU-Kommission beide Augen zudrückte.

*David Böcking/Claus Hecking, www.spiegel.de, Eurokrise – Sechs Länder, sechs Probleme, sechs Strategien, 27.02.2017*

## M24 Gründe für die Jugendarbeitslosigkeit in Spanien

Die Jugendarbeitslosenquote liegt laut Eurostat im Moment bei knapp 38 Prozent – mehr als ein Drittel der 15- bis 24-jährigen Spanier, die nicht mehr in der Ausbildung sind, findet also keine Arbeitsstelle. Zum Vergleich: In Deutschland sind es nur 6,6 Prozent. Woran liegt das? Ein wichtiger Faktor ist die schwierige wirtschaftliche Lage. Wie auch andere südeuropäische Länder wurde Spanien 2008 und 2009 besonders stark von der weltweiten Wirtschafts- und Finanzkrise getroffen. Die Banken konnten keine Kredite mehr ausgeben, Unternehmen mussten schließen und die Arbeitslosigkeit nahm extrem zu.

Insbesondere der Bausektor und die Tourismusbranche, die vor der Krise ein starkes Wachstum erlebt hatten, waren davon betroffen. Die Staatsverschuldung stieg in dieser Zeit auf bis zu 100 Prozent des Bruttoinlandsprodukts an und die inländische Nachfrage brach ein.

Auch wenn es in den letzten Jahren leicht bergauf ging, vollständig erholt hat sich die spanische Wirtschaft davon noch längst nicht. [...]

Dass Spanien sich nur so langsam von den Krisenjahren erholt, liegt vor allem an der schwachen Wirtschaftsstruktur des Landes. Der Großteil der spanischen Firmen hat weniger als 20 Angestellte, die Hälfte sind sogar Ein-Mann-Betriebe.

Solche kleinen Unternehmen können nicht so produktiv arbeiten und investieren weniger in Forschung und Entwicklung als größere Konkurrenten, sodass die spanische Wirtschaft international nicht konkurrenzfähig ist. Es fehlen wichtige Strukturen der Aus- und Weiterbildung, um die Arbeitslosigkeit zu bekämpfen; staatliche Investitionen in diesem Bereich werden durch die noch immer hohe Staatsverschuldung erschwert.

Auch das Mehrebenensystem des Landes, das den 17 autonomen Gemein-

**Staatsverschuldung Spanien**

| Jahr | in Mrd. Euro |
|------|--------------|
| 2017 | 1.143,86 |
| 2016 | 1.106,95 |
| 2015 | 1.073,89 |
| 2014 | 1.041,62 |
| 2013 | 979,03 |
| 2012 | 890,73 |
| 2011 | 743,53 |
| 2010 | 649,26 |
| 2009 | 568,70 |
| 2008 | 439,77 |
| 2007 | 383,80 |

© Statista 2018

55 schaften – in etwa vergleichbar mit den deutschen Bundesländern – politische Macht zusichert, blockiert bisweilen die Reformen der Regierung in Madrid. Und nicht nur diese internen Faktoren 60 haben das Wirtschaftswachstum gehemmt, auch der Euro spielt eine wichtig Rolle: War es früher möglich, durch das Abwerten der eigenen Währung die Nachfrage nach spanischen Produkten zu erhöhen und so die Wirtschaft 65 in Schwung zu bringen, ist das seit der Einführung der europäischen Gemeinschaftswährung nicht mehr möglich.

*Lara Jäkel, https://orange.handelsblatt.com, Wie junge Spanier gegen die Arbeitslosigkeit ankämpfen, 07.02.2018; © Handelsblatt GmbH. Alle Rechte vorbehalten. Orange erklärt jungen Menschen relevante Themen aus Wirtschaft, Politik und Gesellschaft in einfacher Sprache: www.orange.handelsblatt.com*

## M25 Januar 2018: Katalonien-Krise bedroht Spaniens Wachstum

Ob sich Spanien weiter von der langjährigen Krise erholt, hänge vom „Unsicherheitsfaktor Katalonien" ab, sagte Spaniens konservativer Regie-
5 rungschef Mariano Rajoy (PP) am Mittwoch. „Wenn Katalonien zu Normalität und Stabilität zurückkehrt, kann auch 2018 ein Jahr des Wachstums werden", so Rajoy. [...]
10 Doch derzeit sieht die Lage anders aus – vor allem in Katalonien selber, dem bisherigen Wirtschaftsmotor Spaniens, der fast 20 Prozent des gesamten spanischen Bruttoinlandproduktes er-
15 wirtschaftet. [...] Nach dem Unabhängigkeitsreferendum vom 1. Oktober und der anschließenden Ausrufung der katalanischen Republik haben bereits 3.208 Unternehmen ihren Fir-
20 mensitz von Katalonien in andere Regionen Spaniens verlegt. [...]
Auch die Arbeitslosigkeit in Katalonien ist deutlich stärker gestiegen als in anderen Regionen des Landes. [...] Ähnliche Auswirkungen hatte die 25 politische Instabilität auf den Tourismus. Während die Touristenzahlen bis Ende November landesweit um 3,6 Prozent im Vergleich zum Vorjahr 2016 stiegen, gingen sie nach 30 [...] nach den islamistischen Attentaten im August in Barcelona und nach dem von Gewalt überschatteten Unabhängigkeitsreferendum Anfang Oktober um 4,7 Prozent zurück. Die 35 Investitionen im katalanischen Immobilienmarkt sanken im Vergleich zum Vorjahr um 17 Prozent, während landesweit ein Plus verzeichnet wurde.
Die Katalonien-Krise hat Spanien 40 nach Einschätzung von Wirtschaftsminister Luis de Guindos bisher etwa eine Milliarde Euro gekostet.

*APA, https://diepresse.com, Katalonien-Krise bedroht Spaniens Wachstum, 04.01.2018*

## AUFGABEN

1. Stelle ausgehend von **M21** und **M22** Faktoren dar, die das Maß der Jugendarbeitslosigkeit in Spanien beeinflussen. Kennzeichne die Faktoren, auf die die spanische Regierung (direkt oder indirekt) Einfluss nehmen kann.

2. Analysiere Möglichkeiten und Grenzen nationalstaatlicher Steuerung zur Bekämpfung der Jugendarbeitslosigkeit in Spanien (**M20 – M25**).

H ZU AUFGABE 2
→ S. 270

# Bildnachweis

© 2014, IW Köln • iwd 24 – S. 258; © 2015, IW Medien • iw-Pressemitteilung 27 – S. 224; 17. Shell Jugendstudie 2015, Frankfurt/M. – S. 163;

adidas AG, Herzogenaurach – S. 54;

Baaske Cartoons / Tiki Küstenmacher, Müllheim – S. 29; - / Gerhard Mester – S. 243; - / Burkhard Mohr – S. 183; - / Thomas Plaßmann – S. 134; Bergmoser + Höller Verlag, Aachen – S. 109, S. 110 (2), 234; Bundesministerium der Finanzen, Berlin – S. 241 (2);

Cartoonstock / Aaron Bacall – S. 127;

Prof. Dr. Hans Diefenbacher, Heidelberg – S. 219; dpa Infografik, Frankfurt – S. 169, 179, 228, 249 (2), 251, 254; dpa Picture Alliance / akg-images, Frankfurt – S. 186; -/ AP Images / STR – S. 72; - / Oliver Berg – S. 36; - / Uli Deck – S. 143, 144; - / dpa-Report / Marcus Brandt – S. 155; - / Geisler-Fotopress – S. 70; - / Tobias Hase – S. 152; - / Rainer Jensen – S. 67; - / KPA – S. 22; - / MAXPPP – S. 187; - / Photoshot – S. 149; - / ROPI / Anna Weise – S. 106; - / Roland Weihrauch – S. 143;

Eurostat, Luxemburg – S. 249 (2);

F.A.Z.-Grafik / Andreas Niebel – S. 188; - / Andre Piron – S. 208; - / Stefan Walter, Dennis Kremer – S. 207/208; Fraser Institute / cc-by-sa 4.0 – S. 198;

Getty Images / Anadolu Agency, München – S. 64; - / fotostorm – S. 52;

Hans-Böckler-Stiftung, Düsseldorf – S. 93; HLI – Hamburger Logistik Institut GmbH, Hamburg – S. 127;

Institut für Demoskopie Allensbach – S. 206;

Norbert Niessen, www.norbertniessen.com – S. 76;

openPetition Deutschland, www.openpetition.de / cc-by-sa 3.0 – S. 244;

Bernd Pohlenz / toonpool.com – S. 266;

Karsten Schley, www.schleycartoons.com – S. 216; Shutterstock / Maslowski Marcin – S. 120; Statista GmbH, Hamburg – S. 114, 122, 185, 224, 225; Statistisches Bundesamt, Wiesbaden – S. 80, 131, 132, 185; SÜDWIND e.V. – Institut für Ökonomie und Ökumene, Bonn – S. 56;

Text und Illustrationen © 2012 Michael Goodwin. All rights reserved in all countries by Harry N. Abrams, Inc. Für die deutsche Ausgabe © 2013 Verlagshaus Jacoby & Stuart, Berlin – S. 232, 235, 236, 238; Thinkstock / GoneWithTheWindStock – S. 83; - / Hemera / Dmitry Margolin – S. 54; - / Ingram Publishing – S. 160; - / iStockphoto / AndreyPopov – S. 194; - / iStockphoto / artisteer – S. 24; - / iStockphoto / Avatar – Cover; - / iStockphoto / boggy22 – S. 70; - / iStockphoto / Daisy-Daisy – S. 66; - / iStockphoto / diego_cervo – S. 160; - / iStockphoto / dobok – Cover; - / iStockphoto / eternalcreative – S. 167; - / iStockphoto / kadmy – S. 160; - / iStockphoto / monkeybusinessimages – Cover; - / iStockphoto / Nastco – S. 24; - / Stockbyte – S. 160; - / TomasSereda – S. 83; TransFair e.V. – Verein zur Förderung des Fairen Handels in der Einen Welt, Köln – S. 68;

ullstein bild / Financial Times – S. 141; - / histopics – S. 72;

VAUDE Sport GmbH & Co. KG, Tettnang – S. 130, 132, 133;

Wildner + Designer GmbH, Fürth – S. 31, 162; www.amazon.de – S. 70; www.wikimedia.org – S. 68 (3), 70, 73, 141, 197, 256; - / 9EkieraM1 / cc-by-sa 3.0 – S. 58; - / Florian Fèvre / cc-by-sa 4.0 – S. 80; - / Jeff McNeill / cc-by-sa 2.0 – S. 123; - / Pythagomath / cc-by-sa 4.0 – S. 72; - / RudolfSimon / cc-by-sa 3.0 – S. 141; - / Daniel Schwen / cc-by-sa 2.5 – S. 79; - / Shiny Things / cc-by-sa 2.0 – S. 157; - / Unitedsnake243 / cc-by-sa 4.0 – S. 117;

Gabriel Yoran, Berlin – S. 125.

## Anforderungsbereich III: Reflexion und Problemlösung
### (Umgang mit Urteilen und Abwägen von Handlungsmöglichkeiten)

| Arbeitsanweisung in der Aufgabe | Was ist genau zu tun? | Was dir zusätzlich helfen kann |
|---|---|---|
| *überprüfen* | Du untersuchst, ob eine Aussage stimmig ist, und formulierst ein Ergebnis deiner Überlegungen. | Überlege dir, ob die Aussage Sinn macht, oder ob nicht. Du musst nicht abwägen, sondern kannst dich für eine Richtung entscheiden. Achte bei deiner Begründung auf die Kriterien. |
| *beurteilen* | Du nimmst Stellung zu einer Aussage von anderen oder einem Sachverhalt. Dabei geht es darum herauszufinden, ob diese Aussage überzeugend – also logisch und in sich stimmig – ist. Gib dabei die Gründe für dein Urteil an. | Nenne die Kriterien, mit denen du die Stimmigkeit überprüfst. Formulierungen, die du verwenden kannst: *„Ich halte die Aussage für überzeugend, weil …"* – *„Weniger/nicht überzeugend ist, dass …"* |
| *bewerten* | Auch hier geht es darum, Stellung zu beziehen. Allerdings kannst und sollst du hier stärker das einbeziehen, was dir persönlich oder unserer Zeit heute wichtig ist. | Nenne die Kriterien, mit denen du die Stimmigkeit überprüft hast und achte darauf, dass du deine dir wichtigen Werte und die damit verbundenen Vorstellungen begründet zum Ausdruck bringst: Formulierungen, die du verwenden kannst: *„Ich halte das für richtig (bzw. falsch), weil …"* – *„Damit habe ich Schwierigkeiten, weil …"* – *„Die Menschen heute sehen das anders, da …"* - *„Mir ist besonders folgender Wert wichtig …"* – *„und deshalb …"* |
| *erörtern* | Dir wird ein Problem vorgegeben. Wie auf einer zweischaligen Waage kannst du das Problem abwägen. Lege die Gründe dafür in die eine Schale, die Gründe dagegen in die andere. Am Ende kommst du zu einem Ergebnis deiner Abwägung. Dabei hilft wieder der Blick auf die Waage: In welcher Waagschale finden sich die gewichtigeren Gründe? | Formulierungen, die du verwenden kannst: *„Dafür spricht …"* – *„Dagegen spricht …"* – *„Insgesamt komme ich zu der Einschätzung, dass …"* |
| *entwickeln* | Du suchst nach einem Lösungsansatz für ein Problem. | Achte darauf, dass sich dein Lösungsansatz mit Gründen oder Belegen aus den vorgegebenen Materialien untermauern lässt. |
| *gestalten* | Du stellst etwas her oder entwirfst etwas, zum Beispiel eine Rede, ein Streitgespräch zwischen zwei Personen. | Dabei ist besonders deine Kreativität gefragt. Achte aber darauf, die Aufgabenstellung im Blick zu behalten. Beachte ebenfalls: Wen willst du ansprechen? Was willst du mit deinem Produkt erreichen? |

| Arbeitsan-weisung in der Aufgabe | Was ist genau zu tun? | Was dir zusätzlich helfen kann |
|---|---|---|
| *erstellen* | Du zeigst Zusammenhänge auf – oft mit einer Skizze oder einer Zeichnung. | Hierfür kannst du z. B. Pfeile, Tabellen oder eine Mindmap verwenden. |
| *darstellen* | Du zeigst Zusammenhänge auf. In der Regel schreibst du dazu einen eigenen, gegliederten Text oder entwirfst ein Schaubild. | Damit dein Aufschrieb oder dein Schaubild nicht ein Durcheinander von Sätzen oder Pfeilen wird, kann vorher eine Stichwortsammlung bzw. ein erster Gliederungsentwurf hilfreich sein. |
| *analysieren* | Du wertest Materialien systematisch aus. | Es reicht nicht, alle Besonderheiten und Auffälligkeiten aufzuzählen, du musst diese auch sortieren und auswerten, indem du diese in Zusammenhang setzt. |
| *ein-, zuordnen* | Du stellst etwas in einen Zusammenhang, der dir durch die weitere Aufgabenstellung vorgegeben wird. | Achte darauf, auch zu erklären, warum das eine zum anderen passt. Als Vorarbeit kann es wichtig sein, zunächst zu beschreiben, was ein- oder zugeordnet werden soll. |
| *begründen* | Du untermauerst eine Aussage mit Gründen. | Formulierungen, die du verwenden kannst: *„Dafür spricht ...“* – *„Ein Grund dafür ist ...“* |
| *erklären* | Du gibst auf der Basis deines Wissens eine Antwort. | Hier sollst du die Gründe für etwas oder die Zusammenhänge von etwas aufzeigen. So kannst du eine Antwort auf die Frage geben, warum etwas so ist oder war. Formulierungen, die du verwenden kannst: *„weil ...“; „deshalb ...“; „daher ...“; „dadurch ...“* |
| *erläutern* | Du erklärst, warum etwas so ist, und nennst dabei Beispiele oder Belege. | Die hier besonders wichtigen Beispiele und Belege sollen deine Erklärung veranschaulichen, also verständlich machen, warum etwas so ist. Formulierungen, die du verwenden kannst: *„Dies zeigt sich daran, dass ...“* – *„Dies wird belegt durch ...“* |
| *vergleichen* | Du arbeitest bestimmte Gesichtspunkte heraus (vgl. Operator *herausarbeiten*) und suchst nach Gemeinsamkeiten und Unterschieden, die du gewichtest. Am Schluss formulierst du ein Ergebnis. | Hier kann eine dreispaltige Tabelle hilfreich sein: Spalte 1: Merkmal, das du vergleichen möchtest Spalte 2: Material 1 Spalte 3: Material 2 Achte darauf, dass auch die Nennung von Unterschieden zu einem Vergleich gehört. Unterstreiche mit zwei verschiedenen Farben jeweils die Gemeinsamkeiten und Unterschiede. |

# Erläuterungen zu den Operatoren

**Operatoren für das Fach Wirtschaft / Berufs- und Studienorientierung (WBS)**

Hinweis: Die Anforderungsbereiche sind wechselseitig abhängig.

Demzufolge schließt der Anforderungsbereich III die Anforderungsbereiche I und II, der Anforderungsbereich II den Anforderungsbereich I ein.

**Anforderungsbereich I: Reproduktion**

**(Wiedergeben und Beschreiben)**

| Arbeitsan-weisung in der Aufgabe | Was ist genau zu tun? | Was dir zusätzlich helfen kann |
|---|---|---|
| *nennen* | Du zählst knapp die gefragten Informationen oder Begriffe auf. | Wenn es Stichworte sein sollen, dann kann es sinnvoll sein, deiner Antwort eine Struktur zu geben: 1. …, 2. …, 3. …. usw. |
| *beschreiben* | Du gibst die wichtigsten Merkmale in ganzen Sätzen und eigenen Worten wieder. Das kann aus eigenem Wissen oder mithilfe von Bildern, Karikaturen, Statistiken … erfolgen. | Bei Bildern, Karikaturen, Grafiken kannst du folgende Formulierungen verwenden: „Hier ist abgebildet …" – „Hier sehe ich …" |
| *bezeichnen* | Dieser Operator wird in erster Linie in der Geografie verwendet. Du drückst wichtige Sachverhalte in eigenen Worten aus, die dir z. B. in einer Karte, einer Tabelle oder einem Schaubild aufgefallen sind. | Achte darauf, möglichst exakt auf den Punkt zu bringen, was dir aufgefallen ist und dabei die entsprechenden Fachbegriffe zu verwenden. Dabei hilft dir z. B. die Legende einer Karte. |

**Anforderungsbereich II: Reorganisation und Transfer**

**(selbstständiges Erklären, Einordnen und Anwenden)**

| Arbeitsan-weisung in der Aufgabe | Was ist genau zu tun? | Was dir zusätzlich helfen kann |
|---|---|---|
| *heraus-arbeiten* | Du „filterst" aus einem Material unter bestimmten Gesichtspunkten die entsprechenden Informationen heraus. | Achte darauf, welche Gesichtspunkte in der Aufgabenstellung genannt werden. Vermeide eine reine Inhaltswiedergabe. Gib bei Texten die Zeilen an, auf die du dich beziehst. |
| *charakterisieren* | Du findest heraus, worin die charakteristischen Merkmale bestehen und beschreibst das besonders Auffällige. | Du nennst die Merkmale und fasst die wichtigsten Auffälligkeiten zusammen. Verwende Belege. |

Preis-Mengen-Diagramm  74
Prekäre Beschäftigung  96
Prekäres Arbeitsverhältnis  99
Prinzip der Marktkonformität  202
Prinzipien der Sozialen
Marktwirtschaft  202
Prestigekauf  55
Privatinsolvenz  49
Product Placement  58
Produktion  127 f., 137
Produktionskette  63
Produktivitätssteigerung  109
Produktsiegel  67 f.
Produzentensouveränität  80, 82
Protektionismus  256 f.

**Q**
Qualitatives Wachstum  217
Qualitätsvermutung  55

**R**
Radialdiagramm  144
Ratenkredit  47
Reales BIP  217
Realzins  41
Recruiting  169
Regeln  199
Rente  241
Reshoring  135
Restriktionen  194
Risikokapital-Geber  119

**S**
Saldo  26, 36, 38
Schiedsverfahren  155
Schriftliche Bewerbung  171, 174
Schuldner  46
Schuldnerberatungsstellen  48
Schwarmfinanzierung  119
Sektoren  30
Sicherheiten  46
Smith, Adam  197
Soft Skills  180, 190
Soll  36
Soziale Marktwirtschaft  200 f., 206, 209
Soziale Ziele  159
Soziales Sicherungssystem  96
Sozialpartnerschaft  108, 112
Sozialstaatsprinzip  202, 209
Sparbuch  43
Sparen  40 f., 50
Sparziele  50
Spätindikatoren  226

Staatliche Regelungen  155, 159
Staatsschuldenkrise  255, 265
Staatsschulden  265
Stabilitäts- und Wachstumsgesetz
(StabG)  233, 246
Stakeholder  141
Standortfaktoren  134 f., 137
Startup  118, 137
Stellenangebote  167
Steuern  240
Streik  110

**T**
Tagesgeldkonto  43
Tarifäre Handelshemmnisse  257, 265
Tarifautonomie  108, 112
Tarifkonflikte  112
Tarifpartner  109
Tarifverträge  101, 105, 108, 112
Taschengeldparagraf  33, 39
Telefonische Bewerbung  171
Tilgung  46
T-Modell  126
Transaktionsnummer (TAN)  37
Transatlantic Trade and
Investmentship (TTIP)  258

**U**
Überschuldung  47, 50
Überweisung  37
Umsatz  139
Umweltpolitik  77
Unbeschränkt geschäftsfähig  32
Unternehmensleitbild  142
Unternehmensziele  141, 159
Unternehmer  120 f., 123, 137
Unternehmerischer Erfolg  159

**V**
Variable Kosten  140
Vattenfall  155
VAUDE  132 f.
Venture Capital-Geber  119
Verbraucher  67, 69
Verbraucherpolitik  67
Verbraucherschutz  69
Verschuldung  47, 50
Vier Freiheiten  265
Volkswirtschaftliche
Gesamtrechnung  216
Voll geschäftsfähig  32
Vollkommener Markt  71
von Bismarck, Otto  200

Vorstellungsgespräch  171

**W**
Wachstum  214, 222
Wandel der Arbeit  190
Weiche Standortfaktoren  135
Werbung  57 f., 69
Wettbewerb  203 f.
Wettbewerbsprinzip  202, 209
Widerruf  34
Widerrufsrecht  34, 39
Wirkungskette  237
Wirtschaftliche Grundkonzeptionen  246
Wirtschaftskreislauf  30 f.
Wirtschaftskreislauf, einfacher  30
Wirtschaftskreislauf, erweiterter  38
Wirtschaftskrise  255, 265
Wirtschaftsordnungen  195, 197, 199
Wirtschaftswachstum  214, 216 f.
Wohlstand  198 f.

**Z**
Zahlungsarten  37, 39
Zahlungsfähigkeit  138
Zahlungsunfähig  159
Zahlungsunfähigkeit  138
Zeitungen  167
Zentralverwaltungswirtschaft  197, 199
Zielkomplementarität  234
Zielkonflikt  234
Zielneutralität  234
Zinsen  40
Zinseszins  40
Zollunion  257
Zugehörigkeitsgefühl  55

Geschäftsunfähig 32
Gesetz gegen
Wettbewerbsbeschränkungen 204
Gesetz zur Förderung der Stabilität
und des Wachstums (StabG) 246
Gesetzliche Sozialversicherung 200
Gewerkschaften 109, 112
Gewinn 138, 159
Girokonto 36, 39
Gläubiger 46
Globalisierung 256
Greenwashing 150
Gründerzeit 200
Grundgesetz 200, 209
Güterkreislauf 30

**H**
Haben 36
Handelshemmnisse, nicht-tarifäre
265
Handelshemmnisse, tarifäre 265
Hard Skills 180, 190
Harte Standortfaktoren 135
Hartz IV 98
Haushaltsplan 26, 38
Headhunter 168
Homo Oeconomicus 20 f.

**I**
IBAN 36
IfM Bonn 130
Immobilienkredit 47
Inflation 41, 109, 233
Informationsasymmetrien 67, 69,
80
Initiativbewerbung 171
Insolvent 138, 159
Insolvenz 228
Internationale Arbeitsteilung 256 f.,
265
Investitionsschiedsverfahren 156

**J**
Jobbörse der Arbeitsagentur 168
Jugend- und
Auszubildendenvertretung 101
Jugendarbeitslosigkeit 261 ff.
Just in time 136

**K**
Kapitalstock 220
Kartell 204
Katalonien-Krise 264
Kauf 55, 69

Kaufverträge 33 f., 39
Keynes, John Maynard 232
Kleinere und mittlere Unternehmen
(KMU) 130 f., 137
Knappheit 21
Koalitionsfreiheit 108
Konjunktur 229 ff.
Konjunkturindikatoren 226, 231
Konjunkturprognosen 229, 231
Konjunkturschwankungen 225 f.,
229, 231
Konjunkturzyklus 225, 231
Konsumentensouveränität 79, 82
Konsumverzicht 64
Konvergenzkriterien 252, 265
Kooperativer Führungsstil 90
Kosten, fixe 140
Kosten, variable 140
Kosten-Nutzen-Analyse 19, 46
Kreativbewerbung 172
Kredite 46, 50
Kreditausfall 46
Kreditformen 47
Kreditvertrag 46
Kreditwürdigkeit 46
Kreislaufmodell, einfaches 31
Kündigung 102
Kündigungsgründe 102
Kurzbewerbung 172

**L**
Lastschrift 37
Lebenslanges Lernen 179, 190
Lebenslauf 176 f.
Lebensstil 55, 69
Lieferkette 127
Liquidität 138
Lohn/Löhne 104, 112
Lohnbildung 105, 112
Lohngerechtigkeit 112
Lohngruppen 105
Lohnpolitik 109

**M**
Magisches Dreieck der Geldanlage
42, 50
Magisches Sechseck 234
Magisches Viereck 233
Manager 120, 123, 137
Marke 69
Markt 70
Marktformen 79
Marktmechanismus 82
Markttransparenz 80

Marktwirtschaft 197, 199
Maslow, Abraham 16, 21
Maximalprinzip 13, 21
Menschenbild 198 f.
Mentoring 154
Meta-Jobbörsen 167
Mindestlohn 105, 112
Minimalprinzip 13, 21
Mitbestimmung 102
Monopol 79, 82, 204
Mütterrente 240

**N**
Nachfrageorientierte Politik 239,
246
Nachhaltigkeit 64, 69, 220, 222
Nachhaltigkeitsdreieck 64
Nationaler Wohlfahrtsindex (NWI)
218, 222
Negative externe Effekte 77
Nettolohn 27
Nicht-offizielle Online-Petitionen
242
Nicht-tarifäre Handelshemmnisse
257, 265
Normalarbeitsverhältnis 94, 99

**O**
Ökologische Ziele 159
Ökologischer Fußabdruck 64
Ökonomisches Prinzip 13, 21
Oligopol 82
One-Stop-Shop 262
Online-Banking 37, 39
Online-Bewerbung 171
Online-Petition 244
Online-Petitionen beim Deutschen
Bundestag 242
Onlinewerbung 59, 69
Opportunitätskosten 18, 21, 55

**P**
Peergroup 55, 69
Persönliche Identifikationsnummer
(PIN) 36
Petitionsausschuss 242
PIN 36
Planwirtschaft 197, 199
Polypol 79, 82
Portfolio 166
Positive externe Effekte 77
Präferenzen 194
Präsenzindikatoren 226
Preisbildung 82

# Register

## A

Absatz 127 f., 137
Abschwung 226
AGB 33
Aktien 42 f., 73
Aktienfonds 43
Allgemeine Geschäftsbedingungen (AGB) 33
Alternativkosten 18, 21
Angebotsorientierte Politik 239, 246
Anlageformen 43
Anonyme Bewerbung 172 f.
Anreize 194 f., 199
Arbeit 86, 99
Arbeitgeberverbände 109
Arbeitgebervereinigungen 112
Arbeitskampf 108, 110, 112
Arbeitslosengeld I (ALG I) 98
Arbeitslosengeld II (ALG II) 98
Arbeitslosigkeit 97, 99
Arbeitsmoral 87
Arbeitsplatzwechsel 185
Arbeitsproduktivität 105
Arbeitsverhältnisse 90, 99
Arbeitswelt 1.0 188
Arbeitswelt 2.0 188
Arbeitswelt 3.0 188
Arbeitswelt 4.0 188
Arbeitswelt 188, 190
Assessment Center 172
Atypische Beschäftigung 96
Atypisches Arbeitsverhältnis 99
Atypisches Beschäftigungsverhältnis 94, 96
Aufschwung 226
Aufwertung 253
Auswahlverfahren 171
Autoritärer Führungsstil 90

## B

Bafög 184
Bank run 253
Bankenkrise 255, 265
Bankenunion 254
Bedürfnisse 16, 87
Bedürfnispyramide 16, 21
Befristetes Arbeitsverhältnis 94
Bekanntenkreis 168
Berufe 178, 186 ff.
Berufliche soziale Netzwerke 168

Berufs- und Studienwahl 178
Berufsleben 190
Berufswahl 165
Berufswünsche 163
Beschaffung 127 f., 137
Beschäftigungsdauer 185
Beschränkt geschäftsfähig 32
Betriebliche Mitbestimmung 101, 112
Betriebskosten 139 f.
Betriebsrat 101 f., 112
Betriebsverfassungsgesetz 101
Bewerbung 178
Bewerbungsarten 171
Bewerbungsmappe 175
Bewerbungsschreiben 175
Bewerbungsverfahren 178
Binnenmarkt 257
BIP pro Kopf 217
BIP, nominales 217
BIP, reales 217
Bonitätsabfrage 46
Börse 72 f.
Börsenkurs 73
Branchenspezifische Jobbörsen 168
Bruttoinlandsprodukt (BIP) 216, 222
Bruttolohn 27
Budgetgrenze 55, 69
Bundeskartellamt 204
Bürgerliches Gesetzbuch (BGB) 33
Business-Angels (BA) 118

## C

Corporate Social Responsibility (CSR) 147, 159
Crowdfunding 119

## D

Darlehensvertrag 46
Dauerauftrag 37
DAX 73
Deflation 233
Deutscher Aktienindex (DAX) 73
Direkte Kosten 77
Dispositionskredit 47
Diversität 153
Diversity Management 152 f., 159
Diversity-Dimensionen 153
Diversity-Maßnahmen 153

Drei Grundfragen der Wirtschaft 12
Drei-Dimensionen-Modell 14

## E

EEG 242
Effekte, negative externe 77
Effekte, positive externe 77
Effizienz 18
Einfacher Wirtschaftskreislauf 30
Einfaches Kreislaufmodell 31
Einkommensarten 30
Einstellungstest 171
Einzelkosten 140
Energiegenossenschaften 245
Energiewende 243
Entgelttarifverträge 105
Entrepreneur 121 ff., 137
Erweiterter Wirtschaftskreislauf 38
Erwerbsarbeit 86
Erwerbsbiografien 183
ETF 43
Euro 252 ff., 265
Europäische Währungsunion 252
Europäische Wettbewerbsbehörde 204
Europäischer Binnenmarkt 247 f., 265
Eurozone 254
Exchange Traded Fund (ETF) 43
Externe Kosten 77

## F

Familienunternehmen 122
Firmen-Homepages 168
Fixe Kosten 140
Fonds 43
Freier Handel 265
Freihandel 257
Freihandelszonen 257, 265
Friedman, Milton 238
Frühindikatoren 226
Führungsstil, autoritärer 90
Führungsstil, kooperativer 90

## G

Geldanlage 44
Geldkreislauf 30
Gemeinkosten 140
Genossenschaften 245
Geschäftsfähigkeit 32, 39
Geschäftsidee 124, 137

## Stabilitäts- und Wachstums-gesetz

1967 wurden mit dem „Gesetz zur Förderung der Stabilität und des Wachstums der Wirtschaft" (Stabilitätsgesetz, StabG) Ziele staatlicher Wirtschaftspolitik formuliert: „Bund und Länder haben bei ihren wirtschafts- und finanzpolitischen Maßnahmen die Erfordernisse des gesamtwirtschaftlichen Gleichgewichts zu beachten. Die Maßnahmen sind so zu treffen, dass sie im Rahmen der marktwirtschaftlichen Ordnung gleichzeitig zur Stabilität des Preisniveaus, zu einem hohen Beschäftigungsstand und außenwirtschaftlichem Gleichgewicht bei einem stetigen und angemessenen Wirtschaftswachstum beitragen (§ 1 StabG)." Die Charakterisierung der stabilitätspolitischen Zielsetzung als „magisches Viereck" bezieht sich darauf, dass zwischen den Zielen wechselseitige Beziehungen und Zielkonflikte bestehen, die es als unmöglich erscheinen lassen, alle Zielvorgaben gleichzeitig zu erfüllen.

## Steuern

Steuern sind allgemeine Geldabgaben der Bürger und Unternehmen an den Staat. Alle Steuerpflichtigen müssen Steuern zahlen. Es gibt verschiedene Steuerarten (z. B. Einkommensteuer, Mineralölsteuer, Hundesteuer). Steuern sind in der Regel nicht an einen bestimmten Zweck gebunden.

## Tarifvertragsparteien

Dazu zählen Gewerkschaften (vertreten die Arbeitnehmer/innen) und Arbeitgeberverbände (vertreten die Arbeitgeber/innen). Im Rahmen der Tarifautonomie handeln diese beiden Interessengruppen ohne Einmischung des Staates in eigener Verantwortung Tarifverträge aus, die Löhne, Arbeitszeiten und sonstige Arbeitsbedingungen regeln sollen.

## Taschengeld

Meist regelmäßige Zuwendungen an Jugendliche, über die sie mit Einwilligung der Erziehungsberechtigten frei verfügen können.

## Taschengeldparagraf

Regelung des BGB, die besagt, dass Geschäfte von Minderjährigen dann wirksam sind, wenn diese mit Mitteln bezahlt werden (in der Regel Taschengeld), die ihm zur freien Verfügung von den gesetzlichen Vertretern (Eltern) überlassen worden sind.

## Transfereinkommen

Als Transfereinkommen bezeichnet man Einkommen, welches durch den Staat oder andere Institutionen bereitgestellt wird, ohne dass eine konkrete Gegenleistung erfolgt. (Beispiele: Sozialhilfe, Arbeitslosengeld II etc.)

## Unternehmen

Dauerhafte organisatorische Einheit zur Produktion bzw. zur Erbringung von Dienstleistungen, die mehrere Betriebe umfassen kann. Je nach Träger werden private öffentliche oder gemeinwirtschaftliche Unternehmen unterschieden, je nach Rechtsform Einzel-, Personen- und Kapitalgesellschaften.

## Verbraucherschutz

Maßnahmen zum Schutz der Gesundheit der Verbraucher und zur Stärkung ihrer Rechte als Konsumenten. Mit bestimmten Gesetzen (z. B. zur Kennzeichnung von Lebensmitteln oder zur Gewährleistung), aber auch durch eine verbesserte Information und Aufklärung (z. B. durch Produktsiegel und Warentests) soll die Position der Verbraucher gegenüber den Anbietern verbessert werden.

## Vier Freiheiten

Wirtschaftliche Freiheiten des euro-päischen Binnenmarktes: Freiheit des Warenverkehrs, Personenfreizügigkeit, Dienstleistungsfreiheit, freier Kapital- und Zahlungsverkehr.

## Währungsunion

Zusammenschluss souveräner Staaten mit vorher unterschiedlichen Währungen zu einem einheitlichen Währungsgebiet. Im Gegensatz zu einer Währungsreform bleibt der Geldwert beim Übergang zu einer Währungsunion erhalten.

## Werbung

Im wirtschaftlichen Sinne die Bekanntmachung von Gütern oder Dienstleistungen mit der Absicht, bei den Konsumenten eine Kaufhandlung auszulösen. Wird dies versteckt gemacht, spricht man von Schleichwerbung.

## Wirtschaftskreislauf

Modell, in dem die Tauschvorgänge zwischen den Wirtschaftssubjekten (private Haushalte, Unternehmen, Staat, Banken; erweiterte Darstellung umfasst auch das Ausland) dargestellt werden.

## Wirtschaftsordnung

Setzt sich zusammen aus den Regeln und Institutionen, die die Rahmenbedingungen wirtschaftlichen Handelns abstecken. Klassisch werden v. a. Fragen der Eigentumsrechte, der Preisbildung und der Steuerung von Wirtschaftsprozessen entschieden.

## Zentralverwaltungswirtschaft/ Planwirtschaft

Bezeichnung für Wirtschaftssysteme (z. B. der DDR), deren Produktion durch zentrale Pläne (einer staatlichen Planungsbehörde) gelenkt wird. Es gibt kein Privateigentum an Produktionsmitteln.

wirtschaft nur dann zu betreiben ist, wenn in einem Forst nicht mehr Bäume geschlagen werden als nachwachsen können. Diese Erkenntnis wird seit einigen Jahren auf andere Branchen übertragen (etwa auf die Fischereiwirtschaft), auch werden eigene Labels für nachhaltiges Wirtschaften entwickelt. Zunehmend wird der Begriff Nachhaltigkeit auch in anderen Bereichen verwendet ("nachhaltige Bildung", "nachhaltige Finanzwirtschaft"); problematisch erscheint dabei, dass der Begriff damit an Schärfe verliert und zu einem "Allerweltsbegriff" wird, was der Nachhaltigkeitsdebatte eher abträglich ist.

## Ökologie
So bezeichnet man die Wissenschaft von den Wechselbeziehungen zwischen den Lebewesen und ihrer Umwelt.

## Ökonomisches Prinzip
Das ökonomische Prinzip besagt, dass die vorhandenen Mittel (Geld, Zeit) optimal eingesetzt werden sollen, um ein bestimmtes Ergebnis zu erreichen. Bei vorgegebenen Mitteln soll ein möglichst hoher Ertrag erzielt werden (Maximalprinzip). Bei einem vorgegebenen Ertrag sollen möglichst geringe Mittel eingesetzt werden (Minimalprinzip).

## Preisbildung
Prozess, in dem sich in einer Marktwirtschaft auf den Märkten die Preise bilden. Preisbildung ist abhängig von Marktform und Anzahl der Anbieter und Nachfrager. Sie vermittelt zwischen Produktion und der Befriedigung bestehender Bedürfnisse.

## Produktion
Bezeichnet den Prozess der Herstellung von Produkten durch den Einsatz betrieblicher Produktionsfaktoren.

Dies können im weiteren Sinne auch Dienstleistungen (Haarschnitt beim Friseur) sein.

## Produktionsfaktoren
Dies sind Güter und (Dienst-)Leistungen, die eingesetzt werden, um andere Güter und (Dienst-)Leistungen herzustellen bzw. zu erbringen. Die klassischen Produktionsfaktoren sind Arbeit, Kapital und Boden. Im betriebswirtschaftlichen Fertigungsprozess unterscheidet man diese Produktionsfaktoren: Betriebsmittel (z. B. Maschinen), Werkstoffe (werden verarbeitet), Arbeit und Informationen.

## Soziale Marktwirtschaft
Die Soziale Marktwirtschaft ist ein Wirtschaftssystem. Sie verbindet die Freiheit auf dem Markt mit der Idee des sozialen Ausgleichs. Der Einzelne soll größtmögliche Freiheit haben, seine wirtschaftlichen Beziehungen nach seinen eigenen Interessen zu gestalten. Gleichzeitig greift der Staat in das Wirtschaftsgeschehen ein, wenn der Markt zu unerwünschten Ergebnissen führt. So schützt der Staat den wirtschaftlich Schwächeren, garantiert den Wettbewerb und betreibt Umweltpolitik.

## Sozialstaat
Bezeichnung für einen Staat, der seinen Bürgern ein Existenzminimum sichert, wenn sie in Not geraten sind, und für einen gerechten Ausgleich zwischen Reichen und Bedürftigen sorgt. In Deutschland geschieht dies z. B. durch die Sozialversicherungspflicht und durch staatliche Unterstützung, wie Sozialhilfe, Kindergeld oder Ausbildungs- und Arbeitsförderung.

## Sozialstaatsprinzip
In Art. 20 Abs. 1 des Grundgesetzes wird die Bundesrepublik Deutschland als "demokratischer und so-

zialer Bundesstaat" definiert. Art. 28 Abs. 1 GG führt näher aus: "Die verfassungsmäßige Ordnung in den Ländern muss den Grundsätzen des republikanischen und sozialen Rechtsstaates im Sinne dieses Grundgesetzes entsprechen." Aufgrund dieses Sozialstaatsgebots (auch: Sozialstaatsprinzip) des Grundgesetzes formulierten die Richter des Bundesverfassungsgerichts zwei Aufgaben für alle staatlichen Organe:

1. durch entsprechende politische Maßnahmen ist für sozialen Ausgleich und
2. für die Sicherung der sozialen Existenz der Bürger zu sorgen. Konkret bedeutet dies:
   - Schutz vor Not;
   - Sicherung gegen Wechselfälle des Lebens (z. B. Einkommensausfall infolge von Alter, Krankheit, Invalidität oder Arbeitslosigkeit);
   - Bekämpfung großer sozialer Ungleichheit;
   - Mehrung des Wohlstandes insgesamt.

Die Wege zur Erreichung dieser Ziele werden der Gestaltung durch demokratische Mehrheiten überlassen (Offenheit des Sozialstaatsprinzips). Das Ordnungsprinzip des Sozialstaatsgebotes zählt zum unveränderlichen Verfassungskern des Grundgesetzes.

## Sozialversicherungssystem
Bezeichnung für die Gesamtheit gesetzlicher Pflichtversicherungen in Deutschland (Arbeitslosen-, Renten-, Kranken-, Pflege- und Unfallversicherung). Die Sozialversicherung versichert den Einzelnen gegen Risiken für seine Existenz. Sie ist organisiert nach dem Solidarprinzip. Sozialversicherungspflichtig sind alle abhängig Beschäftigten. Die Versicherungsbeiträge teilen sich Arbeitgeber und Arbeitnehmer.

## Gemeinwohl

Unter Gemeinwohl versteht man das Wohlergehen einer gesellschaftlichen Gruppe (z. B. eines Staates, einer Religionsgemeinschaft, einer Schule, einer Klasse). Das Gemeinwohl zu steigern, ist ein Ziel politischer Entscheidungen. Dazu müssen einzelne oder persönliche Interessen manchmal aufgegeben oder durch einen Kompromiss ausgeglichen werden.

## Gerechtigkeit

Einstellung, Prinzip, Zustand, bei dem jede Person das erhält, was ihr zusteht. Wie dieser Zustand zu erreichen ist, ist umstritten. So unterscheidet man Chancengerechtigkeit, Leistungsgerechtigkeit, Bedarfsgerechtigkeit und Teilhabegerechtigkeit.

## Geschäftsfähigkeit

Die Fähigkeit, gültige Rechtsgeschäfte abzuschließen. Die beschränkte Geschäftsfähigkeit beginnt mit der Vollendung des 7. und endet mit der Vollendung des 18. Lebensjahres. Mit Vollendung des 18. Lebensjahres erhält man die volle Geschäftsfähigkeit.

## Gesetz

Ein Gesetz ist eine verbindliche Vorschrift, die das Ziel hat, das Zusammenleben der Menschen zu regeln. Es muss in einem dafür vorgesehenen Verfahren rechtmäßig zu Stande kommen. Gesetze werden von den Parlamenten (Bundestag, Landtag) beschlossen. Anmerkung: Gemeindevertretungen können lediglich Verordnungen auf Grundlage von bereits existierenden Gesetzen erlassen.

## Gewerkschaft

Freiwilliger Zusammenschluss von Arbeitnehmer/innen, um gemeinsame wirtschaftliche, soziale und berufliche Interessen gegenüber den Arbeitgebern besser durchsetzen zu können.

## Globalisierung

Die wachsende Verflechtung der Weltwirtschaft, ermöglicht u. a. durch die Ausweitung der Kommunikationsmedien und enger Verkehrsverbindungen. Die G. bewirkt auch in einigen Bereichen eine Vereinheitlichung der Lebensstile.

## Grundgesetz (GG)

Das Grundgesetz (GG) wurde am 23.05.1949 verkündet und trat am darauffolgenden Tag als Verfassung der Bundesrepublik Deutschland in Kraft. In ihm sind die wesentlichen Bestimmungen für das Verhältnis von Individuum und Staat sowie für die staatliche Ordnung festgelegt.

## Güter

Güter sind ganz allgemein Mittel (z. B. Waren, Dienstleistungen, Rechte), mit denen Bedürfnisse befriedigt werden können. Sie haben einen Preis und sind in der Regel nicht unbegrenzt verfügbar. Nur wenige Güter auf der Erde (z. B. Luft, Sand in der Wüste) sind freie Güter, d. h. unbegrenzt vorhanden.

## Haushalt

Die genaue Aufstellung der geplanten Einnahmen und Ausgaben für einen bestimmten Zeitraum (meist das kommende Jahr). Die Einnahmen werden nach den Quellen unterschieden, die Ausgaben nach dem Zweck der Verwendung.

## Inflation

Prozess anhaltender Preisniveausteigerungen bzw. anhaltender Geldentwertung.

## Kaufvertrag

Beim Kaufvertrag müssen sich Käufer und Verkäufer über die Kaufsache und den Kaufpreis einigen. In der Fachsprache heißt das, dass sie zwei übereinstimmende Willenserklärungen abgeben müssen (Angebot und Annahme). Der Verkäufer ist durch den Vertrag zur Übereignung der mangelfreien Kaufsache verpflichtet, der Käufer zur Bezahlung des vereinbarten Kaufpreises und zur Abnahme der Kaufsache.

## Knappheit

Knappheit entsteht dadurch, dass unsere Wünsche und Bedürfnisse unbegrenzt, die vorhandenen Güter auf der Erde jedoch begrenzt sind. Knappheit ist also letztlich der Grund für die wirtschaftliche Betätigung des Menschen. Güter zur Befriedigung von Bedürfnissen müssen von den Menschen hergestellt werden, die Preise der Güter sind ein Gradmesser für ihre Knappheit.

## Kredit

Ein Gläubiger überlässt einem Schuldner Geld unter der Voraussetzung der Rückzahlung.

## Markt

Der reale oder virtuelle Ort, an dem Angebot und Nachfrage nach Gütern und Leistungen aufeinandertreffen und Preise gebildet werden (z. B. Automarkt, Börse). Das Grundprinzip des Marktes ist der Tausch.

## Marktwirtschaft

„Marktwirtschaft" ist die Bezeichnung für ein Wirtschaftssystem. In einer Marktwirtschaft steuern Angebot und Nachfrage, Wettbewerb und freie Preisbildung den Wirtschaftsprozess. Das Privateigentum an den Produktionsmitteln wird garantiert.

## Nachhaltigkeit

Der Begriff der Nachhaltigkeit entstand bereits im 18. Jahrhundert in der Forstwirtschaft. Hier setzte sich die Erkenntnis durch, dass eine sinnvolle bzw. effiziente Forst-

# Wirtschaftslexikon

### Anreize
Der Begriff umschreibt die Tatsache, dass menschliches Handeln auch immer von (positiven oder negativen) Erwartungen abhängig ist.

### Arbeit
Der Begriff umschreibt in erster Linie Erwerbsarbeit. Diese sichert die Lebensgrundlage der Arbeitnehmer/innen und ihrer Familien. Wurde sie in früheren Zeiten vor allem als Mühsal und Plage empfunden, so ist die Arbeit heute ein wichtiger Bestandteil der Identität, denn in der Arbeit kann der Mensch seine Fähigkeiten unter Beweis stellen. Arbeit verleiht dem Leben einen Sinn.

### Arbeitgeberverband
Zusammenschluss von Arbeitgebern (Unternehmer) zum Zweck gemeinsamer Interessenvertretung gegenüber Gewerkschaften und Staat.

### Arbeitslosengeld
Unterstützungsleistung für arbeitslose Arbeitssuchende. Zu unterscheiden ist zwischen Versicherungsleistungen aus der Arbeitslosenversicherung (in Deutschland das Arbeitslosengeld I, das i. d. R. für ein Jahr gezahlt wird) und aus Steuergeldern finanzierten Mindestsicherungssystemen (Arbeitslosengeld II, Hartz IV).

### Atypische Arbeitsverhältnisse
Unter atypischen Arbeitsverhältnissen werden Arbeitsverhältnisse verstanden, die vom Normalarbeitsverhältnis (unbefristete, sozialversicherungspflichtige Vollzeitstelle) abweichen. Darunter fallen Formen der Teilzeitarbeit, befristete Arbeitsverhältnisse, Leih- und Telearbeit. Diese können für die betroffenen Arbeitnehmer/innen zu arbeitsrechtlichen Benachteiligungen, zu Wettbewerbsnachteilen auf dem Arbeitsmarkt (z. B. mangelnde Weiterbildungs- und Aufstiegschancen) sowie geringeren Löhnen führen.

### Bedürfnis
Bedürfnis ist der Wunsch, einen Mangel zu beseitigen.

### Beruf
Tätigkeit, die ein Mensch in der Regel gegen Entgelt erbringt bzw. für die er ausgebildet, erzogen oder berufen ist. Im Allgemeinen dient die Ausübung eines Berufes der Sicherung des Lebensunterhaltes.

### Binnenmarkt
Ein Wirtschaftsraum, in dem einheitliche Bedingungen für den Verkehr von Waren, Dienstleistungen und Kapital herrschen. Bürger können ihren Wohn- und Arbeitsort frei wählen. Der Binnenmarkt in der EU wurde zum 1. Januar 1993 verwirklicht.

### Bruttoinlandsprodukt (BIP)
Messgröße, mit der die wirtschaftliche Leistungskraft eines Landes dargestellt wird. Das BIP umfasst den Geldwert aller in einem Jahr innerhalb der Landesgrenzen produzierten Waren und Dienstleistungen (von Inländern und Ausländern). Um das BIP pro Kopf zu erhalten, teilt man das BIP eines Landes durch die Zahl der Einwohner.

### Bürgerliches Gesetzbuch (BGB)
In ihm stehen die wichtigsten rechtlichen Regelungen, die das Zusammenleben der Bürger betreffen, z. B. zu den Rechten und Pflichten beim Kaufvertrag.

### Deflation
Prozess anhaltender Geldaufwertung

### Einkommen
Die Grundlage für alle Einkommensberechnungen in Deutschland ist das Haushaltsnettoeinkommen aus dem Vorjahr der jeweiligen Erhebung. Dieses ergibt sich aus dem Bruttoeinkommen des Haushalts (z. B. Löhne und Gehälter, Einkommen aus selbständiger Tätigkeit, Vermögen, Vermietungen, Wohn- und Kindergeld, Sozialhilfe, Rente usw.) nach Abzug von Steuern und der Sozialversicherungsabgaben.

### Europäische Zentralbank (EZB)
Die EZB wurde am 01.06.1998 gegründet und bildet zusammen mit den nationalen Notenbanken das Europäische System der Zentralbanken. Die EZB ist von politischen Weisungen unabhängig und seit der Einführung des Euro am 01.01.1999 für die Geldpolitik im Euroraum zuständig. Ihre Hauptaufgabe ist es, die Preisstabilität zu garantieren. Darüber hinaus unterstützt sie auch die allgemeine Wirtschaftspolitik.

### Geld
Geld ist ein allgemein anerkanntes und gültiges Zahlungsmittel, mit dem man Waren oder Dienstleistungen erwerben kann. Geld ist Tauschmittel, Wertaufbewahrungsmittel, Wertübertragungsmittel und Recheneinheit.

### Geldpolitik
Ziel der Geldpolitik ist die Stabilität des Geldwertes (niedrige Inflationsrate). Daneben soll die Geldpolitik auch die allgemeine Wirtschaftspolitik unterstützen. Die Geldpolitik in der Eurozone ist Sache der Europäischen Zentralbank.

# METHODE

## WebQuest – im Internet recherchieren

### I. Worum geht es?

Suchmaschinen bieten oft viele Tausend verschiedene Internetseiten an. Eine Recherche im Internet muss daher strukturiert angegangen werden.

### II. Geht dabei so vor:

**1. Schritt: Suche eingrenzen, Begriffe finden**

Du solltest die Suchanfrage genau eingrenzen. Am besten schreibst du passende Begriffe so genau wie möglich in das Suchfeld. Durch das +-Zeichen sucht die Suchmaschine nach Internetseiten, in denen alle Begriffe vorkommen, durch Anführungsstriche kannst du Begriffe verbinden, die Suchmaschine sucht dann nur nach dieser Kombination (z. B. „Mindestlohn Arbeitsmarkt"). Wenn du bei der ersten Eingabe nicht erfolgreich warst, kannst du einen oder mehrere Suchbegriffe wieder herausnehmen oder austauschen.

**2. Schritt: Suchergebnis auswählen**

Als Ergebnis erhältst du in der Regel eine lange Liste an Treffern von Internetseiten. Wenn die ersten Angaben deiner Suche entsprechen, lies die kurze Beschreibung unter der Überschrift. Die URL (fängt mit „www." an und wird häufig in grüner Schrift dargestellt) gibt oft darüber Auskunft, wer der Anbieter der Internetseite ist. Einrichtungen, Ministerien, Tageszeitungen u. Ä. verwenden in der Regel ihren Namen als URL, sodass du gleich weißt, dass du dich auf die Informationen verlassen kannst. Klicke die Seite an, die am besten zu deiner Suche passt, und überfliege den Inhalt. War die Seite nicht richtig für dich, gehe im Browser (wahrscheinlich arbeitest du mit dem Internet Explorer oder Mozilla Firefox) oben links auf den Pfeil nach links (zurück).

**3. Schritt: Die Bewertung von Internetseiten**

Du kannst die Identität des Verfassers beispielsweise über das Impressum oder die Rubrik „Wir über uns" herausfinden. Auch der Hintergrund des Autors sollte bekannt sein, d. h. in welchem Umfeld die Website veröffentlicht wurde (z. B. Universität, Unternehmen, Organisation). Schließlich sollte der Text aktuell sein. Dabei kann ein Blick auf weiterführende Links helfen.

**4. Ergebnisse sichern**

Vor dem Schließen der Browserfenster sichere deine Ergebnisse (z. B. durch Ausdrucken, Link speichern ...).

*Bearbeiter*

## METHODE

**II. Geht dabei so vor:**

### 1. Schritt: Think

In der ersten Phase (Think) wird still und für sich über eine eigene Antwort auf eine bestimmte Frage nachgedacht. Dabei ist es sinnvoll, dass die eigene Antwort in Stichworten notiert wird.

▼

### 2. Schritt: Pair

In der zweiten Phase (Pair) wird die eigene Antwort auf die Frage einem zugeteilten Partner mitgeteilt. Dabei werden die eigenen Gedanken klar formuliert und sich gegenseitig aktiv zugehört.

▼

### 3. Schritt: Share

In der dritten Phase (Share) werden die Antworten einem anderen Paar vorgestellt und besprochen. Auf diesem Weg soll die Gruppe dann über die verschiedenen Überlegungen ins Gespräch kommen.

*Bearbeiter*

## Ein Wandplakat erstellen

**I. Worum geht es?**

Neben der permanenten Präsenz im Klassenraum bietet ein Wandplakat den Vorteil, den gelernten Inhalt zu visualisieren. Während die Visualisierung oftmals von der Lehrperson geleistet wird, besteht die Aufgabe nicht selten darin, zuzuschauen, zuzuhören sowie den Inhalt nachzuvollziehen und abzuschreiben. Problematisch ist dieses Vorgehen insofern, als die visuellen Vorgaben der Lehrkraft oftmals nicht so nachzuvollziehen sind, wie dies aus Lehrersicht erscheint. Somit empfiehlt es sich, möglichst eigene visuelle Grundmuster zu entwickeln, da sich so eigene gedankliche Verknüpfungen und Verankerungen ausbilden.

**II. Geht dabei so vor:**

### 1. Schritt: Vorbereitung

Haltet das Wichtigste fest. Hierbei können euch folgende Materialien helfen:
- Bilder, Tabellen, Fotos ...
- kurze Informationstexte

### 2. Schritt: Gestaltung

- klare, saubere, deutliche Schrift
- keine Rechtschreibfehler
- Farben verwenden, die auch von weitem gut erkennbar sind
- Raum gut aufteilen (nicht dicht gedrängt)

*Nach: Heinz Klippert, Methodentraining. Übungsbausteine für den Unterricht, Weinheim und Basel 1999, S. 168*

# METHODE

Die Teilnehmer sammeln in zwei Gruppen zu einer These oder einer Frage Argumente zur Begründung ihres Standpunktes. Es ist durchaus erwünscht, Positionen zu vertreten, die nicht mit der eigenen Meinung identisch sind. So können festgefahrene Positionen verlassen werden und die Thematik wird neu durchdacht. Nach der Sammlung der Argumente in den Kleingruppen erfolgt eine Diskussion mit Vertretern der zwei Gruppen.

Außer Befürwortern und Gegnern der These gibt es sowohl einen Moderator als auch Beobachter. Der Moderator ist neutraler Leiter des Streitgesprächs, d. h. er darf nicht erkennbar auf einer der beiden Seiten stehen. Als Beobachter agieren die Gruppenmitglieder, die nicht aktiv am Streitgespräch teilnehmen. Sie bekommen konkrete Beobachtungsaufträge.

**II. Geht dabei so vor:**

### 1. Schritt: Vorbereitung

- Aufteilung in zwei Gruppen (Pro- bzw. Kontra-Gruppe)
- Festlegung der jeweiligen Redner (drei pro Gruppe)
- Vorbereitung der Argumentation mithilfe des ausgegebenen Materials

### 2. Schritt: Durchführung des Streitgespräches

a. Darstellung der These durch den ersten Redner der Gruppe „Pro" – max. drei Minuten
b. Widerrede durch den ersten Redner der Gruppe „Kontra" – max. drei Minuten
c. Striktes Abwechseln der zwei Gruppen: geregelter Austausch der Argumentation
d. Zusammenfassendes Schlusswort durch den jeweiligen Hauptredner

### 3. Schritt: Auswertung

- Distanzierung: Redner äußern ihre Gefühle und Erfahrungen
- Bewertung des Streitgesprächs durch Beobachter
- Abstimmung über Streitpunkt im Plenum

*Nach: Sibylle Reinhardt, Politik Didaktik. Praxishandbuch für die Sekundarstufe I und II, Berlin 2005, S. 203 ff.*

## Think-Pair-Share

**I. Worum geht es?**

Think-Pair-Share (denken – austauschen – teilen) ist eine Methode, um sich in Zwischenschritten mit einer Frage zu beschäftigen und gemeinsam eine Lösung zu einer vorgegebenen Fragestellung zu entwickeln. Die Think-Pair-Share-Methode gliedert sich in drei Phasen.

# METHODE

## Ein Schreibgespräch durchführen

### I. Worum geht es?

Das [...] Schreibgespräch bietet als Methode den Vorteil, dass althergebrachte Kommunikationsmuster aufgebrochen werden. Schülerinnen und Schüler, die sich im Unterricht mündlich zurückhalten, haben hier die Möglichkeit der aktiven Beteiligung. Alle Schülerinnen und Schüler sind aufgefordert, mitzuwirken.

### II. Geht dabei so vor:

#### 1. Schritt: Vorbereitung

Im Vorfeld müssen Arbeitstische hergerichtet und große Papierbögen darauf verteilt werden. Auf den vorbereiteten Arbeitstischen liegen große Poster bzw. Tapetenbahnen, auf denen Fragen, Themen, Aussagen oder andere Impulse notiert sind.

#### 2. Schritt: Durchführung

Die Schülerinnen und Schüler haben nun die Aufgabe, zu diesen Impulsen kurze Kommentare bzw. Stellungnahmen zu verfassen. Die anderen Teilnehmer lesen die Ideen der Mitschüler und sind aufgefordert, darauf ein Statement zu erwidern oder einen anderen Aspekt hinzuzufügen. Es ist auch möglich, Fragen zu formulieren oder Pfeile und Verbindungslinien einzufügen. Das Sprechen ist in dieser Phase nicht gestattet. Das Schreibgespräch endet nach einer vorgegeben Zeit oder wenn der Schreibfluss sichtbar abgenommen hat. Zum Schluss verständigen sich die Schülerinnen und Schüler über die Ergebnisse. Es ist wichtig, dass die Kommunikation ausschließlich schriftlich erfolgt. Damit kein „Schreibstau" entsteht, sollten die Themen/Thesen/Impulse möglichst weit voneinander entfernt notiert werden. So können viele Schülerinnen und Schüler zur gleichen Zeit aktiv mitwirken. Es gibt Optionen, entweder einen langen Tisch mit einer großen Papierbahn auszulegen oder mehrere kleine Tische herzurichten.

*Schulministerium NRW, Methodensammlung (Hrsg.), www.bpb.de, Stummes Schreibgespräch, Abruf am: 23.08.2017*

## Ein Streitgespräch führen

### I. Worum geht es?

Im Streitgespräch wird ein konfliktreiches Thema von allen Seiten beleuchtet. Es geht bei diesem Streitgespräch nicht darum, den „Gegner" durch bessere Argumente zu „schlagen", vielmehr soll ein Thema facettenreich erschlossen werden. Unterschiedliche Meinungen und konträre Perspektiven werden mit dem Ziel zusammengetragen, sich mit verschiedenen Sichtweisen auseinander zu setzen.

# METHODE

## Ein Rollenspiel durchführen

### I. Worum geht es?

Im Rollenspiel wird ein Stück Wirklichkeit simuliert, indem sich der einzelne Spieler in seinem Handeln an einer definierten sozialen Rolle orientiert. Soziale Rollen sind Erwartungen an das Verhalten und Handeln von Individuen, die bestimmte Positionen (z. B. Schüler, Lehrer, Eltern, Jugendliche, Politiker, Ärzte...) innehaben. Mithilfe des Rollenspiels können

- gesellschaftliche Interessengegensätze erhellt,
- soziale Verhaltensweisen eingeübt und
- Handlungsstrategien entwickelt sowie erprobt werden.

### II. Geht dabei so vor:

#### 1. Schritt: Vorbereitung

- Beschreibung der Situation/des Problems/des Konflikts
- **Rollenverteilung:** Wer spielt welche Rolle?
- **Spieler** bereiten sich auf ihre Rollen vor, **Beobachter** formulieren Erwartungen an das Rollenspiel.

#### 2. Schritt: Durchführung

- Vorher skizzierte Situation wird ohne Unterbrechung durchgespielt.
- Wichtig: Spieler verhalten sich entsprechend ihrer vorgegebenen Rolle.
- **Beobachtungsaufträge:** Was war gut, was weniger gelungen? Haben die Spieler ihre Rollen glaubwürdig gespielt? Haben sie sich entsprechend ihrer Rollenvorgabe verhalten?

#### 3. Schritt: Auswertung

- Spieler äußern sich nacheinander über ihre **Einstellungen** und **Gefühle** im Rollenspiel.
- Austritt aus der Rolle: Spieler analysieren ihr **Verhalten** und die Gründe dafür.
- Auswertung der **Beobachtungsaufträge**
- **Generalisierung:** Kann man die dargestellte konkrete Situation verallgemeinern?
- Nutzen des Rollenspiels: Welche im Spiel dargestellten Verhaltensweisen können in vergleichbaren Situationen angewendet werden?
- Auswertung des Rollenspiels: Was könnte das nächste Mal besser gemacht werden?

*Nach: Sibylle Reinhardt, Politik-Didaktik. Praxishandbuch für die Sekundarstufe I und II, Berlin 2005, S. 194 ff.*

# METHODE

**Goldene Regeln für die Diskussion**

• Inhalte kurz und präzise formulieren
• (ver)urteilende Aussagen über den Gesprächspartner vermeiden
• strukturierende Formulierungen zum besseren Verständnis für die Zuhörer (z. B. „Was ich noch ergänzen möchte", „Im Gegensatz zu meinem Vorredner bin ich der Ansicht" etc.) verwenden
• wichtige Punkte am Ende nennen, da sie vom Zuhörer am besten behalten werden
• den Gesprächspartner nicht unterbrechen
• ruhig zu erkennen geben, wenn ein gegnerisches Argument überzeugt hat
• das unpersönliche „man" vermeiden
• freundlich und entspannt bleiben, Verärgerungen später klären

*Nach: Claudia Brunsemann/Waldemar Stange/Dieter Tiemann, Mitreden – mitplanen – mitmachen, Berlin 1997, S. 138 ff.*

## Eine Positionslinie bilden

**I. Worum geht es?**

Mithilfe einer Positionslinie können Einstellungen körperlich zum Ausdruck gebracht werden. Dies kann in jedem größeren Raum geschehen, z. B. in eurem Klassenraum.

**II. Geht dabei so vor:**

### 1. Schritt: Vorbereitung

Auf einer gedachten oder durch einen Klebestreifen auf dem Boden markierten Linie positionieren sich die Schüler zu einer Frage oder zu einem Problem.
Die Enden dieser Linie stellen alternative Pole (ja/nein; stimmt/stimmt nicht), der Abstand zwischen diesen Punkten entsprechend abgestufte Positionen dar.

### 2. Schritt: Durchführung

Die Schüler werden dann aufgefordert, ihre Positionen zu begründen und sich auch argumentativ aufeinander zu beziehen.

*Lothar Scholz, Spielerisch Politik lernen. Methoden des Kompetenzerwerbs im Politik- und Sozialkundeunterricht, Schmalbach/Ts, 2003, S. 114*

# METHODE

## Eine Podiumsdiskussion durchführen

### I. Worum geht es?

Eine Podiumsdiskussion ist ein Austausch von unterschiedlichen Ideen und Interessen, bei der Experten und Mitglieder des Publikums die Möglichkeit haben, ein bestimmtes Thema zu diskutieren und sich in komplexe Konflikte und Themengebiete hineinzuversetzen.

### II. Geht dabei so vor:

#### 1. Schritt: Vorbereitung

Das Thema wird ausgewählt und die Hauptfrage des Themas als zugespitzter, vielleicht sogar provokanter Titel formuliert. Für die Podiumsdiskussion werden fünf bis sechs geeignete Personen ausgewählt. Wichtig ist hierbei, dass die ausgewählten Personen erkennbar unterschiedliche Einstellungen zum Themengebiet haben. Kurz vor der Veranstaltung wird der Raum hergerichtet: Das Podium wird mit Tischen, Stühlen und Namensschildern ausgestattet. Die Stühle für die Zuschauer werden so aufgestellt, dass das Podium von allen Plätzen gut zu sehen ist.

#### 2. Schritt: Durchführung

1. Die Moderation eröffnet die Veranstaltung und begrüßt die Podiumspersonen, die Teilnehmerinnen und Teilnehmer und leitet die Podiumsdiskussion kurz ein, indem sie u. a. das Thema und die Vorgehensweise der Podiumsdiskussion umreißt.
2. Die Podiumspersonen stellen sich daraufhin vor und bekommen die Gelegenheit, ihre Position ca. zwei Minuten zu erläutern.
3. Danach stellt die Moderation gezielte Fragen an die Podiumspersonen und versucht, die unterschiedlichen Positionen herauszufinden.
4. Nach einiger Zeit wird das Publikum ebenfalls in die Diskussion einbezogen und stellt Fragen an die Personen auf dem Podium. Die Moderation hat die Aufgabe, die Diskussion lebendig zu gestalten, sie durch gezielte Fragen auf den Punkt zu bringen, die „Vielredner" zu bremsen und die „Leiseren" zu unterstützen. In jedem Fall muss sie darauf achten, dass die Diskussion fair bleibt und die Fragen des Plenums beantwortet werden.
5. Zum Abschluss hält jede Podiumsperson sein Abschlussstatement.
6. Die Moderation fasst daraufhin die wichtigsten Punkte der Diskussion noch einmal zusammen, zeigt kurz auf, welche Bedeutung sie für die Anliegen des Plenums haben, wie weitergearbeitet werden könnte und beendet danach offiziell die Veranstaltung.

## METHODE

**Ein Placemat durchführen**

**I. Worum geht es?**
Mithilfe der Methode können Vorkenntnisse und Vorstellungen erhoben sowie neue Ideen entwickelt werden.

**II. Geht dabei so vor:**

### 1. Schritt: Vorbereitung

Es werden 4er-Gruppen gebildet. Jede dieser Gruppen erhält ein quadratisches Papier (mind. DIN A3-Breite).
Knapp die Hälfte der Fläche des Blattes wird durch ein aufgedrucktes Quadrat eingenommen, dessen Seiten immer den gleichen Abstand zum Blattrand aufweisen. In diesem Quadrat steht ein Begriff, eine Frage oder eine Aussage (zu Begriffen kann assoziiert, Fragen können beantwortet, Aussagen können erklärt oder beurteilt werden).

### 2. Schritt: Durchführung

**Phase 1** – Jede/r Schüler/in bearbeitet die gegebene Aufgabe für sich selbst und trägt seine Lösung in das vor ihr/ihm liegende Seitenfeld des Papiers leserlich (stichpunktartig) ein.
**Phase 2** – Das Quadrat wird im Uhrzeigersinn gedreht, sodass jedes Gruppenmitglied die Ansätze der anderen zur Kenntnis nehmen kann.
**Phase 3** – In der Gruppe können Nachfragen gestellt und Klärungen herbeigeführt werden.
**Phase 4** – Die Gruppe entwickelt auf der Grundlage ihrer Ideen aus Phase 1 bis 3 eine gemeinsame Lösung für die Aufgabe, die sie gut lesbar im inneren Quadrat festhält. Diese kann im Anschluss präsentiert und mit den anderen verglichen werden.
**Variante:** Die Gruppen können auch unterschiedliche Aufgaben erhalten. In Phase zwei können die Gruppenmitglieder bereits Fragen oder weiterführende Ideen mit einer anderen Farbe in den anderen Feldern eintragen.
**Unbedingt beachten:** Während Phase 1 und 2 wird nicht gesprochen. Für die Phasen müssen klare Zeitvorgaben gegeben werden.

Placemat für 4 Personen

*Bearbeiter*

# METHODE

## Ein rotierendes Partnergespräch durchführen

### I. Worum geht es?

Das rotierende Partnergespräch, auch bekannt als Kugellagermethode oder kommunikatives Stühlerücken, dient zum Austausch von Gedanken, Meinungen und Ergebnissen. Die Methode bietet jedem in der Klasse die Möglichkeit, über ein Thema zu sprechen, aber auch seine Aufmerksamkeit auf das Gegenüber zu richten und wichtige Informationen zu erfassen und in eigenen Worten wiederzugeben. Die Schülerinnen und Schüler steigern hierdurch ihr Selbstvertrauen und ihr Sicherheitsgefühl bezüglich des Sprechens über ein bestimmtes Thema vor anderen Menschen.

### II. Geht dabei so vor:

**1. Schritt: Vorbereitung**

In einer kurzen Reflexionsphase haben die Schülerinnen und Schüler die Möglichkeit, sich auf ihre anstehenden Erläuterungen einzustellen.

**2. Schritt: Durchführung**

a) Zunächst stellen die Schülerinnen und Schüler die Stühle im Klassenraum in Form eines Kreises oder eines Hufeisens auf. Anschließend ordnen sie sich durch Abzählen der Form A-B-A-B-A usw. einer Gruppe zu. In diesem Beispiel bewegen sich nun die Mitglieder der B-Gruppe mit ihren Stühlen in die Mitte des Kreises oder Hufeisens. Ein jeder der B-Gruppe platziert sich gegenüber seinem vormals rechten Nachbarn der A-Gruppe. Nun beginnen die Schülerinnen und Schüler der B-Gruppe ihrem Gegenüber der A-Gruppe seine Meinung zu einem Thema oder seine Ergebnisse einer Aufgabe oder Hausaufgabe vorzutragen. Die Mitglieder der A-Gruppe hören aufmerksam zu und fassen anschließend das Vorgetragene zusammen, sodass das Mitglied der B-Gruppe noch einmal seinen „Vortrag" vernehmen kann.

b) Anschließend signalisiert die Lehrperson der B-Gruppe, um zwei Sitzplätze nach rechts zu wandern. Nun tragen die Schülerinnen und Schüler der A-Gruppe ihre Ergebnisse vor, die Mitglieder der B-Gruppe hören zu und fassen das Gesagte zusammen.

c) Dieser Prozess des Weiterrückens, Vortragens, Zuhörens und Zusammenfassens kann nun, je nach Komplexitätsgrad des Themas und der Ergebnisse mehrfach wiederholt werden. Der Lehrer oder die Lehrerin beendet das rotierende Partnergespräch an geeigneter Stelle.

**Hinweise zur Durchführung:** Da jeweils die Hälfte der Klasse gleichzeitig spricht, ist es für die Praktikabilität der Methode erforderlich, dass alle mit leicht gedämpfter Stimme sprechen und die zwischenzeitlichen Umplatzierungen ruhig vonstattengehen.

*Bundeszentrale für politische Bildung, www.bpb.de, Kugellagermethode, 22.04.2013*

## METHODE

**Eine Online-Petition erstellen**

**I. Worum geht es?**

Die Veröffentlichung einer Online-Petition ermöglicht es, ein für euch wichtiges Anliegen sachlich aufzubereiten, Unterstützer für eure Sache zu gewinnen und die Ergebnisse der Petition öffentlichkeitswirksam zu präsentieren.

**II. Geht dabei so vor:**

### 1. Schritt: Vorbereitung

Zunächst beschreibt ihr schriftlich das genaue Ziel und die Zielgruppe/-person der Online-Petition sowie die Forderung an die Zielgruppe/-person. Diese erste Verschriftlichung des Vorhabens kann anschließend auf die folgenden Kriterien hin überprüft werden:
- Thema von politischer, sozialer und wirtschaftlicher Bedeutung,
- klare Zielformulierung,
- prinzipiell umsetzbare Forderungen,
- passende Zielgruppe.

### 2. Schritt: Durchführung

Da der Text im Internet veröffentlicht werden soll, ist es unerlässlich, dass auch euer Lehrer bzw. eure Lehrerin einen abschließenden prüfenden Blick auf die Schülerergebnisse wirft, um so unangemessene Beiträge überarbeiten zu lassen. Auch die weiteren Schritte der Veröffentlichung und der Verbreitung der Petition sollten in Absprache mit eurem Lehrer bzw. eurer Lehrerin stattfinden. Anschließend könnt ihr die Petition auf einer geeigneten Seite (*www.openpetition.de* oder *www.epetitionen.bundestag.de*) einreichen. Damit möglichst viele Unterschriften erlangt werden, empfiehlt es sich, die Aktion öffentlichkeitswirksam zu präsentieren, z. B. indem in der Lokalzeitung darüber berichtet wird, ihr selbst Flugblätter verteilt und ein Elternbrief versendet wird. Auch die Adressaten der Petition sollten im Vorfeld von dem Vorhaben informiert werden. Denn nach Abschluss der Online-Petition gilt es, das Ergebnis auf geeigneten Kommunikationswegen zu präsentieren und auch die Adressaten erneut zu kontaktieren, um so eine Reaktion bzw. Stellungnahme zu erwirken.

*Nach: Bundeszentrale für politische Bildung, www.bpb.de, Partizipation 2.0 – Eine Online-Petition erstellen, 30.07.2013*

# METHODE

**Eine Mindmap erstellen**

**I. Worum geht es?**

Eine Mindmap (englisch: *mind map*; auch: *Gedanken[land]karte, Gedächtnis[land]karte*) erstellen, ist eine Technik, die für das Erschließen oder das visuelle Darstellen eines Themengebietes oft zum Einsatz kommt. Hierbei sollen Gedanken freien Lauf erhalten und so die Fähigkeit des Gehirns zur Kategorienbildung genutzt werden.

**II. Geht dabei so vor:**

**1. Schritt: Das Thema bestimmen**

Zuerst gilt es, ein möglichst konkretes Thema bzw. einen bestimmten Begriff zu bestimmen. Schreibt dieses Thema/diesen Begriff in die Mitte eines Papiers.

**2. Schritt: Hauptäste setzen**

Zieht Linien/Hauptäste von dem Thema/Begriff in verschiedene Richtungen. Schreibt dann Oberbegriffe in Großbuchstaben am Ende der Hauptäste. Mit diesen Oberbegriffen strukturiert ihr das Thema/den Begriff grundlegend, überlegt hier also genau, welche Begriffe ihr für die Hauptäste wählt.

**3. Schritt: Nebenarme setzen**

Ergänze nun Nebenarme mit einer zweiten (und evtl. dritten) Gedankenebene.

**4. Schritt: Erweiterung und Abschluss**

Nun erweitert eure Mindmap: Ihr könnt an jedem Arm Begriffe und Ideen ergänzen, gerade wo euch etwas einfällt.

*Bearbeiter*

# METHODE

## Einen Kurzvortrag halten

### I. Worum geht es?

Ein Kurzvortrag ist ein Vortrag über ein Thema, der in einer begrenzten Zeit (etwa 5-15 Minuten) gehalten wird. Die häufigsten Formen sind mündliche Berichte, Fachvorträge bei Tagungen, Kurzreferate bei Seminaren oder Übungsreferate in der Schule.

### II. Geht dabei so vor:

#### 1. Schritt: Vorbereitung und Einleitung

Beginne deinen Vortrag pünktlich. Eine gelungene Eröffnung des Vortrags ist die beste Möglichkeit, um beim Publikum Interesse für die Darbietung zu wecken. Du kannst deinem Thema entsprechend verschiedene Einstiegsvarianten auswählen. Sicher kennst du die schlechteste Variante aus eigener Erfahrung: „Wir wollen heute einen Vortrag zum Thema ... halten." Und schon hast du das Desinteresse der Zuhörer auf deiner Seite. Also solltest du einen Einstieg wählen, der das Publikum • visuell einstimmt, • provoziert, • persönlich anspricht, • durch eine kluge Fragestellung einbezieht, • mit einem Vergleich konfrontiert, • spontan anspricht, • überrascht oder • erheitert.

#### 2. Schritt: Durchführung

Interessiert sich dein Publikum erst einmal für dein Thema, kannst du Thema und Gliederung vorstellen. Damit beginnst du den Hauptteil des Vortrags – das eigentliche „Filetstück". Deine Gliederung als „Fahrplan" der Darbietung schreibst du am besten auf eine Folie oder bringst sie vor Beginn des Referates auf einer Flipchart oder Tafel an. So kann das Publikum dem Inhalt deines Vortrags gut folgen. Plane den Hauptteil wie eine Regieanweisung. Da du im Team dein Thema präsentierst, ist es umso wichtiger, für jeden handhab- und nachvollziehbar den Ablauf zu skizzieren. Bei Aufregung ist schon so manches in Vergessenheit geraten. Es sollte auch vermerkt werden, wer den gerade Vortragenden mit dem Auflegen einer Folie oder dem Zeigen von Bildern usw. unterstützt, damit dieser sich voll seinem Vortrag widmen kann und nicht aus dem Konzept kommt.

#### 3. Schritt: Abschluss

Der Schluss fasst die wesentlichen Aspekte deines Vortrags zusammen. Hüte dich aber vor solchen Formulierungen: „Jetzt sind wir am Ende unseres Vortrags" oder „Alles Wesentliche wurde gesagt, wir fassen nur noch einmal zusammen". Gut ist es, wenn Einstieg und Schluss einen gewissen Rahmen des Referates bilden.

*Nach: Elke Deparade: Planung und Durchführung der Präsentation, Methodenlernen in der gymnasialen Oberstufe, Bamberg 2013, S. 97 f.*

---

**Der erste Eindruck ist entscheidend! ...**

Einleitung (Eröffnung)

Hauptteil

Schluss

**... Der letzte Eindruck bleibt!**

# METHODE

## Ein Flussdiagramm erstellen

### I. Worum geht es?

Die Beziehungen zwischen ökonomisch relevanten Ereignissen können sehr komplex sein. Um sie zu erfassen, reicht das Denken von einer Ursache zu einer Wirkung (lineares Denken) nicht aus. U. a. mithilfe von Flussdiagrammen lassen sich systemische Zusammenhänge bzw. Vernetzungen darstellen und modellieren. Flussdiagramme eignen sich zudem zur Visualisierung modellhafter Handlungsschritte in einem Problemzusammenhang oder zur Visualisierung der Schritte in einer Argumentation.

### II. Geht dabei so vor:

Für die Visualisierung eines Themenkomplexes müssen zuerst die für die Frage- oder Problemstellung relevanten Systemelemente ermittelt werden. Hierfür sind vorher die Systemgrenzen und die Systembedingungen zu klären. Die Systemelemente können z. B. nach Ursache, Wirkung, Ziel, Maßnahme, Folgen etc. gruppiert werden. Die Richtung der Beeinflussung der Systemelemente wird durch Pfeile dargestellt. In einem Flussdiagramm wird die Abfolge einzelner Schritte eines Prozesses verdeutlicht.

---

**Durchführung anhand des konkreten Beispiels:**
**Entwicklung von Nachfrage und Angebot auf dem Markt für Bio-Lebensmittel**

| | | |
|---|---|---|
| 1990: Bio-Markt ist Nischenmarkt. ▶ | Bio wird ausschließlich im Bio-Fachhandel angeboten. ▶ | Gesellschaftlicher Wandel ▶ | „Gesunde Ernährung" und „Reduktion der Schadstoffbelastung" nehmen an Bedeutung zu. |

Bio ist ein selbstverständlicher Bestandteil der deutschen Ernährungskultur geworden. ▼ ◀ Bio ist in den Medien täglich präsent: hohes gesellschaftliches Interesse. ◀ Nachfrage nach Bio-Produkten steigt. ◀ Bildung und Einkommen haben einen signifikanten Einfluss auf die Kaufintensität bei Bio-Produkten.

Zahl der Bio-Supermärkte nimmt zu. ▶ Klassischer Lebensmitteleinzelhandel verliert bei Bio Marktanteile an Discounter und Drogeriemärkte. ▶ Heute greifen Käufer aus allen Bevölkerungsschichten zu Bio-Waren. ▶ Änderung des Einkaufsverhaltens: Grundnahrungsmittel werden vermehrt bei Discountern gekauft. ▼

Heute: Unterschiedliche Chancen für die Anbieter von Bio-Produkten. ◀ Nur Einzelhandelsketten mit einem besonders starken Öko-Profil verzeichnen weiter deutliche Umsatzzuwächse. ◀ Der Naturkostfachhandel wächst vor allem im Frischebereich (Milch, Obst Gemüse, Fleisch) und bei den Produkten, die im konventionellen Handel nicht zu erhalten sind. ◀ Neben konventionellen Supermarktketten nehmen auch Discounter und Drogeriemärkte Bio-Produkte in ihre Sortimente auf.

*Bearbeiter*

# METHODE

## 2. Schritt: Durchführung

1. Im ersten Schritt macht ihr euch mit dem Thema und der Problemstellung vertraut: Worum geht es genau? Führt in einer Abstimmung ein erstes Meinungsbild herbei und haltet es fest.
2. Bildet Gruppen für die kontroversen Positionen. Es empfiehlt sich, diese Gruppen per Los oder nach dem Zufallsprinzip zusammenzustellen. Ihr sollt nämlich nicht eure persönliche Meinung weiter ausführen, sondern euch in unterschiedliche Standpunkte einarbeiten und diese argumentativ vertreten.
3. Mithilfe geeigneter Materialien setzen sich die Gruppen mit „ihren" Positionen auseinander. Dabei werden auch Gegenargumente gewürdigt. Anschließend verständigen sich die Gruppen auf ihre Vertreter in der Fishbowl-Diskussion. Die anderen fungieren als Beobachter, die sich aber in die Diskussion einschalten können.
4. Zwei bereiten sich auf ihre Aufgabe als Moderatoren (Diskussionsleiter) vor.
5. Für die Durchführung ist es notwendig, eine geeignete Sitzordnung herzustellen (→ Schaubild unten).
6. Die Moderatoren führen in das Thema ein, stellen die Vertreter vor und begrüßen die Zuschauer, erklären den Ablauf, eröffnen die Diskussion, erteilen und entziehen das Wort, achten auf die Zeit und beenden die Diskussion. Daraufhin halten die Gruppensprecher jeweils ein kurzes Eingangsstatement (max. 1 Minute). Anschließend erfolgt in Rede und Gegenrede der Austausch der Argumente und Gegenargumente (ca. 20 min.).
7. Möchte einer der Beobachter sich in die Diskussion einschalten, so setzt er sich auf einen freien Stuhl. Nachdem er das Wort erhalten und ggf. eine Antwort bekommen hat, verlässt er diesen wieder.
8. In der Auswertung fordern die Moderatoren die Beobachter auf, mitzuteilen, welche Argumente sie überzeugt haben und die dahinter stehenden Werte zu reflektieren. Auch den Ablauf der Veranstaltung sollen sie bewerten.
9. Abschließend lösen sich alle von ihren Rollen, und es wird eine zweite Abstimmung durchgeführt. Das Ergebnis wird mit dem ersten Meinungsbild verglichen, Unterschiede werden hinterfragt.

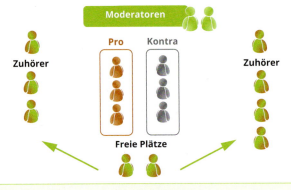

*Bearbeiter*

# METHODE

## Eine Concept-Map erstellen

### I. Worum geht es?

Eine **Concept-Map** (englisch: Begriffslandkarte) ist ein Netz aus verschiedenen Begriffen. Die einzelnen Begriffe werden dabei miteinander in Beziehung gebracht. Die Technik der Concept-Map wird oft zur grafischen Darstellung von Informationen, zur Gedankenordnung und -reflexion bzw. zum besseren Textverständnis verwendet.

### II. Geht dabei so vor:

**1. Schritt: Begriffe zum Thema herausarbeiten**

Arbeitet aus dem gewählten Themengebiet alle wichtigen Begriffe heraus.

**2. Schritt: Begriffe anordnen und miteinander in Beziehung setzen**

Verteilt die Begriffe aus Schritt 1 auf einem DIN A4-Blatt. Verbindet anschließend die Begriffe mithilfe von Pfeilen miteinander.

**3. Schritt: Pfeile beschriften**

Beschriftet die Pfeile, indem ihr die Beziehung der jeweiligen Begriffe in Worte fasst.

*Bearbeiter*

## Eine Fishbowl-Diskussion durchführen

### I. Worum geht es?

Diese Methode der Diskussionsführung hat den Vorteil, dass Mitglieder, die sonst in einer großen Gruppe nicht zu Wort kommen, jederzeit ihre Meinung äußern und aktiv mitdiskutieren können. Dadurch und durch die Sitzordnung im Kreis entsteht eine hohe Identifikation aller Teilnehmer mit der Arbeit am Thema. Ein Teilnehmer, der keine Lust mehr hat, aktiv mitzudiskutieren, kann einfach aussteigen und von außen zuhören. Dadurch bleibt die Diskussion aktiv und verliert sich weniger in Sackgassen.

### II. Geht dabei so vor:

**1. Schritt: Vorbereitung**

In einer Fishbowl-Diskussion haben jeweils drei Befürworter und Gegner der Fragestellung wie auch die beiden Moderatoren feste Plätze am Diskutantentisch. Zwei weitere Plätze können zur Diskussion einzelner Aspekte vom fachkundigen Publikum zeitweise besetzt werden, um neue Gesichtspunkte einzubringen oder konkrete Fragen an einen der Teilnehmer zu stellen. Es ist möglich, sich mehrfach in die Diskussion einzuschalten.

## METHODE

# Methoden zur Bearbeitung der Aufgaben

Zur Bearbeitung der Aufgaben werden an einigen Stellen nachfolgende Methoden angeboten. Diese sind hier ausführlich erklärt.

### Eine Befragung/ein Interview/eine Umfrage durchführen

#### I. Worum geht es?

Die **Befragung** ist eine Methode, die dazu dient, Informationen über Einstellungen, Meinungen, Wissen und Verhaltensweisen von Menschen zu gewinnen. Vor allem im Journalismus sowie für mündliche Befragungsmethoden in der Wissenschaft ist auch die Bezeichnung **Interview** gängig. Die Begriffe **Umfrage** bzw. **Meinungsumfrage** sind in der Wirtschaft üblich, um repräsentative Aussagen zu erhalten.

#### II. Geht dabei so vor:

| 1. Schritt: Vorklärungen | 2. Schritt: Inhaltliche Vorbereitung (Erstellung eines Fragenkatalogs) | 3. Schritt: Durchführung |
|---|---|---|
| • Klärt, was genau ihr wissen wollt und warum. Nur so könnt ihr passgenaue Fragen finden.<br>• Stellt Überlegungen an, welcher Experte sich am besten für das Thema eignet.<br>• Plant den zeitlichen, räumlichen und situativen Rahmen eurer Befragung. Wo soll sie durchgeführt werden? | • Formuliert kurze, aber keine geschlossenen Fragen („Sind Sie der Meinung ... oder nicht?"). Vermeidet W-Fragen und wählt stattdessen Fragemuster, die einen weiteren Antworthorizont zulassen („Können Sie uns bitte erläutern ..."). <br>• Fragt präzise. Der Experte sollte sich nicht gegängelt fühlen, aber auch nicht zu Abschweifungen verleitet werden.<br>• Bringt faktenorientierte „Einpunktfragen" und problemorientierte offene Fragen in ein ausgewogenes Verhältnis.<br>• Verboten sind Suggestivfragen und Fragen mit versteckter Wertung sowie unfaire Fragen. | • Sorgt für ein angenehmes Gesprächsklima (Raumregie, Getränkeauswahl für den Experten, Begrüßung und Vorstellung, Danksagung etc.).<br>• Bestimmt einen Moderator, der auf eine saubere Trennung von Befragung und Gedankenaustausch achtet und sich auch um die Einhaltung der übrigen Gesprächsregeln kümmert.<br>• Legt fest, wie die Ergebnisse der Befragung festgehalten werden sollen (Beobachtungsbogen). |

### Nachbereitung

Reflektiert den Erfolg der Befragung. Habt ihr herausgefunden, was ihr wissen wolltet?

*Bearbeiter*

| | |
|---|---|
| **Seite 88** | ### Hilfe zu Aufgabe 1 |
| | Dabei kannst du dich an folgenden Begriffen orientieren: Kreativität, Leistung, Selbstverwirklichung, Sicherheit. |

| | |
|---|---|
| **Seite 96** | ### Hilfe zu Aufgabe 2 |
| | Ordne die Argumente vorab den Interessen von Arbeitgebern und Arbeitnehmern zu. |

| | |
|---|---|
| **Seite 98** | ### Hilfe zu Aufgabe 1 |
| | Hierzu kannst du auch die Fallbeispiele aus **M16** in das Schema **M17** einordnen. |

| | |
|---|---|
| **Seite 195** | ### Hilfe zu Aufgabe 2 |
| | Mögliche Fehlanreize könnten bspw. sein: |

- Die Strafgebühr war zu niedrig angesetzt.
- Die Eltern haben die Strafgebühr als zeitlich erweitertes Angebot der Kindertagesstätte angesehen.
- Die gesellschaftliche Verpflichtung, sein Kind pünktlich abzuholen, wurde geschwächt, da mit der Strafzahlung alles Weitere erledigt war.

| | |
|---|---|
| **Seite 230** | ### Hilfe zu Aufgabe 1 |
| | Hierzu kannst du folgenden Internetlink nutzen: *https://www.vimentis.ch/d/publikation/403/Wie+entstehen+Konjunkturzyklen%3F.html* |

| | |
|---|---|
| **Seite 239** | ### Hilfe zu Aufgabe 3 |
| | Aus der zentralen Forderung Friedmans kann man ablesen, was er als die Ursache von Krisen sieht. Erstelle zum Vergleichen eine Tabelle mit Ursache/Maßnahmen/Wirkung/Kritik. |

| | |
|---|---|
| **Seite 245** | ### Hilfe zu Aufgabe 4 |
| | Hinweise und Anregungen für deine Beurteilung findest du über die Google-Suche nach dem „Sinn und Unsinn von Online-Petitionen". |

| | |
|---|---|
| **Seite 259** | ### Hilfe zu Aufgabe 3 |
| | Bei deiner Darstellung hilft dir die Google-Suche nach „Verlierer der Globalisierung". Gehe dabei aber unbedingt vorsichtig mit den von dir gefundenen Quellen um. Achte auf die Autoren bzw. Herausgeber der jeweiligen Seiten. Wähle nur vertrauenswürdige Quellen aus und nutze mehrere unterschiedliche Quellen. |

| | |
|---|---|
| **Seite 264** | ### Hilfe zu Aufgabe 2 |
| | Ziehe hierfür zunächst deine Ergebnisse aus Aufgabe 1 heran. Die Google-Suche nach „Erfolg gegen die Arbeitslosigkeit in Spanien" gibt dir ebenfalls Anregungen für deine Analyse. |

## Hilfe zu Transferzahlungen

Seite 38

Staatliche Transferzahlungen ins Ausland sind etwa Ausgaben für Entwicklungs-hilfemaßnahmen, Beiträge zum Haushalt der Vereinten Nationen (UNO) oder Zahlungsverpflichtungen gegenüber der EU. Im Gegenzug erhält der Staat Transfer-zahlungen aus dem Ausland z. B. in Form von EU-Subventionen und EU-Fördermitteln.


## Hilfe zur Einstiegsaufgabe

Seite 42

Berücksichtige dabei den Kursverlauf und die Wertentwicklung (Performance) der Aktie.


## Hilfe zu Aufgabe 3

Seite 44

Beantworte für dich zunächst die Frage: Von welchem der drei Ecken des „magischen Dreiecks" lässt sich die Mehrheit der Deutschen dabei leiten?


## Hilfe zu Aufgabe 3

Seite 59

Stellt dazu zunächst in einer Tabelle die Vor- und Nachteile von Onlinewerbung einander gegenüber.

| Onlinewerbung | |
|---|---|
| **Vorteile** | **Nachteile** |
| • ... | • ... |
| • ... | • ... |
| • ... | • ... |
| • ... | • ... |


## Hilfe zu Aufgabe 2

Seite 68

Positioniert euch dazu zwischen den folgenden zwei Polen und begründet euren Standpunkt: „Die Bürgerinnen und Bürger sollten nicht durch Gesetze bevormun-det werden." – „Die Verbraucherpolitik hat die Pflicht, die Bürgerinnen und Bürger vor ungesunden Lebensmitteln zu schützen."


## Hilfe zu Aufgabe 1

Seite 71

Geht dabei von den Gemeinsamkeiten verschiedener Märkte aus (→ S. 70).


## Hilfe zu Aufgabe 3

Seite 78

Bei der Bewertung der Vorschläge ist Folgendes zu beachten: Auswirkungen auf den Straßenbenutzer, auf die Allgemeinheit, auf die Automobilindustrie, auf die Umwelt, auf den Staat. Bewertungskriterien können sein: Effizienz, Gerechtigkeit, Nachhaltigkeit.

# Hilfen H zu den Aufgaben

**Seite 14**  **Hilfe zum „Drei-Dimensionen-Modell"**
Konkretes Beispiel für das „Drei-Dimensionen-Modell":

**Seite 15**  **Hilfe zur Einstiegsaufgabe**
Dabei hilft dir die Beantwortung der Frage: Worauf könntest du am ehesten verzichten?

**Seite 22**  **Hilfe zu Aufgabe 1**
Beginne mit einer Gegenüberstellung: Bedürfnisse (unbegrenzt!) ↔ Güter (begrenzt) und den Folgen daraus.

**Seite 23**  **Hilfe zu Aufgabe 4**
Berücksichtige dabei deine Erkenntnisse aus dem Ultimatumspiel (→ S. 20).

**Seite 31**  **Hilfe zu Aufgabe 4**
Hierzu kannst du die Abbildung des Wirtschaftskreislaufs heranziehen (→ S. 38).

**Seite 37**  **Hilfe zu Aufgabe 4**
Mögliche Kriterien, die von euch untersucht und miteinander verglichen werden können: Kontoführungsgebühren, weitere Kosten für Überweisungen, Online-Banking oder App-Option, Guthabenzinsen, Kosten für Karten, Verfügbarkeit von Geldautomaten für kostenlose Abhebungen in eurer Nähe.

# WAS WIR KÖNNEN

exportabhängigen deutschen Erfolgsbranchen wie Maschinenbau, Chemie und Automobil profitieren massiv. So erzielt die chemische Industrie zwei Drittel ihres Auslandsgeschäfts mit Kunden aus der EU. Deutsche Maschinenbauer haben eine Exportquote von 80 Prozent. Aus dem Automobilbau ist der Binnenmarkt nicht mehr wegzudenken. Bei einem durchschnittlichen Auto, das in Deutschland vom Band läuft, beträgt der Wertschöpfungsanteil europäischer Zulieferer mehr als 40 Prozent. Mit der Globalisierung wird der Handel mit Drittstaaten immer wichtiger. Freihandelsabkommen, die Zölle und Handelsschranken beseitigen, sind daher für die Industrie wichtig. Verträge in der Handelspolitik abzuschließen, ist in Europa Sache der Kommission. Europa mit seiner Marktmacht von 500 Millionen Konsumenten ist durchsetzungsstärker als ein Land, das für sich alleine verhandeln würde. Auch die Stimme von Deutschland fände im globalen Konzert kaum Gehör.

*Markus Grabitz, Stuttgarter Zeitung, Europa ist oft der Sündenbock, 27.08.2016*

### Aufgabe 3

Erkläre die Bedeutung der EU für die deutsche Volkswirtschaft – berücksichtige dabei die Bedeutung für Verbraucher, Erwerbstätige und Berufswähler.

## Versagt die EU?

In der gesamten EU liegt die Arbeitslosenquote bei 8 Prozent. Das ist zwar kein erschreckend hoher Wert. Wenn man aber auf die einzelnen Mitgliedstaaten blickt, erkennt man alarmierende Zahlen: In Griechenland etwa liegt die Arbeitslosenquote bei 24 Prozent, in Spanien bei 20 Prozent. Besonders betroffen sind Jugendliche und Berufsanfänger. Ihre Erwerbslosenquote liegt EU-weit bei 18,6 Prozent. In Ländern wie Spanien oder Griechenland ist fast jeder zweite von Ihnen ohne Arbeit. In Italien wartet ein Drittel der jungen Generation auf einen festen Job.

Die deutschen Arbeitnehmer scheinen dagegen von Europa und dem Binnenmarkt kräftig zu profitieren. Hier liegt die Arbeitslosenquote bei mageren 4,2 Prozent. Auch Österreich liegt mit 6,2 Prozent noch weit unter dem europäischen Durchschnitt.

Zerfällt Europa also in einen prosperierenden Norden und einen prekären Süden? Es sieht fast so aus. Und der Vormarsch von radikalen politischen Parteien in vielen EU-Ländern sollte eine Warnung sein: Die Politik muss also handeln, um die Chancengleichheit auf Wohlstand in allen EU-Ländern wieder herzustellen.

*BR24, www.br.de, 06.07.2016*

### Aufgabe 4

Erörtere die Frage „Versagt die EU?".

### Aufgabe 5

Erstelle aus der Wortwolke vom Beginn des Kapitels eine Mindmap (→ Methodenglossar) und vergleiche diese ggf. mit deiner ursprünglichen Mindmap. Du kannst als Basis auch deine ursprüngliche Mindmap verwenden und diese ergänzen bzw. verändern.

# WAS WIR KÖNNEN

### Wachstumskritik?

Das Versprechen von herrschender Seite, dass alles sich zum Besseren wenden wird, lautet weiterhin: Wachstum, Wachstum, Wachstum. Das hören auch die Beschäftigten gerne, öffnet das ihnen doch Spielraum für verteilungspolitische Forderungen. Und dennoch: Der Glaube an den deus ex machina des Wachstums schwindet.

Zwar liegt eine wichtige Erfahrung darin begründet, dass Länder mit einem gewissen Wachstum besser durch die Krise kommen. Die Sozialversicherungssysteme müssen weniger hart geschleift werden, bei den Primäreinkommen können die Gewerkschaften moderate Lohnerhöhungen erkämpfen, Verteilungskonflikte werden entschärft. Doch die Erfahrung vieler Menschen ist inzwischen, dass sie am zu verteilenden materiellen Wohlstand weniger teilhaben.

*Ulrich Brand, Frankfurter Allgemeine Zeitung, Das bornierte Streben nach Profit, 27.07.2014*

### Aufgabe 1
„Wachstum verändert alles zum Besseren." – Erörtere diese Aussage.

### Kann staatliche Familienförderung die Konjunktur ankurbeln?

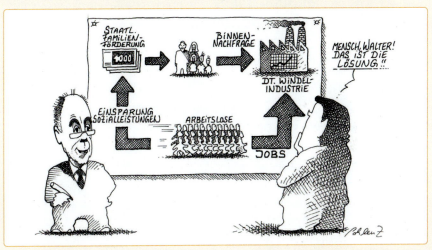

*Karikatur: Pohlenz*

### Aufgabe 2
Der Karikaturist sieht eine staatliche Familienförderung im Hinblick auf die Förderung der Konjunktur kritisch. Erläutere und beurteile anschließend die Aussage der Karikatur.

### Deutsche Exportindustrie profitiert vom Binnenmarkt

Der Binnenmarkt mit 500 Millionen Verbrauchern und 240 Millionen Beschäftigten ist der große Trumpf der Gemeinschaft. Die Möglichkeit, ohne Zölle und zu den gleichen regulatorischen Standards Waren und Dienstleistungen auszutauschen, ist weltweit einmalig und sorgt für Jobs, Wohlstand und Wachstum. Vor allem die

# WAS WIR WISSEN

Der **europäische Binnenmarkt** hat das Ziel, zum Wohlstand in Europa und zu einer nachhaltigen Entwicklung der Wirtschaft beizutragen. Der Binnenmarkt beruht auf den folgenden **vier Freiheiten: freier Verkehr von Waren, Personen, Dienstleistungen und Kapital**. Dies bedeutet z. B., dass Arbeitnehmer in jedem Mitgliedstaat eine Arbeitsstelle annehmen dürfen, dass Unternehmen ihre Leistungen (Waren und Dienstleistungen) in allen Mitgliedstaaten anbieten dürfen und dass der Transfer von Kapital zwischen den Mitgliedstaaten möglich ist. Verbraucher können von steigender Angebotsvielfalt und sinkenden Preisen profitieren, Unternehmen haben einen größeren Absatzmarkt und können Standortvorteile besser nutzen. Für die Staaten des Binnenmarkts sind die Partnerländer sehr wichtige Export- und Importmärkte.

**Der europäische Binnenmarkt und seine Vorteile für Verbraucher, Erwerbstätige und Unternehmen**
→ M2, M3

Der Binnenmarkt wird in einem Teil der Staaten durch die **gemeinsame Währung, den Euro**, weiter vertieft. Staaten, die den Euro eingeführt haben, geben ihre geldpolitische Souveränität auf, d. h. die Geldpolitik wird auf europäischer Ebene über die EZB getätigt. Um dem Euro beizutreten, müssen Staaten bestimmte **Konvergenzkriterien** (z. B. bezüglich des Grads der Verschuldung) erfüllen. Im europäischen Stabilitätspakt wird festgelegt, dass sie auch nach dem Beitritt entsprechende Regeln einhalten müssen. Der Euro hat für Verbraucher und Unternehmen Vorteile, da z. B. keine Vorsorge gegen Kursschwankungen notwendig ist und keine Kosten für Umtausch entstehen. Außerdem wird der Markt durch die einheitliche Währung transparenter.

**Der Euro – Vertiefung der europäischen Integration**
→ M9, M10

In einigen EU-Staaten, z. B. Griechenland, ist die wirtschaftliche Lage sehr schlecht und der Staat extrem verschuldet. Die Forderung nach einem **Austritt aus dem Euro** wird kontrovers diskutiert. Insgesamt erfüllen derzeit nur wenige Staaten die strengen Regeln der geringen Staatsverschuldung in Europa. **Staatsschuldenkrise, Wirtschaftskrise und Bankenkrise in Europa** hängen eng miteinander zusammen und beeinflussen und verstärken sich gegenseitig.

**Staatsschulden, Wirtschafts- und Bankenkrise im Euroraum**
→ M12 – M14

Der Binnenmarkt ist die höchste Form der wirtschaftlichen Integration. In der Theorie führt **internationale Arbeitsteilung und freier Handel** zu Wohlfahrtsgewinnen bei allen Beteiligten – jeder konzentriert sich auf die Produkte und Dienstleistungen, bei denen er den größten Ertrag hat und importiert die anderen. Dies kann dazu führen, dass bestimmte Branchen Arbeitsplätze in andere Länder verlagern, das Lohnniveau sinkt und die Umsetzung von Verbraucherschutz und ökologischen Standards erschwert wird. In **Freihandelszonen** werden **tarifäre** (z. B. Zölle) und **nicht-tarifäre** (z. B. Quoten, Subventionen) **Handelshemmnisse** abgebaut. Der Welthandel hat in den letzten 50 Jahren sehr stark zugenommen. Die enge Verflechtung der europäischen Volkswirtschaften, EU-Regelungen und die Staatsverschuldung, Entwicklungen des Weltmarkts, Veränderungen der politischen, gesellschaftlichen Rahmenbedingungen, die Wirtschaftsstruktur etc. setzen **nationaler Wirtschaftspolitik** und ihrer Wirkung zum Teil **enge Grenzen**.

**Internationale Arbeitsteilung, Formen wirtschaftlicher Integration und Grenzen nationaler Wirtschaftspolitik**
→ M16 – M19, M23 – M25